ルドルフ・ヒルファディング

帝国主義論から現代資本主義論へ

上条　勇

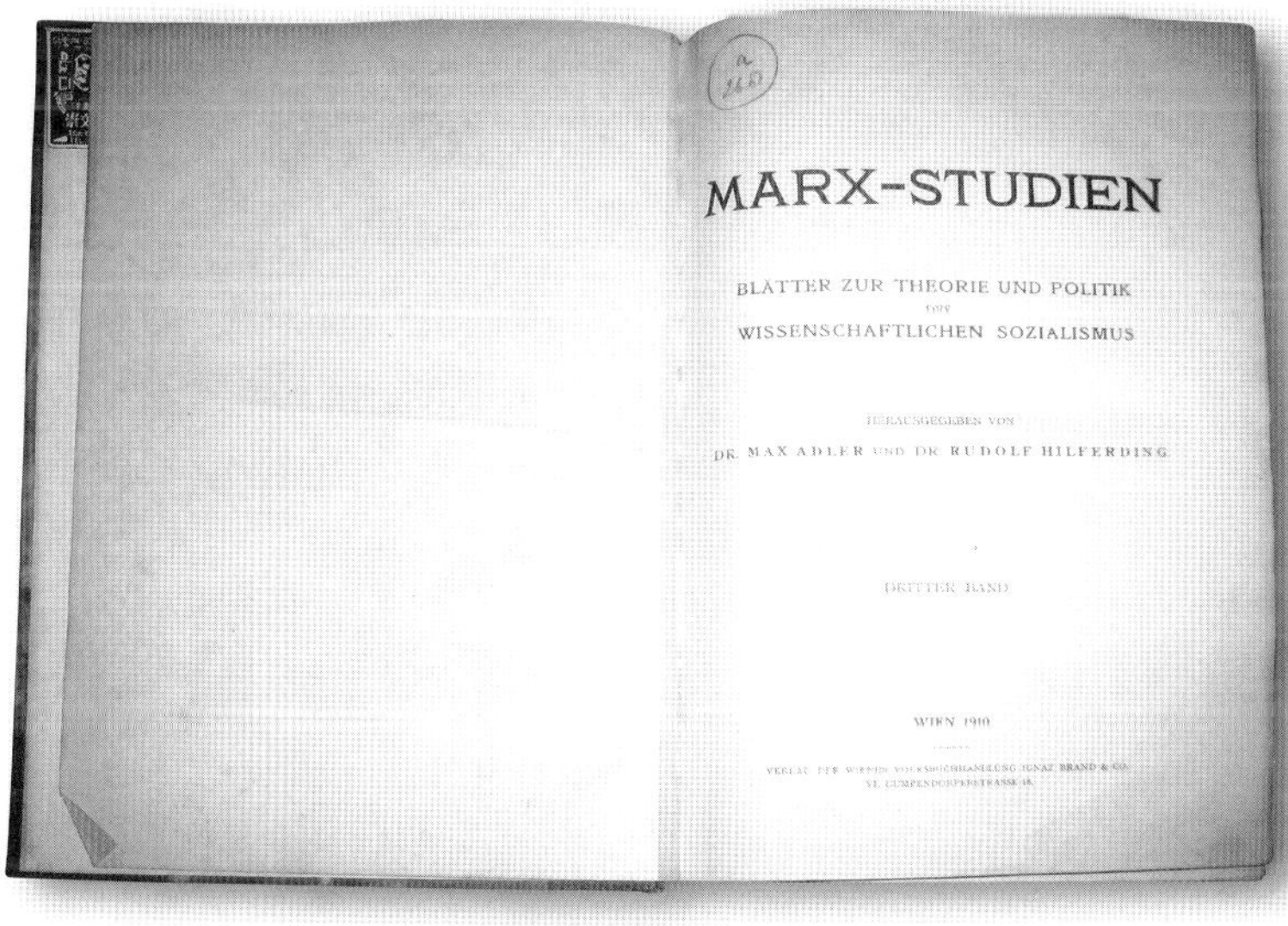

御茶の水書房

はしがき

ルドルフ・ヒルファディング（Rudolf Hilferding, 1877-1941）は、二〇世紀前半に活躍したマルクス主義の理論家であり、社会民主主義の政治家である。彼の主著である『金融資本論』（一九一〇年）は、修正主義論争にはじまる帝国主義論史において帝国主義論の先駆的業績をなし、レーニンの帝国主義論とともに、マルクス主義の不朽の古典をなしている。他方で、『金融資本論』以後とりわけ第一次大戦後のヒルファディングの思想と活動は、労働運動が共産主義と社会民主主義に分かれ、社会民主主義者を「裏切り者」とする視点からは否定的に評価されてきた。しかし、とらわれぬ学問的な視点にたつ学説史および思想史研究においては、その時代と社会に重要な役割をはたした生きた思想および活動として、これを積極的に評価する姿勢も見られた。共産主義から発したリアル・ソーシャリズムの社会体制が崩壊し、グローバリゼーションの名のもとにますます発展をとげ、そのあげく未曽有の国際金融危機・経済危機におちいった現代資本主義を目の当たりにしている我々には、いっそう客観的・科学的な立場にたった研究が要請されている。つまり、理論史的には、現代資本主義のいちじるしい発展と危機という視座から、諸学説を科学的にとらえる視点が要請されているのである。

今日、我々は、いわゆる古典的帝国主義を産業資本主義から区別した特別の段階とし、その後の現代資本主義を、この段階から発した、いわば「生き延びた資本主義」とみなす考えを根本的に変えなければならない時に来ている。むしろ、多くの問題、時として危機をかかえながらも、基本的には景気循環を描きつつ発展をとげる現代資本主義に視点をおいた場合、古典的帝国主義の時代は、産業資本主義から現代資本主義にいたる一つの「過渡期」をなし、現代資本主義の「前期的段階」をなすと言った方がよい。過渡期とは大きく変化する時代であり、この変化をとらえる理論家・思想家の創造的意欲をあおる時代でもある。したがって、この時代の学説と思想は、マルクス以後、マルクス主義のもっとも創造的な成果をなしていた。時代の要請に合わなくなったと思われる古い理論および思想と対峙し、これを新たな次元で発展させようという諸家の理論的・思想的格闘は、今日の我々の目からしても興味がつきない。

しかし、他方で、我々は、二〇〇八年のいわゆるリーマン・ショックをシグナルとする未曽有の国際金融危機・経済危機の折に、にわかにマルクスの経済学（『資本論』）にたいする関心が高まったが、その割には帝国主義論が注目されることがあまりなかったという奇妙な現実に直面している。わたしは、その大きな理由の一つが、帝国主義論およびその学説史・思想史を研究する我々の姿勢にあったのではないかと考える。かつてはマルクス経済学においては、資本論、帝国主義論、現代資本主義論（全般的危機論と国家独占資本主義論）、あるいは宇野三段階論のごとく、原理論、段階論、現状分析と経済学体系を三つの段階に分けて整理するような考えがあった。そして、帝国主義論史研究においては、宇野理論の影響を強く受けて、この三つの段階を論理的に切断することが強調され、論理的につなげ、『資本論』からの理論的な継承・発展関係を直接問うような姿勢は、批判の的とされる傾向があった。あるいはレーニンの『資本主義の最高段階としての帝国主義』（一九一七年）を帝国主義論の最高の到達点とする観点から、帝国主義の「段階認識」が帝国主義論の各論者にあったかどうかに注目が集まった。『資本論』、帝国主義論、現代資本主義論という理論的な住み分けがなされて、各論者が資本主義の新しい時代に応じてマルクスの『資本論』をどう理論的に継承し発展させ、その理論を豊富化しようと腐心したのかということについては、検討が不十分なまま残された。その結果、帝国主義論は、資本論と現代資本主義論にたいする理論的継承関係のあまりはっきりとしない中間的理論として、宙に浮いてしまった。我々が今必要としているのは、現代資本主義下における諸資本の競争と蓄積の展開、景気循環、グローバリゼーションと国際金融危機を理論的に一貫して説明する経済学体系である。わたしは、現代の視点にたって『資本論』、諸帝国主義論の理論的な妥当性を問い、これらを組みかえつつ吸収した上で、抽象から具体へ、単純から複雑へと、現代資本主義の一貫した経済学理論体系を構築することこそが、現代の経済学者たちに課された課題であると考える。マルクスに注目が集まる一方で諸帝国主義論への関心が薄いという現象は、マルクス経済学が現代資本主義を理論体系的に解明する課題をはたしえていないという事実をかえって浮き彫りにしているように思われる。

かつてヒルファディングの『金融資本論』（一九一〇年）は、『資本論』の理論的発展・継承関係にこだわったせいで、レーニンの帝国主義論より低く評価される傾向があった。とくにヒルファディングが独自の観点から『資本論』を整理していった諸章については「余計なもの」と見なされるきらいがあった。しかし、今日の経済学的要請を考慮すると、わたしは、『金融資本論』において『資本論』との理論的発展・継承関係にこだわり、価値とか貨幣という抽象的レベルから帝国主義を解明しようとしたヒルファディングの研究姿勢には学ぶべき点が多いと考える。また、後年「組織された資本主義」論を唱えることによって帝国主義論から現代資本主義論への展開を示したヒルファディングこそ、帝国主義論史ひいては経済学理論において再評価の対象たりうると考えるのである。

もちろんその際、帝国主義論史の方法に関連して注意が必要である。つまり、ここで我々に問われるのは、現代の観点にたって過去の学説と思想を裁断することではない。絶えず反省され鍛えられる我々の「新たな認識水準」のもとで、それぞれの時代と社会に生きた学説・思想として、これらを史実にもとづいてできるだけ正確に把握することを心がけると同時に、時代的制約を超えて現代と未来を照射するその理論的可能性を見いだすことである。こうした二重の視点にたってこそ、帝国主義論史研究においてこれまで注意をひかなかったか見落とされてきた新たな事実や論点が浮かび上がる。

かつて日本でマルクス経済学の研究が盛んであった頃、ヒルファディングに関しても多くの研究が発表され、日本におけるヒルファディングの知名度も高かった。しかし、日本におけるマルクス経済学の理論的研究の衰退化とともに、ヒルファディングへの関心も薄れていったと思われる。こうした状況にたいして、『金融資本論』出版一〇〇周年は、ヒルファディング再考の機会をあたえる。わたしは、「帝国主義的段階認識」というかつての帝国主義論史研究の視点を超えて現代資本主義論に視座をおいたならば、ヒルファディングに関する学説史・思想史的研究の新たな論点が浮かび上がり、まだ我々に残された研究課題が多くあると考える。とくにヒルファディングは、大きな視点で、彼が生きた時代と社会を読み解いた偉大な理論家であり思想家であった。我々は、経済学史研究において、職業としての学問を志す上では、細かく地道な作業をおこなうことを必須とするが、細かな研究に拘泥するのではなく、現代という時代と社会を読み解くといった姿勢を絶えずもちつづけ、この観点から自己の研究を位置づけるということも必要としているであろう。我々は、この点でも、ヒルファディングに学ぶべきことが多い。本書では、こうした意識をもって、わたしのこれまでの研究を集約しつつ、帝国主義論から現代資本主義論への展開という関心から、「わたしのヒルファディング論」を論じたい。第一部の『金融資本論』研究においては、弁証法、価値論、信用論そして恐慌論の基本的な知識がなければ一部理解するのが難しいと思われる論点もあるが、本書全体は概ね平易に書かれている。本書で帝国主義論から現代資本主義論への理論史的な大河をわたしとともに根気よく上っていくことを、読者に期待したい。

凡例

・本書では、『金融資本論』（一九一〇年）からの引用等に関する出所については、Rudolf Hilferding, *Das Finanzkapital*, Eingeleitet von Eduard März, Europäische Verlagsanstalt, Frankfurt am Main-Köln 1974を用い、本文中に埋め込む形で示す。またその際、ヒルファディング『金融資本論』林要訳、国民文庫、一九六四年の頁数をも併記する。

・本書の作成に利用した初出の拙稿は、章ないし節の終わりに付記する。

・洋文献からの引用文中で傍点を付しているのは、原文が隔字で表記されているものである。

・アムステルダム社会史国際研究所は、ＩＩＳＧと略記する。

・ＡＤＧＢは、ドイツ労働組合総同盟である。

・ＳＰＤは、ドイツ社会民主党である。

・ＳＡＩは、社会主義労働インターナショナルである。社会主義労働インターナショナルは、第二インターナショナルと記すこともある。

・ＵＳＰＤは、ドイツ独立社会民主党である。

ルドルフ・ヒルファディング　目次

目次

はしがき　i

凡　例　v

序章　ヒルファディングの生涯と思想――3

（1）オーストロ・マルクス主義者への道／（2）第一次大戦とヒルファディングの転換／（3）ドイツ一一月革命と社会化論／（4）ワイマール・ドイツと「組織された資本主義」論／（5）世界大不況、ナチズムそして亡命

第一部　『金融資本論』研究

第一章　『金融資本論』の方法と理論構造――25

第一節　ヒルファディングの経済学方法論――理論と政策　25

（1）経済学体系の三分法と経済政策論の課題／（2）経済政策論における歴史的三段階論／（3）理論経済学と経済政策論の対象と叙述の方法／（4）経済政策論の叙述方法とは具体的に何か

第二節　『金融資本論』の理論構造　44

（1）『金融資本論』執筆上の問題意識／（2）上向法と下向法の独自な適用／

（3）「信用一元論的方法」？／（4）第三篇の課題と位置づけ／（5）『金融資本論』の理論構成上の矛盾
第三節　経済学方法論と「組織された資本主義」論　61
（1）諸解釈／（2）弁証法の理解／（3）交換の分析／（4）生産の無政府性と組織化／
（5）価値法則と「組織された資本主義」／（6）小括

第二章　金融資本概念の再検討　95
第一節　ヒルファディングの金融資本概念の諸解釈　95
第二節　『金融資本論』の理論構成と金融資本概念　99
第三節　金融資本と信用制度　107
（1）定義の解釈／（2）資本信用と株式会社／（3）利子うみ資本の「最高」形態としての金融資本／
（4）金融資本の定義と独占規定
第四節　金融資本と「組織された資本主義」　129

第三章　ヒルファディング恐慌論の意義と限界　137
第一節　ヒルファディング恐慌論前史と恐慌論の彼の執筆動機　139
第二節　恐慌の本質論　144
第三節　景気循環における恐慌の諸原因　149
第四節　ヒルファディング恐慌論の評価　165

第四章　ヒルファディングの経済政策論――経済学史の視点から――　171
第一節　『金融資本論』第五篇の理論構成　172
（1）第二一章　貿易政策における転換／（2）第二二章　資本の輸出と経済領域をめぐる闘争／（3）第二三章　金融資本と諸階級／（4）プロレタリアートの経済政策（第二四－二五章）
第二節　ヒルファディング「帝国主義」論と自由貿易政策論　179
第三節　金融資本と国家　189
第四節　ヒルファディング「帝国主義」論解釈の視点――諸説の批判――　198
（1）帝国主義の「段階認識」と自由貿易政策／（2）ヒルファディングの自由貿易政策論と歴史の問題
小　括　212

第二部　ヒルファディングの「組織された資本主義」論

第五章　「組織された資本主義」論――――――――217
第一節　「組織された資本主義」論の形成　220
（1）純理論的仮定としての「組織された資本主義」／（2）戦争と革命をへて
第二節　「組織された資本主義」論の理論的性格　231
（1）帝国主義論後の世界／（2）「組織された資本主義」論の一般的考察／（3）農業綱領の問題／（4）合理化運動について／（5）労資関係の変化／（6）国家と政治の経済的役割／（7）小括
第三節　一九二九年世界恐慌と「組織された資本主義」論　281

第六章　「経済民主主義」論　287
第一節　社会化と経済民主主義　287
第二節　「経済民主主義」論の展開　298
（1）経済民主主義とは何か／（2）「建設的社会主義」論と経済の民主化／（3）小括
第七章　「現実主義的平和主義」論　321
第一節　「現実主義的平和主義」への道　321
（1）「現実主義的平和主義」とは何か／（2）「現実主義的平和主義」論から『金融資本論』への逆照射
（5）小括
第二節　「現実主義的平和主義」と自由貿易政策　332
（1）国際的な保護主義の動き／（2）農業関税論／（3）工業関税論／（4）『ヨーロッパ合衆国』構想／
（3）反戦政策／（4）植民地問題／（5）小括
第三節　「現実主義的平和主義」と帝国主義　350
（1）「現実主義的平和主義」の提起／（2）戦後世界情勢分析――アングロサクソン・ヘゲモニー／
第四節　「現実主義的平和主義」論その後　371
（1）「現実主義的平和主義」論の現実的な役割／（2）「現実主義的平和主義」論の挫折
終章　ヒルファディングと現代　377
（1）『金融資本論』と「組織された資本主義」論／（2）「組織された資本主義」論と現代資本主義論

補遺　戦後の我が国におけるヒルファディング研究史――― 388
あとがき　395
人名索引

ルドルフ・ヒルファディング

——帝国主義論から現代資本主義論へ

序章　ヒルファディングの生涯と思想

（1）オーストロ・マルクス主義者への道

ヒルファディングは、一八七七年八月一一日ウィーンで生まれた[1]。父親は、保険会社の会計主任[2]でユダヤ人であった。ユダヤ人として生活の糧を得るために、ヒルファディングは、一八九四年一〇月にウィーン大学医学部に入学し、医者になる道を選んだ。そして一九〇一年に医学博士の学位を獲得し、卒業した。

ヒルファディングはすでにギムナジウムの時（一六歳の時）に学生社会主義サークルに加わり、社会主義にたいして並々ならぬ関心を示していた。ウィーン大学時代も学生社会主義グループ（Freie Vereinigung sozialistischer Student und Akademiker）の活動をおこない、それをとおして、カール・レンナー、マックス・アドラー、オットー・バウアーら、後にオーストロ・マルクス主義の代表的な人物となる若者たちと知り合い、友情を誓い合うにいたった。彼らオーストロ・マルクス主義者たちは、二〇世紀初頭、マルクスが未完のままに終えたか遺り残した仕事に大いなる関心をもち、当時の現実の実践とのかかわりでマルクス主義を発展させようとした。彼らは、ウィーン中心部にあるカフェー・ツェントラルによく集まった。そして、ベルンシュタイン修正主義、マルクス経済学の理論的問題、哲学の最新流行理論（新カント主義、マッハ主義）、最新資本主義の諸現象などについて、若き情熱に任せて、活発に議論したのであった。互いに切磋琢磨するなかで、ヒルファディングは、彼の得意な分野であるマルクス経済学の認識を深めていった。

ウィーン大学卒業後、ヒルファディングは、ウィーンで一般開業医[3]として開業した。一九〇四年に、同じくユダヤ人で一般開業医の、六歳年上の女性マルガレーテと結婚し、その結婚生活をとおして二子をもうけた。

若きヒルファディングは、医業に携わる一方で、経済学の研究をつづけた。一九〇二年四月二三日カール・カウツキーに手紙を書き、彼の処女論文である「ベーム・バヴェルクのマルクス批判」を送付し、国際社会主義理論誌として高名な『ノイエ・ツァイト』誌にこれを掲載するように依頼した。『ノイエ・ツァイト』編集者カウツキーは、マルクス、エンゲルス亡き後、マルクス主義の最高の理論家と目され、マルクス主義の「法王」とさえ言われた。このカウツキーに認められ、『ノイエ・ツァイト』に自己の論文を掲載することは、若きヒルファディングにとってマルクス主義理論家の道を志す上での登竜門をなした。しかし、この論文は、長すぎるという理由で、カウツキーに掲載を断られた。とはいえカウツキーは、ヒルファディングの才能をただちに認め、今後も『ノイエ・ツァイト』に寄稿するように促した。この論文は、結局、二年後、オーストロ・マルクス主義者たちが創刊した『マルクス研究』の第一巻に発表されるにいたる[4]。

カウツキーに手紙を書いて後、ただちに『ノイエ・ツァイト』へのヒルファディングの寄稿がはじまった。一九〇二年には「価値論の歴史によせて」という書評論文、一九〇三年には、「ウア・フィナンツカピタール」といわれる「保護関税の機能変化」それに「ゼネラルストライキの問題によせて」という政治論文等を続々と発表した。一九〇四年には多数の書評を載せている。『ノイエ・ツァイト』における、この時期の諸論文、書評にみられるように、ヒルファディングの関心は、価値論、帝国主義的通商政策、政治問題と幅広いものであった。こうした幅広い関心が、後の『金融資本論』の作成に結びついたのである。

ところで、ヒルファディングは、いつごろ『金融資本論』執筆を思いたつにいたったのだろうか？　一九〇五年五月二七日付けのカウツキー宛の手紙において、彼は、「わたしは今、わたしの金融資本に、まだタイトル以上にはそこにありませんが、いよいよ着手したい」と語っている。一九〇五年におけるその後のカウツキー宛のいくつかの手紙のなかで、彼は『金融資本論』の執筆状況を述べている。[5] またこの時期、明らかに金融資本につながる視点から経済展望をおこなった論説もある。[6] このように、一九〇五年にヒルファディングが『金融資本論』の執筆に着手したのである。

しかし、この時期、他方で、ヒルファディングは、医業に時間がとられる、必要な文献等が得られないなど、ウィーンで研究をつづけることの限界を感じ、発達した資本主義国ドイツの首都、カウツキーのいる社会民主主義運動の本場ベルリンにでることに憧れはじめていた。問題は、そこで安定した収入を得る職を探すことである。この点、一九〇六年、ドイツ社会民主党（SPD）は、ベルリンに党中央学校を設立することを決定した。カウツキーの推薦もあり党首のベーベルは、ヒルファディングを教師のひとりとして呼ぶことを決めた。ヒルファディングには、教師の報酬（三、〇〇〇マルク）に加えて、『ノイエ・ツァイト』の原稿料それに党中央機関紙『フォアヴェルツ』に参加することによる報酬（二、〇〇〇マルク）が見込まれた。[7] これによって、ヒルファディングが十分に生計をたてうると考えられた。こうしてヒルファディングは、一九〇六年一一月一五日に開校された党学校の教師陣に加わることになった。党学校では、彼は、経済史と国民経済学を担当した。しかし、彼の党学校教師としての活動は一年とはつづかなかった。党学校二期目がはじまる一九〇七年一〇月一日の直前、プロイセン警察の横槍がはいり、パネクークとヒルファディングを学校教師から排除せよ、さもなくば追放すると最後通牒がつきつけられた。結局、ヒルファディングは辞任し、その後釜にローザ・ルクセンブルクが座ることになった。それ以後、彼は、『ノイエ・ツァイト』での活動をつづけると同時に、『フォアヴェルツ』編集局にはいり、外交政策担当の編集員となった。[8]

一九一〇年、ヒルファディングは、待望の『金融資本論』[9]を出版した。カウツキーとオットー・バウアーがただちに書評を書いた。バウアーは、『金融資本論』を「『資本論』の続刊」と評価し、カウツキーも、「『資本論』第二巻および第三巻の真の継続である」と評した。概して『金融資本論』の評判は高く、ヒルファディングは、『金融資本論』の著者として社会主義理論家のなかに不動の地位を占めるにいたった。[10]レーニンも、その帝国主義論のなかで、「『資本主義の発展における最新の局面』…の高度に理論的分析の書」として、ホブソンの『帝国主義論』と並んで『金融資本論』を高く評価した。『金融資本論』は、独占と金融資本を中心に最新の資本主義を体系的・理論的に分析し、金融資本の経済政策として帝国主義を特徴づけ、それが植民地分割闘争をとおして世界戦争に結びついていく必然性を示すことによってマルクス理論の発展を試みたものであった。そして、そのことによって、全体として、ベルンシュタイン修正主義によるマルクス批判に応えたものであった。『金融資本論』は、いわば「資本主義の組織化」論を示し、カルテル化の進展から一般カルテル General Kartell の形成を展望し、金融資本の完成形態において意識的に調整される「貨幣なき社会」の到来を抽象的・理論的に述べる性格をもっていた。が、他方で、一般カルテルの形成は「社会的・政治的」に現実には不可能事であると指摘し、当時の資本主義を社会主義の前夜とみなし、「帝国主義戦争→資本主義の危機→革命」を展望する左翼的理論であった。

(2) 第一次大戦とヒルファディングの転換

『金融資本論』執筆以後、第一次大戦前夜の時期にかけて、ヒルファディングは、帝国主義的世界戦争への危機の深まりを確認しつつ、「危機→革命」への展望を繰り返し示した。しかし、政治路線においては、ドイツ社会民主党内のマルクス主義中央派に属した。ヒルファディングによれば、マルクス主義中央派は、議会主義的改良戦術の道を歩むべきだとする右派、プロイセン選挙法改革等にたいしては大衆ストライキで戦うべきだとするローザ・ルクセンブルクら急進的左派からの攻撃と批判にたいして党執行部を擁護する立場から生じた。その基本的立場は、大衆ストライキといった冒険を避ける一方で、改良主義的な戦術を批判し、政府の法案にたいする反対をつらぬく「原則的拒否」という議会戦術を固持し、社会主義を実現する「来る日」が到来するまで党組織を温存し、守り育てることにあった。かつてベルンシュタイン修正主義にたいして共に戦った左派は、今や、カウツキーらマルクス主義中央派とルクセンブルクら急進的左派に分裂するにいたった。ヒルファディングは、カウツキーと党指導部の側にたった。しかし、この党指導部は、しだいに官僚化と右傾化を強めていった[11]。

党指導部のこの傾向の行き着くところは、一九一四年八月、第一次大戦勃発時に、社会民主党帝国議会議員団が政府の戦時公債承認に走ったことで示された。開戦直前にヒルファディングは、ベルリンを離れていたが、彼のオーストリア国籍を理由に当局から国外退去命令を受けた。が、右派のジューデクムの取りなしで、これは撤回された。ヒルファディングは、右派から党の方針を穏健に『フォアヴェルツ』紙に反映することを期待されていたようである。しかし、彼は、『フォアヴェルツ』編集部が、党議員団による戦時公債承認を批判する声明を党指導部に送った時、これを支持した。彼は一九一四年九月二七日と一九一五年一月一二－一三日に開催された党委員会に『フォアヴェルツ』編集部を代表して参加した。そして、第一次大戦の帝国主義的性格を指摘し、政府の戦争政策、併合政策にたいする反対の姿勢を示した[12]。ヒルファディングは、このように、第一次大戦開戦当初『金融資本論』における彼の帝国主義認識に忠実にふるまったのであった。

しかし、政府による厳しい言論統制下、ヒルファディングはさしたることもできないうちに、オーストリア＝ハンガリー帝国の召集を受け、一九一五年四月ごろ、ベルリンから故郷のウィーンにもどった。ウィーンでおよそ一年あまり軍医として勤務した後、一九一六年七月にイタリア戦線後方のチロル地方に向かった。そしてそこでロシア革命勃発のニュースを耳にすることになったのであった[13]。

ベルリンからウィーンにもどった一九一五年以来ヒルファディングは、軍医として勤務するかたわら、『ノイエ・ツァイト』それにオーストロ・マルクス主義者の理論誌『カンプ』（一九〇七年創刊）に活発に論文を発表しはじめた。これらの諸論文で、彼は、政府の戦争政策に迎合して戦争協力に走る社会民主党指導部と右派を批判し、第一次大戦が帝国主義戦争であることを強調し、戦争に反対して、来る時代に備えるべきだと主張した。この時期におけるヒルファディングの考えは、基本的に『金融資本論』に依拠したものであったが、そこには重要な変化も見られた。彼は、戦争勃発時に労働者大衆が戦争に熱狂し、戦争に協力する右派党指導部の後にしたがった事実に注目する。この事実を、彼は、一八九〇年代以降の資本主義の繁栄によって労働者の生活水準が改善し、この改善によって労働者大衆が資本主義への「体制順応傾向」にとらわれたという理由から説明する。そして、戦後の発展を、社会主義か「組織された資本主義」かという二者択一の形で展望する。それにたいして『金融資本論』では、帝国主義に自由貿易ではなく社会主義を対置し、資本主義の危機から社会革命を予測していた。戦時中、ヒルファディングは、国際労働運動の分裂、党内右派の戦争協力とその背後に従う労働者大衆の「体制順応傾向」という事実にぶつかり、「危機→革命」という彼の展望に動揺をきたした。そして動向のいかんでは、経済の計画化を成しとげた「組織された資本主義」の実現も戦後にありうると考えた。彼は今や、帝国主義にたいしては、プロレタリアートの政策として自由貿易を対置し、また「組織された資本主義」のもとで国際平和を見通す「超帝国主義論」的な考えも示したのであった[14]。

一九一六年三月、戦争予算の審議にあたって社会民主党議員団が分裂した。戦争反対派（少数派）は、一九一七年四月ついに独立社会民主党を結成するにいたった。ヒルファディングはこの党に加わった。

(3) ドイツ一一月革命と社会化論

一九一八年一一月キール軍港での水兵たちの反乱をきっかけに「ドイツ一一月革命」が勃発した。これを受けて、ハーゼら独立社会民主党三人とエーベルトら社会民主党三人の代表者からなる人民代表委員政府が形成された。独立社会民主党の幹部会は、党中央機関紙『フライハイト』の創刊を決め、その編集長をヒルファディングに任せることにした。ヒルファディングは、当時、まだオーストリアにいた。できるだけ早く彼をベルリンに復帰させることが党幹部会の早急の仕事となった。『フライハイト』紙は一一月一五日に創刊され、その一週間後にヒルファディングがベルリンに到着した。彼は、たちまち編集長としての才幹を発揮し、最初は三万部であった『フライハイト』の発行部数をわずか半年で二五万部に伸ばした(15)。

ヒルファディングは、ベルリンへの復帰早々、『フライハイト』紙を舞台に、革命のとるべき方向を示そうとした。また党の理論的指導者として幹部会員になり、党大会に主要報告者として登壇した。労兵評議会(レーテ)大会、労働組合大会で重要な報告をおこない、政府が設置した社会化委員会の委員に就任している。彼は、このように理論家であると同時に実践家、政治家への道をすでに歩みだしていた(16)。

戦時中にヒルファディングは、「組織された資本主義」か社会主義という二者択一の展望を示したが、今や社会主義の方に歴史の判定がくだされるにいたったと考えた。一一月革命期の彼の課題は、ロシア革命のボリシェヴィズム(共産主義)とは異なる西欧の先進国ドイツにおける社会主義への道を見いだし、これを宣伝し、そして実現することにあった。彼は、レーテ(ソビエト)独裁の道を否定し、国民議会で多数を握ることが社会主義実現の確かな道であると主張した。とはいえ、彼によれば、人民代表委員政府は、やるべき多くの過渡期の任務をもつ。何よりも社会主義の魅力を示し、宣伝することである。こうして、一九一八年一一月二一日に、ハーゼの要望によって第一次社会化委員会が発足した時、ヒルファディングは、『フライハイト』編集長の肩書きでこれに参加した。社会化とは、Sozialisierungの訳で、ヒルファディングの考えでは社会主義化を意味した。労働者のなかではそれは、当時のドイツに相応しい社会主義実現の道を示すものとして、時のスローガンとなった。

一二月一六日から第一回全国労兵評議会（レーテ）大会が開催された時、社会化に関する主報告をおこなったのは、ヒルファディングであった。この報告で彼は、①経済的に成熟した部門であり、②資本家から重要な経済的権力を奪うものとして、重工業からの社会化を提起し、まずはここから出発して波及的に他の部門を社会化する道を示した。その際、注目すべきことに、戦後のドイツの経済事情を考慮し、生産の再開と経済を混乱におとしいれることなき社会化を強調した。

ヒルファディングは、一一月革命当初、人民代表委員政府を「社会主義政府」とみなし、エーベルトら社会民主党が労働者階級の革命的期待を裏切らないだろうと考え、そしてそう主張した。しかし、エーベルトらは、社会主義を実現する意思がなく、早期の国民議会選挙実施に関心を集め、さらには旧軍部と結託して革命運動を抑えこむことさえ企てた。最初の不吉な兆候は、一二月二四日の人民海兵師団事件に示された。エーベルトら社会民主党出身の人民代表委員は、賃金支払いの遅延にたいする人民海兵師団の兵士の抗議行動に向かって、反革命的義勇軍を用いて攻撃した。これに抗議して、一二月二九日ハーゼら独立社会民主党出身の人民代表委員が辞職した。そして、これに、ドイツ共産党指導者ローザ・ルクセンブルクとカール・リープクネヒトの虐殺に終わる一九一九年の「ベルリン一月闘争」がつづいた。ヒルファディングは、これをドイツ革命の「マルヌ戦」と呼んだ。以後革命運動が退潮していくなかで、彼は、しだいに社会化に関して悲観的に思うにいたった。

ヒルファディングは、状況の変化に直面して、社会民主党指導部の「裏切り」への批判を強める一方で、（下からの）

労働運動の統一を提唱し、独立社会民主党の党勢拡大を願った。しかし、独立社会民主党の党勢拡大は、現実には、同時に党内における共産主義の影響拡大をも意味した。党内では、議会主義的手段を使うことを非難し、レーテ独裁の道を掲げ、ひいては共産党への合流を望む勢力がますます拡大していった。一九一九年夏からは、独立社会民主党の全国会議、党大会において、時として党内左派に迎合しつつも、議会的方法の重要性を訴え、ロシアとは異なるドイツの事情を指摘するヒルファディングの守勢にまわった姿勢が目立つ。とくに一九一九年一一月七日党首ハーゼが暗殺され、重要な後ろ盾を失って以降、ヒルファディングは党内でますます苦境にたたされるにいたった。

一九二〇年三月一三日反革命的な武装蜂起であるカップ一揆が生じた。一揆は、労働者のゼネストと抵抗によって失敗に終わった。そのなかで、「社会化の即時着手」の要求が強く打ちだされた。三月二六日に形成された社会民主党のヘルマン・ミュラーを首班とする政府は、この要求に押され、四月に第二次社会化委員会を招聘するにいたった。これは、ヒルファディングに新たな活動機会を提供した。が、彼が委員として加わったこの社会化委員会では、第一次のとは異なり、ラーテナウをはじめ、審議の内容を資本家的・実務的観点に狭めようとする勢力が強かった。会議に参加するヒルファディングにも、しばしば戸惑いが見られた。

一九二〇年一〇月五日、第一回全国経営協議会大会が開催された。この大会で、ヒルファディングは、「社会化と諸階級の力関係」という長大な報告をおこなった。この報告は、ヒルファディングが社会化論をもっとも詳しく論じたものとして重要である。報告で、ヒルファディングは、社会化の権力問題、生産者・消費者・全体の代表からなる社会化の管理組織論など、社会化論の要点を述べる。他方で、彼は、当時の状況を考慮して、まずは石炭産業だけの「個別的社会化」を提起し、ひいては「組織された資本主義」か社会主義という二者択一を再びもちだした。一九二〇年六月には、中央党のフェーレンバッハを首班とする純ブルジョア政府が登場していた。また七月には、コミンテルン第二回大会で、独立社会民主党代表団は、ヒルファディングら中央派の排除と独立社会民主党のコミンテルンの一支部化を強要する二一ヵ条のコミンテルン加入条件をつけられていた。ヒルファディングが社会化報告をおこなった時、独立社会民主党の分裂の危険がひしひしと迫っていたのである。彼は、嫌でも社会化に関する厳しい見とおしを意識せざるをえなかった。

一九二〇年一〇月一二日に開催されたハレ臨時党大会は、独立社会民主党の分裂党大会となった。コミンテルンを代表して出席したジノヴィエフの報告に対抗するヒルファディングの報告は、革命期にはたした彼の役割の自己弁護に満ち、あたかも革命への惜別の辞のようであった。

(4) ワイマール・ドイツと「組織された資本主義」論

独立社会民主党が分裂し、多数派が共産党に大挙して合同した後、ヒルファディングは、残された少数派とともに、二年近く、党の残骸にとどまった。一九二一年から二三年にかけての時期は、ヒルファディングにとって一一月革命と社会化運動を総括し、そこから新たな道を引きだしていく過渡期をなした。彼は、一九二一年を「革命的発展の谷底、反革命の時期」とみなした。嵐のような革命運動が退潮した今、彼は、戦後に主導国となったイギリスとアメリカにおいて資本主義体制が揺るがなかったという事実、それに戦後恐慌が「労働者の攻勢力をも弱体化」させているという事実に直面した。そして革命の諸成果とりわけ議会制民主主義を守り、これを前提にして新たに階級闘争を展開することが労働運動の課題になっていると考えた。彼は、経済状態が悪化した状況では新たな改良的成果を獲得することが難しくなり、「改良主義的戦術から基盤が奪」われると指摘し、革命の諸成果を守るという共通の目標で、分裂した労働運動の再統一が課題となると主張した。[17]

こうして、ヒルファディングは、独立社会民主党と社会民主党の合同に向けて努力しはじめる。しかし、彼のこの努力は、独立社会民主党内では評判が悪く、彼が改良主義の方に歩み寄っていったと理解された。彼は、党内で苦境にたたされた。強引に社会民主党との統一に向けて積極的に働きかけたため、ヒルファディングと『フライハイト』編集部は、党指導部によって不信任を突きつけられ、一九二二年三月二八日、辞任を余儀なくされた。二つの党の統一の機運は、七月二日右翼によるラーテナウ外相の暗殺後の危機意識から生じた。強まる右翼反動化傾向にたいして共和国を防衛するために、独立社会民主党指導部は、社会民主党との協力を考えざるをえなくなった。一九二二年九月二四日、独立社会民主党と社会民主党は、ニュルンベルクでの両党合同大会において統一するにいたった[18]。

ヒルファディングは、過渡的なこの時期、組織労働運動（労働組合運動等）の力を高めるためにも、まずはドイツの戦後経済再建を目標として掲げた。そして、経済再建を妨げる戦争賠償問題の解決をめざした。彼は、社会化委員会での議論で、賠償支払いにおける外貨調達と租税負担の問題を論じたし[19]、論文、報告のなかでも賠償問題に触れた。ヒルファディングは、また、国際平和の形成の道を模索しはじめた。つまり、彼は、国際平和下、戦後ドイツ資本主義の再建と発展をとおした組織労働運動の力の強化に社会主義への新たな道を見いだした。この新たな道は、社会化論から経済民主主義論への転換において示される。ヒルファディングは、革命の諸成果のなかでも経営協議会法に注目し、「職場と工場における民主主義、生産過程への労働者の参加」という方向で、「産業自治権」をめざす戦いが切り開かれたと強調する。彼によれば、所有の転換が社会化の目標であったとすれば、経済業務に携わるすべての人々による経済の管理運営の実現が新たな目標となる。「経済民主主義としての社会主義という新たな思想が生じ」、その実現が労働者階級の新たな任務となる[20]。ヒルファディングは、このように、社会化のように直接所有の転換をめざすのでなく、労資の共同決定権のもと職場と工場で日々戦われる産業自治（経済民主主義）を形成する道を示すにいたった。

一九二一年から一九二三年にかけて、ヒルファディングは、社会民主主義理論家であるのみでなく、時の具体的な政治経済問題に携わり、実際的な政治家としての道をいっそう歩んだ。一九二一年六月にはカウツキーの後任として全国経済協議会の委員となった。ライヒ財務省の次官、大臣の経済政策ブレーンの肩書きもこの時期のヒルファディングに見られる。(21) 先に述べたニュルンベルク両党合同大会では、統一社会民主党幹部会員に選ばれた。(22) 彼は、一九二三年八月一三日、シュトレーゼマン内閣の財務相に就任し、当時のドイツのインフレーションの終息をはかるため、通貨改革、財政改革に取り組んだ。しかし、ドイツ人民党の政略の犠牲となり、財務相を六週間務めただけで、一〇月はじめ辞任を余儀なくされた。通貨改革は後任のルターと政府通貨委員シャハトに委ねられた。彼らのもと、一九二三年一一月中旬新通貨レンテンマルクが発行され、ドイツ経済はインフレーションの収束と安定に向かったのであった。(23)

一九二三年にヒルファディングは、新たに創刊される社会民主党理論誌『ゲゼルシャフト』の編集者となった。彼は、カウツキーの後継者として、社会民主党の理論的指導者となったのであり、この雑誌を中心に新時代における労働運動の理論的指針を示すことになる。一九二六年に採択された社会民主党の新綱領（ハイデルベルク綱領）の起草者ともなった。彼は、政治的実践家としても活躍した。一九二一年から一九三三年まで社会民主党の幹部会員に名を連ね、ほとんどの党大会に主要報告者として登壇した。一九二三年に創設された社会主義労働インターナショナル（ＳＡＩ）においても重要な役割をはたし、その大会で報告をおこなっている。また、一九二四年にはライヒ議会議員に選出され、ヒトラーの権力掌握まで議会で活躍した。社会民主党を代表する経済専門家として、彼は、自由貿易、二国間貿易協定、租税・予算改革、社会福祉政策などをめぐって、幾度となくライヒ議会の議壇にたった。その現実的に研ぎ澄まされた知性は、ブルジョア政治家にも尊敬され、彼は、中央党のハインリヒ・ブリューニングや民主党のオスカー・

メイヤーとも親交を交わすことになった[24]。この時期、ヒルファディングは非常に多忙であった。彼はカウツキー宛の手紙（一九二四年七月一九日付け）のなかで、①貨幣論における「中央銀行の信用政策による景気循環の制御の問題」と②「国家の政治理論」の二つの問題に理論的な関心を示している[25]。だが、政治的多忙のゆえに、この課題をはたしえなかった。

私生活の面では、議員報酬（年俸九〇〇〇レンテンマルク）に『ゲゼルシャフト』からの収入をあわせて、ヒルファディングは、かなりエリート的な生活を送れるようになった。一九二三年彼は、長らく遠く離れて暮らしてきたマルガレーテと離婚し、翌年ローザ（Rosa Lanyi）と再婚している。

インフレーション収束後の資本主義のいわゆる「相対的安定期」にヒルファディングが打ちだした理論は、「組織された資本主義」論と言われる。この時期、彼はまとまった理論書を残していない。しかし、彼が書いた論文は、決してジャーナリスティックで永続的な関心がもたれなかったものではない。党大会報告等とあわせて、彼の論文はほとんど、「組織された資本主義」・「経済民主主義」・「現実主義的平和主義」という三つの柱からなる「組織された資本主義」論を構成するか、これを指針としていた。

一九二四年、ヒルファディングは、『ゲゼルシャフト』創刊号に「現代の諸問題」という論文を発表した。この論文は、新時代の労働運動の指針を示した「綱領的文書」であった。彼は、そのなかで、資本主義がまだ平衡を取り戻していない不安定な状態にある状況で、金融資本による組織化「傾向が障害なくつらぬくとすれば」「組織された資本主義」が到来すると予測し、その上で「経済民主主義」の道と「現実主義的平和主義」の可能性を述べた。そして、一九二七年のドイツ社会民主党キール党大会での報告で、その後のドイツ資本主義の発展を踏まえ、「組織された資本主義」の時代の到来を宣言した。彼の「組織された資本主義」論は、組織労働運動の力強い発展のために、戦後ドイツ資本主義の再建と繁栄が必要である考え、また景気循環のコントロールの可能性を示したものであった。そして、一一月革命期とは異なる意味で、すなわち、経済と経営の運営で、経済民主主義への方向で日々闘争が戦われるという意味で、社会主義の実現が時の課題となっている（「建設的社会主義」論）と主張したものであった。キール党大会での報告では、ヒルファディングは、とりわけ国家による経済の民主的規制の意義を強調し、来るライヒ議会の選挙闘争で勝利することを訴えた。[26]

（5）世界大不況、ナチズムそして亡命

一九二八年のライヒ議会選挙で社会民主党は大躍進をとげた。この選挙結果を受け、社会民主党を第一党とし、これに中央党や人民党などブルジョア政党を加えた「大連合」政権が形成された。社会民主党のヘルマン・ミュラーを首班とするこの政権で、ヒルファディングは財務相に就任した。彼は、しかし、ぼう大な財政赤字問題に直面し、その処理をめぐって苦境にたたされた。とりわけドイツを襲った経済不況の深刻化のもと財政危機に対処するために提出した、増税と財政支出の削減を内容とする彼の財政改革案は、資本家側、労働者側の双方から非難ないし拒否された。結局、一九二九年一二月に政府の財政政策を批判するライヒスバンク総裁シャハトの覚書がでるや、ヒルファディングは、シャハトのこの干渉に抗議して辞任を余儀なくされた。[27] そして、少し後にヘルマン・ミュラー政権の崩壊も、これにつづいたのであった。

一九二九年の世界大恐慌そしてこれにつづく大不況は、ヒルファディングを苦境におとしいれた。彼は、カウツキー宛の一九三一年一〇月二日付の手紙において、いかに恐慌を取り除くか、どんな効果的な手段を使用すべきか、具体的には語りえないと述べた。一二月二一日付の手紙では、「信用メカニズムの停止と世界貿易の停滞がなお長くつ

づくならば、何がおきるか実際にはわからない」と語っている。しかし、彼は、恐慌が資本主義の矛盾の爆発であり、何をやっても無駄だと考えたのではない。確かにドイツ労働組合総同盟（ＡＤＧＢ）が提起した、インフレーションをともなうと思われる公共投資による雇用拡大計画（ＷＴＢ計画）には反対した。が、他方では、アメリカとフランスを中心にした国際金融協定、銀行局や信用政策局の設置による信用管理の強化によって不況に対処することを提案した。この時期、彼は、「組織された資本主義」論を放棄したのではない。彼は、大資本における経済の組織化による生産の無政府性の克服の試みがまずは失敗したと述べたが、「組織された資本主義」論的見地にたち、私的組織化の限界を踏まえて、国家による経済管理の強化によって危機を克服することを唱えたのであった。彼は、今や、一九二〇年代の時期を、戦争がもたらした種々の経済的不均衡の拡大過程とみなし、世界恐慌に「戦争の根本的清算」を見いだした。

ヒルファディングは、しかし、ブルジョア陣営の抵抗に会い、経済的危機にたいして有効な手立てを打てないまま、共産主義者とナチスの勢力拡大を憂鬱に見つめなければならなかった。この点、彼は、「民主主義の維持をめぐる闘争だけでは、広範な大衆を心理的に満足させるのに十分ではないので、政治的状況はますます危機的になる」と述べている。とりわけ、彼は、ナチスの勢力拡大に最大の危険を見いだした。彼は、ナチスによる政権掌握を防ぐ意味で、より少ない害悪を選び、大統領権限にもとづく、反議会的なブリューニング政府にたいして「寛容政策」をとった。彼は、経済恐慌の克服までできるだけ時間を稼ぎ、ナチスの躍進を抑えることを考えた。つまり、ナチスにたいして「消極的抵抗」を試みたのである。だが、一九三三年一月、ヒトラーが首相に就任した。そして二月末に、ヒルファディングは、二度と帰らぬ亡命の旅へとたださざるをえなかった(28)。

ヒルファディングは、全権法を制定した後ナチスがＳＰＤの指導者たちを逮捕するという情報をつかんだブリューニングの助言に従い、逃亡を決意した。そして、社会民主党ライヒ議会議員オットー・エッガーシュタットとともに、デンマーク国境を越えた。ヒルファディングが出発して直ぐ後、ナチス突撃隊が彼のアパートに踏み込んだ。デンマークから彼は、ザールブリュッケンをへてパリに向かった。パリでは、五月末他の亡命者たちと会い、彼らとの会話をとおして、弾圧の荒れ狂うドイツに帰ることの危険を悟った。六月に彼はチューリッヒに移り、小さなホテルに住んだ。そして一九三八年までチューリッヒで暮らしたのである。[29]

ヒルファディングは、さっそく精力的に活動しはじめた。オットー・ウェルズら社会民主党の旧指導者たちは、チェコスロヴァキアのプラハに本拠を定め、ゾパーデという組織を形成した。そして、一九三三年六月から、フリードリッヒ・シュタムプファーを編集者とする新機関紙『ノイアー・フォアヴェルツ』を発刊した。ヒルファディングは、すぐにこの機関紙の寄稿者となった。リヒャルト・ケルンのペンネームで彼が書いた論説は、つづく七年間で、二五〇を超えると言われている。[30] また、彼は、一九三三年一〇月に発刊された理論誌『ツアイトシュリフト・フュア・ゾティアリスムス』の主任編集者となった。

一九三四年一月はじめ、ヒルファディングはプラハに向かった。そこで長い討議の末、彼の起草した新綱領「革命的社会主義の闘争と目標」(プラハ宣言)が採択された。この新綱領は、一月末『ノイアー・フォアヴェルツ』、『ゾチアリスティッシュ・アクチオーン』に発表された。[31] それは、革命的エリートのグループの指導する非合法の革命闘争によってヒトラー独裁を打倒し、国家機関を人民大衆の支配の道具にして、階級支配のない自由な社会主義社会をめざすことを提唱したものであった。[32]

亡命期に彼は、ナチス体制の本質を研究し、またナチス経済を分析した。[33] 彼は、何よりもナチスによる戦争の勃発を阻止することに全力を尽くした。彼は、ナチスの狙いは戦争にあるとして、各国政府にナチスにたいして「宥和政策」

をとらないように訴えた。しかし、各国政府は、ヒルファディングのこの警告を無視し、ナチスにたいして譲歩を重ねた。そして第二次大戦をまねいていったのであった。

一九三八年春、ヒルファディングはパリに移り住んだ。パリでは、ドイツ軍によって陥落するまで学生街の安い家具つきの部屋に住んだ。[34] 彼は、イギリスかアメリカに亡命して大学教授になる道もあったが、これを選ばなかった。貧しく苦しい政治的逃亡者の生活をいとわず、ドイツの非合法の地下抵抗運動で戦う同志たちを支援する道を選んだ。そして、社会主義運動に尽くすため、文字通り、死ぬまで理論研究活動をつづけたのであった。

ドイツ軍によってフランスが屈服させられて後、ヒルファディングは、友人のブライトシャイトとともに、未占領地域のフランス南部へ逃亡した。しかし、そこでもヴィシー政府による彼らのナチス引渡しの危険にさらされた。多くの人々が彼らを救うことを試みた。しかし、彼らの逃亡のすべての試みは失敗した。絶望的な状況下でも、ヒルファディングは、アルルの図書館に通い、マルクス歴史観の根本的修正を企て、未完に終わった最後の論文を書いた。[35] 一九四一年二月一〇日、ヒルファディングの身柄は、ブライトシャイトとともにヴィシー政府によってドイツ当局に引き渡された。同日、彼は、パリの「ラ・サンテ」刑務所に投獄され、その日の晩、服毒自殺した。[36]

注

（1）ヒルファディングの伝記については、A. Stein, *Rudolf Hilferding und die deutsche Arbeiterbewegung*, Gedenkblätter, Hamburg 1946（A・シュタイン『ヒルファディング伝』倉田稔訳、成文社、一九八八年）、W. Gottschalch, *Strukturveränderungen der Gesellschaft und politisches Handeln in der Lehre von Rudolf Hilferding*, Berlin 1962（W・ゴットシャルヒ『ヒルファディング』保住敏彦・西尾共子訳、ミネルヴァ書房、一九七三年）、倉田稔『若きヒルファディング』丘書房、一九八四年、拙著『ヒルファディングと現代資本主義』梓出版社、一九八七年、黒滝正昭『ルードルフ・ヒルファーディングの理論的遺産』近代文藝社、一九九五年、W. Smaldone, *Rudolf Hilferding, The Tragedy of a German*

Social Democrat, Illinois 1998 に依拠した。

（2）A・シュタインは、「裕福なユダヤ商人」とし、W・ゴットシャルヒもこれに従っているが、ここでは倉田説を採用する（倉田、前掲書、一二四－一二五頁）。

（3）小児科医とする説もあるが、倉田説にしたがい一般開業医とした（同上、五六－五八頁）。

（4）同上、六九－七四頁。

（5）同上、一二〇－一二一頁。

（6）河野裕康『ヒルファディングの経済政策思想』法政大学出版局、一九九三年、四頁以下。

（7）W. Smaldone, *op. cit.*, P.31.

（8）倉田前掲書、一一九頁以下。

（9）R. Hilferding, *Das Finanzkapital*, in: *Marx-Studien*, Dritter Band,Wien 1910. なお、その後、F. Oelssner版（Dietz Verlage, Berlin 1955）, E. März版（Europäische Verlagsanstalt, Frankfurt am Main-Köln 1974）が刊行されている。

（10）『金融資本論』出版当時の書評については、倉田稔『金融資本論の成立』青木書店、一九七五年、第三章第一節が詳しい。

（11）前掲拙著、第一章第一節による。

（12）河野前掲書、一四六頁以下。

（13）倉田『若きヒルファディング』（前掲）、第九章を参照。

（14）前掲拙著、第一章第二節による。

（15）A. Stein, a.a.O.,S.10. 倉田前掲訳書、一二一－一二二頁。

（16）以下の記述は、前掲拙著、第二章第一－三節にもとづく。

（17）同上、第二章第四節にもとづく。なお、黒滝前掲書、第二章も参照のこと。

（18）両党合同の経緯については、森戸辰男『最近ドイツ社会党の一齣――ドイツ両社会民主党の合同――』同人社書店、一九二四年が詳しい。

（19）黒滝前掲書、第二章第二節を参照。

（20）これは、ヒルファディングが、「ドイツにおける社会化」（一九二二年一〇月）という論文で述べたことである。この論文は、我が国ではこれまで知られてなかったものであり、黒滝正昭氏によってはじめて紹介された（同上、第二章第一節）。なお、社会化から経済民主主義への転換に関する黒滝氏とわたしの見解の相違については、とりあえずは、拙稿「ヒルファディング研究の新展開」（『宮城学院女子大学研究論文集』、第八一号、一九九五年六月）を参照願いたい。

（21）黒滝前掲書、九一頁。
（22）W. Smaldone, *op. cit.*, p.98.
（23）W. Gottschalch, a.a.O., S.22. 保住・西尾前掲訳書、一七頁。
（24）後述のように、ナチスによる逮捕の危険をヒルファディングに知らせ、逃亡への助言を彼におこなったのは、ブリューニングであった。O・メイヤーについていえば、一九四六年一一月七日付のA・シュタイン宛の手紙において、彼は、ライヒ議会の通商政策委員会で、政党と立場の違いを超えてヒルファディングと密接に活動した様子を伝えている。同手紙には、メイヤーの車でしばしばヒルファディングと旅行した話、一九三三年のライヒ議会選挙後逮捕の危険を避けてヒルファディングがライヒ議会開会までメイヤーの家に隠れ住んだという話が書かれている。結局、メイヤーは、見解と立場の違いを超えて、ヒルファディングの「精神の真の高貴さ」を評価する（Oscar Meyer an Alexander Stein, 7.11.1946, in: International Institute of Social History〈アムステルダム社会史国際研究所、なお、本書では以下、IISGと表記する〉, Alexander Stein Paper, 17.）。なお、W. Smaldone, *op. cit.*, pp.143-5も参照されたい。
（25）Rudolf Hilferding an Karl Kautsky, 19. Juli 1924, in: IISG, Karl Kautsky Paper, KDXII 636.
（26）以上、詳しくは本書第二部で取り扱う。
（27）W. Gottschalch,a.a.O., S.25. 保住・西尾前掲訳書、一四－一五頁、A. Stein, a.a.O.,S.22. 倉田前掲訳書、四六－四八頁。
（28）以上、前掲拙著、終章、第二節による。
（29）W. Smaldone, *op. cit.*, pp.172-3.
（30）A・シュタインは三〇〇以上とし（a.a.O.,S.36. 前掲訳書、七八頁）、スマルドーンは、二五〇以上としている（W. Smaldone, *op cit.*, p.179）。倉田稔氏は、そのヒルファディング文献目録で、約二五〇の論説をリストアップしている（R・ヒルファディング『現代資本主義論』倉田稔・上条勇訳、新評論、一九八三年、巻末、二五四頁以下）。なお、これらの論説は我が国ではほとんど未紹介のまま残されている。
（31）A. Stein, a.a.O.,S.29. 倉田前掲訳書、六三頁。なお、プラハ宣言は、小型手帳サイズのパンフレットとしても発行された *Kampf und Ziel des revolutionären Sozialismus. Die Polotik der Sozialdemokratischen Partei Deutschlands*, Prag 1934）。
（32）W. Gottschalch, a.a.O., 7-b. 保住・西尾前掲訳書、第六章Ⅱ。
（33）たとえば、ヒルファディング『ナチス経済の構造分析』倉田稔編訳、新評論、一九九二年。
（34）A. Stein, a.a.O., S.35. 倉田前掲訳書、七七頁。
（35）ヒルファディングのこの未完の遺稿は、ベネディクト・カウツキーの序文付で、「歴史の問題」というタイトルのもとに、一九五四年『ツアイトシュリフト・フュア・ポリティーク』に掲載された（R・ヒルファディング『現代資本主義論』〈前掲訳書〉所収）。この遺稿は、歴史において暴力の役割が決定的であり、「マルクスの意味で『必然性』を語りえず、マックス・ウェーバーのいう『機会』

chanceしか語りえない」(同上、一九一頁)と主張して、マルクス歴史観の根本的修正を試みたものである。なおこの遺稿については、黒滝正昭による詳細な研究がある(前掲書、第一〇章、第一一章)。

(36) 黒滝前掲書、二六四頁。黒滝氏が整理しているように、ヒルファディングの死因については自殺説、他殺説に分かれ、また死亡日時についても種々の見解に分かれる。ここでは、黒滝氏の緻密で説得力のある研究にしたがった。

(本章は、拙稿「R・ヒルファディング——帝国主義論から現代資本主義論へ——」太田一廣編『経済思想6　社会主義と経済学』日本経済評論社、二〇〇五年五章二の(1)、三を、若干の修正を加えて収録するものである。)

第一部　『金融資本論』研究

第一章　『金融資本論』の方法と理論構造

第一節　ヒルファディングの経済学方法論——理論と政策

ヒルファディングは、『金融資本論』を理論の部と政策の部に二分している。これまで彼がなぜ第一－四篇を一括りにして理論の部とし、これを第五篇の政策の部と区別したか、論述対象の違いという以外にはあまり深く考えられてこなかった。『金融資本論』全体から帝国主義論の「一般理論」的性格を読みとるという見地から、ヒルファディングにあっては両者が一貫した連続的叙述をなすものと意図されていたと考えるのが普通であったと言える。だから、第五篇のなかにそれ以前とは違った叙述の仕方を見いだし、彼の一貫性のなさを指摘する考えもあった。わたしは、こうした理解とは異なり、理論の部と政策の部への二分のなかに、ヒルファディングによって明確に意識された叙述の方法論的相違を読みとる。叙述のこの方法論的相違を無視して、『金融資本論』において抽象から具体への金融資本の「一般理論的」叙述がつらぬかれていると平板に解釈することはできない。確かにレーニンの帝国主義論においては、政策論を抜きにして「五つの基本標識」にもとづいて一般理論的に論述されている。しかし、ヒルファディングの場合、『金融資本論』全編に一般的論述がつらぬいていると見ることは、理論と区別された政策論の独自の意義を見落とすことにつながる。我々は、ヒルファディングがあえて『金融資本論』を理論の部と政策の部に分けた意味をまずは追求しなければならない。そして、このことは、後に見るように、帝国主義論としての『金融資本論』の理論的な性格、さらには『金融資本論』以後におけるヒルファディングの理論活動ひいては現代資本主義論を理解する上で重要である。以下、この点、ヒルファディングの経済学方法論にたちいって考察する。*

＊　本書では、以下の諸章も含めて、『金融資本論』（一九一〇年）からの引用等に関する出所については、Rudolf Hilferding, *Das Finanzkapital*, Eingeleitet von Eduard März, Frankfurt am Main - Köln 1974を用い、本文中に埋め込む形で示す。また、その際、ヒルファディング『金融資本論』林要訳、国民文庫、一九六四年の頁数をも併記する。

（1）経済学体系の三分法と経済政策論の課題

『金融資本論』を著す以前に、ヒルファディングは、「カール・マルクスにおける理論経済学の問題提起について」という論文を発表し、彼の経済学方法論を論じている。この論文では、彼は、理論経済学、経済史、経済政策という三分法で経済学体系をとらえている。『金融資本論』もこの三分法にもとづき論述されている。しかし、経済学体系のこのような三分法は、明らかにマルクスの方法とは異なっていると言わざるをえない。ヒルファディングは、どのような経緯で経済学体系のこの三分法にいたったのだろうか?

歴史的に見るならば、こうした三分法は、古くはフリードリッヒ・リストに見られる。リストは、周知のように、経済学を、哲学（理論）、歴史、政策に三分している。[1] 彼は、『経済学の国民的体系』において、アダム・スミスの経済学を「交換の科学」とし、これに自らの「生産諸力の理論」（国民的生産力の理論）を対置する一方で、理論と政策のあいだに歴史（的発展段階）が介在することを強調した。そして、スミスの自由貿易論が発達した国民経済に対応するものであるとして、歴史的に後進的な発展段階にある国民経済については、これを育成する関税政策を対置したのである。ヒルファディングは、『金融資本論』第二一章でリストの育成関税論に触れており、またリストにかかわる書評を一つ残している。(2)彼が、リストを読み込み、そこから三分法を学んだと十分に考えうるものの、これを確証しうる資料は見あたらない。むしろ、彼の三分法は、直接的には、オーストリア学派の始祖であるカール・メンガーにたいする批判をとおして確立したと思われる。この点、ヒルファディングは、こう述べている。

「経済史と理論経済学との混同が方法上の論争に起因するものである限りにおいて、早くもカール・メンガーは、この点の理解で大きな取り違えを暴露している。ここでは、通例経済学の第三部門に帰せられる経済政策の地位について、一言するにとどめよう。経済政策は応用科学であり、その点では、我々はメンガーと一致するけれども、しかしそれはかならずしも理論経済学の学説の応用であることを要しない。そのようになるのはただ理論経済学が経済政策にたいしてはじめて原理を提示しなければならない場合だけである」(3)。

つまり、ヒルファディングは、歴史学派における「経済史と理論経済学との混同」にたいしてメンガーが歴史から切り離された方法論的個人主義にもとづく理論経済学を主張したのを、「大きな取り違え」であると批判するのである。メンガーにおいては、歴史＝個別的なものに関する科学、理論的国民経済学＝一般的なものに関する科学、経済政策＝実践的科学とする三分法が存在する。(4)ヒルファディングは、このメンガーの考えを批判しつつ、自らの三分法を確立した。ヒルファディングは、まず、経済史と理論経済学の関係について、こう述べる。

経済史は、「いっさいの社会構成」を対象とする。それにたいして、理論経済学は、「一定の歴史的社会組織」すなわち資本主義を対象とするのであり、交換の法則を発見し、これにもとづいて、資本主義社会の運動法則を理論体系的に説明することを課題とする。「こうした課題とともに、同時に理論経済学の範囲が厳密に定式化され、またその方法が規定されたのである。理論経済学は経済史から分離された」[5]。

つまり、ヒルファディングは、社会主義を含めて、資本主義（商品経済）以外の「社会構成」が「生産関係が意識的に規制されるところの社会」であり、そこには交換の法則がないと考える。彼のこうした考えは、「人間の生産共同社会（Produktionsgemeinschaft）は、原則として二様の方法で構成されうる」（Bd.1, S.24,（一）五五頁）という『金融資本論』の書きだしに反映されている。「二様」というのは、意識的に規制された社会と交換の法則によって成り立つ社会の二つをあらわしている。ヒルファディングによれば、理論経済学は、「社会の運動法則」たる交換の法則の発見を任務とする。つまり、私的所有と商品生産によって諸個人に分解している資本主義社会を社会的に成りたたせ、その社会的関連を示す「社会の運動法則」たる「交換の法則」を対象とする。この意味で、理論経済学は、「いっさいの社会構成」を対象とする経済史から分離されているが、一定の歴史段階に対応している。こうしてヒルファディングは、理論経済学が資本主義という特定の歴史段階を対象とすることを強調して、歴史から切り離された理論を提唱するメンガーを批判するのである。彼によれば、オーストリア学派がとりあげる交換の分析は、資本主義の法則とはかかわりない「純粋に私的な行為」の分析である。つまり、彼の述べるところはこうである。

「実際のところ、教室でのペン軸と切手の交換、社会主義社会の二成員間における乗馬と自動車の交換は、私的な一出来事であって、理論経済学にとってはまったくどうでもよいことである。純粋に私的な行為としての交換を分析することによって、資本主義社会の法則を探求しようとすることは、限界効用説の根本的迷妄である」[6]。

以上、ヒルファディングは、理論経済学における歴史認識の問題を説明する。そして、歴史的視点にたって、マルクス価値論における交換形態、商品形態の分析の意味を強調するのである。彼によれば、ここでいう形態とは歴史的形態のことなのである。こうしてヒルファディングは、資本主義を対象とする理論経済学における歴史的性格を強調しつつ、これを経済史から分離する[7]。

以上のことを踏まえて、我々は、理論経済学と経済政策論の関係に関する考察に移ろう。先の引用において、ヒルファディングが、経済政策を応用科学とするメンガーにたいして、その限りでは賛意を表しつつも、理論経済学と経済政策の関係については異論を唱えていることが注目される。つまり、ヒルファディングによれば、経済政策が理論経済学の応用であるのは、資本主義という特定の歴史段階に限られる。それにたいして、「社会主義社会においては、経済政策の原理は総体の利害であり、技術の能う限り合理的な応用を基礎とするものであって、理論経済学を基礎とするものではない[8]」。

ヒルファディングは、経済政策が歴史の諸段階に対応して種々存在すると考える。しかし、経済政策が応用科学として理論経済学に基礎づけられるのは資本主義社会のみに限定される。社会主義社会においては、経済政策は、理論経済学に基礎づけられない。社会主義社会は、私的利害ではなく社会全体の利害にそって成りたち、そこでは交換の法則が存在しない。社会主義社会の経済政策の原理は、理論経済学ではなく、社会全体の利害、技術の合理的応用を基礎とする。それのみでなく、ヒルファディングにあっては、生産関係が交換によって規制されない一切の社会構成においても、経済政策は、同様に理論経済学を基礎とはしない。彼にあっては、これは自明なことである。というのは、そもそも理論経済学が資本主義にしか存在しないからである。ヒルファディングのこの考え（後にブハーリンによって継承される）は、これまで特定の歴史に限定されない「広義の経済学」の存在を無視したものだと批判されてきた。しかし、この批判は的はずれである。というのは、ここでヒルファディングは、経済学一般ではなく「理論経済学」について語っているからである。この理論経済学は、交換の科学を意味する。また、彼にあっては、それが科学たりうるのは、後述のように、「労働価値説」によって裏づけられた場合にのみである。このように、ヒルファディングは、理論経済学を対象にして、これと経済政策の関係を考える。彼は、両者の関係を具体的にどのようにとらえたのだろうか。また、経済政策論の課題と方法をどのように考えたのだろうか。この点、彼は、メンガーを批判した後、経済政策の原理についてさらにこう述べている。

「経済政策の原理はつねに一定の利害関係である。この利害関係が、理論経済学的分析によってはじめて明白に認識されうる場合にのみ、政策は理論経済学の上に基礎づけられるのである。このことは、経済的諸階級の利害関係が問題とされる場合にのみ生じうることである。そして、社会的生産におけるこれらの階級の機能が理論によって明示されたときに、はじめてこの利害関係が明白に認識されうるのである」(9)。

ここでヒルファディングが経済政策の原理が経済的諸階級の利害関係であると述べ、この利害関係を基礎づけるものとして理論経済学を位置づけている。これは、『金融資本論』第五篇の性格を明らかにする上で重要な指摘である。『金融資本論』では、ヒルファディングは、理論の部と政策の部の関係について、こう述べている。

「だが、理論的にとらえようとしたこうした発展は、同時に社会の階級構成に大きな影響をあたえるものである。そこで、最後の一篇では、それがブルジョア社会の諸大階級の政策におよぼす主要な諸影響を追うことが適当だと思われた」(Bd.1,S.19,(一)五一頁)。

これまで、「金融資本の経済政策」という第五篇のタイトルに幻惑されたのか、ヒルファディングの「帝国主義＝金融資本の経済政策」の分析に研究の関心が集まってきた。しかし、第五篇の課題は、あくまでも諸階級の利害関係とこれから導きだされる政策を明らかにすることにある。つまり、金融資本の理論経済学にもとづき金融資本の政策＝帝国主義の政策をまず明らかにし、次に帝国主義にたいする小市民諸階級、大土地所有者、サラリーマン、ようするにプロレタリアートを除く諸階級の対応＝政策的利害関係を考察することにある。そして、その上で、プロレタリアートの政策を打ちだす。これが、第五篇の内容と構成をなしている。したがって、我々は、第五篇が、経済政策という形をとりながらも帝国主義の「一般理論」を展開したものであるとはとうてい理解できない。結論的に言えば、第五篇は、経済史・理論経済学・政策という経済学体系の三分法にもとづき、理論経済学を原理としながら、その応用として、諸階級の利害関係とこれに対応する政策を分析としたものである。本書の第四章第四節で詳しく取り上げるが、これまでの研究では、この点が明確に理解されておらず、そのために無用の誤解を生んできた。

（2）経済政策論における歴史的三段階論

次にヒルファディングの経済政策論の性格について見てみよう。まず注目されるのは、その歴史的な視点である。つまり、ヒルファディングは、資本主義の経済政策を、重商主義、自由主義、帝国主義と歴史的諸段階に分けて考えている。確かに『金融資本論』の第五篇第二一章と二二章は、帝国主義分析を主眼としており、そこでは自由主義はこれとの対比で取り上げられているにすぎない。また、重商主義となると、これに言及されるのはわずかである。しかし、『金融資本論』出版とほぼ同時期に書かれたヒルファディングの「初期のイギリス国民経済学より」という論文では、重商主義に関してまとまった考察がなされている。我々は、この論文と『金融資本論』を合わせて考察すると、支配的資本の利害にそって、客観的・必然的に歴史において登場する経済政策における右記の三つの段階区分を読み取りうるのである（したがってヒルファディングの経済政策論は、後述のようにタイプ論的な記述方法も含めて、宇野弘蔵氏の経済政策論に酷似している）。『金融資本論』を補足する意味で、重商主義政策に関するヒルファディングの叙述を一つ引用しておこう。

「フィジオクラートおよびアダム・スミスがかくも熱心に、かつ歴史的正義に燃えて、反動的であると反対していることの体系も、その成立の時期には徹底的に革命的であったのであり、マンの時代が実現した時に、古典派の学者たちから彼自身が攻撃されたのと同じ激しさをもって、中世的経済政策の諸障碍に反逆したのである。重商主義者は、まさに産業的生産の支配をめざすと同時にその植民政策において本源的蓄積の最も重要な源泉の一つを開いたところの、商人資本および高利貸資本の、代弁者であった。マン自身は、まだ商業資本の利益を第一に見ている。けれども、彼はすでに、生産政策に徹底することの重要さを明らかにしている。彼の後継者においては、産業的生産への関心はますます前景にあらわれ、そしてついにコルベール主義の体系となって、国家は全力をあげて自分自身の国民的産業の育成と発展に奉仕することになるのである」[10]。

つまり、ヒルファディングは、重商主義を反動的とみなすスミスら古典派経済学にたいして、トーマス・マンを取り上げ、重商主義が資本主義の本源的蓄積期に積極的な役割をはたし、商人資本および高利貸し資本の利害にもとづいていると評価する。それは、反動的となった「中世的経済政策」、すなわち自然経済（欲望充足経済）的基礎の上にたち、交易の点では、貨幣的富を国内に蓄蔵させるために個人のいかなる商取引をも取り締まりと監視の対象とした経済政策に対置される。そして、譲渡利潤と貿易差額をもとめ、「一国の総括的な外国貿易をば、一般的政策という方法によって規制することをめざした。貿易を発展させるために、「中世的経済政策」による個々の商取引の規制・監視の撤廃をもとめたものであった。その意味で進歩的だったのである。ヒルファディングによれば、マンの考えは、彼の後継者において産業的生産への関心にも結びつき、コルベール主義の体系へと進んでいく方向を示している。我々は、ここで、重商主義を反動的と決めつけるスミスらにたいして、コルベール主義を取り上げ、重工主義の意味で重商主義を再評価するリストの主張を思いだす。

ヒルファディングは、『金融資本論』で産業資本主義の経済政策として自由主義を取り上げる場合に、イギリスにおける自由貿易にたいして、大陸ではリストの育成関税政策が妥当したと述べている。つまり、彼は、産業資本主義の経済政策においては、イギリスの自由主義を典型としつつも、大陸における育成関税政策の併存も認めたのである。リストは、国民経済における歴史的発展段階の相違に相応する経済政策つまり後進国における産業育成の政策として育成関税政策を唱えた。ヒルファディングの経済政策論も、歴史と各国の個別事情を考慮し、イギリスを典型、大陸諸国を特殊型とするいわば「タイプ論」的性格を有していた[11]。

こうして、ヒルファディングは、経済政策論において、その歴史認識にもとづき、①商人資本と高利貸し資本の経済政策＝重商主義、②産業資本の経済政策＝自由主義（と育成関税政策）、③金融資本の経済政策＝帝国主義というごとく、支配的資本の利害にそって経済政策を段階的に論ずるのである。それでは、これらの経済政策と理論経済学はどのような関係にあるのであろうか。

ヒルファディングによれば、重商主義政策はまだ理論経済学に原理的にもとづくものではない。つまり、「重商主義的経済政策にたいする闘争は理論経済学の発展のための強い一動力となる」（Bd.2,S.406.（二）二一〇頁）のであって、自由主義こそが、かくして発展した理論経済学（イギリス古典派経済学）を原理とした経済政策であったのである。それにたいして重商主義は、理論経済学を基礎としないが、商人資本および高利貸し資本の利害にもとづく経済政策である。自由主義と並んで帝国主義が理論経済学（金融資本の理論）にもとづく経済政策である。これらの経済政策は、資本主義の歴史的発展段階に対応したものであり、典型的形態としては任意に選択可能なものではない。こうした考えが、『金融資本論』序文において価値判断論争への彼の言及に結びついていく。この点、ヒルファディングは、こう述べている。

政策は規範論であり、価値判断によって決まるが、価値判断は科学の仕事ではないから、政策を扱うのは科学的考察の範囲外だという考えがある。しかし、「商品生産社会における諸法則の認識は、同時に、この社会の諸階級の意思をきめる決定的諸要因をも示すものである。階級意思の決定をあばくことは、マルクス主義の見解では、科学的な政策つまり因果関係を記述する政策の任務なのだ。マルクス主義では、理論と同じく政策もまた価値判断からは自由である」(Bd.1, S.20,(一)五二頁)。

このようにヒルファディングは、政策も因果関係を記述する任務をもち、科学の対象をなすと述べる。理論経済学を基礎として因果関係によって記述される政策は、したがってその時々の現実に応じて「必然的な」政策なのである。ヒルファディングは、『金融資本論』では、価値判断によって決まる、任意に選択可能なものとして政策を考えない。帝国主義政策論も、金融資本の理論経済学をベースとしつつその応用として、通商政策と国家をめぐる諸階級の態度の変化、階級的利害関係の変化において、金融資本の「必然的」な政策が国家の政策を規定するという形で論じられる。科学としての経済政策は、理論経済学を基礎=原理として因果関係的に諸階級の意思決定要因を暴露することを任務とする。しかし、それは科学ではあるが理論経済学とは明確に一線を画されている。この区別は、どこから生ずるのだろうか？　この区別は、たんに理論と応用といった表面的な区分によって説明されるものではない。そこには、ヒルファディング独特の方法論的な区別がある。

(3) 理論経済学と経済政策論の対象と叙述の方法

ヒルファディングは、『金融資本論』の序文の書きだしにおいて、資本主義的発展の経済的諸現象を「科学的に」把握することをめざし、これを「かのペティ W. Petty [1632-1687] にはじまってマルクスにその最高の表現を見いだす古典派経済学の理論体系のうちに組み入れ」るという意図を述べている(Bd.1, S.17,(一)四九頁)。彼は、たんにマルクス主義とかマルクス経済学を発展させると書いているのではない。我々は、ここに若きヒルファディングの気負いを見いだすこともできるが、それだけではない。マルクスを古典派経済学に含め、その頂点をなすと述べていることにも注目しなければならない。常識的な感覚では、マルクスを古典派経済学に含めるのは問題があるように思われる。ヒルファディングは、いかなる意図からマルクスの経済学を古典派経済学に含めたのであろうか？　このことは、これまでのヒルファディング研究ではほとんど問題視されてこなかった。

これに関連して、『金融資本論』の出版直後にヒルファディングが書いた論文「マルクス経済学前史より」のI．「科学史の記述の方法について」のなかに、次のような叙述が見いだされる。

「(『剰余価値学説史』において――著者)マルクスが叙述したのは、商品と貨幣の共通者としての労働を認識するペティおよびフランクリンの最初の正しい洞見にはじまってマルクスの体系に終わるところの、国民経済学の自己発展にほかならない[12]」。

我々はここで、国民経済学を古典派経済学と置き換えることができ、また古典派経済学が理論経済学と同義に用いられていると考えることもできる。マルクス以前の古典派経済学の歴史においては、労働価値と賃金の相違、価値と利潤率の均等化法則(生産価格論)の関係など、現実の経済現象と突き当たって、労働価値説は難題に直面し、認識矛盾におちいった。古典派経済学がおちいった認識矛盾を解決したのがマルクスの経済学である。ヒルファディングは、『剰余価値学説史』がまさにこの経済学の発展史を描いていると考える。そして、古典派経済学を労働価値説にもとづく理論経済学とし、その頂点にマルクスを位置づけるのである。この点、ヒルファディングによれば、「ペティおよびフランクリンにおける労働価値法則の最初の定式化より『資本論』第二巻および第三巻のもっとも綿密な詳論にいたるまでには、論理的経過をもつ一発展が生ずるのである[13]」。我々は、ヒルファディングのこの文言においてはパラダイム転換の意識が希薄であることを読みとる。これは、科学史が「増築」の歴史であると彼が述べていることにもあらわれている。国民経済学＝古典派経済学＝理論経済学は、労働価値論の発展史からなる。資本主義の新たな変化の解明とこれに対応した労働価値説の発展をめざす。ヒルファディングのこのような意気込みが、先に引用した『金融資本論』序文の書きだしに見いだされるのである。

さらに我々は、「科学史の記述の方法について」からの先の引用のなかで、国民経済学の「自己発展」という表現が用いられていることに注意しなければならない。じつは、ここにヒルファディングなりのヘーゲル弁証法理解が見いだされる。この論文のなかでは彼は、『剰余価値学説史』全体に「ヘーゲル」がつらぬかれていることに「大きな驚き」をもって見ている。(14) その際、彼は、友人マックス・アドラーのヘーゲル弁証法解釈を論文注で取り上げ、この解釈を採り入れている。つまり、アドラーは、ヘーゲルの弁証法に、思惟の様式と存在の様式の二様の方法が同一名称のもとにはいっていると理解する。そして、後者の存在の「対立」をあえて「敵対」と名づけ、ヘーゲルの混乱を取り除き、存在とは切り離された「論理的範疇の自己運動」の法則として、思惟を把握することこそ、「弁証法の核心」であると主張するのである。(15) ヒルファディングも、アドラーのこの理解を継承し、認識矛盾によって自己発展する思惟の法則、叙述の論理的方法として弁証法を理解する。そして、この模範的適用を『剰余価値学説史』に見いだすのである。興味深いことに、ヒルファディングは、その際、すぐ後で、「エルンスト・マッハは、科学の発展は思惟の事実への適合であり、かつ思惟相互の適合であると述べている(16)」と指摘している。また、マルクスの「経済学批判序説」における下向法・上向法の論述を取り上げ、上向法的叙述方法に弁証法の適用を見いだしている。理論と政策の区分において、ここで注目されるのは、ヒルファディングが、弁証法を思惟の方法、科学史とか理論の記述方法として理解していることである。その際、彼は、客体の弁証法とか存在の弁証法には具体的に言及しない。そればかりか、次のようにさえ述べている。

「我々はマルクスそのひとがまったく意識的にヘーゲルの方法を経済学に適用したことを知っている。ところがこの適用は、何よりもまず、ふつうそれが要求される箇所には、すなわち、諸階級の現実的対立の叙述や、資本家的生産方式の社会歴史的制限性と、資本家的組織から発生しながら、しかもたえずますます成長する生産諸力を支配せんとする社会的要求――それの担い手はプロレタリアートである――との矛盾の暴露にはこれを見いだすことができないのである。それは、むしろ経済学的諸概念の形成と叙述の仕方のうちに、その特殊な論理的役割をはたしているのである[17]」。

ヒルファディングのこの指摘は、『金融資本論』の構成を理解する上で重要である。つまり、彼は、弁証法の適用対象とする諸概念の展開の叙述を、「理論の部」でおこなう。それにたいして、諸階級の現実的対立、資本家的生産方式の社会歴史的制限性、生産関係と生産力の矛盾の叙述は、弁証法の適用外の対象として、「理論の部」すなわち理論経済学の対象外に追いやられるのである。

それでは、これらは、いったいどこで取り扱われるのだろうか？　残念ながら、これについてヒルファディングは必ずしも明白な形で述べているわけではない。とはいえ、我々は、先に示したごとく、ヒルファディングが、経済政策が階級の利害関係を原理とすると述べていることから、この問題の答えをある程度推量することができる。ヒルファディングにあっては、階級利害にもとづく階級の意思決定が経済政策の内容をなす。そうであるとすれば、彼のいう経済政策論の内容は、階級の利害関係にまつわるもろもろの問題、階級対立・闘争、階級的立場ひいては社会主義と社会変革の問題も含むと推察される。また、そう理解しなければ、『金融資本論』第二篇中の株式会社に関する「マルクスがここで考察しているのは、わけても株式会社の経済政策的作用である」(Bd.1,S.147（一）二二〇頁）というヒルファディングの奇妙な指摘を我々は理解できまい。ヒルファディングは、ここで、株式会社を社会主義への過渡的企業形態とするマルクスの叙述を引用して、これを「株式会社の経済政策的作用」と特徴づけている。「彼がこう指摘したのは、社会主義を経済政策の問題と考えていたからだと言える」[18]。

経済政策のこの問題に関連して、「科学史の記述の方法」においては、ヒルファディングは、「労働価値理論の発展からかけ離れた諸見解は、経済政策的関心性から明らかにされる」ものであると指摘している。[19]彼は、たとえば「労働価値理論に反対するマルサスの立場」を取り上げ、これが「貴族的＝英国教会的利益」にそったものであり、「純粋な経済学それ自体とは無縁な社会学的立場」を表明するものであり、経済政策のなかに位置づけられるとしている。[20]階級利害にもとづき階級的立場を表明する所説、これは経済政策論の対象をなす。ヒルファディングは、経済学の研究者が、理論研究する際に、経済政策的な立場と目的に影響されていることを認める。つまり、「経済政策的動機と利害が経済理論的見解に影響をおよぼす」とか、「科学的立場にたつ経済学者も、経済政策的理想および利害関係によって動機づけられたり、決定されたりする」と述べている。[21]彼は、重商主義理論が商業資本、スミス、リカードの理論が産業資本の経済的支配と利害を反映し、「マルサスの保守反動的理論」が「保守的＝地主的階層による」「産業資本への攻撃」の表現に他ならないという特徴づけをおこなっている。[22]

このように、ヒルファディングは、経済学者における階級的立場、経済政策的立場と経済学理論の関係を述べている。結論的に言えば、ヒルファディングにあっては、経済政策論は、階級利害、階級の政策的意思決定、階級的立場、階級対立・闘争、社会変革（社会主義）、階級イデオロギーなどを内容としている。そして、我々は、重要な事実として、ヒルファディングによってこれらの諸問題が弁証法的論述方法の適用から除外されたことに注目したい。

つまり、ヒルファディングは、理論経済学と経済政策論では叙述の方法が異なると考えているのである。前述のように、マックス・アドラーにしたがいつつ、ヒルファディングは、ヘーゲルの弁証法を思惟の方法と存在の方法に二分する。そして前者を理論経済学の方法として位置づけるのである。彼にあっては、他方で後者の存在の問題、「諸階級の現実的対立」、「資本家的生産様式の社会的歴史的制限性」、社会変革に関する問題は、こうした弁証法の適用対象外をなす。そしてこれらの問題は、経済政策において取り扱われると考えられていた。『金融資本論』における理論の部と政策の部への二分は、ヒルファディングのこのような弁証法理解と結びついた方法論的認識にもとづいている。理論の部は、理論経済学として、ヒルファディングの理解する思惟の弁証法的方法にもとづく。それにたいして、政策の部は、弁証法の適用外の対象をなす。理論の部と政策の部では、叙述の方法がまったく異なっており、方法論的に大きな断絶がある。我々は、このことを無視して、政策論が一般理論たる理論経済学の論理的延長線上に連続的に論述されていると考えることはできない。

『金融資本論』第五篇は、金融資本の理論経済学をベースとしつつ、そこで理論的に取り扱われた独占と金融資本の発展とその利害が「社会の階級構成に大きな変化をあたえ」る事実、またこうした事実が「ブルジョア社会の諸大階級の政策におよぼす主要な諸影響」を対象としている。理論の部から政策の部への移行規定をなす、『金融資本論』序文におけるこの指摘が、これまでのヒルファディング研究でその意味をあまり深く追求されてこなかったという事実は、驚きとせざるをえない。我々は、この移行規定と『金融資本論』第五篇の叙述を読み合わせることによって、第五篇では帝国主義の一般理論が展開されるのではなく、金融資本を担う大資本家の経済政策＝金融資本の経済政策、この政策をめぐっての、プロレタリアートを除く諸階級の政策的意思決定、プロレタリアートの経済政策を柱とする、経済学の三分法にもとづく経済政策論がその内容をなしていることを読みとりうるのである。

（4）経済政策論の叙述方法とは具体的に何か

そこで、弁証法の適用対象外たる経済政策論の叙述方法は何かが問われる。ヒルファディングは、方法論としてこれを明示しているわけではない。が、我々は、『金融資本論』第五篇から読み取りうる特徴として、理論の応用として理論を基準とした形で政策論的事実を具体的に叙述する方法をまずは指摘できる。実際に、第五篇におけるヒルファディングの叙述方法は、歴史的・個別的・具体的分析の性格を有している。つまり、第五篇では、金融資本の理論経済学が典型国ドイツの事実から抽象したものとして論ぜられており、典型国ドイツを政策論的分析の基準としつつも、各国の事情の相違が考慮され、そして対象となる。経済政策論が理論経済学を原理とするというヒルファディングの見解は、具体的にこうした形で生かされている。理論経済学は、弁証法的叙述法にもとづく一般理論である。他方、政策論は、ドイツを典型国とした歴史的・個別的・具体的な論述法にもとづく。そもそもヒルファディングならずとも、政策的意思決定の分析をおこなう場合には、一定の理論的基準をベースとしながらも、各国の事情（階級構成的現実）に応じた諸階級の利害関係と国家の政策に関する具体的な対応関係にたちいらざるをえない。

注目すべきことに、『金融資本論』において理論の部と政策の部とでは論述方法に相違があるという事実は、すでに我が国のヒルファディング研究において気づかれてきた。この点、早くは、星野中氏の次のような指摘がある。

「……第二二章における関税政策の具体的叙述は、『理論的部分』にみられた上向的展開の継続としてではなく、金融資本の基本的性質に関する理解を前提としつつ、その具体的蓄積過程の条件および結果として、具体的歴史的条件にそくして分析されたのであり、またその際に前提された『金融資本』規定は、『理論的部分』におけるそれとは別の方法で把握され、内容的にもかなり異なる側面を持つものであった[23]」。

星野氏は、理論の部と政策の部のあいだに叙述の仕方の「断絶」がある事実を指摘する。これは卓見であったと言わなければならない。しかし、星野氏は、この「断絶」を「疑問点」として取り上げ、その原因が理論の部における「金融資本規定の一面的性格」にあったと考えている。つまり、独占の分析（第三篇）をあたかもはみだした部分のように論ずるその「信用一元論」的叙述と「銀行の産業支配」の一面的強調にあったと考えている。星野氏は、結局、理論の部と政策の部の叙述方法の断絶、すなわち一般理論的叙述と具体的歴史的条件にそくした叙述との断絶が、ヒルファディングの理論的欠陥から生じた一貫性のなさによるものであるととらえている。

降旗節雄氏は、星野中氏のこの見解を受け、『金融資本論』「第一－四篇と第五篇とのあいだに方法上の『断絶』がある」[24]ことを確認した上で、宇野段階論・タイプ論の見地から、ドイツを典型国するヒルファディングによる金融資本の具体的・歴史的叙述を高く評価する。その際、降旗氏も、ヒルファディングの方法論的一貫性のなさを強調する。結局、この問題について星野氏と降旗氏は、両氏とも、ヒルファディングの一貫性のなさ、方法論的矛盾を指摘することで終わっている。

しかし、本節でこれまで示してきたように、これは、ヒルファディング理論の論理的・方法論的破綻を意味するものではない。そもそも理論の部と政策の部では方法論がはじめから異なるせいであり、この方法論的相違をヒルファディングは、明確に意識していたのである。この相違は、経済史、理論経済学、経済政策と経済学を三部門に分けるヒルファディングの三分法にもとづくものであり、また、弁証法の適用対象となる理論経済学と適用対象外となる経済政策論を分けるといった彼の弁証法理解から生じたものであった。つまり、ヒルファディングにおいては、理論の部は、単純から複雑への上向法的な一般理論的叙述からなる。他方、政策の部では、階級対立と階級利害の諸関係にもとづく政策的意思決定の歴史的・個別的・具体的叙述が採用される。政策の部では、理論経済学は典型国ドイツにおける階級関係の変容を明らかにするという形で貫徹するのであり、叙述がきわめて具体的になる。政策意思の形成の点で歴史的・現実的な階級の利害関係を考慮する意味で、イギリス、ドイツ、アメリカなどの各国の異なる事情の分析も不可欠となる。とりわけ国家の政策意思形成は、一般理論的に説明されるものでなく、その時々の歴史的な階級の利害と力関係の具体的分析によって説明される。これは、因果関係的に決まる、したがって「必然的」であると政策をとらえる場合でもそうである。

注

（1）F・リスト『経済学の国民的体系』小林昇訳、岩波書店、一九六九年、四五頁以下。

（2）R. Hilferding, (Rezension), Georgi Toscheff, *Friedrich List und Henry Ch. Carey als Vorläufer der modernen Schuzzollbewegung*, in: *Die Neue Zeit*, 25. Jg. Bd.1, 1906/07.

（3）R. Hilferding, *Zur Problemstellung der theoritischen Ökonomie bei Karl Marx*, in: *Die Neue Zeit*, 23. Jg., Bd.1, 1904/05, S.107. ヒルファディング『マルクス経済学研究』玉野井芳郎・石垣博美訳、法政大学出版局、一九六八年、一二一頁。

（4）稲葉四郎『経済政策入門』近江書房、一九五二年、第一章の三「理論・歴史・政策」を参照。

（5）R. Hilferding, a.a.O., S.107. ヒルファディング『マルクス経済学研究』（同上）、一二一頁。

（6）Ebenda, S. 106f. 同上、一二〇頁。

（7）ヒルファディングは、経済史の課題と方法について具体的に述べていない。高山満氏は、これに関連して、ヒルファディングが経済史の課題として生産関係の生成、発展、衰滅を史的に記述することを意図しているのか、生産関係間の「移行の必然性」を記述することを意図しているのか判然としないとしながら、「少なくとも、これらの論点が『理論経済学』的処理の埒外のものであると、ヒルファディングが考えていたことだけは確かである」と指摘している（「『金融資本』分析と価値法則」金子ハルオ他編『経済学における理論・歴史・政策』有斐閣、一九七八年、一三四頁）。

（8）R. Hilferding, a.a.O., S.107. ヒルファディング『マルクス経済学研究』（前掲）、一二一頁。

（9）Ebenda. 同上。

（10）R. Hilferding, Aus der Frühzeit der englischen Nationalökonomie, in: *Die Neue Zeit*, 29. Jg., Bd. 1, 1910/11, S. 918f. 同上、一〇二－一〇三頁。

（11）詳しくは、本書第四章で取り扱う。

（12）R. Hilferding, Aus der Vorgeschichte der Marxschen Ökonomie, in: *Die Neue Zeit*, 29. Jg., Bd.2, 1910/11, S.574. ヒルファディング『マルクス経済学研究』（前掲）、六頁。
（13）Ebenda, S.623. 同上、二五頁。
（14）Ebenda, S.574. 同上、六頁。
（15）Ebenda, S.576f. 同上、一三頁。
（16）Ebenda, S.620. 同上、一九頁。
（17）Ebenda, S.576. 同上、一〇頁。
（18）拙稿「ヒルファディングの経済政策論——『金融資本論』第五篇研究序説——」（『金沢大学経済論集』第二〇号、一九八三年三月、一一二頁。
（19）R. Hilferding, a.a.O., S. 624. ヒルファディング『マルクス経済学研究』（前掲）、二七頁。
（20）Ebenda, S.623f. 同上、二六頁。
（21）Ebenda, S.627ff. 同上、三三、三五頁。
（22）Ebenda, S.627. 同上、三三頁。
（23）星野中「ヒルファディング『金融資本論』の基本的構造とその問題点」（内田義彦・小林昇編『資本主義の思想構造』岩波書店、一九六八年）、二六一頁。
（24）降旗節雄『帝国主義論の史的展開』現代評論社、一九七二年、一二二頁。
（本節は、拙稿「ヒルファディング経済政策論の再検討——経済学史の視点から——」『金沢大学経済学部論集』第二七巻第一号、二〇〇七年一月、Ⅱ、を、紙幅の都合上、若干縮減して収録するものである。）

第二節　『金融資本論』の理論構造

（1）『金融資本論』執筆上の問題意識

ここでは『金融資本論』の理論の部（第一－四篇）を対象にして、その理論構造について考察する。理論の部でヒルファディングは、貨幣・信用論（第一篇）、擬制資本と株式会社（第二篇）、独占と金融資本、独占価格と金融資本の歴史的傾向（第三篇）、恐慌論（第四篇）と理論展開し、まさに資本主義の新現象の解明のためにマルクス経済学理論体系を再構成しつつ発展させようとした。

『金融資本論』はまことに不思議な書である。錯綜していると思われ、わかりづらい理論構成がかえって魅力となり、研究者の関心をかきたてる。その理論構成の統一性については疑念が出されている。『金融資本論』に辛口の、多くは不当な批判を加えているジュリ・ピエトラネラは、「『金融資本論』は決して組織だった首尾一貫した著作ではない」と断じている。[1] また、降旗節雄氏は、「各篇はそれぞれ独立に展開されたうえで、『金融資本論』という標題のもとに寄せ集められたという印象が強い」とか理論の部でさえ、「金融資本をめぐるモノグラフの集成とみた方がいい」と述べている。[2] 降旗氏ほど極端でないにしても、わが国では、貨幣・信用論・株式擬制資本論を展開する第一・二篇と競争・独占論をベースにした第三篇のあいだに論理的断絶を見る考えが強い。星野中氏は、前者の信用一元論的叙述が主であって、後者は「はみだした」ものだという理解を示している。[3]

確かに、『金融資本論』は、理論構成上錯綜しているように思われ、これは若きヒルファディングの「勇み足」であったように見える。しかし、著者自身のヒルファディングは、資本主義の最新現象に対応する新理論「体系」の形成を企てたのであり、彼の意識の上では、少なくとも理論の部では体系的統一性をめざしていたと考えられる。だから、我々も、その成否はともあれ、ヒルファディングがいかに体系的統一性をめざしていたのか、一度は彼の立場にたって考えなければならない。この点、ヒルファディングが『金融資本論』を著す上で、いかなる問題意識をいだいていたかが、手がかりとなる。じつは、我が国における研究で個別的に指摘されてきたが、新理論体系の構築に際して、ヒルファディングは、①マルクスが未完のままに残した競争論、信用論の完成と発展[4]、②ベルンシュタイン修正主義批判[5]、③資本主義の新現象に対応した労働価値説の新たな論証[6]という三つの問題意識をいだいていた。これらの問題意識は、ヒルファディングが『金融資本論』を構成する上で、どの程度影響をなしているのか、一度は考察する必要があるであろう。

まず、ヒルファディングが、マルクスの「経済学批判体系プラン」を強く意識していたことは、『金融資本論』の周辺の論文、彼の手紙からうかがわれる。彼は、マルクスの『経済学批判』序文や『経済学批判序説』、そしてカウツキー版『剰余価値学説史』出版をとおして、マルクスのプランを知りえたし、これを意識していた。彼は、とくに、マルクスのプランが(a)資本一般の後に、(b)諸資本の競争、(c)信用、(d)株式資本とつづいていることに注目したと思われる。一九〇六年三月一〇日付のカウツキー宛の手紙において、ヒルファディングは、『資本論』第二・三巻のためのマルクスの草稿について、「まさに競争の諸問題の研究にとって重要な章句が不在ではなかったどうか検証するのは、興味のあることです[7]」と述べている。彼は、『資本論』第三巻の利潤率の均等化論にこの競争論の一部が組み込まれていると認識していた。また、信用論の多くがすでに『資本論』に組み込まれていることに気づいていた。この点、彼は、こう述べている。

「……資本主義的信用について『資本論』第二巻および第三巻に述べられている詳論の多くは、それが金融資本の現代的発展のうちにその例解を見いだしたときにはじめて、まったく重大な意義をもつことが明らかになったのである。

そしてまさに、利子うみ資本に関する輝かしい研究をふくむ第三巻第五篇……」[8]。

以上のごとく、ヒルファディングは、マルクスの競争論、信用論に注目していたのである。彼は、『金融資本論』において、この未完に終わったか発見されていないマルクス競争論、信用論を、独自に再整理・再構成しつつ完成させ、さらには発展させることを考えていた。先の手紙のなかで、ヒルファディングは、『金融資本論』第一篇の信用論について、「たいくつなことはただ叙述の大部分が資本論第二・三巻の再生にあてられねばならないことです」と述べている[9]。

ここで、『金融資本論』の構成をみると、信用論→競争論となっており、マルクスのプランの競争→信用とは逆になっていることに気づく。ヒルファディングは、なぜ順序を入れ替えたのだろうか。もちろん、ヒルファディングは、マルクスの再現ではなく、彼独自の組み替えによって新たな理論体系の構築をめざしているのであり、理論構成上何もマルクスのプランに従う必要はない。むしろ、彼が資本主義の諸現象を理論的に解明する上での手がかりをマルクス競争論・信用論に得たのにすぎないのかも知れない。とはいえ、やはり、順序のこの逆転は一種の謎である。ここに『金融資本論』の理論構成を理解する上での一つの鍵を見いだすことができないだろうか。

我々は、先に、ヒルファディングの問題意識の一つとして、ベルンシュタイン修正主義にたいする批判をあげた。この問題意識に関して、倉田稔氏が詳細な検討をおこなっている。倉田氏は、『金融資本論』第二－五篇において、ヒルファディングが直接名指しこそしていないが、ベルンシュタイン批判が「内容」的になされていると理解し、これが『金融資本論』の構成と性格に大きな影響をあたえたと主張している。そして、たとえば、ヒルファディングが「独自の理論構成、とくに株式会社から出発したことは、ベルンシュタイン批判にとって必要不可欠であったが、その金融資本理論に、擬制資本市場からの理論化と強調を許した[10]」と指摘している。倉田氏のこの指摘は、第一篇を序論とし、金融資本理論の実質的な出発点が第二篇の株式擬制資本論にあるという理解から生じた。倉田氏は、株式擬制資本論を出発点としたのは、ベルンシュタイン批判の必要からであったという。しかし、我々は、株式擬制資本論の位置づけは、まずは、マルクス信用論を完成し発展させるという問題意識からあたえられると考える。そして、こうした問題意識からすれば、第一篇も「序論」をなすとは言えない。ヒルファディングがベルンシュタイン批判を『金融資本論』にどのように「内容」的に織り込んだかは興味深い問題である。また、倉田氏による論述は示唆に富んでいる。しかし、ここでは紙幅の都合上、その詳しい検討は割愛せざるをえない。倉田氏による考察を補うつもりでも若干述べておくと、中小経営と大経営の並存可能、というベルンシュタインの指摘にたいして、倉田氏は、『金融資本論』第三篇で、金融資本と「『独占的結合』を『マルクス集積理論の実現』と見な」すことで答えられたと述べている。これに加えて、わたしは、直接的には、第五篇第二三章で、「小経営は、いまでは、だいたい大企業の付属物」「大企業の補助企業にすぎない」と答えられている（Bd.2,S.470f,（二）二九一頁以下）と考える。また、倉田氏は取り上げていないのだが、ベルンシュタインによる窮乏化論批判にたいして、ヒルファディングは、第五篇で以下のように答えている。

植民地政策と資本輸出による「新市場の開発は産業の沈滞を終わらせ、繁栄を長持ちさせ、恐慌の作用をよわめる重要な一契機である。」恐慌の緩和、労働組合にとって有利な状況下で、「資本主義に内在化する窮乏化の諸傾向は資本主義的発展の古い諸国では克服されたかのように見える。」しかし、資本家組織と労働者組織の大組織戦の時代には、労働組合が資本家から譲歩を得るのは困難となり、より狭い限界内におさえられる。また、「世界市場の拡大がますますのろくなるにつれて」資本主義諸国間の対立が先鋭化する。この対立の先鋭化によって、貧困化が進展する。「戦争の危険は軍備と租税負担をふやし、やがてますますその生活水準をおびやかされる中間諸階層をプロレタリアートの陣列においこみ、プロレタリアートは国家権力の弱化と戦争の衝突から果実を収穫する」（B12, S.430f, S.497f, S.502f, S.505f,

(二)二四一、三二九、三三五、三四〇頁)。

つまり、ヒルファディングは、『金融資本論』の第五篇全体をとおして、ベルンシュタインによる窮乏化論批判にたいして、労働者の生活向上が、帝国主義的政策による新市場の開発の、永続的には続かない結果であること、また、労働組合が改良的成果を得る機会がますます少なくなること(経済闘争の限界)、戦争の危険の高まりによる軍備・租税負担の増大によって革命の見込みが強まることなどを指摘することによって答えている。こうした事実は、『金融資本論』の理論構成が、ベルンシュタイン批判という動機によって左右されているという側面が少なく、むしろ『金融資本論』独自の理論展開のうちにベルンシュタイン批判が「内容」的に埋め込まれていることを示しているように思われる。この問題でもっとも注目されるのは、ベルンシュタインによる労働価値説批判である。倉田氏は、これにたいするヒルファディングの回答が「すでに『ベーム・批判』で事実上はたされた[11]」と理解して、『金融資本論』の課題を明らかにする上で、対象から除外している。しかし、前節でも若干触れたが、我々は、価値論の論証こそが、理論経済学体系を発展させるという意図に基づき、『金融資本論』の「理論の部」全体をつらぬく課題をなし問題意識をなしていたと考える。

この点、一九〇二年五月二一日付けのカウツキー宛の手紙において、ヒルファディングは、「価値論をひねくりまわすことにではなく、マルクスによって考察からはずされた諸現象、すなわち、とくに、人が、ニューヨークで最もよく研究しうるであろう、資本主義的競争の理論のうちに、新しい解明がもとめられる[12]」と述べている。「価値論をひねくりまわすことではなく」という言葉を、ヒルファディングが価値論研究をやめてカルテルや金融資本の研究に方向を転換したと解釈してはならない。むしろ、現代的競争の諸現象、つまり、利潤率の均等化の法則の阻害をもたらす諸現象をとりあげ、そのレベルで、価値論の新たな論証を試みる意図を示したものと理解すべきであろう。ヒルファディングは、理論経済学の課題が、労働価値説によって一貫した理論体系を築くことにあると考える。彼によれば、価値論への研究の主題限定は許すべからざるものである。「なぜなら、価値論は経済学の全体系の基礎たるものだからである。その価値論がいかなるものであろうとも、それはまさに体系の首尾をまとめ上げるものだからである。価値論の理解とそれの意義は、もっぱら体系の全体のみから把握されうるものである。[13]」だから、理論経済学の課題は、一見労働価値説と矛盾するような新たな事実が生じた時、この事実への「思惟の適合」によって、新たな次元で、理論体系の再構築によって労働価値説を貫徹させることにある。ヒルファディングは『金融資本論』の序文で、当時、労働価値説の直面した問題の一つとして、自由鋳造禁止制という「現代的な貨幣現象」をあげる。そして、この問題が説明されないとすれば、「すべての経済学体系の基礎となるべき価値論の正しさが経験的に立証されえない」(Bd.1, S.18.(一)五〇頁)と述べている。『金融資本論』を展開する上で、ヒルファディングには、価値論へのこだわりがあった。価値論を論証することへのこだわりが、抽象から具体へという叙述の体裁を一応とるなかで、貨幣から論述をはじめた理由の一つをなす。そして、これは、マルクス信用論を完成させるという問題意識にもかなっていたと言える。我々は、金融資本の理論体系を構築するにあたって、マルクスの競争論・信用論を完成し発展させるという問題意識と価値論の論証という問題意識の交差するところに、『金融資本論』の理論構成を読み解く鍵を見いだす。この点、まずは『金融資本論』序文を取り上げて検討したい。

(2) 上向法と下向法の独自な適用

ヒルファディングは、『金融資本論』を下向法、上向法的に叙述するにあたって、彼が表象に浮かべている事実を、こう述べている。

『近代』資本主義の特性をなす集積過程は、一方ではカルテルやトラストの形成による『自由競争の止揚』となってあらわれ、他方では銀行資本と産業資本とのますます緊密化する関連となってあらわれる」(Bd.1, S.17,(一)四九頁)。これは、よく取り上げられる有名な部分だが、ここでは、注目すべきことに、ヒルファディングは、競争(集積過程)を先に上げ、それから信用(銀行資本と産業資本の関連)を述べている。しかし、彼は、こうした認識から、まず競争・集積過程から独占の形成を述べ、その上で、その段階に相応する信用論・信用制度論において金融資本を導出するという形はとらなかった。

これに続く下向法的叙述ではヒルファディングは、金融資本→銀行資本の分析と他の資本諸形態の関係→株式会社→信用→貨幣、と抽象化の道をたどる。驚くべきことに、ここでは、競争・集積・独占が抜け落ちている。つづいて、ヒルファディングは、上向法的叙述を示す。ここでは、貨幣→信用→株式会社と上向過程がまずは示される。次に、しかし、ヒルファディングは、「産業的集積のすすむにつれて、銀行資本と産業資本との関係はますますもつれあってくる」と述べて、集積現象の研究→(「独占的結合による恐慌解消論」批判としての)恐慌論へと突き進んでいく。これも驚くべきことに、ここでは金融資本がすっぽりと抜け落ちている。我々は、ヒルファディングの下向法・上向法的叙述に食い違いを見いだすのである。こうした食い違いをともないつつ、貨幣→信用(第一篇)→擬制資本と株式会社(第二篇)→競争・集積論と金融資本(第三篇)→恐慌論・恐慌の性格変化論(第四篇)と『金融資本論』の理論の部の理論構成が確定していく。第三篇のタイトルは「金融資本と自由競争の制限」となっているが、実際は、自由競争の制限→集積・独占→金融資本と叙述が進められる。第三篇は、「自由競争の制限と金融資本」と名づけられた方が、内容上ふさわしい。下向法的な説明にしたがって『金融資本論』を貨幣・信用論の展開において読み解くとすれば、星野中氏が指摘しているように、理論の部の全体構成上、第三篇があたかも「はみだした」ものであるかのように見える。これを、『金融資本論』が、貨幣・信用・株式会社論と競争・独占論を論理的に二つの柱としており、金融資本がこの二つの柱を論理的に統一するものとして想定していたと述べても、ただちには問題の解決とはならない。我々は、この事実をどう解釈したらよいのだろうか？　ヒルファディングの意識の上では、『金融資本論』の理論構成がいかに統一されていたのだろうか？

(3)「信用一元論的方法」？

まず、『金融資本論』でなぜ貨幣からはじめられたかという問題にもう一度たちもどってみよう。前述のように、価値論の論証において、ヒルファディングの当面した最初の課題は、現代的貨幣現象である。だから、彼は、貨幣論からはじめた。現代的貨幣現象を「社会的流通価値」によって説明すると同時に、貨幣論に信用論を展開する上での基礎を見いだした。こうして、ヒルファディングは、貨幣論において二つの課題を同時に「解決」するのである。価値論の論証という問題意識とマルクス信用論の完成と発展という目的意識に基づき、貨幣論を出発点にすえたから、ヒルファディングは、マルクスの第二巻、第三巻に飛び、流通信用論を信用貨幣論的に明らかにし、資本信用論を利子うみ資本論的に明らかにした。その際、彼の理論展開の仕方は、「流通主義」と批判され、この言葉は彼によるマルクスの無理解の代名詞のごとく用いられてきた。だが、彼は、じつは、意識的に、マルクスの生産過程論をあえて繰り返す必要はないと考え、むしろこれを前提にして論じていくのである。彼が、意識的・意図的に流通に的をしぼったという事実は、信用論の展開と発展のために、「技術的奇跡のおこなわれる資本主義的工場へと進むのではなくて、むしろ、我々の考察は永遠に一様な市場現象の単調さへと向かわなければならない」(Bd.1,S.79,(一)一三〇頁)という『金融資本論』中の叙述に端的に示されている。また、ヒルファディングにとって、当時の資本主義の現実を明らかにする上で、貨幣→信用という叙述の流れは、当然のように思えた。というのは、『金融資本論』を書くにあたって、彼の表象にあったのは、株式会社が積極的な役割をはたし、銀行が産業を支配するという当時のドイツの現実であったからである。この現実にほぼ同時期カウツキーも触れている。カウツキーは、——ヒルファディングの影響を受けていたと十分に考えられるが——一九一〇年三月一四日付けの、『剰余価値学説史』第三巻への序文において、マルクスが「今日世界の経済生活を決定しつつある諸現象の萌芽、すなわち資本の集積や株式会社および銀行による産業の支配」といった諸傾向の萌芽を認識できたと指摘する。そして、資本主義の「最後の最高の形態」として、「株式会社ならびに銀行による集中産業の支配」を特徴づけたのである。(14)

周知のように、レーニンは、ヒルファディングによる金融資本の定義において独占規定が欠落していると指摘し、「生産の集積、それから成長してくる独占体、銀行と産業の融合あるいは癒着」と金融資本を再定義した。それ以来、金融資本は、独占的銀行資本と独占的産業資本が結合した金融資本集団として、「組織と制度的関連」において理解されるようになった。こうした理解からすれば、ヒルファディングの金融資本は、(独占抜きに)銀行による産業の支配を一面的に強調したものだとしか受け取れない。レーニンの指摘は、かえってその後のヒルファディング理解を曇らせてきたと思われる。ヒルファディングにあっては、独占と株式会社を基礎とした銀行による産業の支配は、表象レベルでの認識をなすにすぎない。本書の第二章で詳論するように、彼は、この現象をより深く抽象的に掘り下げて、たんなる組織や制度的関連でなく、資本の発展形態、具体的には、貨幣資本(利子うみ資本)の最高形態として金融資本をとらえたのである。マルクスは『資本論』第三巻で、利子生み資本に資本物神の最高の表現を見いだしている。ヒルファディングは、このマルクスの考えを踏襲している。『資本論』を自分なりに発展させようというヒルファディングの姿勢は、ここにも見られる。ヒルファディングの金融資本は、マルクスの信用論・信用制度論の完成と発展においてとらえられるものであり、事実彼自身もそう意識していた。バウアーやカウツキーらによる「『資本論』の続刊」という賛辞は、たんなるお世辞ではなく、『金融資本論』の特徴を的確に表現したものであった。

以上、金融資本を信用概念の発展した形態ととらえるヒルファディングにとっては、貨幣→信用という叙述構成は、ごく自然の流れであった。前述のように、貨幣論は、現実の貨幣現象の解明による価値論の論証と信用論を基礎づけるという課題を同時にはたすものであった。そして、今や、マルクス信用論の完成と発展が問題となる。この点、先に述べたように、ヒルファディング自身は、これを、「資本論第二・三巻の再生」をおこなう「たいくつな」作業と述べている。しかし、我々は、ここに、ヒルファディングが『資本論』をよく読み込んでいることを感じ、とくに資本信用論（利子うみ資本論）の基礎を、『資本論』第二巻から導出される遊休貨幣資本に見いだしたことはなかなかの着想だと思う。ヒルファディングは、その後、『資本論』第三巻における、抜粋を連ねた、煩雑で未完の「利子うみ資本」に関する諸章を、「資本信用」という彼独自の概念を用いつつまとめなおす。株式会社に関するマルクスの指摘もそこに見いだし、『金融資本論』第二篇を書く上での手がかりとする。ヒルファディングは、マルクスの「再生」と述べているが、これは、マルクスの信用論を完成させる上で、彼が『資本論』に依拠でき、手がかりを得ることができたことを意味する。もちろん、その際、当時の現実を踏まえ、マルクス信用論を発展させるという課題もかかえていたのであり、これには、ヤイデルスらの著作を利用することができた[15]。こうして、ヒルファディングは、当時の現実、すなわち独占および銀行資本と産業資本の密接な関連という独占段階の現実を前提とし、流通信用、資本信用、固定資本信用という彼独自の概念を使用しつつ、マルクス信用論を完成するのみでなく発展させるという課題を同時にはたしたのである。信用論、株式会社論はそれぞれまとまりのある一個の「理論体系」をなす。しかし、それを超えて、第一篇（貨幣・信用論）から第二篇（株式擬制資本論）への叙述は明確な統一性をなしている。すなわち、ヒルファディングは、

第二篇において、独占資本の企業形態としての株式会社を論ずるというより、固定資本信用にたいする資本の動化を内容とした株式擬制資本論を中心とすることによって、信用論・信用制度論の発展として、第一篇から第二篇の叙述展開の統一性を示している。問題は、第二篇から第三篇への展開である。

（4）第三篇の課題と位置づけ

先に見たように、『金融資本論』序文において、ヒルファディングは、下向法では、競争・集積・独占の事実を欠落させた上ではあるが、金融資本から貨幣にいたるまで、貨幣・信用論的展開において一貫性を示している。そして、本論においては、理論的に貨幣資本（利子生み資本）の最高形態として金融資本を導出している。彼は、したがって、この下向法をそのまま叙述の上向法に反映させ、産業の集積・独占を前提として差し挟んだ上で、信用論・信用制度論の展開の上に理論的に一貫した形で金融資本を導出できたはずである。『金融資本論』では、基礎からの信用論の体系化を試みつつも――マルクス信用論が未完であったがゆえに――、その理論的前提は、当時の「産業集積・独占」段階であった。これを表象に置き、理論的前提として展開したからこそ、ヒルファディングは、「固定資本信用」、銀行資本と産業資本の緊密化、「固定資本信用」の動化をもたらす株式擬制資本と、発展した資本主義の現実に対応した諸概念や関係について、第一篇から第二篇への展開において、それなりに一貫した叙述をなすことができた。叙述の一貫性を保つためには、第三篇は、「金融資本と自由競争の制限」ではなく、たとえば「銀行資本の金融資本への転化・貨幣資本の最高形態としての金融資本」でなければならなかったはずである。ヒルファディングの問題意識の上にたって言えば、第三篇では、産業集積・独占を基盤とした上で、固定資本信用、株式擬制資本、銀行資本と産業資本の相互的集積・関連の緊密化などを組み合わせ、これらを体系的に論じて、信用制度の最高の到達段階として金融資本を明らかにすべきではなかったか？　その上で、つづく篇で、支配資本としての金融資本規定を踏まえた上で、マルクス競争論の現代的発展として、集積論を内容とする、金融資本を形成する論理・歴史過程としての競争論および金融資本の支配のもとでの価格法則論を展開し、価値論を論証することもできたはずである。また、「金融資本と恐慌」の篇については、社会的物質代謝を担う価値法則を、競争・信用論を踏まえて総合的に論証するものとして位置づけることができたはずである。このように展開すれば、理論の部は、①貨幣・信用と金融資本→②金融資本における競争・独占理論→③金融資本と恐慌論という形で、一応統一的体裁は保たれたのではないだろうか？

ところが、ヒルファディングは、そうはしなかった。『金融資本論』序文における上向法的叙述にしたがって、ヒルファディングは、貨幣・信用論的展開と競争・独占論的展開の二つの道に叙述を分立させていく。あたかも彼自身が『金融資本論』の理論構成を、貨幣・信用論と競争・独占論を二本の柱として想定しているように見える。

『金融資本論』の叙述展開では、貨幣・信用論の最終章「銀行資本と銀行利得」において、産業に投下されながら、「いつでもふたたび回収できる貸し付け資本」として、つまり「特殊な意味での貨幣資本」としての銀行資本の性格が指摘されている（Bd.1,S.230,（一）三二九頁）。また、この章のなかには、「貨幣資本は擬制的に銀行株式資本に転化され、これによって現実には銀行の所有にうつる。この銀行資本がいまや擬制的に産業株に転化され、そして現実には生産資本の諸要素すなわち生産手段および労働力に転化される」（Bd.1,S.239,（一）三四二頁）という叙述もある。このまま、産業に固定され、「このような仕方で現実に産業資本に転化されている銀行資本したがって貨幣形態の資本を金融資本と、わたしは名づける」（Bd.2,S.309,（二）八九頁）と叙述が行ってもよさそうだが、ヒルファディングはそうしない。信用論の展開では、ヒルファディングは、金融資本を論じない。その代わりに、第三篇の競争・独占論において抽象的で舌足らずな形、競争・独占論に「埋没」するような形で、金融資本を定義するのである。その結果、ヒルファディングの金融資本は、信用論・信用制度論的展開の延長線上にある資本概念であることを、充分に示しえていないのである。

もちろん、我々は、ヒルファディングが、独占にいたる産業の集積過程と銀行資本の集積過程、この両過程における産業資本と銀行資本のますますの緊密化の説明を抜きにして、金融資本を語れないと考えたと容易に理解できる。こうして、独占をもたらす集積過程を論ずる競争論が問題となる。しかし、我々は、『金融資本論』第三篇で、こうした問題がストレートな形で論じられていないことに気づく。第三篇は、利潤率の均等化法則の問題にはじまり、そして終わる。第三篇では、価値論の論証、競争論の展開、金融資本の説明といった三つの課題が一挙に詰め込まれている。そして、金融資本概念の提起も、価値論の論証と、競争論の展開のなかに「埋没」しているのである。それは、信用論・信用制度論とのつながりを充分に示しえていない。第一に、金融資本の定義をおこなった章では、「資本主義独占と銀行」の問題が取り扱われているが、「銀行資本の金融資本への転化」を論ずるのに必要な、固定資本信用の増大とその株式擬制資本による動化の問題が一言も語られていないのである。第三篇におけるこの奇妙な現実をどう理解したらいいのだろうか?

まず、我々は、第三篇が、競争論のレベルでの価値論の論証に圧倒的にひきずられ、その結果として「利潤率の均等化法則」の問題を中心とするにいたっている事実に気づく。もちろん、ヒルファディングは、マルクスの競争論の課題が、諸資本の競争をとおした利潤率の均等化法則の貫徹と資本の集積集中の展開にあったと理解していたと考えられる。しかし、信用論に比べて競争論に関する叙述は、『資本論』のなかでは少ない。『資本論』では、諸資本の競争は、主に、利潤率の均等化を実現し、生産価格を成立させるものとして論じられている。だから、ヒルファディングは、マルクスの競争論の草稿が存在しなかったか興味のあることだと、あえて述べたのである。信用論とは異なり、ヒルファディングは、第三篇を展開するにあたって、まずはマルクスの「再生」をめざしたのではない。むしろ、あまりマルクスを参考にしえなかったのではないだろうか？　だから、利潤率の均等化法則と集積論を組み合わせ、この法則の「障害と克服」という形で、彼独自の競争論と独占形成論を同時に展開せざるをえなかった。そして、価値論の論証と独自の競争・独占形成論の創出といった二つの課題のなかに、金融資本の定義を「埋没」させたのである。もちろん、利潤率均等化法則の障害の克服過程を述べる点では、「資本の調達」論など信用論は重要な役割をはたしている。また、産業の集積と独占の形成を説明する上では、銀行資本とその集積の重要な役割が論ぜられている。我々は、競争論においてはたす、こうした信用の役割を重視し、信用論をまずは前提することなくして、競争論が展開できないとヒルファディングが考えたと推測しうる。マルクスのプランにおける競争↓信用から、ヒルファディングが信用↓競争に順序を逆転させたのも、こうした理由があったからだと思われる。つまり、まとめて言うと、ヒルファディングは、①価値論の論証を目的として貨幣論からはじめ、②金融資本を利子うみ資本の発展においてとらえ、③競争論を展開するには信用論を前提とするといった考えから、マルクスのプランにおける順序を逆転させたと考えることができる。

（5）『金融資本論』の理論構成上の矛盾

それにしても、ヒルファディングは、第三篇で、金融資本の定義をおこなった際に、それまでの信用論・信用制度論の理論展開、その概念的組立を充分に生かすことができなかった。どうしてできなかったかは、依然として謎である。第一・二篇と第三篇の論理的関連性をまがりなりにも強調する上では、第三篇では、独占段階に直接対応した信用論・信用制度論の展開とこれにもとづいた金融資本の解明をおこなわなければならなかったはずである。そして、これをおこなう上での前提としての競争・独占形成論の展開でなければならなかったはずである。しかし、ヒルファディングは、これをおこなわなかった。その代わりに、第一・二篇は信用論、第三篇は競争論と、それぞれ相対的には独立の理論体系をなすがごとく、あまりに「きれいに」分けてしまっているようにも見える。そして、第三篇では、むしろ、価値論の論証と、競争・独占形成論を展開することそのものを優先した。その結果、第三篇は、第一・二篇と論理的に切断された独立の理論としか見えないような理論構成となった。もっとも、この点、ヒルファディングが貨幣・信用論と競争・独占論を二つの柱としてこれを金融資本において統一したと理解できないだろうか。しかし、先に述べたように、統一の粘着材となるべき「金融資本の理論」は、第三篇を見る限りでは、妙に弱々しく、粘着力を持ちえていない。

この点、さらに、ヒルファディングは、貨幣・信用論と競争・独占論を二つの個別的体系として展開した上で、同じく個別体系としての恐慌論でこれを結びつけ統一したと考えることはできないだろうか？　ヒルファディングの恐慌論は、マルクスが恐慌に関する叙述の断片しか残していないなかで、マルクスに手を加えつつ独自にまとめ直した体系的なものであった。恐慌論は、マルクス理論体系の帰結、総括にあたる部分であり、修正主義の批判に応える意味もあって、ヒルファディングにとっては、マルクスの叙述断片しか残されていなかっただけに、非常にやりがいのある仕事であったと思う。ヒルファディングは、金融資本の理論の部の総括として恐慌を論じている。本書の第三章で詳論するが、それは景気の過熱局面で利潤率の低下をもたらす諸要因を論じ、資本の過剰の論理から恐慌の現実化過程を説明する視点があった点で、当時としてはかなり水準の高いものであった。ヒルファディングは、また、信用論と競争論を縦横に組み合わせて恐慌論を論じている。まさに彼の恐慌論は、信用論と競争論の応用篇なのであって、我々は、ここにその独創性を見て取ることができる。恐慌論でヒルファディングは、『剰余価値学説史』から「現実的恐慌は資本主義的生産、競争および信用の現実的運動からしか説明できない」（『金融資本論』Bd.2, S.332,（二）一一五頁）

というマルクスの言葉を引用し、信用論と競争論を積極的に「自覚的に」組み合わせる意欲を見せている。こうして、彼は、恐慌論を「総括」的位置に置くことによって、信用論、競争論、恐慌論といった三つの個別的理論体系に統一的な外観をあたえていると解することもできよう。しかし、そう解しても、そこには個別理論の整序が読みとれるだけである。ヒルファディングは、「思惟の自己展開」「概念の自己展開」として理論経済学が論述されると考えるのであるが、我々は、このような意味での「理論的統一性」をそこに見いだすことができない。

以上、第一・二篇と第三篇のあいだには、どう解釈しても論理的切断が見られる。したがって、『金融資本論』は、理論体系的統一性を保てず、論理破綻を起こしている。我々は、ヒルファディングが理論経済学を発展させる上で、金融資本の統一的な理論体系として示すことに失敗したと考えざるをえない。それにしても、金融資本の定義に際して信用論・信用制度論を充分に生かしえていない、さきほどのヒルファディングの「謎」はどう説明されるのだろうか？　あるいは、ヒルファディングは、独占段階に対応した信用論・信用制度論の展開はすでに第一・二篇で先取り的に論じたことなので、第三篇ではもはや繰り返す必要がないと考えたのであろうか？　はっきりとしたことはわからない。いずれにせよ、先に述べた下向法と上向法とのあいだの食い違いとあわせて、第三篇でのヒルファディングにおける、妙に浮き上がって舌足らずの、金融資本の「定義」の取り扱いには、若きヒルファディングの思考上の発酵の不十分さを感じてならない。

注

（1）G・ピエトラネラ『ヒルファディングと現代』長坂聡・河野裕康訳、ありえす書房、一九八〇年、九頁。
（2）降旗節雄『帝国主義論の史的展開』現代評論社、一九七二年、一二三、一二六頁。

（3）星野中「ヒルファディング『金融資本論』の基本的構造とその問題点」（内田義彦・小林昇編『資本主義の思想構造』岩波書店、一九六八年）、二六三－二六四頁。
（4）松井安信氏は、ヒルファディングがマルクス「経済学批判体系プラン」の「残された項目を具体化することを意識していた」と述べている（同氏編『金融資本論研究』北海道大学図書刊行会、一九八三年、一四頁）。
（5）倉田稔氏は、修正主義批判という視点から、『金融資本論』を読み解いていく（『金融資本論の成立』青木書店、一九七五年）。
（6）高山満氏は、「ヒルファディングが資本主義『社会の運動法則』としての『価値法則』の貫徹機構の分析をもって、マルクス『理論経済学』の基本『課題』とみなしていた」のであり、『金融資本論』体系も、この課題に「相応しい形で、その編別構成がなされなければならない」と述べている（「『金融資本』の分析と価値法則」〈金子ハルオ他編『経済学における理論・歴史・政策』有斐閣、一九七八年〉、一四八頁）。
（7）倉田前掲書、二一頁。
（8）**R. Hilferding**, Aus der Vorgeschichte der Marxschen Ökonomie, in: *Die Neue Zeit*, 29. Jg., Bd.2, 1910/11, S.573. ヒルファディング『マルクス経済学研究』玉野井芳郎・石垣博美訳、法政大学出版局、一九六八年、三－四頁。
（9）倉田前掲書、二二頁。
（10）同上、六九頁。
（11）同上、五七頁。
（12）同上、一三頁。
（13）**R. Hilferding**, Zur Problemstellung der theoritischen Ökonomie bei Karl Marx, in: *Die Neue Zeit*, 23. Jg., Bd.1, 1904/05, S.101. ヒルファディング『マルクス経済学研究』（前掲）、一〇九頁。
（14）『マルクスエンゲルス全集』第一一巻、改造社、一九一九年、一七－一八頁。
（15）**Jeidels**, *Das Verhältnis der deutschen Grossbanken zur Indstrie*, Leipzig 1905. とくにヒルファディングは、『金融資本論』第五章「銀行と産業信用」で、交互計算業務などの点でヤイデルスから学んでいる。
（本節は、拙稿「R・ヒルファディング――帝国主義論から現代資本主義論へ――」太田一廣篇『経済思想6　社会主義と経済学』日本経済評論社、二〇〇五年、第五章二の（2）を、若干の修正を加えて収録するものである。）

第三節　経済学方法論と「組織された資本主義」論

(1) 諸解釈

あらかじめ述べておくと、本書の第二部は、現代資本主義論を視座におく学説史的研究の立場から、ヒルファディングの「組織された資本主義」論を取り上げる。つまり、資本主義のいわゆる「相対的安定期」の代表的な理論の一つとして、当時の現実を考慮しつつ、これを具体的に検討するつもりである。この検討をおこなう場合、もちろん、ヒルファディングの『金融資本論』と「組織された資本主義」論の関係が問われる。

周知のごとく、『金融資本論』には、「組織された資本主義」に関連した断片的な叙述が散見される。これらの断片的な叙述をとらえて、これまで『金融資本論』のなかに「組織された資本主義」論に向かう理論的側面があることを見いだそうという試みが、いくつかなされてきた。その多くは、各論的研究である。以下に、これらを要約的に整理しておこう。

①『金融資本論』をつらぬく方法論的性格が流通主義的であり、この方法論的欠陥が「組織された資本主義」に結びつくヒルファディングの理論的弱点を生みだした(1)。

②ヒルファディングの「純粋紙幣本位制」論に管理通貨論的性格を見いだし、これと中央銀行による社会的生産の管理を結びつけ、貨幣・信用論的側面から、『金融資本論』に「組織された資本主義」論に向かう理論的性格を認める(2)。

③『金融資本論』第三篇第一五章のなかには、有名な「一般カルテル論」があり、抽象的な理論的仮定として、一般カルテルの形成による「貨幣なき社会」の到来が指摘されている。ヒルファディングのこの「一般カルテ

ル」論にたいしては、彼の独占理論に誤りがあったという批判がなされた[3]。

④ヒルファディングの金融資本概念そのものに、「組織された資本主義」に論及してゆく性格があると考える。金融資本は、近代資本主義の集積過程にもとづき発生し、それを極限にまでおし進めてゆく。そして金融資本は、その完成形態において、ついには意識的に調整される社会（「組織された資本主義」）を生みだす[4]。

⑤ヒルファディングの恐慌論を不比例説だと特徴づけ、流通の攪乱によって恐慌の発生を説明するその皮相さが、恐慌の克服を容易に認めるにいたらせ、ひいては「組織された資本主義」の形成へと導いていった[5]。

『金融資本論』と「組織された資本主義」に関するこれまでの研究は、ごく大まかに言えば、以上のごとく各論的に整理される。これまでの研究のほとんどは、ヒルファディングの「組織された資本主義」論を愚にもつかない根本的に誤った理論であるという視点からなされている。しかし、第二次大戦後、ケインズ主義の支配のもとに長らく「組織された資本主義」的状況が続いた事実を目にしている我々は、こうした視点に与することはできない。「組織された資本主義」論を一定評価しつつも、その限界を指摘する視点も必要とされているのである。それにしても、これまでの研究は、『金融資本論』中の「組織された資本主義」に結びつく断片的な叙述にもとづいている。これらは、『金融資本論』と「組織された資本主義」論がいかに理論的に断絶したものでなく、深い関係をもつものであるか、をすでにうかがわせる。ここでは、ヒルファディングの欠陥とか誤りをあげつらうつもりはない。ヒルファディングがなぜ「組織された資本主義」に結びつくような叙述を容易におこなうのか、彼の方法論と経済学の基本的認識にたちいって検討したい。

(2) 弁証法の理解

前述のように、ヒルファディングが「組織された資本主義」を唱えるにいたった原因を、彼の方法論の流通主義的性格のせいにする見解がある。つまり、ヒルファディングは、『金融資本論』の力点を流通部面においたのであり、生産過程と蓄積過程を軽視ないし無視した。その結果、流通上の調整を容易に述べ、資本主義において生産の無政府性から計画体制への移行を安易に想定するはめにおちいった。このように、流通主義的性格に注目する論者は考えるのである。

しかし、『金融資本論』の方法論的性格を単純に流通主義的とみなす見解は、今日、多くの異論にぶつかっている。(6) よりた流通主義的性格を一応認める論者も、『金融資本論』の方法論的性格をそれだけでとらえるのは皮相であり、よりたちいった検討が必要であると主張するにいたっている。我々も、流通主義だからヒルファディングが「組織された資本主義」におちいったという決めつけを疑問とせざるをえない。より掘り下げて、ヒルファディングが生産の無政府性(無規律性)の問題をどのように理解していたのか、をまずは具体的に分析しなければならない。この問題に答えるにあたって、我々は、経済学方法論として弁証法をヒルファディングがどのようにとらえていたか、を論ずることからはじめよう。

あらかじめことわっておくと、もちろんここでは、弁証法が理解できなければ、経済学を正しく理解できないという、いわば「方法論還元主義」の立場をとるものではない。このような立場をとると、マルクスの弁証法を絶対視せず、むしろ方法論的な相対主義ともいうべき立場をとったオーストロ・マルクス主義は批判の対象以外の何物でもなくなってしまう。* わたしは、むしろ、逆に、弁証法の「対立物の統一・矛盾」とか「否定の否定」という方法論的観点から「資本主義の最後の鐘がなる」と早計に考えて見通しを誤る歴史がマルクスいらい繰り返されてきたと指摘しなければならない。ここで「組織された資本主義」の問題を取り上げる場合でも、ヒルファディングの方法論的無理解をあげつらうのではなく、資本主義の管理が可能か（現実はかなりの程度可能であることを示している）、あるいはその管理の限界は何かということを、資本主義の現実に対応した、透徹した理論分析によって示されなければならない。ここでは、ヒルファディングの弁証法理解が誤っていると、その無理解をあげつらうことを目的としない。むしろ、彼の弁証法理解が、いくつかの中間項を経て、資本主義的生産の無規律性・無政府性の除去と組織化を強調する方向に結びつき、抽象的仮定にすぎないにしろ、純経済理論的には資本主義の管理、景気循環のコントロールが可能であるという主張につながっていくということを、まずは客観的に確認していきたい。

＊　ヒルファディングは、オットー・バウアー、カール・レンナー、マックス・アドラーらとともに、オーストロ・マルクス主義の代表的論客のひとりである。周知のように、オーストロ・マルクス主義者は、当時流行していた新カント派やマッハ主義の強い影響を受けていた。ヒルファディングもその例外ではない。我が国では、この点にかんして、興味深い研究が発表されている。(7) ヒルファディングらオーストロ・マルクス主義者のあいだに、科学としてのマルクス主義が哲学的世界観から自由であるという観点から、マルクスの唯物史観や経済学が高く評価される一方で、方法論的に雑種的といってよいほど柔軟な姿勢があったと考えられる。(8) 彼らのこうした態度は、弁証法的唯物論の独特の解釈に結びつき、また新カント派とマッハ主義の受容に導いた。

本書の第一章第一節で述べたが、ヒルファディングは、弁証法が階級対立の現実や資本主義的生産様式の現実的諸矛盾には適用できないものだと理解している。(9) すなわち、彼は、階級闘争、社会変革をめざす労働運動の現実に弁証法を機械的・図式的に適用することを戒めている。しかし、それのみならず、「客体の弁証法」を軽視し、ないしは無視している。既述のように、彼は、マックス・アドラーの文章を引用して、弁証法が存在の対立ではなく、思惟の対立を明らかにするもので、概念の展開様式をなしているという考えを肯定的に示している。[10] つまり、彼にあっては、弁証法は、基本的には、現実の対立を説明するものではなく、論理的矛盾、認識矛盾を動力にして抽象から具体へ上向する叙述の方法を意味するのである。この考えを具体的に経済学に適用する場合、どんな結果が生ずるのであろうか？

周知のごとく、マルクスの『資本論』は、弁証法的に構成されており、その端緒は、商品の二面性である。我々は、経済学の端緒をなすこの商品の二面性を、ヒルファディングがいかに理解していたかを見なければならない。この点、「ベーム・バヴェルクのマルクス批判」という論文のなかで、彼はこう述べている。

「ここで（使用価値および価値としての商品の対立規定において――著者）実際上問題となるのは……一方の成分を採用することが他方の成分を排除するところの、論理学上の二分法である。しかしながら、それはたんに考察方法の対立にすぎない。商品は使用価値と価値との統一であって、ただ考察方法が二重であるにすぎない。すなわち商品は、自然物としては自然科学の対象であり、社会的な物としては社会科学すなわち経済学の対象である。したがって経済学の対象は、商品の、社会的連関の表象たる限りでの財貨の、社会的側面であるが、これに反して、商品の自然的側面すなわち使用価値は、経済学の考察範囲外に横たわるものである」[11]。

ヒルファディングは、『資本論』第一巻第一章で使用価値を捨象し、商品のなかにある共通物として労働実体を取りだしたマルクスの叙述を以上のように理解する。[12] つまり、商品における使用価値と価値の対立を、考察方法の対立に解消し、使用価値を自然科学の対象として経済学の考察からはずしている。しかし、マルクスにあっては、価値と使用価値の対立は、貨幣と商品の対立となってあらわれ、『資本論』における叙述展開のなかで様々に具現していくものであった。それは、資本主義の「諸矛盾の総合的爆発」である恐慌をついには生みだすにいたる、生きた現実の対立を反映するものであり、その抽象的出発点をなしていた。また、私的労働と社会的労働が対立し、価値と価格が不断に乖離する、資本主義的生産様式の特殊歴史的な性格を簡潔に示すものであった。使用価値もそれが経済学的形態規定を担う限りで、『資本論』の考察対象となったのである。すなわちマルクスは、使用価値をたんなる自然物、価値の自然的素材とみなしたのではなかった。たとえば、金の自然的素材は、価値形態論の展開によって、価値表現の材料として経済学的形態規定性をえるのである。使用価値は、対立物の一方の極として絶えず経済学的考察に含まれる。それにたいして、ヒルファディングにあっては、価値と使用価値の対立は、考察方法の対立に還元され、生きた現実の対立を反映するものではない。彼が必ずしも首尾一貫して述べているとは言えないにしても、使用価値を考察外に置き、価値のみが経済学の対象となるという意味では、資本主義社会における「あらゆる矛盾の萌芽としての商品」は、ここでは示されないと言えよう。

論文「ベーム・バヴェルクのマルクス批判」で述べられた以上の見解は、『金融資本論』にもつらぬかれている。そしてヒルファディングの法則観や生産の無政府性に関する彼の理解にまで影響をおよぼしている。

(3) 交換の分析

「カール・マルクスにおける理論経済学の問題設定」という論文で、ヒルファディングは、正当にも、「彼(マルクス)の問題とするところは、まず第一に、あらゆる財貨をはじめて商品たらしめるところの形態の分析である」[13]と述べ、この形態が特定の歴史的な社会関係を表現するものであることを明らかにしている。彼によれば、この形態の分析は、商品の交換行為をとおして表現される人間の社会的関連の分析、換言すれば、「社会の総労働による社会的需要の充足を、永続的に可能ならしめるために、交換のなかに貫徹しまた貫徹しなければならぬところの法則[14]」、つまり交換の法則

（価値法則）の発見を意味している。要するに、ヒルファディングにあっては、形態の分析とは、交換の法則の発見を意味し、生産の無政府性のなかで貫徹する社会的物質代謝の関係の分析を意味している。(15) わたしは、商品の交換と生産をとおした人間関係の法則（単に価格のみでなく、私的労働と社会的労働の関係、剰余価値、所得計算・分配、再生産をも規制するマクロ的法則）として価値法則を理解する。これに照らして、交換をとおした社会的物質代謝の法則というヒルファディングの指摘はそれ自体としてはそれほど異なるものではない。ここでは、むしろ、弁証法や商品の二面性に関するヒルファディングの理解が、いかに彼による形態（交換）の分析に影響をおよぼしたかが問題となる。

ヒルファディングは、私的所有と分業によって個々の原子にまでに打ちくだかれた生産の無政府的な社会において、社会的物質代謝を可能にし、それを媒介しているものが「交換」であると述べている。交換は、生産の無政府性のなかにつらぬく「生産共同体」を表現し、「社会の生産および再生産を確保」するものである。その際、交換は、それによって「はじめて社会関係」をつくり、「社会の連絡」をうちたてる。(16) 交換の法則は、「自然法則のような仕方で」「労働秩序をきめる」のである。こうして、ヒルファディングは、「社会的物質代謝を媒介する交換行為はどんな性質をもつか」という問題を設定している（Bd.1.S.24-27.（一）五六－六〇頁）。だが、その際、彼による交換の分析は、まず生産の無政府性社会のなかにいかに社会的秩序がもたらされるか、不均衡が常態の社会のなかでいかに再生産の均衡が達成されるか、ということをおもに追求する性格をもっている。*

＊　一九一九年に発表した書評「フランツ・ペトリー『マルクス価値論の社会的内容』」において、ヒルファディングは、『金融資本論』にみられる交換の法則（価値法則）のこうした性格を、より明確に次のように示している。すなわち、交換の法則（価値法則）とは、私的生産を社会的総生産に連繋させ、「個々の交換を偶然的な、気ままなかつ主観的な事象である領域から引き上げて、規則的・必然的・客観的な事象、すなわち社会的物質代謝」たらしめるものである。

「労働が価値の原理となるゆえんは、労働が、原子にまで分解された社会を結合する社会的紐帯であるがためである。」「価値法則は社会的関連を表現する」[17]。

このように、この書評では、交換の法則（価値法則）は、「社会的関連」や「社会的側面」を表現するものとして明確に論じられる。それでは、どのように表現するのであろうか。書評では、この点、一歩進んだ、独特な説明がなされている。つまり、ヒルファディングによれば、価値法則は、「経済主体の行為のうちに、また行為によって、実現されるものである。価値法則は結果であって、原因ではない。……価値法則は、因果・発生的法則ではなく、機能的関連の表現である。各生産者は、この機能的関連のなかで行為し、またこれらの行為によって因果発生的に、社会的関連、社会的経済……がつくりだされる」[18]。

ヒルファディングは、つづいて価値および労働の考察にはいっていく。そこでは私的・個人的労働がいかにして社会的側面をもつか、ということが主として論じられる。この場合、私的労働と社会労働が現実に対立関係にあり、この対立が資本主義的商品生産を特徴づけていることにはほとんど触れられない。むしろ、ヒルファディングは貨幣の発生を説明する時、私的労働がどのようにして社会的労働として妥当するのかということを一方的に追求していっているように思える[19]。彼にあっては、貨幣は、「社会的側面」を物的に体現し、社会的再生産の均衡、社会の労働秩序を維持し保障するものとして出現する。以下、彼の貨幣発生論を少したちいって検討しよう。

ヒルファディングは、前述のごとく、交換の分析において社会的物質代謝に注目する。そして、この社会的物質代謝を可能にする交換の量的規準をあたえるものとして貨幣を説明している。彼が掲げる価値等式の展開（価値形態論に相当する）も、価値がいかに表現されるかという観点からでなく、もっぱら量的側面から取り扱われる。むしろ、彼にあっては、価値表現とは価値の社会的評価としての量的測定にほかならないと考えられていたと思われる。貨幣のこうした性格は、彼による「社会的必要労働時間」規定にかかわっている。

ヒルファディングは、「もし個人があまりにのろく労働した、または無用なもの――ないし、そうでなければ有用なものでありながら、社会の物質代謝にとっては、多すぎるもの――をつくったならば、この労働は平均労働――社会的に必要な労働時間――に還元される」(Bd.1, S.29,（一）六一―六二頁)と述べている。すなわち、彼は、社会的必要労働時間を規定する場合、社会的分業のバランス、需要と供給の均衡状態を想定し(「理想的平均」)、その上で社会的・技術的平均労働時間を導出するのみではない。社会的に無用なものがつくられたか否か、社会的に多くつくられたか少なくつくられたか、という事情、すなわち需要と供給の作用がまだ働いている状態をも考慮にいれるのである。したがって、個々の商品は、それがどれだけ「社会的必要労働時間」を含むか、価値量を最終的に確定するためには、交換をへなければならない。こうして貨幣による個別的商品価値の「社会的検量」が問題となる。そして、この価値の社会的検量者として貨幣が登場する。

貨幣は、このような個別的商品価値の社会的検量者として「社会的に必要な労働時間の直接的な体化」物であり、「あらゆる商品は貨幣に転化することによって自分の社会的検量をうけ」なければならない(Bd. 1, S. 33,（一）六八頁)(20)。個々の商品にどれだけ社会的必要労働時間が投下されているかは、貨幣によってのみ判定される。そうだとすれば、貨幣がはじめて、個々の商品の価値の量的規定をあたえることにならないだろうか？　価値(その量は技術的な平均の意味での社会的必要労働時間によって規定される)と価格(価値の社会的表現をなし、需要と供給の作用によって左右される)の量的不一致は、ヒルファディングにあってはどのように生ずるのだろうか？

こうして、貨幣の価値尺度機能に関するヒルファディングの独得な理解が生じる。つまり、彼にあっては、貨幣はまず商品に価格表現(価値表現)をあたえることによって価値尺度機能をはたし、これにもとづいて流通手段機能をはたすのではない。そうではなく、貨幣は「第一に流通手段」なのであり、この機能をはたすと同時に価値尺度機能

――ヒルファディングの表現を用いれば価値を社会的に検量する機能――をはたすのである（Bd.1, S.37,（一）七四頁）。ヒルファディングは、社会的物質代謝の貫徹の形態を追求する観点にたって、貨幣の発生や機能を流通手段機能にかたよって理解している。[21] もちろん、社会的物質代謝を媒介する法則として価値法則をとらえること自体は誤ってはいない。

そもそも価値法則とは、商品交換の、経済の絶えざる不均衡の中に自然法則のようにつらぬく社会的物質代謝（欲望に応じた社会的総労働の各分野への比例配分と社会的再生産）の法則である。自由な個人の私的行動からなる商品経済においては、現在について確定的なことはいえず、いわんや将来の正確な予測は不可能である。そこには個人の数だけ無数の予測と行動があるだけである。しかしそれは完全なる無秩序を意味するのではない。交換と競争をとおした個々人の予測と行動の相互的な干渉の結果、我々はそこに一定の規則性つまり法則性を見いだす。それは社会的物質代謝の原則から、その形態として生ずる歴史的な法則性である。価値法則は、私的労働と社会的労働の対立という形態においてこうした法則性を担い、絶えざる経済の不均衡をもたらす無規律性、不確実性において自然法則のようにつらぬいてゆく。

価値法則とは、あらゆる社会をつらぬいて存在する社会的物質代謝の原則が、価値と使用価値、私的労働と社会的労働、商品と貨幣、価値と価格の対立・矛盾、絶えざる不一致という形でつらぬくといった、その「歴史的形態」である。その意味で社会的物質代謝を強調することが問題なのではない。問題は、『資本論』の端緒で示される商品における価値と使用価値の対立は、現実の対立・矛盾を反映した生きた矛盾として考えられており、ヒルファディングの言うように「考察方法の対立」ではないということにある。

商品における価値と使用価値の対立を「考察方法の対立」ととらえるヒルファディングは、結局、使用価値を捨象して、交換によって示される「社会的関連」の一方的追求の方に向かい、この「社会的関連」を体現するものとして貨幣（価値の「社会的検量者」）を導きだし、もっぱら量的側面から貨幣の本質を見いだしている。そして、先に示した「社会的必要労働時間」規定から、ついには貨幣が価値の量的規定をあたえるかのような叙述をなすにいたっている。つまりヒルファディングによれば、貨幣の機能は、「社会的生産および再生産を可能にする」ために「価値の交換」を保障することにある。商品と貨幣の交換においては、「どのような交換がなされようとも、それは必然的に等価の交換」である（Bd.1, S.32,（一）六七頁）。確かに、前述のごとく、流通のなかで、貨幣の社会的検量によってはじめて個々の商品に社会的必要労働時間が認められるという関係にあるならば、当然ながら商品と貨幣のどんな交換も等価交換として示される。また、貨幣の流通最低限ではつねに価値の交換がおこなわれ、このような確実さ（後述のごとくヒルファディングはこれを無政府性の除去と表現する）にもとづき、「価値としては商品に等しい」という貨幣の「社会的側面」は国家によって肩がわりされ、紙幣が発生する。確かに貨幣の流通最低限においては紙幣への置き換えは、常時貨幣の流通が必要とされるという理由から、貨幣の代替物として可能である。しかし、ヒルファディングは、その根拠として、後述のごとく、「無政府性の除去」を述べてしまうのである。

ヒルファディングはここで、カウツキーが指摘するように、『資本論』理解の点では、価値と価格を混同し、価値の内在的尺度の問題について一定の混乱におちいっている。[22] そしてこれは、商品における価値と使用価値の対立を「考察方法の対立」と見るヒルファディングの弁証法理解、それに彼の「社会的必要労働時間」規定に根ざしており、ひいては貨幣による「社会的検量」に示される私的労働の社会的労働化の一方的追求から生じたと言えよう。

このように、ヒルファディングは、個々の原子に分解された私的商品生産者の「社会的関連」や、無政府社会における労働秩序（均衡）を一面的に追求する姿勢を示している。* その結果、貨幣は個別的労働の社会的労働化の完成者であり、「社会的側面」の物的体現者として登場する。商品と貨幣の交換は、等価交換つまり価値どおりの交換であり、そのようなものとして社会的物質代謝の確実な領域を形成する。次項で述べるように、この領域は、商品と貨幣の交換が不確実な領域にたいして、無政府性が除去された流通領域としてあらわれる。ヒルファディングがこのように「無政府性の除去」を述べ、この考えをベースにして独占による競争の止揚、金融資本における社会化を強調するにいたった時、後年の「組織された資本主義」論に結びつくことになる彼の理論的特質が、いわば「資本主義の組織化」論として顕現していくことになる。以上我々は、流通主義という決めつけではなく、ヒルファディングの①弁証法理解、②いわゆる「使用価値の捨象」に関する理解、③「社会的必要労働時間」規定、④価値の社会的検量者としての貨幣の役割に関する独特の見解を具体的に検討することをとおして、無政府性の除去を容易に述べる彼の一つの理論的方向性を示した。

＊　後述のごとく、ヒルファディングは、恐慌論では、この均衡が破壊される過程の解明を試みる。しかし彼は、価値と貨幣を説明する際には、明らかに社会的関連、社会的秩序、均衡を一面的に追求している。なお、経済において均衡を一面的に追求する姿勢は、今日、多数の経済学者に見られる。わたしは、「均衡論」というレッテルでこうした姿勢を頭から否定するつもりはない。批判は、レッテル貼りによってではなく、具体的な理論にそくしてなされなければならない。

(4) 生産の無政府性と組織化

ヒルファディングは、これまで見てきたように、商品における価値と使用価値の対立を考察方法の対立ととらえ、さらに貨幣の成立を価値と使用価値の対立の外在化としてではなく、「社会的関連」を示すもの、社会的再生産を成り立たせるものとして説明した。[23] 彼はつづいて、生産の無政府性について、次のように述べている。

「社会関係が無意識的なこと、この社会関係が商品の交換によって成立すること、そして、この成立が社会的にも正しくなされたということが、じつは社会関係をすでに決定した生産過程がとっくに終わって変更できなくなった後からはじめて交換過程で確認されること、およそこれらのことは、同時に資本主義的生産様式の無政府性を意味する。たしかに無政府性だ。なぜなら、そこには、あらかじめその目的にあわせて生産を形成しようとする意識がなく、かえって自分だけを意識して社会を意識しない個人の成員にたいして社会関係が一つの自然法則の仕方で作用するからである」(Bd.1, S.35,(一)七一頁)。

すなわち、ヒルファディングは、見込み生産と事後的確認のシステム、つまり私的生産の社会的有効性が事後的に交換をとおしてのみ確認される無意識的関係であると一般的に生産の無政府性を理解している。別の箇所でヒルファディングは、より具体的にこう述べている。

「……恐慌の現実性は、次のような一定の無規律生産からのみ生まれる。すなわち、それは無規律であると同時に、ほかの社会諸構成の特徴をなす生産と消費との直接関係なるものを止揚し、そして生産と消費とのあいだにその時々の一定率での資本の価値増殖という条件をも挿入するところの生産からのみ生まれるのである」(Bd.2, S.329,(二)一一頁)。

つまり、ここでヒルファディングは、生産の無規律性(無政府性)を価値増殖の条件と関連づけて、恐慌の現実性に言及している。これは正しい。確かに、商品生産一般の無規律性(無政府性)ではなく、具体的に資本主義的生産の無規律性(無政府性)を論ずる場合、資本の価値増殖の条件(利潤率)の問題が、その不可欠な構成部分をなしている。というのは、「資本主義的生産様式の無政府性」は、資本の蓄積過程さらには諸資本の競争を媒介にしてはじめて本質的に規定されるからである。これらは、資本主義経済の動学的な作用をなす。つまり、非専門的な読者のために、少しかみ砕いて言うならば、資本主義においては、投資は社会全体の見地からなされる(これを投資の社会化と言う)のではなく、また直接消費を目的になされるのではない。投資は、資本の価値増殖の条件である利潤率を基準とし、利潤を獲得できるという民間企業の見込み投資からなり、現実の統計でも確認されるように、波動している。つまり、この見込み投資に基づく利潤獲得競争が、経済に均衡と不均衡のダイナミックスをもたらしている。投資は、生産量、雇用量を決定する。この投資が、利潤率を絶対的な基準としてなされるとすれば、賃金引き上げが利潤率を低める作用を持つ限り、生産の拡大に比して賃金と雇用の抑制、ひいては個人消費の抑制を傾向的に招かざるをえない。この事実は、ジャーナリズムで言われるデフレ・スパイラルという現象においてよくあらわれる。もちろん労働需要の高まり、人手不足が賃金上昇をもたらす局面もある。しかし、これは利潤率を低下させ、投資の減退をまねく潜在的な要因となる。見込み生産のもとでのはげしい無規律的（無政府的）な利潤獲得競争、利潤率の高低の動きがまねく投資の波動、これが個人消費の拡大あるいは抑制の効果をともないつつ、均衡を中心とした上下の不均衡を常態とした資本主義の動揺に満ちた発展をもたらす。

ヒルファディングは、価値増殖の条件を考慮することによって、諸資本の競争と蓄積運動にもとづく、このような資本主義的生産の無政府性・無規律性を明らかにする方向性を示した。しかし、後述のように、「無政府性の除去」と「競争の止揚傾向」を容易に述べた結果、方向性を示すのにとどまったのである。諸資本の数のいかんにかかわらず、利潤獲得が資本蓄積の動機をなし、利潤獲得競争が展開される限り、「競争の強制法則」が貫徹する。この「競争の強制法則」こそが、無規律性（無政府性）のなかに自然法則のように価値法則を貫徹させ、また無規律性（無政府性）における不均衡・矛盾を拡大していく動力となる。商品生産一般ではなく、資本主義的生産における無規律性（無政府性）は、具体的に以上のように理解されなければならない。現代においても、どんなに情報化が進もうとも、独占資本とその集団がもたらす資本主義の私的組織化、計画化の完成の前に絶えずたちふさがるのが、諸資本の競争の論理であり、競争の強制法則そして資本の価値増殖の条件である。

しかし、「資本主義的生産様式の無政府性」において資本の価値増殖の条件が生産と消費のあいだに介在するという恐慌論におけるヒルファディングの指摘は、彼自身によって十分に生かされていない。また、恐慌論を展開する以前の叙述ということもあるが、ヒルファディングは、商品生産一般における無規律性（無政府性）のレベルで、その除去を容易に述べてしまうのである。この点、彼の紙幣論について少したちいって見てみよう。

ヒルファディングによれば、それ自身価値ある金属材料を貨幣とする必然性は、商品生産社会の無政府性から生まれる。こうした考えから、彼は、紙幣の発生の根拠を流通最低限における無政府性の除去にもとめている。「すでに見たように、商品生産社会は無政府的であり、この無政府性から貨幣の必然性はうまれる。ところが、この流通最低限だけについては、そのような無政府性がいわば除去されている。というのは、ある一定の価値だけの商品の最低限は、どんな事情のもとでも取り引きされねばならないからである。無政府的生産の作用の除去が、たんなる価値証券による金の置き換えを可能にするのだ」（Bd.1, S.40-41,（一）七八頁）。

ここで無政府性の除去をいうヒルファディングの論拠は、「ある一定の価値だけの商品の最低限はどんな事情のもとでも取り引きされねばならない」ということである。どんな事情のもとでも取り引きされるということが、なぜ無政府性の除去に結びつくのか、一見理解しがたい。しかしこのような考えは、これまで見てきたことだが、「社会的関連」を示す交換の法則を追求し、価値と使用価値の対立に考察方法の対立を見いだし、多くつくったか少なくつくったかを考慮して「社会的必要労働時間」を規定し、価値の「社会的検量」の役割をはたす貨幣の機能を強調する彼の見解と密接に結びついている。つまり、商品生産社会の流通最低限では、「社会的必要労働時間の直接的体化」として貨幣は、商品の価値を社会的に検量し、商品の「社会的側面」を示している。そこでは、どんな形であれ、私的労働が社会的労働としてその有効性が確証されたのである。「この過程は社会的過程だったのであり、それによって社会的物質代謝がおこなわれ、したがって一定範囲内では、無条件に必要な行為だったのである。」(Bd. 1, S. 71, (一)一二〇頁)。流通最低限では、その結果、「社会的関連」が確実に示され、社会的秩序が保たれている。そこでは、「社会的必要労働時間」の体化物である貨幣が「社会的検量」し、この検量をうけた商品では、価値どおりの交換、等価交換がなされるのである。

つまり「流通最低限」では価値どおりの交換が確実になされるという考えから、ヒルファディングは、流通最低限における「生産の無政府性の除去」を述べてしまう。もちろん我々は、その大きさの変動をともないつつも、社会的に量的に確保される「流通最低限」の存在は、銀行券あるいは紙幣の流通ひいては「管理通貨」を考える上で重要であると言わなければならない。この点のヒルファディングの着眼は鋭い。問題は、その際、たとえ流通最低限をあらわす言葉のアヤに近いものであったとしても、ヒルファディングが「生産の無政府性の除去」を「容易に」述べていることにある。ヒルファディングとは異なり、価値と使用価値の対立が現実的な対立であると理解するならば、あらゆる個別的商品、個別的取り引きに現実的な対立・矛盾が存在し、ひいては生産の無政府性がつらぬいていると言うことができる。わたしは、ヒルファディングが、総商品流通を、無政府性が除去され組織された流通最低限と無政府性がつらぬくそれ以外の部分に機械的に二分してしまった窮極の原因が、価値と使用価値を考察方法の対立とすることからはじめて「社会的必要労働時間」規定をへて価値の「社会的検量者」としての貨幣の発生の説明にいたる彼の独特の考えにあったと考える。(24)

紙幣論における「生産の無政府性の除去」と似たような考えは、『金融資本論』第二〇章「恐慌の性格における変化。カルテルと恐慌」のなかにも見いだされる。ヒルファディングは、この点、こう述べる。

「資本主義的生産の発展につれて、どんな事情のもとでもつづけられる生産部分の範囲が絶対的にも相対的にも増す。」

この「どんな事情のもとでも生産の継続されねばならない部分、そしてその継続が生産過程や流通のほとんど完全な停止を緩和する部分」の増大は、信用の安定性の増大に結びつき、信用パニックを起こりにくくするか緩和するのである（Bd.2, S.392-393,（二）一九〇－一九二頁）。

ここでは、ヒルファディングは、生産を、どんな事情のもとでも継続される部分とそうでない部分に機械的に二分していると言える。そして、前者の量的拡大が、信用の安定性ひいては資本主義的生産の安定性の増大に寄与すると述べている。我々は、「どんな事情のもとでももつづけられる生産部分」も、価値と使用価値の対立、価値と価格の乖離に満ちた部分であるとまずは指摘できる。もちろん、現実には、確かに、たとえば個人消費の底堅さが、景気循環の底支えをし、景気後退の永遠の落下を防いでいる事実がある。しかし、経済成長、経済発展とともに、「どんな事情のもとでももつづけられる生産部分の範囲」のみならず、そうでない範囲も増大する。その結果、「どんな事情のもとでも続けられる生産部分の範囲」の増加は、景気循環の底を歴史的に押し上げていく作用をもつものの、それだけでは信用の安定性の増大に必ずしも寄与するものでない。というのは、経済成長とともに信用の膨張も大きくなり、また今日の国際金融危機に見られるごとく、ヒルファディングのいう「範囲」云々だけでは、経済実体から乖離した信用の膨張を防ぐことができないからである。

周知のように、ヒルファディングは、「恐慌の性格における変化」として、景気循環における突発性、パニックの解消を指摘している。彼はじつはパニックの勃発を防止する信用の安定性の増大を基礎づけるものとして「どんな事情のもとでも続けられる生産部分の範囲」に注目しているのである。もちろんそれのみではない。ヒルファディングは、金融資本を頂点とする、信用制度の高度な発展が、恐慌の急性的な性格を緩和し、恐慌の形態変化を生みだすとも主張している[25]。

概して貨幣・信用制度の発展は、ヒルファディングにあって、あたかも生産の無政府性の止揚、資本主義の組織化を意味しているかのようである。すでに述べたように、流通のなかで無政府性が除去され組織化されている部分は、紙幣の発生の根拠をなす。この紙幣は、貨幣に体現された「社会的側面」を、社会の唯一の意識的組織である国家が肩代わりしたものである。国家は、この「純社会的任務」を、国家が監督する「特権的私的会社」、すなわち一種の中立機関たる中央発券銀行に独占させる(Bd.1, S.105-106, (一)一六四－一六六頁)。この中央銀行は、「割引政策」などにもとづき、社会の貨幣・信用流通を管理する。その際中央銀行は、「社会的側面」や「社会的関連」の代表者であり、その通貨政策は、流通最低限における無政府性の除去すなわち組織性に支えられている。他方で、銀行と産業の関係がますます密接になるにつれて、銀行の集積傾向が進む。「結局、この傾向は一つの銀行または一つの銀行群に全貨幣資本の支配権をにぎらせることになろう。このような一つの『中央銀行』がこれによって全社会生産の管理をおこなうことになろう。」(Bd.1, S. 243, (一)三四六頁)。ここでいう「中央銀行」は、民間銀行における「集積傾向」の結果として生ずる。この中央銀行と国家の中央銀行がどのような関係にあるかは明言されていない。おそらく両者は合一していくのであろう。こうして、ヒルファディングにあっては、中央銀行を頂点とする精巧な信用制度の確立は、流通の組織化を意味する。[26] 彼のこの考えを、つぎの言葉が端的に示している。

「……信用はその完成形態では資本主義とも対立する。それは無政府性にたいする組織および管理である。だから、信用は資本主義社会に適合させられた社会主義から生まれる。信用は資本主義的に欺瞞的な社会主義である」(Bd. 1, S. 244, (一)三四七頁)。

マルクスは、信用が貨幣を節約し、資本蓄積を促進し、諸資本の競争を媒介するものとして論じている。信用は、社会の再生産過程に弾力性をあたえ、また恐慌の現実化を導くものとして、建設的な作用と破壊的な作用の二つの機能をはたす。周知のごとく修正主義論争のなかで、この点をめぐって、その破壊作用を強調するローザ・ルクセンブルクと建設的作用を力説するベルンシュタインのあいだで論戦がなされた[27]。ここでヒルファディングは、一見ベルンシュタインの側に与するような見解を示している。

しかし、我々は、現代資本主義を考える場合、以上の指摘ですますわけにはいかない。現代資本主義は、管理通貨とそれにもとづく通貨政策、中央銀行を頂点とした信用制度の整備と金融規制、金融政策的技術の発展によって、信用の社会的安定性を支え、金融パニックの勃発を長らく防ぐことに成功してきた。これは、ヒルファディング流に言えば、信用の組織化と意識的調整と言ってよい。つまり、我々は、ヒルファディングの見解を誤りだと即断できないのである。

他方で、グローバリゼーションの名において資本移動の規制、金融規制を緩和・撤廃していく傾向は、国家と銀行制度による信用管理能力を減退させ、投機とバブルを野放しにし、繰り返し国際的な金融危機を引き起こしている。この金融危機は、金融の自由化の結果であり、市場原理主義的風潮にたいして、信用の組織化を強調するヒルファディングの慧眼をかえって示し、この風潮を批判する一論拠さえ提供している。

現代資本主義において、我々は、中央銀行を頂点とする通貨制度、信用と信用制度の発展、それに国際的な金融協力の体制の発展が、信用の組織化と管理によって資本主義を高度に組織化している事実を目撃している。そして、新自由主義的な金融の規制緩和がマネー・ゲームと投機を野放しにし、国際金融危機の悲惨な結果をもたらした現実に直面している。この角度から、ヒルファディング理論を評価する場合、右記のようにその一定の妥当性を認めつつも、他方で彼が容易に「生産の無政府性の除去」を述べることに注目しなければならない。それが、彼の経済学方法論、価値法則の理解、貨幣の発生とその性格の説明に由来していることは、これまでの考察ですでに述べたとすべては、商品における価値と使用価値の対立が現実の生きた対立を抽象的に表現したものであるとヒルファディングが見ないことにはじまっている。しかし、我々は、資本主義である限り、価値と使用価値の対立、商品と貨幣の対立、生産と消費の対立ひいてはマクロ的な無規律性が、発露することが抑制されることがあってもなくなりはしないと考える。また、マルクスのいう「資本主義の矛盾の総合的爆発」である恐慌の原因は、その発現が一応抑止されることはあっても、それ自体としては消滅しない。ヒルファディング流に言えば、現代資本主義における「組織された資本主義」的な現象は、公的・私的な組織化・計画化によって、恐慌の可能性が現実性になかなか転化しない仕組みが育っているという事実を示してきた。そして、近年における「市場原理主義」的な風潮は、この仕組みを損なう役割をはたし、ついには国際金融危機・経済危機を生みだしていったのである。

わたしは、本書において、現代資本主義の組織化、経済のコントロール能力の形成、そして「組織された資本主義」的状況の出現について、頭からヒルファディングの指摘を否定するつもりはない。むしろ彼の考えは、近年における組織化の逆転現象と経済のコントロール能力の減退をもたらすものとして、市場原理主義とこれにもとづく政策を批判する視点さえ提供する。わたしは、ただ、「無政府性の除去」をたとえ言葉の上でも容易に述べる、これまで指摘してきたヒルファディング独特の見解では、貨幣・信用における資本主義の組織化と経済のコントロール能力の歴史的な制限性と限界を経済理論的に説明することができないであろうと考えるのである。信用の安定を損なう危険が完全にはなくならないからこそ、金融救済のための政府の役割と中央銀行の「最後の貸し手機能」があるのである。

（5）価値法則と「組織された資本主義」

『金融資本論』においてヒルファディングは、価値法則の直面した現実的課題に応えつつ、労働価値説にもとづいた、首尾一貫した理論経済学の体系を構築することを課題とした。その際、彼は、労働価値が、価値論によってではなく、理論経済学の全体系によって証明されなければならないと述べている。したがってマルクスによる例の「使用価値の捨象」の論述を「価値論の論証」問題ととらえるベーム・バヴェルクや後世の経済学者たちの考えは、ヒルファディングにあっては論外だったと思われる。(28) 私も、マルクス経済学がマルクス経済学である限り、本来は労働価値で一貫した現代経済学の理論体系の構築に向けた努力を怠ることができないと考える。

価値の問題についてヒルファディングは、『資本論』においてマルクスが直面した課題が、賃金と利潤、利潤率の均等化という現実的問題に突き当たって労働価値説における矛盾をきたした古典派経済学が残した問題を解決することにあったと考える。(29) そして、労働力概念を導入し、また諸資本の競争による価値（剰余価値）の再分配という観点にたつことによってマルクスがこの課題を見事にはたしたと考える。しかしマルクス以後の現実は、あたかも労働価値説と矛盾するかのような現象を生みだす。ヒルファディングがとりわけ注目したのは、固定資本の巨大化による資本の自由移動の障害の発生とこれによる利潤率の均等化法則の貫徹における阻害といった現象であった。労働価値論にもとづいてこの現象を理論的に解決することが彼の課題をなした。このために、彼は、『金融資本論』の第三篇を費やす。

ヒルファディングによれば、価値法則とその変形形態である利潤率の均等化法則は、無政府的生産のなかで社会的秩序（社会的物質代謝）をつらぬき、社会的再生産の均衡を保障する法則である。この法則なくしては、無規律性のなかでの「社会的関連」は考えられず、商品生産社会は成りたたない。その際ヒルファディングは、価値どおりの交換と利潤率の均等化（生産価格）との関連を「論理＝歴史」的に説明している。つまり、彼においては、単純商品生産は、資本主義から抽象した商品生産一般であるのみでなく、たとえ地域的に限定されたものであっても、資本主義的生産に歴史的に先行する商品生産をもあらわしている。そこでは、資本を考慮にいれないという抽象的レベルの商品生産の条件設定によって価値どおりの交換を想定するのみでなく、価値どおりの交換を基準とする歴史的段階があったと考えられている。これにたいして、資本主義的商品生産では、資本の有機的構成の相違という新たな要因が考慮されることによって価値法則は修正され、利潤率の均等化の法則として貫徹する。そして、価値法則のこの修正は、価値法則の新たな貫徹形態として、諸資本の競争、資本の自由移動によって実現される。

しかし、この利潤率の均等化の法則は、資本主義の発展にともなう固定資本の巨大化によって資本の自由移動が障害に突き当たることで阻害される。つまり諸資本の競争と自由移動が価値法則を変形させつつ貫徹するという事実を前提とした利潤率の均等化法則は、重大な障害にぶつかるのである。この障害は、結局、自由競争の止揚、コンビネーションやカルテル・トラストの形成をもたらす。ヒルファディングはまず、コンビネーションやカルテルの形成を、利潤率の均等化法則の障害をある程度克服する要因としてあげている。第一に、コンビネーションは異種部門間の連合した諸企業間において、第二に、カルテルは同一部門内で利潤率を調整し、いずれも平均以下となっている利潤率を引き上げる目的をもっている（Bd.2, S.266,（二）三二頁）。

しかし、これらは法則の障害を最終的に克服するわけではない。とくに後者についてみればむしろ、カルテル価格の形成によって、かえって産業部門間に利潤率の強い不平等をもたらしてしまう。つまりカルテル化産業と非カルテル化産業のあいだに利潤率格差が生ずる。今や利潤率の均等化法則は、カルテル化産業と非カルテル化産業に二層化して、それぞれの産業に二つに分けられて貫徹することになる。したがって、ここまでの説明では、「一般利潤率」を基準とした利潤率の均等化の法則の妥当性は、回復しない。その限りでは、「利潤率均等化の障害とその克服」という『金融資本論』第三篇第一一章の表題は奇妙に見える。というのは、この章では、利潤率均等化の障害の克服が最終的に示されていないからである。

しかし、ヒルファディングにあっては、この障害が克服されないならば、利潤率の均等化法則は、「社会的関連」を担い、社会的秩序を維持する交換の一法則である資格を失う。こうして彼は、「マルクス集積理論の実現である独占的結合は、これによってマルクス価値論の止揚となるように見える」(Bd.2,S. 313,(二)九四頁)と述べるにいたっている。ヒルファディングは、この問題にいかに対処したのであろうか？　彼は、独占価格が利潤率の均等化法則を変形させる作用をなし、価値法則の貫徹のさらなる変形形態において社会的再生産の新たな法則となるとは考えなかった。あくまでも利潤率の均等化法則の貫徹にこだわったのである。この点、彼は次のような考えを示している。

「カルテル化は、さしあたり利潤率の変更を意味する。この変更は、ほかの資本主義的諸企業の利潤率を犠牲にしておこなわれる。これらの利潤率の同一水準への均等化は資本の移動によってはできない。それはカルテルなるものが投資部面をめぐる資本の競争のはばまれていることを意味するからだ……均等化は、自己のカルテル化によって高められた利潤率に加わるか、コンビネーションによって高められた利潤率を排除するかによらねば、不可能である」(Bd.2, S.316,(二)九六－九七頁)。したがって、資本の転出入による「利潤率均等化への……道は袋道である。」その結果、利潤率の均等化の法則は、新たなる貫徹形態をもとめ、これをコンビネーションやカルテルの波及化などのプロセスに見いだす。つまり、カルテル化は歴史的過程であり、その条件に応じて次々と波及的に各産業諸部門をとらえてゆく。これは、独占価格形成によるカルテル産業の超過利潤にたいして、不利益をこうむった非カルテル産業部門がみずからカルテルを形成し、それによって利潤率の不平等を調整する過程である。こうして、コンビネーションやカルテルの波及化過程は、利潤率の均等化に向けた不平等の調整過程を意味し、この意味で、法則の新たな貫徹形態をなす。

ヒルファディングのこの考えを認めたとしても、ここでいう利潤率の均等化はあくまでも調整途上にあるものであり、完全には実現されない。ヒルファディングは、この問題を最終的に解決する必要にせまられる。こうして、次のように、彼の有名な「一般カルテル」論に行きつく。

「カルテル化には絶対的な限界はない」。カルテルには絶えず広がる傾向があり、このカルテル化のいきつくところは、「一般カルテル」の形成である。その結果、資本主義的生産は、一つの審判所によって意識的に調整されるようになる。資本主義社会はこうして、価値対象性が消滅し、それとともに貨幣を必要としない「敵対的で意識的に調整された社会」段階に到達する（Bd.2, S.321-322,（二）一〇四－一〇五頁）。

ヒルファディングは、カルテルの波及化によるこの一般カルテルの形成を展望することによって、カルテル価格の設定による独占的超過利潤の獲得が一時的であることを示す。そして、この事実に利潤率の均等化法則の阻害にたいする最終的な解決をもとめている。しかし、この最終的解決は、「価値対象性」の消滅と「貨幣なき社会」の到来を意味する。そしてそもそも利潤率の均等化法則の消滅によって示されているのである。その際、ここで一般カルテルの形成は、純理論的で抽象的な仮定として展開されており、現実性をもたないものである。この点、『金融資本論』第四篇第二〇章中の一節で、ヒルファディングはこう述べている。

「生産の無政府性は、その個々の要素の数がへっても、その作用と強度とが同時に強められる時には、止揚されはしない。この無政府性は一般になし崩し的または漸次的に止揚されうるものではない。調整された生産と無政府的生産とは、量的な対立ではない。したがって『調整』をふやしていけば無政府性が意識的組織となるというものではない。このような転換は、総生産を意識的管理にしたがわせることによって、突発的におこりうるだけである。だれがこの管理をおこない、だれに生産を帰属させるかは、力の問題である。それ自体としては総生産を指導し、したがって恐慌をなくすような一般的カルテルを、経済的には考えることもできよう。だが、このような状態は、社会的・政治的には一個の不可能事である。というのは、このような状態は、これによって極端化される利害対立という暗礁にのりあげざるをえないからだ。」いわんや個々のカルテルに恐慌の止揚を期待するのは、ただ恐慌の原因も資本主義体制の関係も洞察しえない無知を証明するにすぎない（Bd. 2, S. 402-403,（二）二〇五―二〇六頁）。

正当にもヒルファディングは、ここで生産の無規律性が、諸資本の数の減少によって量的になし崩し的に解消するものではないと指摘している。ここでヒルファディングは、信用制度とカルテルの発展による恐慌の止揚、「資本主義の適応能力の増大」を語るベルンシュタインにたいする批判を企てている。また、一般カルテルの成立も否定していることが注目される。しかし、ここでいう一般カルテル成立の不可能性については、その根拠が薄弱であると言わざるをえない。というのは、ヒルファディングが、一般カルテルの形成が「経済的に可能」であり、「社会的・政治的」に不可能事であると述べているからである。この点、彼が、独占理論において、「競争の止揚傾向」を一面的に強調していることが注目される。その結果、彼は、「一般カルテル」の不成立を経済学理論において説明できないでいるのである。

この点、わたしは、独占が競争という環境のなかで存在し、独占体制とはむしろ「競争の新たな形態」――「競争的寡占」という言葉はこの事実の一表現である――を意味すると考える。この事実を見ないヒルファディングは、経済学的・純理論的には一般カルテルの形成を想定してしまう。したがって、彼は、一般カルテルの成立不可能性を理論経済学以外に「社会的・政治的」理由をもちだして指摘しているのである。この「社会的・政治的」理由に関連して、ヒルファディングは、第五篇の経済政策論において、小経営の「階級利害」について述べている。そして、国家による規制や関税導入など、その延命のために小経営が国家の経済政策に保護をもとめる動きを取り上げている（Bd.2, S.471ff.,（二）二九三―二九六頁）。ヒルファディングがいう「社会的・政治的理由」とは、結局、経済政策論の対象であるカルテルをめぐる利害対立、階級の利害対立と国家による規制などを具体的には指している。ヒルファディングのこの指摘そのものは、卓見である。というのは、今日、我々は、規制緩和による市場経済の自由化が、M&Aを助長し、大型合併再編を生み、マルクスの言う「資本の集積・集中法則」を大規模に貫徹させている事実を目撃しているからである。

問題はやはり、ヒルファディングが一般カルテルの成立を純経済理論的には否定できていないという点にある。純経済学理論的な想定として一般カルテルの形成を展望する『金融資本論』第三篇とその成立を「社会的・政治的」観点から否定する第四篇のあいだに、大きな齟齬が見いだされる。この点、『金融資本論』において、ヒルファディングは、修正主義批判を意図しているが、ベルンシュタインによる「マルクスの集積論」批判と恐慌解消論の二つにたいするヒルファディングの回答に齟齬をきたしているのである。

修正主義批判の第一の論点については、彼は、株式会社論、独占論、金融資本の理論を提示することによって「マルクスの集積論」の正しさを証明している。さらに金融資本による生産の社会的管理の樹立を述べることによって意識的調整と規律性の社会である社会主義の客観的基盤が資本主義の発展自身によってあたえられる事実を示している。彼は、しかし、そのあげくに純理論的な仮定として「一般カルテル」の形成、「貨幣なき社会」の到来にまで言及してしまう。他方で、彼は、カルテル等による恐慌解消論にたいしては一般カルテルの形成による無政府性の解消が「社会的・政治的」に不可能事であると答える。こうして、彼は、修正主義批判の二つの論点に回答するために、一見矛盾した主張をおこなっているのである。

他方で、恐慌論におけるヒルファディングの「一般カルテル不成立論」は、いわば「資本主義の組織化」論に一定の「歯止め」をかけることを意味し、帝国主義論としての『金融資本論』で重要な位置を占めている。第四篇でなされたこの「歯止め」は、第五篇において帝国主義から社会革命の展望を導きだす彼の「帝国主義」論への橋渡しである。そして、そのことによって、『金融資本論』は、「金融資本の完成形態」としての「組織された資本主義」論ではなく、帝国主義戦争から社会革命の展望を導きだす「帝国主義」論たりえているのである。

(6) 小括

本節では、以上、経済学方法論の視点にたって『金融資本論』における「組織された資本主義」論に理論的に結びついていく諸論点を取り上げた。小括すると、ヒルファディングは、第一に、商品における価値と使用価値の対立を「考察方法の対立」に還元した。彼は、商品に内在する価値と使用価値の対立が商品と貨幣の対立に外在化し、これらの対立・矛盾がさらに種々の対立・矛盾として展開していくという事実を考えない。第二に、価値量を決定する「社会的必要労働時間」規定に、需要と供給の作用を含めた。その結果、価値と価格の混同におちいった。つまり、需要と供給の作用によって変動するのはいうまでもなく価格である。ヒルファディングは、価値量の規定に需給関係を含めることによって、この価格と価値の量的一致を述べてしまう。通例、需要と供給の不一致は、価格と価値の不一致としてあらわれる。これらの不一致が不均衡の内実をなしている。ヒルファディングにあっては、いかなる商品と貨幣の交換も等価交換すなわち価値どおりの交換であり、価格と価値の不一致は生じない。この点、我々は、ヒルファディングが、価値法則において「社会的関連」、社会の「機能的関連」を一面的に追求し、無規律性のなかにつらぬく社会秩序を探究している——均衡の追求といってよい——ことを看過できない。こうして、彼は、交換が成立し、価値法則によって社会的に関連づけられ、価値どおりの交換がなされる「無政府性」が除去された領域と、交換が不成立であり、したがって「無政府性」が貫徹する領域に流通を機械的に二分する結果におちいる。我々は、ヒルファディングがなぜ「無政府性の除去」を容易に述べるのか、以上の理由から理解しなければならない。

我々は、次に、利潤率の均等化法則の障害を克服するという観点から、ヒルファディングがカルテルの波及化プロセス、ひいては一般カルテルの形成を述べるにいたったことを見た。ヒルファディングはなぜ一般カルテルの形成に純経済理論的に容易に言及し、また「競争の止揚」を述べるにいたったのだろうか。

わたしは、その理由がヒルファディングの競争理解にあると考える。彼は、マルクスの競争論草稿が存在するかどうかを気にするほど競争論に注目した。そして、自らは、カルテルが支配するもとでの「近代的競争」論を展開した。しかし、その際、彼は、『金融資本論』第三篇では、競争の作用を均衡化にかたよって理解する。つまり価値法則の貫徹形態である利潤率の均等化法則を実現するものとして競争の作用をとらえる。しかし、競争の真骨頂は、その動学的作用にある。競争は、均衡化のみならず不均衡化をもたらす。第五篇の恐慌論では、ヒルファディングは確かに競争の均衡攪乱作用を取り扱ってはいる。しかし、彼は、価値法則が、使用価値と価値の対立、私的労働と社会的労働の対立、商品と貨幣の対立、生産と消費の対立、価値増殖の条件と価値実現の条件の対立のもとに、絶えざる不均衡化の動きを強引に均衡に引き戻す「強制法則」として貫徹する事実を見ていない。その意味で「競争の強制法則」を語ることができない。

「競争の強制法則」は絶えざる均衡化と不均衡化をもたらし、諸資本に生存競争を強いる。つまり生死をかけた生存競争は、諸資本にコスト削減と新製品の開発を強い、絶えざる技術の発展と蓄積を強いる。競争の「強制法則」は、こうした資本蓄積との組み合わせで動学的に作用する。そのなかで、資本の集積・集中が前進する。また、恐慌は、劣等な資本の整理淘汰をもたらす。こうして資本主義はダイナミックに発展する。(30) 独占の形成は、産業部門ごとにその諸条件が異なり、均等にはなされない。また競争による新製品の開発、新産業部門の創造は、新たな次元で競争を生む。こうして、資本主義の枠内では、独占によって競争は止揚されることはない。むしろ、独占体制下の競争といった「競争の新たな形態」を生みだしていく。そして、独占体制下の競争では、独占資本が必ずしも恣意的に制限なく価格を決定できるわけではない。競争という圧力下、独占的な価格決定にも一定の規則性と法則性が見られる。また飛行機が飛ぶという事実が重力の法則の否定に結びつかないのと同様に、そこでは価値法則ひいては利潤率の均等化法則の作用が依然として働いており、独占的な競争という新たな要因がその作用を「変形」させるのである。しかし、ヒルファディングは、あくまでも利潤率の均等化法則の純然たる貫徹にこだわり、ついには「一般カルテル」論にまでたどりついた。

わたしは、以上の競争論理解にもとづき、「一般カルテル」の不成立が純経済理論的にも説明できると考える。しかるに、ヒルファディングは、純経済理論的には「一般カルテル」の形成が可能であると述べ、その不成立を「社会的・政治的」理由にもとめている。ヒルファディングのこの見解は、――競争の動学的作用に関する認識がまったくなかったとは言えないにしても――社会的関連、社会的秩序を示すものとして価値法則を均衡化作用にかたよって理解し、こうした価値法則の均衡化作用を実現するものとして競争を位置づける彼の競争論の理解から生まれた。

以上、『金融資本論』においてヒルファディングは、「生産の無政府性の除去」した流通領域の存在を容易に述べ、またカルテル化による「競争の止揚」を一面的に強調し、ひいては純経済理論的仮定として一般カルテルの成立を述べてしまう方向性を示していた。こうしたヒルファディングの理論的特徴からして、我々は、『金融資本論』と後年の「組織された資本主義」論を理論的に切り離すことはできず、また両者が理論的に完全に無関係であるととらえることはできない。

もちろん、わたしは、『金融資本論』が「組織された資本主義」論であるとここで言うわけではない。ここでは、『金融資本論』と「組織された資本主義」論のあいだには、共通の方法論的・理論的基盤があると指摘したいのである。

むろんここで取り上げたヒルファディングの「組織された資本主義」関連の叙述が、たんなる言いまわしや純理論的仮定の次元を越えて、現実的な意味をもつにいたるまでは、資本主義の現実の歴史的推移とヒルファディングによる経験の積み重ねを経る必要がある。

注

（1）F・エルスナー「新版序文」（ヒルファディング『金融資本論』林要訳、国民文庫）四四－四五頁、横山正彦「ヒルファディングの生涯と著作――ひとつの「歴史的教訓」」（『思想』No.335、一九五二年五月）七九頁。

（2）松井安信「ヒルファディングの『組織資本主義』への布石」（『信用貨幣論研究』日本評論社、一九七〇年、第三章の三）。

（3）野田弘英「金融資本論の研究（1）――『総カルテル』論の特質――」（九大『経済学研究』第三四巻第四号、一九六八年一〇月）。

（4）星野中「ヒルファディング『金融資本論』の基本構造とその問題点」（内田義彦他編『資本主義の思想構造』岩波書店、一九六八年）。

（5）長岡豊「ヒルファディングの不比例説と『組織された資本主義』論」（『六甲台論集』第三巻第四号、一九五六年一二月）。

（6）わたしは、流通主義というヒルファディング批判には疑問を感じている。K・カウツキーが述べているように、ヒルファディングは、『資本論』第一巻の生産過程をまったく無視していたのではなく、むしろそれを前提としていたのである。実際に『金融資本論』第四章では、生産過程における剰余価値の形成について、マルクスが『資本論』第一巻であますところなく分析したという指摘がなされ（Bd.1, S.80f,（一）一三二－一三三頁）、ヒルファディングが、生産過程分析を前提にした上で、意図的・意識的に流通部面（貨幣・信用論）に研究の力点をおいた事実を示している。このことは、ヒルファディングのつぎの叙述にもうかがわれる。

「さて、我々は貨幣が産業資本の流通で演じる役割に目を向けよう。そこで、道は技術的奇蹟のおこなわれる資本主義的工場へと進むのではなくて、むしろ、我々の考察は永遠に一様な市場現象の単調さへと向かわねばならない」（Bd.1, S.79,（一）一三〇頁）。

以上のことから、流通主義という一種の「超越主義的批判」は、『金融資本論』研究の妨げとなっていると考えられる。この点、我が国における『金融資本論』研究は、より深めた方法論的考察をおこなう方向でなされてきた。そのなかで、前節でも取り上げたのだが、『金融資本論』には、貨幣・信用から説きおこす「信用論的な視角」と、競争から独占の形成を述べる、いわば「競争・独占視角」といった二系列の論理的脈絡があることが確認されている。前者を本筋と捉え、後者を論理的に「はみ出した部分」とみなす論者は、星野中、本間要一郎氏である（星野中、前掲論文、本間要一郎「ヒルファディングの『独占』理論」〈『競争と独占』新評論、一九七四年、第四章補論二〉二六四－二六五頁）。むしろ、競争・独占視角の方に理論的な本筋を認める論者として、降旗節雄氏があげられる（『帝国主義論の史的展開』現代評論社、一九七二年、第四章（二））。高山満氏は、競争・独占視角こそが本来『金融資本論』の基本的視角をなすべきであったと考え、みずからこの方向への論理的な徹底を企てている（「『金融資本』分析と価値法則——『金融資本』体制の構造分析か、「独占化」＝『過渡期』＝『移行期』の『理論』か——」〈金子ハルオ他編『経済学における理論・歴史・政策』有斐閣、一九七八年〉一四二—一五一頁）。中田常男氏は、むしろ二つの視角を二本の基本的柱として統一的に抱えるべきだと主張している（「『金融資本論』の論理構造」（1）〈『商学論纂』第一七巻第一号、一九七五年五月〉一五七—一六三頁）。

（7）有井行夫「ヒルファディングとマッハ——『金融資本論』の方法——」〈駒沢大学『経済学論集』第九巻第一号、一九七七年〉、赤川元章「ヒルファディングの経済学方法論」（Ⅰ）（Ⅱ）（Ⅲ）〈『三田商学研究』第二一巻第二号、第三号、第二二巻第一号、一九七八年六月—一九七九年四月〉。

（8）オットー・バウアーは、一九二四年の一論文で、科学の方法論は、時代と社会の変化に応じて変わるものであるという相対主義的な考えを示している（Otto Bauer, Das Weltbild des Kapitalismus, in: *Otto Bauer Werkausgabe*, Bd.2, Wien 1976）。

（9）R. Hilferding, Aus der Vorgeschichte der Marxschen Ökonomie, in: *Die Neue Zeit*, 29.Jg., Bd.2, 1910/11, S.576. ヒルファディング『マルクス経済学研究』玉野井芳郎・石垣博美訳、法政大学出版局、一九六八年、一〇頁。

（10）Ebenda, S.576-577. 玉野井・石垣訳、一三—一四頁。

（11）R. Hilferding, Böhm-Bawerks Marx-Kritik, in: *Marx-Studien*, Bd.1, Wien 1904, Unveränderter Neudruck, Verlag Detlev Auvermann KG, 1971, S.8-9. 玉野井・石垣、前掲訳書、一四一—一四三頁。

（12）ヒルファディングの使用価値捨象論にかんしては、遊部久蔵『価値論争史』青木書店、一九四九年、第二章第二節が詳しい。

（13）R. Hilferding, Zur Problemstellung der theoretischen Ökonomie bei Karl Marx, in: *Die Neue Zeit*, 23.Jg., Bd.1, 1904/05, S.110. 玉野井・石垣前掲訳書、一二七頁。

（14）Ebenda, S.108, 同上、一二三頁。

（15）交換の法則の発見が理論経済学の使命であるというヒルファディングのこの命題は、『金融資本論』の流通主義的性格を端的に表現するものだと批判されている（たとえば、古沢友吉「ヒルファディング『金融資本論』の出発点について——『金融資本論』研究（1）——」〈『横浜大学論叢』第七巻第三号、一九五六年三月〉二三三頁）。しかし、前述のごとく、『金融資本論』イコール流通主義という批判には、疑問がある。高山満氏は、ヒルファディングの方法が流通主義であるという批判を一応認めていた（「ヒルファディングにおける『理論経済学の問題提起』」（二）〈『東京経大学会誌』第二六号、一九六〇年一月〉三四頁以下）。が、その後考えをかなり訂正されている。つまり、交換イコール社会的物質代謝の法則を対象とすること自体は誤りとは決して言えないのであり、流通主義などと論難し去ることはできないと述べている（「『金融資本』分析と価値法則」〈前掲〉一四三—一四六頁）。

（16）飯田繁氏は、これについて、「『はじめて社会的関係をうちたてる』といういみをもつ交換は、しかしじつは、商品生産が通例の事象となった社会におけるそれではなく、むしろ、労働生産物……をはじめて商品に転化させた原始社会のそれである」と批判している（「ヒルファディングの信用理論」〈『講座信用理論体系』Ⅲ、日本評論社、一九五九年〉二三五頁）。しかし、これは曲解である。

(17) R. Hilferding, (Rezension), Franz Petry, *Der soziale Inhalt der Marxschen Werttheorie*, Jena 1916, in: *Archiv für die Geschichte des Sozialismus und der Arbeiterbewegung* (*Grünbergs Archiv*), 8. Jg., 1919, S.441-443. 塚本三吉訳『労働価値説の擁護』改造文庫、一九三〇年、一七八―一八六頁。

(18) Ebenda, S.443-444. 塚本訳、一八六―一八七頁。

(19) この点、大野節夫氏は、ヒルファディングの場合、私的労働が無視され、社会的労働のみが取りあげられており、「私的労働がいかにして社会的労働に還元されるかという問題が商品形態の問題であるということの意識さえみられない」と指摘している（「ヒルファディングの価値論について」〈同志社大『経済学論叢』第二一巻第三号、一九七三年三月〉一〇〇―一〇一頁）。だが、大野氏の指摘は正確ではない。むしろ、ヒルファディングの場合、商品形態という歴史的形態規定性を意識しつつも、私的労働と社会的労働の対立が問われずに、一面的に私的労働の社会的労働化の過程がたどられていると言った方がよい。

(20) ヒルファディングは、貨幣を「社会的必要労働時間の直接的体化」物と、量的規定性の側面からのべている。ところで同じような言いまわしは、マルクスの『経済学批判』のなかにも多くみられ、そこでは貨幣は「一般的労働時間の体化」として規定されている。『金融資本論』第一章、第二章には『経済学批判』からの引用がいくつかあり、また第一章の展開は『経済学批判』の展開に似ており、概して『経済学批判』にかなり依拠したものであるように思える。

(21) 長坂聡「貨幣論考――ヒルファディングの価値尺度論――」（『唯物史観』第一四号、一九七四年）六一頁を参照。

(22) K・カウツキー『貨幣論』向坂逸郎・岡崎二郎訳、改造社、一九三四年、二三三頁。

(23) 米川紀生氏は、これについて、「商品の内的矛盾の外的対立化＝貨幣の必然性も、商品に内的矛盾が存在しないことから、必然性を論証しようがないのであり、流通手段したがって交換の媒介手段としての貨幣機能しか摘出しえなくなっている」と述べている（「Rudolf Hilferding 理論の根底にあるもの」〈『一橋研究』第一六号、一九六九年〉一六頁）。

(24) これについて、大島清氏は、次のように批判する。「……ヒルファディングは、社会が物質代謝のうえから必要とする商品量の流通の範囲では無政府性は除去されるものとする。だがこの無政府性の排除は商品生産の特殊性を否定することになるのは明らかである。したがってここから貨幣の流通手段たる面だけが取上げられ、しかも『流通最低限の範囲内』では事実上商品形態の特殊性が無視されることになるから流通内の商品価値の実体だけがかれにとって問題となるのである」（「ヒルファディング」〈相原茂編『マルクス経済学の発展』経済学説全集第八巻、河出書房、一九五六年〉二一一頁）。

また、松井安信氏は、「紙幣が金貨にとって代わりうるのは、『無政府的生産の作用の排除』ということにあるのではない。この流通範囲内の商品も、商品――資本主義的商品であるとないとにかかわらず――である限り、価値と使用価値の内的矛盾から解放されることはできず、矛盾の克服とみえる交換も、その外在化にすぎず、そのことが交換価値としての担い手である金との対立となって現われる」(松井前掲書、四七頁)という指摘をおこなっている。

(25) これについては、高山満「競争の形態変化と景気循環の変容」(1)(『東京経大学会誌』第七五号、一九七二年二月)五七頁以下を参照。

(26) 松井前掲書、五〇頁以下を参照。

(27) **R. Luxemburg, Sozialreform oder Revolution?, in: *Rosa Luxemburg Gesammelte Werk*, Bd.1, Dietz Verlag, Berlin 1979, S.414.**『ローザ・ルクセンブルク選集』第一巻、野村修他訳、現代思潮社、一九六九年、二〇六頁。

(28) 我が国でもこれを相変わらず「価値論の論証」と理解する者が存在する。宇野原理論は、こうした理解から生まれた。

(29) **R. Hilferding, Aus der Vorgeschichte der Marxschen Ökonomie, a.a.O., S.621f.** ヒルファディング『マルクス経済学研究』(前掲)、二一一頁以下。

(30) マルクスは、「労働時間による価値規定の法則」が、「競争の強制法則として、彼の競争相手たちを新しい生産方法の採用に駆り立てる」と述べている。また、競争戦に勝ち抜くために、資本家たちが絶えざる資本の拡大(資本蓄積)を強制される事実、弱小資本が競争戦に敗退していく事実を指摘している。これらの指摘は、マルクスの競争論の核心が経済学の動学的な展開にある、との一端を示している(久留間鮫造『原典対訳　マルクス経済学レキシコン』1、競争、大月書店、一九六八年、九五頁以下による)。

(本節は、拙稿「『金融資本論』と『組織された資本主義』論――方法論的考察――」北海道大学『経済学研究』第三一巻第一号、一九八一年六月、を原型をとどめないほど全面的に改訂したものである。)

第二章　金融資本概念の再検討

第一節　ヒルファディングの金融資本概念の諸解釈

周知のように、帝国主義分析においてはじめて金融資本概念を用いたのは、ヒルファディングである。彼が『金融資本論』（一九一〇）で金融資本概念の定義をあたえ、レーニンが『帝国主義論』（『資本主義の最高段階としての帝国主義』一九一七）でその再規定をおこなって以来、金融資本は、今日まで経済学に欠くことのできない概念となっている。とはいえ、金融資本概念が種々の異論にぶつかり、その解釈も分かれ、この概念をどう現代資本主義分析に生かすべきか、あるいは生かすべきでないか、必ずしもはっきりしていないのも事実である。それゆえに古典である『金融資本論』にたちもどり、金融資本概念について根底的に問いなおす作業の必要性は失われていない。とくに、ヒルファディングの金融資本概念がたびたび言及される割には、『金融資本論』に内在して詳細にこれを考察しようという試みが意外と少ないゆえに、である。

これまで通説的には、ヒルファディングの金融資本概念は、レーニンの再規定によって止揚され、発展させられたと考えられてきた。このような考えからすれば、それはレーニンの金融資本概念を理解する上での素材あるいは批判の対象として意味をもつにすぎない。

他方で、いろいろな立場からではあるが、金融資本概念において株式会社制度がどのような位置を占めるのか、ということも研究の関心を集めている(1)。より根本的には金融資本と信用制度の関係も問われてきている。こうした研究の流れからすれば、ヒルファディングの金融資本概念は、もっと再検討されていいのではないか。というのは、彼の金融資本概念こそ、マルクスの『資本論』を再整理しつつも、『金融資本論』が書かれた当時の状況を取り入れ、積極的に信用制度論の展開のなかで導出され、このようなものとして独自な特徴をもっているからである。本章では、「金融資本と信用制度」という問題関心から、ヒルファディングの金融資本を彼に内在して取り上げる。本論にはいる前に、まず簡単にこれまでの研究史を整理しておく。

ヒルファディングは、長期的に固定化される形で、「現実に産業資本に転化されている銀行資本したがって貨幣形態の資本」を金融資本と名づけている。彼はまた、金融資本を「銀行が処理し、産業資本家が充用する資本」とも呼んでいる(Bd.2, S.309, 林訳(二)八九頁)。この定義に関して、通説的には、彼の金融資本は、銀行が産業を支配する形でなされる銀行資本と産業資本の結合を意味するという解釈がなされてきた。そしてこうした解釈にもとづき、次のような批判がなされている。

それは、独占規定が欠落している点で不完全である。また、銀行による産業の支配を強調し、当時のドイツやオーストリアの特殊事情――とくに兼営銀行という特殊ドイツ的銀行タイプ――にもとづく銀行と産業の関係を一般化している点で不十分である(2)。つまり、ヒルファディングの定義は、レーニンの再規定によってより一般的に妥当する形に修正された。具体的に言えば、ヒルファディングが銀行の産業支配を一面的に強調したのにたいし、レーニンは、より一般的に金融資本とは独占的銀行資本と独占的産業資本の融合・癒着であると規定しなおしたと考えられるのである(3)。

他方で、まったく別の立場から評価がくだされていることにも触れなければならない。すなわち、『金融資本論』

の理論構成上、第一篇から第四篇までは、ヒルファディングは、明らかに金融資本を一般理論的に展開している。ところが、第五篇では、それにたいして、金融資本概念が、イギリスではなく遅れて資本主義化の道をたどったドイツを典型として位置づけられている。これは、一般理論的展開とタイプ論的展開という、『金融資本論』の理論構造の断絶を意味する。このような理解は、むしろ、タイプ論的見地にたって、金融資本の一般理論化の方向を批判する角度からなされている。(4)

これまでのヒルファディング解釈は、おもに以上の方向でなされてきた。わたしは、こうした解釈と評価は、いささか表面的であると考える。つまり、これらは、「銀行資本と産業資本の結合」の具体的内容について、ヒルファディングにそくして綿密に考察しているわけではない。むしろ、ヒルファディングの金融資本概念イコール「銀行が産業を支配する形でなされた銀行資本と産業資本の結合」という解釈を前提にして、その上に種々の判断や批判が加えられているにすぎない。この点、我々が彼の金融資本をたんに銀行と産業の組織的結合関係としてではなく、資本一般から発して高次の形態を獲得するにいたった「資本」――ヒルファディングは、「資本そのものがその最高段階では金融資本となる」(Bd.2, S.310, 林訳(二)八九頁)と表現している――という観点から理解するならば、もっと別なことが言えるだろう。(5) こうした角度から、ヒルファディングの金融資本概念について、すでに次のような解釈がなされている。

第一に、ヒルファディングの金融資本は、端的にいえば、産業にたいする銀行の貸し付け貨幣資本を意味するのであり、彼は、これを、資本調達面での産業の銀行にたいする一般的依存関係の発展とともに増大するものとみている(6)(「金融資本＝貸し付け資本」説)。

第二に、ヒルファディングの金融資本は、産業の株式会社における共同出資関係を内容としている。この共同出資関係において、銀行と産業が融合している資本形態、これが金融資本である(7)(「金融資本＝共同出資資本」説)。

以上の解釈は、概して株式会社論に関する論者の立場と結びついていると考えられる。が、ともに一面的であるといわざるをえない。とはいえ、このような一面的解釈は、まったく理由なくして生じたのではない。むしろヒルファディング自身の混乱や未整理、思考の未熟さに根ざしているように思われる。本章では、ヒルファディング自身のこうした混乱や未熟さを整理し是正しつつ、彼がいかなる意味で信用制度論の展開過程で新たな「資本」概念として金融資本を提起したのか、を考察していきたい。

注

（1）この研究動向については、信用理論研究会編『信用論研究入門』有斐閣、一九八一年、第一部第四章第二節「金融資本と信用制度」（鈴木芳徳執筆）を参照。

（2）代表的論文のみあげると、大野英二「『資本類型』とヒルファディング『金融資本論』の理論構成」（『ドイツ資本主義論』未来社、一九六五年）、熊谷一男「ヒルファディング『金融資本』範疇の現実基盤について」（大野英二他編『ドイツ資本主義の史的構造』有斐閣、一九七二年）。なお、大野氏は、ヒルファディングの金融資本がライン・ヴェストファーレン重工業地帯の独占資本類型に着目して範疇規定されたものであると指摘している。

ヒルファディング自身は、その後一九二四年の一論では、「イギリスの銀行業におけるこの集中は一つの質的変化をともなっている。諸銀行はしだいに、古典的なイギリス預金銀行の性格を失い、ドイツ銀行型に近づきはじめる」と述べるなど、彼の金融資本概念が各国で一般的に妥当するようになると見とおしていたようである（R. Hilferding, Trust und Kartelle in England, in: *Die Gesellschaft*, 1.Jg., Bd.1, 1924, S.303）。また、一九三一年の一論では、ヒルファディングは、金融資本において、「銀行資本を絶対的に支配しているか、あるいは産業資本が絶対的従属性のもとにあるかどうかを考えるのは俗物のすることである。ここでは根本的に対立しあう利害が問題なのではなく、大部分同一的であるか並行的な利害が問題なのである」とも述べている。同じ論文のなかで、ヒルファディングは、銀行と産業の関係に関する各国のタイプ的相違をも指摘している（R. Hilferding, Die Eigengesetzlichkeit der kapitalistischen Entwicklung, in: *Kapital und Kapitalismus*, Hrsg.v. Bernhald Halms, Berlin 1931, Bd.1, S.27ff. ヒルファディング『現代資本主義論』倉田稔・上条勇訳、新評論、一九八三年、一〇－一二頁）。

（3）たとえば、倉田稔『金融資本論の成立』青木書店、一九七五年、第四章第一節を参照。
（4）たとえば、降旗節雄『帝国主義論の史的展開』現代評論社、一九七二年、第四章第一節を参照。
（5）この点、宮本義男氏は、金融資本を新たな資本範疇として提起するヒルファディングを批判し、むしろたんなる制度的関連として、銀行資本と産業資本の癒着を問題にすべきだと述べている（『金融資本への道』ミネルヴァ書房、一九六二年、二三一－二三三頁）。わたしは、宮本氏のこの見解には批判的である。
（6）本間要一郎「金融資本に関する若干の諸問題」（『経済』No.44，一九六七年一二月）七〇－七一頁、「段階規定の基礎範疇としての『独占』」（『講座経済学史――Ⅳ．マルクス経済学の発展』同文舘、一九七七年、第三部第二章）一一二頁。
（7）後藤泰二『株式会社の経済理論』ミネルヴァ書房、一九七〇年、一五七－一五九頁、中田常男「『金融資本論』の論理構造」（『商学論纂』第一九巻第一号、一九七七年五月）一〇七－一一一頁。なお両氏とも、金融資本規定における固定資本信用（貸し付け資本）の位置づけをまったく無視したのではない。後藤氏は、固定資本信用を「二次的副次的なもの」とみなし、他方で中田氏は、その重要性を認めている。
　なお、ヒルファディングが、金融資本において、銀行による資本信用の授与と持株支配の両面から考え、とくに持株支配の面を重視していたという長坂聡氏の見解（「金融資本規定における銀行の役割」〈東京大学『社会科学論集』第六号、一九五九年〉一三－一四頁）もある。

第二節　『金融資本論』の理論構成と金融資本概念

『金融資本論』は、貨幣・信用から説きはじめ、株式擬制資本（株式会社）をへ、さらに競争・独占論を展開して、その上で金融資本概念を導出している。だから理論構成上、『金融資本論』は貨幣・信用論を軸にして叙述されていると言える。だが、それで首尾一貫しているわけではない。競争・独占論が論理的にどう位置づけられるかをめぐって、我が国では種々の議論がなされている。この点、すでに本書の第一章第二節で考察している。ここでも我々は、信用論および信用制度論の発展という論点に的をしぼりつつ、必要な限りで再度取り上げたい。

「マルクス経済学前史より」という論文のなかで、ヒルファディングは、マルクスが未整理のまま残した信用論の草稿に注目して、次のように述べている。

「……資本主義的信用について『資本論』第二巻および第三巻に述べられている詳論の多くは、それが金融資本の現代的発展のうちにその例解を見いだしたときはじめて、まったく重大な意義をもつことが明らかになったのである。そしてまさに、利子うみ資本に関する輝かしい研究をふくむ第三巻第五篇……」[1]。

このことから、我々は、ヒルファディングが、信用論および信用制度論の具体的発展において、その現実的な「例解」として、金融資本概念をとらえていることをうかがい知る。これに関連して、ヒルファディングは、『金融資本論』の序文で、「資本関係一般にまつわる神秘的な後光は、ここでは〔金融資本では〕、もっとも見とおしがたいものとなる」(Bd.1, S.17,(一)四九頁)と指摘している。また、「反射にすぎないのに独立してあらわれる金融資本特有の運動」とも述べている。すなわち、ヒルファディングは、ここで、資本物神について語っているのである。マルクスは、利子うみ資本が資本物神の完成をもたらすと考えた。ヒルファディングは、これを受けて、金融資本こそが資本物神を最高レベルに完成させると主張している。我々の関心からすれば、その際、金融資本と利子うみ資本との関係が、当然問われなければならない。この点、ヒルファディングが、金融資本の定義において、金融資本が「貨幣形態での資本」であると強調していることが注目される。ここでいう「貨幣形態での資本」とは、じつは利子うみ資本(貸し付け資本と株式擬制資本の具体的形態で示される)のことであると考えてよい(Bd.1, S.322,(二)一〇五頁を見よ)。ヒルファディングのいう金融資本は、その実体としては利子うみ資本を意味している。しかも、それは、たんなる利子うみ資本ではなく、その「最高」の発展形態を意味すると解される。[2] こう考えると、金融資本に関するヒルファディングの叙述がほとんど整合的に理解される。ヒルファディングの金融資本概念が利子うみ資本の「最高」形態として設定されていたこと、これを証明することが本章の大きな課題となる。*

＊　これに関連して、ヒルファディングの序文には、金融資本が「資本のもっとも高度なもっとも抽象的な現象形態」であると述べてある（Bd. 1, S. 17,（一）四九頁）。「抽象的な現象形態」とは奇妙な表現であるが、この意味は、次のように解釈されよう。すなわち、「抽象的な」というのは、金融資本が近代資本主義を説明するうえで根本となるもっとも抽象的な概念であることを示している。換言すれば、銀行と産業の融合癒着といった現象的にも把握される金融資本を、より理論的に突っこんで、信用制度論の理論的延長線上に位置づけられる概念、つまり利子うみ資本の一形態として把握しようというヒルファディングの意図を示している。他方、「もっとも高度な」「現象形態」とは、金融資本が利子うみ資本の「最高」に発展した形態であり、『資本論』の論理的延長線上にある、近代資本主義を基礎づける具体的な概念であると、ヒルファディングが考えていたことをあらわしている。(3) この点、ヒルファディングは、『資本論』と『金融資本論』の論理的継承関係の軸を、信用制度論（利子うみ資本論）に見いだしていたと言える。

ヒルファディングは、金融資本を利子うみ資本の「最高」形態であると考えた。そして、マルクスが未完のまま残した信用論の草稿を、彼なりに整理し完成させせようと試みた。そればかりか、当時の現実にそくして、マルクス信用論を発展させようと意図した。(4) これをわたしなりに解釈すると、まず、次のごとく論理的に二つの流れが確認される。

第一に、「貨幣機能の変化から、流通手段より支払手段への貨幣転化から、生まれる信用」（Bd.1, S.83,（一）一二五頁）にはじまり、生産資本家たちのあいだでおこなわれる信用という基本規定をへて、銀行制度の一側面として総括される流通信用の流れである。

第二に、資本循環における貨幣資本の遊休→この遊休貨幣資本の機能貨幣資本への転化、というごとく、貨幣資本の形態的展開という形で論じられ、結局銀行制度のもう一つの側面として総括される資本信用の流れである。ヒルファディングは、まずこのように、二つの論理的脈絡で、流通信用と資本信用を導きだし、これらを銀行制度の二つの側面という形で総括し、これらの形態上、機能上の相違を考察する。彼は、それから資本信用に重点をおいて叙述を展開し、資本信用、とくに固定資本信用として産業に投下され固定化された貨幣資本の流動性回復（回収）を可能にするものとして、株式擬制資本を論じている。そして、競争・独占論をへて、結局、株式擬制資本による固定資本信用の「動化」をてこにして、金融資本を定義するにいたっている。

『金融資本論』の論理構造は、信用論の点では、以上のように銀行制度の二つの側面あるいは機能に収斂する形で基本的に理解できるだろう。次に、本章の主題に必要な限りで、『金融資本論』における信用論の展開が、いかなる問題をかかえていたか、を指摘しておく。

いうまでもなく、マルクスが対象としたのは、産業資本主義段階の資本主義であった。それにたいしてヒルファディングの対象としたのは、当時の独占段階の資本主義である。私見では、マルクスの『資本論』を継承し理論的に発展させることを意図し、抽象から具体へ、単純から複雑へと論述する場合であっても、自由競争の体制と独占体制の相違にしたがった論理的区別は必要である。ヒルファディングの場合は、これらの歴史的・論理的な段階の差異を理論構成上に明確に反映させるというよりも、むしろ抽象から具体へという直線的な論理的上向の道を選んだ。対象設定と方法論のこうした関係から、『金融資本論』の叙述における理論構成には独特の特徴が生ずることになった。[5]

すなわち、ヒルファディングは、産業資本主義段階に対応する形で信用制度論一般をまず論じ、その上にたって独占段階に対応する信用制度論を展開し、こうして彼の金融資本を導出するのではない。ヒルファディングにはこのような区別はない。彼は、はじめから当時の「最新」の資本主義を表象に浮かべ、歴史的・論理的段階区分を取り払い、独自に理論的に「組み換え」の操作をおこないながら、抽象から具体へと信用制度論の上向過程をたどるのである[6]。その際、実質的には、概念の上向的展開の原動力は、当時の資本主義の表象によって規定される。つまり独占段階を表象に浮かべているからこそ、当時の歴史的背景を抜きには語ることのできない固定資本信用という「段階的範疇」も、株式擬制資本論の前に、その前提として、一般論的展開のうちに叙述することが可能となっているのである。ちなみに、こうしたことから『金融資本論』では、抽象から具体への論理的展開の各個所で、当時の諸現象が取り入れられる。たとえば、貨幣論では、自由鋳造の禁止や純粋紙幣本位制、株式会社論・株式擬制資本論においては「人的結合」などがあげられよう。

しかし、ヒルファディングのこうした考えは、『金融資本論』に大きな問題を残すことになった。問題は、何よりもヒルファディングの株式会社論・株式擬制資本論に集中してあらわれる。株式会社は、産業資本主義の段階あるいはそれ以前にも見られるが、それが制度として一般化するのは、周知のごとく、独占段階である。正確に言えば、株式会社は、独占形成において重要な役割をはたすと同時に、それ自体独占資本の企業形態として固有の意義を獲得する。「近代資本主義の発展は株式会社の勝利とその根拠なしにはまったく理解できない」(Bd.I, S. 136, (一) 二〇六頁) と述べた時、ヒルファディングはこのことを意識していたはずである。にもかかわらず、彼は、株式会社制度を、独占段階に対応した信用制度の高次な展開に結びつけ、そのなかに組み込んでいるのではない。むしろ彼は、抽象から具体への論理展開のなかで、それを一般論的に展開している。だからこそ、彼は、「一般的利潤率」を基準にして株式会社論を論ずるのである。株式会社を独占資本の企業形態だととらえる観点からすれば、独占利潤を基準とせざるをえず、この点は大いに疑問のあるところだろう。ところがヒルファディングにあっては、独占形成および独占論は、信用論・信用制度論、株式擬制資本論を第一篇と第二篇でまとめた後に、第三篇になってはじめて論じられる。この論理構成からして「一般的利潤率」を基準にしてしか株式会社論を説きようがない[7]。

他方で、ヒルファディングは、独占段階に対応した株式会社制度の歴史的性格を、一般論的叙述展開のなかになし崩し的に混入させている。たとえば、前述のごとく、「人的結合」がそうである。「人的結合」は、本来独占的大企業を前提にせずして説きえない。これが、金融資本における銀行と産業の融合の具体的態様の一つをなしていることはいうまでもない。ところが、ヒルファディングは、「人的結合」を一般論的展開に混入させる形で、早めに説いてしまったので、肝心の金融資本概念を説明するところでは、それを十分に生かしえなくなっている。

以上のごとく、ヒルファディングが独占段階の諸現象を表象に浮かべ、抽象から具体へと信用論を展開する形で、『金融資本論』の論理構成を考えたことは、大いに問題を残した。この問題は、彼の株式会社論の位置づけや理論的性格に集中的にあらわれる。さらに、加うるに『金融資本論』の論理構成上、信用論的展開をつらぬくとすれば、独占を取り扱った諸章が、論理的にはみだした形で挿入されざるをえない。ヒルファディングは、帝国主義の重要な事象として独占を取り上げる。そして、既述のように、利潤率の均等化法則の阻害という事実を対象に、労働価値論の論証を企てている。だが、それのみにつきるのではない。たとえ金融資本が利子うみ資本の転化した形態、信用の最高段階として生じたとしても、この転化がおこなわれるのは、独占および独占形成を前提にし、基盤にする以外にありえない。ヒルファディングは、帝国主義の資本主義における支配的資本として金融資本を位置づけ、これが産業における独占化と銀行における独占化の相互連関的な前進を考慮せずして導出されえないと考えていた。だから第三篇における独占論は、『金融資本論』において重要な位置を占めるのである。

その際、ヒルファディングは、前述のごとく、産業資本主義段階と独占資本主義段階の歴史的区別を経済学理論の論理的区別に反映させているのではない。このような形で貨幣・信用論の展開を行うならば、独占に関する諸章が論理的にはみだささるをえない。我々は、この問題をすでに本書第一章第二節で論じている。だから、ここで繰り返すようなことはしない。ここでこれを踏まえてさらに問題点を指摘するならば、論理的段階の区別をしなかった結果として、『金融資本論』の理論構成において信用論の抽象から具体への展開は、あたかも独占論の論理展開のなかに先細りする形で突きささっているかのように見える。つまり、独占段階に対応する形での信用制度論は、すでに抽象から具体への先行する信用論の展開のうちに先取り的に混入されているがゆえに、第三篇のなかでは、詳しく取り上げられない。そこではせいぜい銀行による独占の促進作用とか、利潤率の均等化における信用の役割とかが断片的に語られているにすぎない。それゆえに、ヒルファディングは、信用制度論と金融資本概念の関係、ひいては独占と金融資本概念の関係を十分かつ明確に示しえていない。金融資本概念が信用制度論と深くかかわり、むしろその理論的展開の上に位置づけられているにもかかわらず、皮肉なことに、この点を明示しえていない。つまり、利子うみ資本の「最高」形態としての金融資本の性格を浮き彫りにしえていないのである。我々は、ヒルファディングが金融資本の定義を述べた叙述個所の抽象性――しばしば独占規定の欠落という点で批判される――と競争と独占を直接に対象としたその前後の脈絡の具体性とのあいだに大きな齟齬を見いださざるをえない。以上の論理構成上の問題こそ、彼による金融資本の定義の難解さを生みだし、ひいては彼の金融資本概念に関する種々の解釈の発生をまねいた。

注

（1）R. Hilferding, Aus der Vorgeschichte der Marxschen Ökonomie, in: *Die Neue Zeit*, 29. Jg., Bd.2, 1910/11, S.573. ヒルファディング『マルクス経済学研究』玉野井・石垣訳、法政大学出版局、一九六八年、三一四頁。

（2）飯田裕康氏は、擬制資本信用を信用の最高範疇とみなしているが（同氏『貨幣・信用論』同文舘、一九七六年、二四六－二四七頁）、ヒルファディングは、この擬制資本信用にもとづき、さらに金融資本を利子うみ資本の「最高」形態として設定した。

（3）この点、森岡孝二氏は、次のように解釈している。「……現象形態とは一般に事物の本質があれこれの形態をとって表面に現われたものと理解される。そうであれば、金融資本の本質は銀行資本や商業資本の概念もそこから導かれる産業資本の概念のうちに、つまり資本の一般的概念のうちに求められるのではないか？」金融資本を資本一般の現象形態と直接みなすならば、金融資本を本質的に新しい資本範疇として定立しようとする『金融資本論』の目的自身を否定することにならないか、と（『独占資本主義の解明』新評論、一九七九年、五六－五七頁）。

しかし、ヒルファディングは、金融資本概念を直接資本一般の現象形態として導出したのではなく、むしろ利子うみ資本の高次で具体的な形態として定立していると考えられる。

（4）倉田稔氏や保住敏彦氏の研究によると、ヒルファディングは、一九〇六年三月一〇日付のカウツキー宛の手紙では、『金融資本論』第一篇の貨幣・信用論研究の大部分を、『資本論』第二巻・第三巻の再生的な叙述で、あまりおもしろくない仕事の対象であると述べている（倉田『金融資本論の成立』青木書店、一九七五年、二二頁、保住「『金融資本論』執筆時のヒルファディング――ヒルファディングのカウツキー宛の手紙（一九〇二－一九〇七）を中心に――」（2）（愛知大『法経論集　経済・経営篇』第九八号、一九七二年一月）、一五四頁）。しかし、ヒルファディングが、『資本論』の単なる再生ではなく、彼独自の「組み換え」と発展を加えつつ、この仕事をおこなっているのは、本文中に示したごとくである。

（5）以下の考察にあたって、直接ヒルファディングを取り扱っているわけではないが、生川栄治「金融資本の論理構造」（『経営研究』第三〇巻第三・四合併号、一九七九年一一月）から大いに示唆を得た。

（6）この点、鈴木芳徳氏は、以下のごとく述べている。

「……資本信用なり発行業務なりは、銀行の本来的な業務からすると一定の歴史的発展の経過をふまえてのみ出現するものであって、したがってそこでは歴史的発展の中に身を置くものとして銀行が問題とされる必要がある……ところがヒルファディングにあっては、資本制生産における一般的抽象的規定と、一定の歴史的段階的な規定とが、無差別無原則的に連続させられているのであって、一方では特殊歴史的な規定をもって一般的規定とするとともに、他方では一般的規定をもって直接に特殊歴史的規定を律するのである」（『信用制度と株式会社』新評論、一九七四年、二〇四－二〇五頁）。

（7）中村通義氏は、ヒルファディングが対象としている株式会社が独占資本主義段階に対応したものであるという観点から、彼が「一般的利潤率」を基準としていることに大いに疑問を唱えている（『株式会社論』亜紀書房、一九六九年、一七四－一七七頁）。

第三節　金融資本と信用制度

（1）定義の解釈

ヒルファディングの金融資本概念にたいして、レーニンは独占規定の欠落を指摘している。しかしレーニンは、定義の前の二章では、資本主義的独占体の役割が強調されているという但し書きをも付与している。じつはヒルファディングは、「前の二章」どころか、定義をおこなった章のなかでも、「資本主義的独占と銀行資本の金融資本への転化」という表題が示しているように、独占を基底においた叙述をおこなっている。つまり、彼は、この章で、「カルテルやトラストはこんどは銀行制度にどう作用するか」と問題を設定し、銀行の集積と産業の集積の相互作用による銀行と産業の関係の緊密化をてこにして、彼の金融資本概念を導出しているのである。以上のことから、ヒルファディングが定義で独占を欠落させたことは、一見信じがたい。なぜヒルファディングは、定義のなかで独占を欠落させたのだろうか？[*]　以下、定義を取り上げ、金融資本と信用制度の関係を論じるなかで、この問題に答えていくことにしたい。

＊　ヒルファディングによる金融資本の定義において独占規定が欠落した理由について、管見の限りでは、次のような解釈がある。

第一に、ヒルファディングが流通主義におちいり、金融資本の発生を主として流通部面の内部であらわれる過程から導きだしたためである。[1]

第二に、ヒルファディングが信用一元論的傾向におちいり、その結果、「独占形成の論理をなすものが、銀行の産業支配の論理に吸収され、最終的に定義の中で欠落してしまった」ためである。[2]

第三に、「ヒルファディングが株式資本の原理規定から直接的に株式資本の普及という段階論的に解明されるべき問題に移っていった」ためである。つまり、ヒルファディングは、原理論と段階論を区別せず、その結果、重工業における固定資本の巨大化と組織的独占体の形成との関連で株式会社論を展開しえなかった。金融資本概念もこうした段階的な株式会社論から展開されるべきだったが、ヒルファディングがそうしなかったので、定義の際に独占規定が欠落することになった。(3)

なお、ヒルファディングの金融資本規定が産業的独占との関連であたえられているのは明確であり、定義における独占規定のドロップじたいはさほど重要なことではないという見解もある。(4) その後、ヒルファディングは、幾度か金融資本規定に触れる機会があったが、ほとんど『金融資本論』中の定義を繰り返している。ただ例外的に、「金融資本――少数巨大銀行による独占的に組織された産業の支配――」と述べたこともある。(5) わたしは、彼が定義で独占規定を欠落させた理由は、新たな「資本」概念としての彼の金融資本の性格そのものにあると考える。

まず、ヒルファディングが金融資本の定義をおこなった叙述個所を引用しておこう。

「……銀行はその資本のますます多くの部分を産業に固定せざるをえない。これによって銀行はますます多く産業資本家となる。このような仕方で現実に産業資本に転化されている銀行資本したがって貨幣形態の資本を金融資本と、わたしは名づける。それは所有者たちにとってはつねに貨幣形態をたもっており、彼らはそれを貨幣資本、利子うみ資本の形態で投下しているのであって、いつでも貨幣形態で回収することができる」(Bd.2, S.309, (二) 八八－八九頁)。

ヒルファディングによるこの金融資本の定義は、銀行による産業の支配、あるいはこの支配下での銀行資本と産業資本の融合を内容とするものだ、とこれまで解釈されてきた。わたしは、一歩進んで、信用制度論との関係で金融資本概念がとらえられなければならないと考える。この観点から、定義は、さしあたって、次のように解釈される。

銀行は、固定資本の巨大化にともなう産業資本の要求に応えるために、固定資本信用の供与をますます増人させる。ところが、固定資本の価値は長期にわたって徐々に還流する性格をもち、したがって固定資本信用は長期信用たらざるをえない。だから、銀行は、「その資本のますます多くの部分を産業に固定せざるをえない」のである。しかし銀行資本は、その性格上、流動性を保つことが要求され、産業へのその長期的な固定化は、銀行資本にとって自己否定を意味する。つまり「これによって銀行はますます多く産業資本家となる」。この事実は、固定資本信用の供与の場合にも、産業における株式会社に直接的に共同出資する場合にも示される。

貨幣資本のうち払い戻しをただちに要求されず「銀行の手もとに充分長くとどまる部分」が以上のことを可能にするとはいえ（Bd.1, S.118,（二）一八二頁）、銀行は産業資本家になると同時に、つねにその資本の流動性を回復し、自己を取り戻すことを要求される。銀行資本の流動性回復を保障するものが、株式発行による産業資本の動化（Mobilisierung）である。この動化は、同時に、固定資本信用として産業に供与された銀行資本の流動化をも意味するのである。これらの動化が成立するための前提は、もちろん株式擬制資本の流通市場つまり証券市場の存在である。このような株式擬制資本の流通メカニズムの存在によってはじめて、ヒルファディングが言うように、産業に投下した資本は、「所有者たちにとってはつねに貨幣形態をたもって」いる。固定資本信用の形で貸し付けられた資本であろうと、直接株式資本の形で投下された資本であろうと、この点に関して、ほとんど差違はない。つまりいずれの場合でも所有者たちは、その資本を「貨幣資本、利子うみ資本の形態で投下しているのであって、いつでも貨幣形態で回収することができるのである。」このようにいつでも貨幣形態で回収できる形で、しかも多くの部分産業に長期的に固定される仕方で、「現実に産業資本に転化されている銀行資本したがって貨幣形態の資本を金融資本」と呼ぶ。

ヒルファディングの金融資本は、以上のごとく固定資本信用と株式会社制度（株式擬制資本）を軸にして導きだされている。金融資本の実体が貨幣資本、利子うみ資本であることは、以上の解説からすでにうかがわれる。しかし、他方で、ヒルファディングの定義においては、信用制度と金融資本の関係が必ずしも明示されていない。奇妙なことに、定義のなか、それのみか定義がおこなわれた章のなかで、固定資本信用については一言も費やされておらず、したがって例の「動化」の問題にも言及されていないのである。定義をおこなった叙述個所は、抽象的で舌たらずであり、しかも前後の脈絡から多少浮きあがっているかのような印象さえあたえている。

このことは定義を難解なものにし、ヒルファディングの金融資本概念について、種々の解釈を生みだす原因となっている。ヒルファディングがこのような形で定義をおこなった理由は、前の節で検討した、『金融資本論』の理論構成上の混乱にかかわっている。すなわち、ヒルファディングには、独占段階に対応する形で信用制度論を——独占理論を踏まえた上で——展開する意図があきらかに欠如している。その展開は、抽象から具体へと基本的には一般論的になされる信用論の叙述過程のなかにたち消えてしまった。その結果、第三篇では、信用制度論に明確な位置づけがあたえられず、したがって独占段階に対応させて、固定資本信用と株式会社制度の関係を述べ、これを基軸として金融資本が成立するという形では、理論展開をおこなうことができなかった。こうした混乱や未熟さから、ヒルファディングの金融資本概念は、利子うみ資本の「最高」形態であることを明示されえなかった。だから我々は、彼の金融資本の性格を明確に示すために、多くの補足と読み込みを加えながら、金融資本と信用制度の問題に焦点をすえて、『金融資本論』を整理し検討しなければならない。

(2) 資本信用と株式会社

第一篇は、貨幣論からはじまり、流通信用と資本信用の規定をへて、利子率の説明でもって終わっている。第二篇

「資本の動化。擬制資本」との関連から言えば、資本信用とくに固定資本信用が注目されよう。

ヒルファディングによれば、「資本信用とは、休息貨幣資本を機能貨幣資本に転化する貨幣の移転のことである」(Bd.1, S.109,（一）一七一頁)。すなわち、休息貨幣資本を機能貨幣資本に転化する上で、「この分配の労をとるのが資本信用である」(Bd.1, S.126,（一）一九三頁)。つまり、ヒルファディングは、遊休貨幣資本を機能貨幣資本に転化する上での銀行の媒介機能に注目して、資本信用を規定するのである。その際、彼は、遊休貨幣資本がまず利子をうむ資本となることには、ほとんど触れていない。利子うみ資本規定をおこなうことなくして、いきなり資本信用の説明にはいっているのである。この事実をとらえて、『金融資本論』には利子うみ資本論がないと批判する論者もいるが、これは極論であろう。[6] むしろ、『金融資本論』では、それ自体としての利子うみ資本論は、前提にされていると言った方がいい。[7] このことは、『金融資本論』に利子うみ資本に関する叙述が散見されることからも言える。[8] とはいえ、ヒルファディングが、銀行による貨幣資本の媒介機能に注目するあまり、利子うみ資本規定をへずして資本信用を定義したことは、信用制度論の理論構成上疑問を残したといわざるをえない。[9] これは、後述のごとく、利子うみ資本の「最高」形態としての金融資本の性格を曖昧にすることに結びついたのである。

ところで、資本信用とくに固定資本信用は、株式会社制度と交互計算業務の成立をまって一般化する。[10] この点、資本信用は、株式会社制度を前提にしつつ、その論理を先取りする形で論じられている。叙述は、抽象から具体へという形をとりつつ、こうして資本信用から株式会社制度へと展開していく。このような叙述展開の仕方は、ヒルファディングの株式会社論の性格そのものを規定している。

ヒルファディングは、株式会社論を、「資本の動化。擬制資本」というテーマの一部として論じた。このことは、彼が株式会社論をおもに株式擬制資本の観点から論じるつもりであったことを示している。ヒルファディングのこの意図は、まさに彼の金融資本規定と密接にかかわっている。彼にあっては、金融資本とはいつでも貨幣形態で回収可能な形で産業資本に長期にわたり固定的に転化されている銀行資本である。このように金融資本を規定するためには、株式発行による産業資本の動化、銀行の立場からすれば、産業に固定資本信用として供与した貸し付け資本の流動化を保障するメカニズムが必要不可欠の前提となる。それゆえに、株式会社論は、株式擬制資本論を中心に構成され、『金融資本論』全体の論理構成から見れば、銀行資本（利子うみ資本）→株式擬制資本→金融資本という基本線上に位置づけられている。ただし、その際、独占、金融資本と信用制度の問題に関するヒルファディングの混乱や未整理もあって、このことは必ずしも明瞭に示されていない。そして、彼の株式会社論に関して種々の解釈を生みだすことになったのである。

以上の理論的位置づけを踏まえてヒルファディングの株式会社論の冒頭部分を見るならば、その意味するところは明白である。ヒルファディングは、株式会社が産業資本家をして産業の企業機能から解放し、そして産業資本家の「このような機能変化は、株式会社に投下される資本に純貨幣資本の機能——その資本家にとって——」をあたえると述べている。そして株主と貨幣資本家の異同を比較考察している。ここで彼が力点をおくのは、株式擬制資本の流通メカニズムの存在によって、「株式形態で投じられた貨幣資本に貸し付け資本すなわち利子うみ資本の性格を主観的にあたえる」仕組である。「貨幣資本が同時に擬制資本となり、したがってその所有者にとって貨幣資本の形態をもちつづける論理である。これによって「貨幣資本家はその資本を株式形態で投ずる場合でもやはり貨幣資本家の性格をもつ」ことになる（Bd.1, S.136-140,（一）二〇六－二一一頁）。

ヒルファディングのこの叙述にたいしては、群小株主の観点から株主を見たのであり、そして「株主をたんなる貨幣資本家」とみなしているという批判がある。(11) しかし、我々は、ここでヒルファディングが貨幣資本家的側面を強調する形で株主一般の特徴を説明していると考えた方がいい[12]。問題は、なぜヒルファディングが株主の貨幣資本家的側面を強調したかにある。この解答は、金融資本規定との関連を問うことによってあたえられる。つまり彼の「株主＝貨幣資本家」論は、じつは「株主＝巨大銀行」論を意識して唱えられたのである。前述のように、銀行資本が銀行資本の性格を失わずに産業に長期的・固定的に投下されるためには、株式発行による資本の動化のメカニズムが必要であった。産業に固定的に投下された銀行資本（固定資本信用）は、将来株式に転化しうる。この株式は、随時売却可能である、つまり擬制資本であることによって、貨幣資本の性格をもつ。このような観点からすれば、産業資本家との企業機能からの解放とは、具体的には産業に長期的・固定的に資本投下をおこなうことによって産業資本家とならざるをえない銀行が貨幣資本家としての性格、銀行としての地位を回復することをも意味している。株主の貨幣資本家としての性格に関するヒルファディングの叙述は、群小株主とともに銀行をも具体的に念頭に置いて、株主を説明したものであると言えよう。

以上、ヒルファディングの株式会社論の冒頭部分を検討してきた。そこでは株式資本の擬制資本化、すなわち動化が述べられている。この冒頭部分からはじまり、ヒルファディングの株式会社論は、銀行資本（利子うみ資本）↓株式擬制資本↓金融資本という『金融資本論』の理論構成において、株式資本の動化、銀行の立場からすれば、長期的に固定的に投下した貸し付け資本の流動化——あわせて創業者利得の獲得——を中心として、機能論的に展開されているのである。

このヒルファディングの株式会社論にたいして、我々はいかなる評価をくだすべきだろうか？　じつは株式会社それ自体は、信用制度の直接的産物とみることはできない。支配的な制度として株式会社は、資本の蓄積過程、再生産過程の発展にともなって、独占資本の企業形態として、それ自体、資本家たちの共同出資による「結合資本」の発達した形態としてとらえられる[13]。だが、他方では、株式会社制度は、信用制度の発展、とくに株式擬制資本の発行・流通市場の成立と結びついて十分な展開をえる[14]。この意味で、株式会社制度は、信用制度論に包摂されるのである。ヒルファディングは、この関係を明確にせずして、「株式擬制資本」の論理を強調し、この方向から株式会社論を論じた。その結果、確かに「株式会社は資本家たちの会社である」(Bd.1, S.153,（一）二三〇頁）という表現にあるように、ヒルファディングが結合資本としての株式会社の論理を踏まえ、それを前提としていたとはいえ、この側面は、彼の株式会社論では必ずしも明快な形で論じられなかった。企業形態として株式会社を説明する場合であっても、彼は、個人企業と株式会社の機能上の相違に力点をおいている[15]。

ヒルファディングは、株式会社と信用制度の関係についてまず、株式資本の擬制資本としての性格を説き、擬制資本化の「この傾向は株が取引所でいつでも売却できることによって完成される」(Bd.1, S.146,（一）二一八頁）と述べ、証券取引所論の課題としている。とはいっても、この課題が十分にはたされているとは言えない。そもそも証券市場の成立、株式会社と信用制度の関係は、独占の問題をぬきにしては語れないのである。それにたいして、ヒルファディングは、前述のように、信用論・信用制度論を一般理論的に抽象から具体へと叙述し、この展開のうちになし崩し的に株式会社論をも株式擬制資本論として一般理論的に論じている。その結果、独占とのかかわりで株式会社と信用制度の関係を明確にしえず、それのみか金融資本と株式会社の関係をも曖昧にしてしまっている[16]。だからこそ、我々は、ヒルファディングが、産業に長期的固定的に投下された銀行資本の流動化、銀行資本の貨幣資本としての性格の回復を説明するために、株式擬制資本論を中心に株式会社論を展開したと、ここであらためて確認せねばならなかったのである。「貨幣資本が同時に擬制資本となり、したがって、その所有者にとって貨幣資本の形態をもちつづけており、したがって右の転化の形式がここでは本質的だ」(Bd.1, S.144,（一）二一五頁）というヒルファディングの言葉は、本来は第三篇で金融資本概念を「定義」する際にはじめて生かされる。

（3） 利子うみ資本の「最高」形態としての金融資本

ヒルファディングは、産業に長期的に固定化されるような仕方で「現実に産業資本に転化されている銀行資本したがって貨幣形態の資本を金融資本と、わたしは名づける」と述べている。これによると、金融資本は、「銀行資本したがって貨幣形態の資本」である。それでは、金融資本は、単純に銀行資本と同一視されていいのだろうか[17]？　いや、そうではない。金融資本は、銀行資本ではあるが、たんなる銀行資本ではない。特別な形態をもつ銀行資本なのである。金融資本規定において、我々は、「産業に長期的に固定化される」という指摘に注目せねばならない。この点、少したちいって検討したい。

「資本主義発展の固有の法則性」（一九三二）という論文において、ヒルファディングは、「ふつう金融資本は単純に銀行資本と同一視されている。しかしわたしはそれを組織された資本主義において支配的になった資本形態と理解する[18]」と述べている。また、別の論文では、金融資本がかつて分離されていた産業資本・商業資本・銀行資本を統一するにいたった資本形態であると指摘している[19]。「組織された資本主義の支配的な資本形態」として指摘されたこの金融資本は、『金融資本論』のそれと同じものであろうか？　それともそこに重大な修正がみられるのであろうか？わたしは、ヒルファディングの見解に重大な変更はないと考える。というのは、後述のように、商業資本　産業資本・銀行資本を統一する資本形態を金融資本とする見解は『金融資本論』にも散見されるからである。我々は、むしろ、この点にこそ、利子うみ資本の「最高」形態としての金融資本の性格を読み解く鍵を見いださなければならない。これに関連した叙述を、『金融資本論』から引用し、解説を加えておこう。

「産業利潤は商業利潤を併合し、みずからが全体として資本還元されて創業者利得となる。つまり金融資本として最高の資本形態にまで達した三位一体者の獲物となる。産業資本は父神で、それが商業資本・銀行資本を子神として解放したのであり、貨幣資本は聖霊であるが、それらは三つでありながら、しかも金融資本においては一つとなっているからだ」(Bd.2,S.303,(二)八一頁)。

これは、第一三章「資本主義的独占と商業」中の一節である。その意味するところは難解である。が、一応次のように解釈される。産業資本主義段階では産業資本の機能の一部を担うものとして、商業資本と銀行資本が位置づけられる。ところが、独占化と信用関係の発展につれて、自己資本と他人資本の両方合わせて、産業資本や商業資本のなかに占める銀行資本の比重が高まり、こうした状態は一時的でなく恒常的なものとなる。銀行資本をなすものは貨幣資本である。この貨幣資本は、その抽象的性格によって、信用関係をつうじて銀行資本・商業資本・産業資本の共通項となり、共通項となることによって三者を統一し、最高の資本形態として金融資本を形成する。ヒルファディングは、こうした意味をこめて、貨幣資本を「聖霊」にたとえている。この貨幣資本の役割について、ヒルファディングは、別の個所で、より明確に次のように述べている。

「金融資本においては、いっさいの部分的な資本諸形態が全体性に統一されてあらわれる。金融資本は貨幣資本としてあらわれ、そして事実上、貨幣資本のG－G'なる運動形態、つまり貨幣をうむ貨幣、すなわち資本運動のもっとも一般的な、もっともとらえどころのない形態をもつ貨幣資本として、それは貸し付け資本と擬制資本との両形態で生産資本家に融通される。これが媒介にあたる銀行は、同時にますます多くの部分を自己の資本に転化しようとし、それによって金融資本に銀行資本の形態をあたえる。この銀行資本は、現実に機能する資本すなわち産業資本の端的な形態――貨幣形態――となる。同時に商業資本の独立性はますます排除されるが、銀行資本と生産資本との分離は金融資本において止揚される」(Bd.2, S.322-323,(二)一〇五－一〇六頁)。

ヒルファディングは、ここで金融資本の実体が貨幣資本であると述べ、G－G'運動をつうじて銀行資本・商業資本・産業資本を統一する貨幣資本を金融資本と呼んでいる。ここでは、貨幣資本は、具体的には、貸し付け資本と擬制資本の二つの形態で考えられている。

その際、貸し付け資本の形態であっても、産業資本として現実機能資本に転化した貨幣資本は、株式発行による資本の動化によって、いつでも株式擬制資本の形態を獲得しうる。この意味で「潜在的株式擬制資本」といってもよい。だから、いずれの形態であっても、銀行は、投下資本がつねに貨幣資本としての流動性を保っているとみなすことができる。つまり、銀行資本は、現実機能資本と株式擬制資本への資本の二重化のメカニズムに支えられて、現実に機能資本として産業資本の構成部分化しながら、貨幣資本の形態を保っていると自ら考えることができる。[20]このような資本の二重化メカニズムに支えられて、産業資本・銀行資本・商業資本を、これらの共通項をなすことによって統一する貨幣資本(ここでは事実上利子うみ資本)が金融資本である。したがって金融資本は、たんなる貨幣資本ではなく、産業、商業、銀行の諸資本を統一するものとして、新しい形態的規定性を獲得した貨幣資本である。つまり、金融資本は、銀行資本を止揚した、貨幣資本(利子うみ資本)の最高でもっとも完成された形態を意味する。[21]こうした理解にたって、はじめて、ヒルファディングの次の表現の意味が明らかとなる。

「ヘーゲル学徒なら否定の否定として、こう言うかもしれない。——銀行資本は高利貸し資本の否定だった。そして、それ自身が金融資本によって否定される、と。金融資本は高利貸し資本と銀行資本との総合であって、経済的発展の限りなく高い段階において社会的生産の果実を自分のものとする」(Bd.2, S.330,(二)九一頁)。

この意味は、貨幣資本、つまり利子うみ資本が最初高利貸し資本、つぎに銀行資本、そして最後に金融資本と、形態的発展をとげるところにある。高利貸し資本として貨幣資本は、かつて生産者に寄生し、これを支配する立場にあった。が、銀行資本としての貨幣資本は、産業資本にたいして従属的地位に置かれる。それにたいして、金融資本として貨幣資本は、再び産業資本にたいする支配的地位を獲得するのである。これが、ヒルファディングによる、否定の否定、総合の意味なのである。[22] この否定の否定を可能にするのは、株式会社と証券市場の発達による資本の二重化メカニズムである。金融資本は、この資本の二重化メカニズムをとおして、自身現実に機能する資本と株式擬制資本に二重化して運動する「貨幣資本」の運動体（事実上利子うみ資本の新たな形態）である。我々は、このことから、株式会社論でヒルファディングがなぜ執拗に株式擬制資本と貨幣資本の同一性を強調したのか、その意味を理解することができるといえよう。*

＊　これまで我々は、――これが利子うみ資本の「最高」形態としての金融資本の性格を曖昧にする大きな原因の一つとなったのだが――ヒルファディングが貨幣資本をたびたび利子うみ資本の意味で用いていると指摘してきた。この点、ここで一言費やしておく必要があるだろう。

ヒルファディングは、第四章「産業資本の流通における貨幣」において、正当にもまず、商品資本、生産資本、貨幣資本といった、資本循環でとる資本一般の三形態の一つとして貨幣資本を明らかにしている（Bd.1, S.81-82,（一）一三三頁）。彼は、第二に、産業資本の流通過程でいかに貨幣資本の周期的な遊離と休息が生じるかを示し、いわゆる遊休貨幣資本の規定を導きだしている（Bd.1, S.84-90,（一）一三七－一四五頁）。彼は、第三に、「信用による休息貨幣資本の機能貨幣資本への転化」を述べ（Bd.1, S.96-98,（一）一五三－一五五頁）、結局、「資本信用とは、休息貨幣資本を機能貨幣資本に転化する貨幣のことである」（Bd.1, S.109,（一）一七一頁）と規定するにいたっている。[23]

この場合、既述のごとく、ヒルファディングは、明らかに資本信用を銀行の機能の観点から説いている。つまり、銀行が休息貨幣資本を自己に集中し、それを産業に機能貨幣資本として貸し付ける媒介機能に着目して資本信用を説いている。

その際利子うみ資本の規定は、触れられておらず、むしろ前提とされている。そうなったのは、ヒルファディングが銀行の観点から機能論的に資本信用を論じたためであると考えられる。その結果、『金融資本論』における利子うみ資本論の位置づけは曖昧になった。だからこそ、ヒルファディングは、本来利子うみ資本と述べるべきところにも、貨幣資本という言葉を用いている。その結果『金融資本論』では、利子うみ資本という言葉がその重要性のわりにはわずかにしか使用されなかったのである。金融資本概念についても、「貨幣形態の資本」としてしか示されず、利子うみ資本の「最高」形態としての位置づけは、明確に論じられなかった。

（4）金融資本の定義と独占規定

ヒルファディングは、大銀行による独占的産業の支配、両者の融合関係を表象に浮かべ、それから抽象する形で、彼の金融資本概念を導出した。彼の金融資本は、独占規定を前提とし、それと不可分なものであった。だからこそ、ヒルファディングは、株式会社論の後に彼なりに独占理論を展開し、それを前提にして、銀行資本の金融資本への転化を説明したのである。だが、周知のように、金融資本の「定義」のなかでは、独占規定は明確な形で位置づけられていない。このことから例のレーニンの批判が生じた。我々は、定義におけるこうした独占の欠落をいかに理解すべきであろうか？

この問題は、結局のところ、ヒルファディングが、利子うみ資本の「最高」形態として抽象的に示される金融資本と、独占的銀行による独占的産業の支配といったその具体像との結びつきをどう考えていたか、ということに帰着する。しかし、この結びつきに関する説明は、我々にとって非常に厄介なものである。というのは、これに関するヒルファディングの叙述があまりに少ないからである。したがって、以下では、かなりの補足と読み込みを混えて、これを考察しよう。

ヒルファディングの金融資本とは、産業資本・銀行資本・商業資本を、これらの共通項をなすことによって統一する貨幣資本（G－G'）の運動体である。そうであるとすれば、産業に役下される資本のうち、たんなる産業資本と金融資本の二つの部分が並存することになる。[24] 事実、ヒルファディングは、「産業に充用された資本のますます多くの部分は金融資本である」（Bd.2, S.309,（二）八九頁）と述べている。これは、レーニンの金融資本規定を念頭におくものにとって、奇異な叙述に思える。産業資本の一構成部分にすぎない金融資本がいかに支配を貫徹し、いかなる形で独占規定と結びついているのであろうか？ この点、ヒルファディングは、「金融資本は株式会社の発展につれて発展し、産業の独占化をもってその頂点にたっする」という歴史的傾向を述べている。ヒルファディングの真意は、その際、こうである。金融資本は、独占形成へと向かう産業資本の傾向とともに量的に発展する。固定資本の巨大化は、銀行の固定資本信用に産業をますます依存させる。この固定資本信用の量的発展は、株式発行によって資本がいつでも動化しうる限り、金融資本の量的発展を意味する。産業集積と銀行集積の相互的進展は、同時に金融資本の量的発展である。独占形成は、支配的資本としての金融資本の確立をもたらす。独占段階では、産業資本のなかで金融資本は、銀行による産業の支配に足るだけの比重を占める。金融資本の量的発展の一定段階で、その質的変化が生ずる。金融資本の量的発展は、独占の形成とともに質的な変化をともない、金融資本による経済の「支配」を可能にする。

「支配」の問題を今少し具体的に考察すると、ヒルファディングは、金融資本の定義に関連して、「産業の銀行への従属は所有関係の結果で」あり、産業資本家にたいして「銀行は所有者を代表する」（Bd.2, S.309,（二）八八頁）と述べている。貸し付け資本や株式の所有者としての銀行の支配的地位については、第一編と第二編で先取り的に展開されている。この先取りは、独占段階に対応した論理的段階区別を設けないで、抽象から具体へと信用論・信用制度論を展開する『金融資本論』の方法論的視点から生じた。これらの篇で散在するヒルファディングの叙述の断片を我々なりに整理すると、「支配」の問題は、貸し付け資本の所有者、および株主としての銀行の二つの立場から把握されている。[25]

第一に、貸し付け資本の所有者としての銀行の立場について、ヒルファディングはまず、銀行信用の利用が産業における競争戦の展開にとって大きな意味をもつことから、銀行業者が産業資本家にたいしてある種の優越性を得ると述べている。というのは、銀行は、場合によっては信用供与の制限によって産業の運命を左右できるからである。「企業にたいして銀行が優位性をもつのは、銀行が貨幣資本をもっているからである」。さらには、固定資本信用の授与にともなって、産業にたいする銀行地位も変化し、企業にたいする銀行の影響力も増大する（Bd.1, S.115-120,（一）一七九―一八四頁）。固定資本信用が巨大な規模に達し、銀行資本が産業資本のなかでかなりの比重を占めるにいたった独占段階では、貸し付け資本の所有者を代表するものとして銀行は、産業に支配的な影響力を行使しうるのである。

第二に、ヒルファディングによれば、銀行は、大株主としても産業に支配的な影響力をもつ。『金融資本論』第二篇では、株式会社における大株主の支配を述べたあとで、銀行取締役がこの立場から多数の株式会社の監査役になりうると、株式会社と銀行との「人的結合」が説明されている。つまり、銀行は、「その貨幣資本の一部を長短いずれかの期間、株に投資することもでき」、「株式所有の支配」権を行使しうるのである（Bd.1, S.156-159,（一）二三三―二三七頁）。補足的にいえば、貸し付け資本が株式発行による産業資本の動化によって回収されうる限り、銀行は、固定資本信用の供与にあたって、大株主に近い地位を獲得する。また、実際に、株式発行がなされる時、銀行は、この機会を利用して、大株主としてその支配力を行使しうる。さらにたんに一時的にではなく、銀行は、永続的な大株主ないし――ヒルファディング自身は述べていないが――預託株式の保有者[26]として、産業にたいし持株支配をなすこともできよう。

貨幣資本の所有代表者としての銀行の支配的地位は、このように二つの側面から理解すべきであろう。その際、ヒルファディングにあっては、銀行の産業支配は、いきなり持株支配を中心とするというよりは、交互計算業務などを利用した貸し付け関係を基礎にし、持株支配によって補完する構成をとっていると考えられる。というのは、その方が、固定資本信用↓株式資本の動化という彼の信用制度論の基本的観点にそくしており、またヒルファディングが表象としている当時のドイツの実状に即していると思われるからである[27]。ヒルファディングによる次の叙述は、このような観点から理解されねばならない。

「金融資本は株式会社の発展につれて発展し、産業の独占化をもってその頂点にたっする。産業の収益はヨリ安全でヨリ恒常的な性格を獲得する。それとともに、銀行資本を産業に投下する可能性はいっそう拡大される。だが、銀行資本にたいする処理権をもつものは銀行であり、銀行にたいする支配権をもつものは銀行株の過半数の所有者である。所有の集積が進むにつれて、銀行にたいする支配力をあたえる擬制資本の所有者と、産業にたいする支配力をあたえる擬制資本の所有者とが、ますます同一人となることは、明らかだ。これは、すでにみたように大銀行が擬制資本にたいする処理力をも獲得しつつあるので、なおさらである。

産業がますます銀行資本への依存性を深めることは、先に見たとおりだが、しかしそれは産業貴族も銀行貴族に依存するようになるということを意味するのではない。むしろ資本そのものがその最高段階では金融資本となるように、資本貴族、金融資本家は、国民総資本にたいする処理権を銀行資本の支配という形態で結合するのである。ここでもまた人的結合が重要な役割を演じる」(Bd.2, S.309-310,(二)八九－九〇頁)。

通例ヒルファディング解釈において、銀行による産業の支配という金融資本の性格が強調される。しかし、それは銀行資本家による産業資本家に対する持ち株支配を意味するのではない。右の引用で、ヒルファディングは、これを否定している。この点、こう解釈すべきであろう。株式会社と証券取引所(ヒルファディングによれば、取引所の地位は銀行によって後退させられる)をつうじて、産業の集積運動から所有の集積運動が分離する。この分離をつうじて、大貨幣資本家（産業や銀行の支配的株主たりうる）は、特定企業、特定産業の枠をこえて、自由に利殖運動をおこなう。ひいては、社会的総貨幣資本および産業資本にたいする銀行の支配をとおして国民総資本にたいする処理権を掌中にする。このように、金融資本における支配は、ヒルファディングにあっては、株式会社における「所有と機能の分離」という認識にもとづいて、所有の側面から、産業から独立して運動する貨幣資本の処理権・支配という形で考えられていたと言えよう。

以上、我々は、利子うみ資本の「最高」形態といった金融資本の抽象的規定と独占的銀行による独占的産業の支配という具体像の関係を論じてきた。これに関するヒルファディングの叙述は異常に少ない。その理由は、信用制度論の展開に段階的区別を設けない彼の方法論的視点にある。この視点によって、『金融資本論』における独占理論の位置づけが曖昧になり、また、独占段階に対応した信用制度論を十全に展開する形で金融資本概念を明らかにしえなかった。というのは、独占段階に対応する信用制度論はほとんど先取り的に論じられ、肝心の金融資本の定義のなかでは明確な形で生かされなかったからである。その結果、一方では、利子うみ資本の「最高」形態としての金融資本の性格が見えなくなり、他方では、独占に関する周囲の叙述から浮き上がった金融資本の抽象的な定義——独占規定の欠落——が生まれたのである。ヒルファディングの金融資本における独占規定の欠落は、『金融資本論』の方法論的視点と金融資本の性格規定そのものに起因している。ヒルファディングにあっては、信用制度論の展開に段階的区別を設けないゆえに、金融資本の抽象的規定と具体像の統一は、金融資本の量的発展によって示されるよりほかはない。独占的銀行による独占的産業の支配は、株式会社の発展と産業の独占化によって頂点に達する金融資本の量的発展の一定段階において示される以外にないのである。

この場合、ヒルファディングの金融資本概念は、貨幣資本（利子うみ資本）の最高形態としてのその性格からして、独占を前提とするとはいえ、抽象的規定においては独占規定を含める必要はないものであった。金融資本が産業の独占化によって頂点に達するという彼の表現は、この事実を端的に表現している。つまり、独占は、金融資本の成立や発展の前提や条件をなすにすぎない。ここでは、未熟な姿であるとはいえ、その抽象的規定（定義）のレベルでは、あたかも金融資本が独占なくして、むしろ独占以前に存在しうるような叙述がおこなわれている。『金融資本論』は、首尾一貫しているとは必ずしも言えないが、信用論・信用制度論を一般論的に抽象から具体へと展開する叙述形式をとっている。だが、本来は、資本信用↓株式擬制資本↓金融資本と、金融資本を導出する論理は、このような一般論的叙述展開に解消しうるものではない。むしろそれは、独占段階に必然的な信用制度論の展開としてなされるべきである。金融資本は、この展開においてはじめて、独占段階に対応する概念として措定されるのである。こうした手続きをへなかったので、『金融資本論』第三篇におけるヒルファディングによる金融資本概念の説明は、固定資本信用という言葉も使用されておらず、信用論・信用制度論の関係をあいまいにする形でなされた。つまり、貨幣資本（利子うみ資本）としての金融資本の性格が明確に示されない形でなされた。また、独占との関係が明示されない形でなされたのである。しかし、金融資本における、産業への投下銀行資本の固定化の問題も、金融資本による産業資本・銀行資本・商業資本の統一の論理も、実際は独占段階に対応したものである。したがって金融資本は、独占をたんに前提とするよりも、それ自身に独占規定を含有するものである。ところが、ヒルファディングにあっては、独占規定は、銀行資本（利子うみ資本）を金融資本に転化させる上で、前提条件をなす事実として位置づけられている。だからこそ、『金融資本論』において独占理論の位置づけが曖昧になり、また、金融資本の定義でも独占規定が欠落することになったといえよう。

結論的にいえば、「定義」における独占規定の欠落は、たんなる偶然ではなく、信用制度論の一般理論的展開の内に利子うみ資本の「最高」形態として金融資本を位置づけるヒルファディングの見解、つまり独占段階に対応した論理的な区別を設けない『金融資本論』の方法論的な視点の結果、ヒルファディングが金融資本を、資本主義の独占段階に相応する概念として明確に措定することに失敗したことを示すものにほかならない。

注

（1）エルスナー「新版序文」（『金融資本論』林要訳、国民文庫版（一）三七―三八頁、古沢友吉「ヒルファディング『金融資本論』の現代的意義」（越村信三郎他編著『独占資本論への道』同文舘、一九六九年、第一編第一章）、二一七頁。

（2）星野中「ヒルファディング『金融資本論』の基本的構造とその問題点――研究史―の位置との関連において――」（内田義彦他編『資本主義の思想構造』岩波書店、一九六八年）、二六二、二七三頁、保住敏彦「ヒルファディングの帝国主義論――『金融資本論』の背景・特徴・位置について――」（同志社大学『社会科学』第四巻第二号、一九七一年）、五二頁。

（3）宇野弘蔵「ヒルファディング『金融資本論』における原理論と段階論との混同について」（『経済学方法論』東京大学出版会、一九六二年）、九〇頁。

（4）静田均「金融資本の概念と本質」（『経済論叢』第七七巻第三号）、三二七―三三〇頁、鈴木鴻一郎「〈解題〉ヒルファディングの金融資本規定を中心にして」（有沢広巳・脇村義太郎共著『カルテル・トラスト・コンツェルン』御茶の水書房、一九七七年）、五七二―五七三頁。

（5）**R. Hilferding, Arbeitsgemeinschaft der Klassen?, in: *Der Kampf*, Bd.8, 1915, S.322.**

（6）飯田繁氏は、ヒルファディングには、利子うみ資本を最高の資本物神形態とする視角がなく、そもそも利子うみ資本にたいする理解が欠けていると述べている（「ヒルファディングの信用論」〈『講座信用理論体系』Ⅳ、日本評論社、一九五六年〉、六九、二九三頁）。

（7）坂本正氏は、「ヒルファディングの『資本信用』論を利子うみ資本論として捉え」ている（「『資本信用』と商業銀行――ヒルファディングにおける商業銀行機能の把握（2）――」〈『現代経済学の諸問題』熊本商科大学経済学部開設十周年記念論文集、一九七八年〉二〇頁）。

（8）たとえば、ヒルファディングは、資本信用規定をおこなったすぐ後の注で、「すべての貨幣は利子をつけて貸され、したがって、貸し手にとって資本の性格をおびる」（Bd.1,S.109-110,（一）一七一頁）と述べたり、第六章「利子率」の冒頭や第七章のⅠ「配当と創業者利得」中の一節（Bd.1, S.139,（一）二〇九頁）で、利子うみ資本規定について簡単に言及している。

（9）ヒルファディング信用論に関する研究文献については、松井安信編『金融資本論研究――コンメンタール・論争点――』北海道大学図書刊行会、一九八三年、第一篇、第二篇が詳しい。

（10）この点、中田常男氏は、固定資本信用の可能性の論理とその現実性への転化の論理の二つに分け、現実性への転化は株式会社論にてはじめて述べられると指摘している（「『金融資本論』の論理構造」〈『商学論纂』第一七巻第一号、一九七五年五月〉一七四－一七七頁）。

（11）たとえば、鈴木鴻一郎「『創業利得』について――ヒルファディングの株式会社論にたいする一つの疑問――」（楊井克巳・大河内一男・大塚久雄編『帝国主義研究』岩波書店、一九五九年）一八－二〇頁。

（12）野田弘英氏も、産業資本家の機能変化というヒルファディングの叙述を、「群小株主のみならず株主一般」をも対象とするものであると解釈している（『金融資本の構造』新評論、一九八一年、一七五頁）。

（13）これについては、森杲「企業形態としての株式会社」（北海道大学『経済学研究』第二六巻第四号、一九七六年四月）を参照。

（14）鈴木芳徳氏は、企業形態としての株式会社と信用制度の関係を、個別資本視点と社会的総資本視角の統一という形で論じている（『信用制度と株式会社』新評論、一九七四年）。

（15）後藤泰二氏の、「自己資本の他人資本化」論からするヒルファディング解釈は、この点で、ヒルファディングを少し過大評価しているように思われる（『株式会社の経済理論』ミネルヴァ書房、一九七〇年、とくに第二章第三章）。とはいえ、鈴木芳徳氏のごとく、次のように言い切るのも疑問である。すなわち、「……ヒルファディングが、株式会社を『自己資本』と『自己資本』の結合体であるとして積極的に主張する姿勢にあるのかというと、その点はむしろ甚だ疑わしい。むしろ、支配集中機構としての株式会社理解が、たんなる貨幣資本家の集合体としての株式会社理解と、内的整合性ももたぬままに混在していることが、まず直視されるべきであろう。」（『信用制度と株式会社』〈前掲〉、一九三頁）。

（16）鈴木芳徳、前掲書、六六－六七頁を参照。

（17）たとえば、オットー・バウアーは、金融資本概念を銀行資本とほとんど同義に用いている（Otto Bauer, *Die Nationalitätenfrage und die Sozialdemokratie*, 1907, in: *Otto Bauer Werkausgabe*, Bd.1, Wien 1975, S.545, *Einführung in die Volkswirtschaftslehre*, in: *Otto Bauer Werkausgabe*, Bd.4, S.671, S.716, S.759.）

（18）R. Hilferding, die Eigengesetzlichkeit der kapitalistischen Entwicklung, in: *Kapital und Kapitalismus*, Hrsg.v. Bernhald Halms, Berlin 1931, Bd.1, S.27.　R・ヒルファディング『現代資本主義論』倉田稔・上条勇訳、新評論、一九八三年、一〇頁。

（19）これについては、本書の第五章第三節の（2）を参照されたい。

（20）鶴田満彦氏は、この点、ヒルファディングの金融資本が「独占的大企業の社債とか株式」にすぎず、現実の機能資本とは関係ないと批判しているが、これは正鵠を射ていない（『独占資本主義分析序論』有斐閣、一九七二年、四六頁）。

（21）ヒルファディングの金融資本は、以上のごとく、共同出資ないし貸し付け資本の形態で、産業の株式会社の現実機能資本に転化し、それでなおかつ、株式資本の動化、すなわち株式擬制資本のメカニズムに支えられ、いつでも換金できるという意味で、貨幣資本（利子うみ資本）の性格を保っている銀行資本である。それは、現実機能資本と株式擬制資本（貸し付け資本は、潜在的擬制資本とみなされる）の統一として、二重化した存在である。森岡孝二氏は、この二重化した存在としてのヒルファディングの金融資本に、「幻覚」や「こじつけ」を見いだしている。つまり、森岡氏によれば、株式擬制資本は、銀行を媒介にしているとはいえ、すでに株主に売却されており、現実に機能している産業資本とは無関係に運動している。だから、ヒルファディングがいうように、金融資本における現実機能資本と株式擬制資本の統一は、ありえようはずがない。森岡氏の主張は、前述の貨幣資本の二形態のうち、貸し付け資本の位置づけを軽視して、株式擬制資本に注目し、そして株式は銀行を通過して一般株主にただちに売却されるという前提にもとづいている。したがって、氏は、社会に存在する総貨幣資本を集中し所有資本家を代表するものとしての銀行の地位を過小評価していると言わざるをえない。ヒルファディングの金融資本を理解するうえで重要なのは、特定銀行と特定産業企業の関係が一過性のものではなく、恒常化し、産業資本のなかに絶えず銀行資本（貸し付け資本および共同出資の形態で）が一定の比重を占めていることにある。後述のごとく、銀行と産業のこのような恒常的関係において、貨幣資本の所有代表者として銀行は資本信用の場合でも、共同出資の場合でも産業に支配的影響力を行使しうるのである。それゆえに、株式が銀行を通過して一般株主に売却されるという観点（この場合でも株式の銀行預託を軽視すべきでない）から、森岡氏がヒルファディングを批判しているのは、的はずれというよりほかはない。なお金融資本イコール銀行資本・産業資本・商業資本の統一といったヒルファディングの見解にたいして、このような諸資本の統一が概念的には産業資本そのものに見いだされるのであり、金融資本が支配し活動する領域や部面の普遍性を諸資本の統一性をとりちがえたものだという森岡氏の批判は、貨幣資本（利子うみ資本）の「最高」形態としての金融資本という観点からすれば、まことに理解に苦しむといわざるをえない（『独占資本主義の解明』新評論、一九七九年、七五頁および第六章）。

（22）宇野弘蔵氏は、商人資本、産業資本、金融資本がそれぞれ支配的資本の歴史的タイプとしてあらわれるという見地から、この否定の否定について、次のように批判している。すなわち、「少なくともヒルファディングのように『銀行資本は、高利貸資本の否定であった。そしてそれ自身がいまでは金融資本によって否定される』……というのは正しいとはいえないであろう。高利貸資本の銀行資本への転化は、銀行資本の金融資本への転化とともに、それ自身の発展による否定ではない。金融資本は資本家的産業自身の発展としてあらわれる。それもすでに綿工業を中心とする産業資本の重工業を中心とする金融資本への転化として理解されなければならない」と（『経済政策論』改訂版、弘文堂、一九七一年、一九二頁）。ここで、宇野氏は、高利貸し資本から銀行資本が、銀行資本から金融資本が自己発展的に生ずるとヒルファディングが述べていると解釈している。しかし、ヒルファディングは、むしろ、貨幣資本（利子うみ資本）が高利貸し資本から金融資本へとより高次の形態に展開するのであり、銀行資本の金融資本への転化も、自己発展的にではなく、産業における株式会社化と独占化を基盤としてなされると主張していた。

（23）したがって、貨幣資本にたいするヒルファディングの理解について、飯田繁氏が次のように批判しているのは的を射ていない。ヒルファディングが「貨幣資本という同一表現の中に包含される三つのあいことなる概念・範疇、すなわち、流通資本としての貨幣資本、蓄蔵貨幣としての貨幣資本、利子つき資本としての貨幣資本を相互にはっきりと区別することができず、したがって信用（かれの『資本信用』）の究明をこころざしながら、しかも利子つき資本の範疇とその独特な運動とをあきらかにしなかった」（「貨幣資本と利子つき資本――ヒルファディングの『資本信用』論にたいする一批判――」〈『バンキング』第一〇七号、一九五七年二月〉一六頁）。

（24）本間要一郎氏は、年間一〇〇億の資本を充用する企業がそのうち六〇億を銀行から借り入れでまかなうと仮定して、次のように述べている。

「もし、ヒルファディングのいうように、『現実に産業資本に転化されている銀行資本、すなわち貨幣形態の資本』が金融資本だとするならば、この企業の六〇億円は……、まさに金融資本だということになるであろう。さらには、事業債や株式発行によって資本が調達される場合にも、これらの社債や株式は、銀行によって引き受けられ、また所有される場合が多いのであるから、これもまた『産業の資本のうち、これを充用する産業資本家たちのものでない部分』にほかならない、ということになろう。このようにいえば、こういう意味での『金融資本』は、レーニンの規定したそれとは、まったく似て非なるものであることがただちに了解されるであろう。」（「金融資本に関する若干の諸問題」〈『経済』No. 44, 一九六七年一二月〉七一頁）

本間氏は、ヒルファディングの金融資本の性格をこのようにとらえているが、結局、ヒルファディングの「金融資本イコール貸し付け資本」説を唱えるのに終わっている。

（25）金融資本における「支配」の二側面については、野田弘英、前掲書、第九章「金融資本の二側面」を参照。

（26）オットー・バウアーは、銀行は、自己資本と他人の貨幣資本の管理によって、①貸し付けと②預託株式の支配権という二つの方法で、産業を支配すると述べている（*Einführung in die Volkswirtschaftslehre*, a.a.O., S. 670）。

（27）斎藤晴造氏は、一九世紀末のドイツ信用銀行の特徴を次のように述べている。すなわち、「……交互計算勘定を始めとする短期信用がその基礎であり、発行業務はその結果であった。銀行と産業とを結ぶもっとも直接的な、決定的な監査役の派遣も、交互計算勘定＝短期信用→発行引受＝長期信用→経営参与という系列においてその性質が考えられるべきものであった。そしてこの『基礎』と『結末』、あるいは『要石』と『礎石』との関係を通してドイツ信用銀行の本質はこの意味では交互計算業務の中に見出さなければならなかった」（『ドイツ銀行史の研究』法政大学出版局、一九七七年、一九頁）。

第四節　金融資本と「組織された資本主義」

小括していえば、ヒルファディングの金融資本は、貨幣資本（利子うみ資本）の「最高」形態として、信用制度論上に位置づけられるものである。それは、固定資本信用と株式会社制度（株式擬制資本）を基軸にして導出されており、銀行資本・産業資本・商業資本を統一する貨幣資本の運動体として示される。それは、貨幣資本として株式擬制資本と貸し付け資本の二つの形態をもち、株式会社制度が発展し産業の独占化が進むにつれて、産業資本のなかで大きな比重を占めるにいたる。この量的発展傾向にもとづき金融資本は、独占段階では産業を支配する銀行資本という支配的資本としての実体を得るのである。

ヒルファディングは、マルクス信用論を発展させるという意図から、彼独自の「組み換え」をおこないながら、いわば一つの信用概念として金融資本概念を導出し、それによって独占的銀行による独占的産業の支配といった、当時のドイツなどで顕著になりつつあった現象を説明しようとした。

しかし、ヒルファディングのこのような意図は、『金融資本論』の理論構成と方法論的視点——独占段階を表象に浮かべていたとはいえ、信用制度論の展開を一般理論的におこない、独占段階に対応するその理論展開をおこなっていない——のゆえに明白に語られず、種々の解釈を許すことになった。本章でも、彼の金融資本概念の性格を浮き彫りにするために、種々の補足や読み込みを加えて、貨幣資本（利子うみ資本）の「最高」形態としてヒルファディングの金融資本概念を説明するよりほかはなかった。これはレーニンの金融資本概念とまったく異なるものであり、それによって是正されたり止揚されたりするものではない。むしろそれ自体として検討されるべき独自の対象をなすと言えよう。*

＊ ヒルファディングのみでなくレーニンの金融資本概念にたいして、その後アメリカなどで見られた、産業の株式会社における「自己金融」という現象などをとらえて、金融資本概念がもはや妥当しなくなったのであり、これに代わって「独占資本」概念を現代資本主義分析の基底に置くべきだという見解も生じた（Paul A. Baran & Paul M. Sweezy, *Monopoly Capital*, New York 1966,『独占資本』小原敬士訳、岩波書店、一九六七年は、こうした観点からアメリカを対象とした理論モデルとして書かれた）。本章では、ヒルファディングの金融資本概念の理論的性格を明らかにすることを主たる目的としており、その評価についてはなるべく差し控えてきた。というのは、金融資本概念の現代的な意義を問う前に、まずはその意味をできるだけ正確にとらえることが肝要であると考えたからである。ここであえて私見を述べるならば、わたしも、現代資本主義分析の基底におくべき「支配的資本」は「独占資本」（具体的には独占的産業資本と独占的銀行資本）でいいのではないかと考える。あえて金融資本概念を使用する必要はなく、この概念が対象とした諸事象も、独占資本、独占資本集団という概念で十分に説明できると考える。この点、わたしは、現代資本主義を支配しているものは、「巨大独占資本」（「巨大株式会社」）であると積極的に考えるのである。

最後に、本書第二部との関連で、金融資本と「組織された資本主義」の関係の問題について、少したちいって検討したい。

前述のように、ヒルファディングの金融資本とは、銀行資本・産業資本・商業資本を統一する貨幣資本の運動体である。それでは、この金融資本はいかなる形で三つの資本を統一しているのであろうか？ じつはこの統一をもたらすものは、抽象的な性格をもつ貨幣資本の運動そのものであり、貨幣資本はそのG－G'運動において三つの資本の共通項（共通構成部分）をなすことによって、それらを統一するのである。この統一においては、銀行と産業企業はそれぞれ独立した存在である（商業資本については、ヒルファディングは、商業機能の、産業資本や銀行資本による吸収によって、その独立性が失われると考える）。また、現実的には、統一性は、たんに貨幣資本が各資本の共通構成部分になることによって無条件に生ずるとは思われない。

ヒルファディングにあっては、金融資本による諸資本の統一問題は、金融資本の量的発展と銀行による産業の支配をとおして説明される。金融資本の量的発展は、産業資本内に占める貨幣資本（銀行資本）の比重の増大をともなう。この比重の増加そのものが、支配の問題を介して、銀行資本と産業資本の融合（組織的統一性）をもたらすのである。この融合において、むろん銀行資本と産業資本の企業的独立性したがって相対的独立性が保持されることはいうまでもない。[1] 融合は、むしろ、支配および人的結合をとおしてなされる。ヒルファディングは、株式会社における「所有と機能の分離」論にもとづき、産業における集積運動と所有の集積運動が別々に展開し、産業と銀行の支配的株主の同一化傾向を通じて銀行資本と産業資本の融合をもたらす傾向を指摘している。この点、彼はこう述べている。

「金融資本は資本の統一化を意味する。これまでは分離していた産業資本、商業的資本および銀行資本の諸部面は、いまでは大金融団の共同指導下におかれているが、この金融団に合一して緊密な人的結合をなしているのは、産業および銀行の主人たちである。この結合そのものの土台をなすのは、大独占諸結合による個別資本家の自由競争の止揚である」（Bd.2, S.406,（二）二〇九頁）。

つまり、金融資本による銀行資本・産業資本・商業資本の統一は、ヒルファディングにあっては、具体的には、大金融団（hohe Finanz）による組織上・指揮上の統括を意味する。ヒルファディングは、金融資本の量的発展と銀行による産業の支配との関連でこれを明言すべきであった。しかし、彼は、これを明言せず、しかも金融資本の量的発展を金融資本による「社会経済の組織化の問題」の解決に直結させて、次のように述べている。

「一般カルテルの成立への傾向と中央銀行の形成への傾向とが合致し、そして両傾向の結合から金融資本の強大な集積力が成長する。金融資本においては、いっさいの部分的な資本諸形態が全体性に統一されてあらわれる。……社会経済の組織化の問題は、金融資本そのものの発展によって、ますますヨリよく解決されることになる」(Bd.2, S.322,(二)一〇五－一〇六頁)。

ヒルファディングは、このように金融資本の量的発展が限りなくつづき、かくして「社会経済の組織化の問題」が解決されると考える。金融資本は、『中央銀行』の形成に向かう銀行の集積傾向と「一般カルテル」の形成に向かう産業の集積傾向の二つの基盤にたち、それらを統一することによって、より高次の集積傾向を体現する。したがって、組織化問題の解決の基礎は、すでに彼の独占理論において、銀行と産業における集積傾向が量的に限りなくつづくとか、カルテル化には限界がないとかいう形であたえられている。既述の一般カルテル形成論に見られるように、ヒルファディングは、独占における競争の止揚傾向を一面的に強調している。彼にあっては、独占が競争と併存関係にあり、独占体制が競争を止揚するものではなく、競争の新たな形態(いわゆる近代経済学で言う、「協調的寡占」、「競争的寡占」に多少相応する)であるという理解がない。独占体制が少数の独占資本による多数の中小資本と勤労大衆にたいする支配の体制であり、この体制のもとで、停滞もみられる一方で、競争にもとづくダイナミックな資本の蓄積運動が展開されるという理解がない。私見では、資本主義の組織化・計画化は、私企業のなかだけでなく社会全体においても経済的コントロールをかなりの程度可能にするが、不合理で矛盾にみちたものであり(財政危機はその一つのあらわれ)、独占体制下における諸資本の競争と蓄積運動の結果、生産の無規律性と不確実性(時として金融・経済危機をともなう)を完全に排除するものではない。ところがヒルファディングにおいては、金融資本における組織化も、彼の独占理解にもとづき、金融資本の量的発展が、その「完成形態」までつづき、ついには「組織された資本主義」を実現するという方向で論ぜられるのである。この点、ヒルファディングは、こう述べる。

「これは敵対的形態で意識的に調整される社会である。……金融資本は、それが完成される時には、それの発生した培養土から引き離されている。貨幣の流通は不要となり、貨幣の休みなき流通はその終点に、調整された社会に到達する」(Bd.2, S.322,（二）一〇五頁)。

このように、金融資本の完成形態は、「意識的に調整される社会」すなわち事実上抽象的に観念される「組織された資本主義」の社会段階に相応している。またこの完成形態への傾向は、生産の社会化の発展を意味している。

「金融資本は、社会的生産の支配権を少数のもっとも強大な資本諸団体の手にますます多くにぎらせる。それは生産の指導を所有から分離して、生産を資本主義の内部で達成されうるギリギリの点まで社会化する。……

金融資本は、その傾向からいえば、生産にたいする社会的管理の樹立を意味する。だが、それは敵対的形態における社会化である」(Bd.2, S.503,（二）八三六頁)。

つまり、ヒルファディングは、金融資本の完成形態への発展傾向という形で、生産の社会化の具体的な発展を示す。そして「金融資本の社会化機能は資本主義の克服を異常にたやすくする」と述べ、それが社会主義の物質的前提をつくりだす作用をもつと指摘しているのである。

『金融資本論』にはいわば「資本主義の組織化」論がある。この「組織化」論において、「組織された資本主義」は、――抽象的・観念的なものであり、後のいわゆる「相対的安定期」の具体的な資本主義観としての「組織された資本主義」論と同じものであるとは言えないとしても――すでに『金融資本論』で金融資本の量的発展の結果として生ずるその「完成形態」に相応する、資本主義の発展段階として想定されている。ヒルファディングによれば、金融資本は、独占の発達にともない、量的に限りなく発展し、ついには、生産の無政府性を止揚する。つまり、金融資本は、独占による組織化にもとづき、それより高次の組織化を実現する。貨幣資本のG－G'運動を媒介して産業資本・銀行資本・商業資本を統一するといった金融資本の性格そのものも、資本主義のこうした組織化を容易に強調することに結びついている。

このようなことから、後にヒルファディングが唱える「組織された資本主義」論は、『金融資本論』と論理的に断絶したものではなく、むしろその理論的基盤を『金融資本論』においてあたえられていると言うことができる。[2] ただし、我々は、『金融資本論』においては、「組織された資本主義」はあくまでも現実性をもたない抽象的な理論的仮定であったとも言わなければならない。ヒルファディングは、「一般カルテル」の成立は純理論的にはともかく、「社会的・政治的」現実においては実現されないものであると考えていた。つまり彼は、純理論的に導きだされる「組織化論」に一種の「歯止め」をかけていたのである。そして、この「歯止め」は、ヒルファディングの「帝国主義」論と「社会変革」論に関係している。つまり、『金融資本論』は、一九世紀末から二〇世紀初頭にかけての帝国主義のいわば古典的時代を、社会主義の前段階だと考え、帝国主義戦争の「必然性」を明らかにし、これとの関連で社会主義の将来を展望した、金融資本の理論体系である。[3] こうした資本主義の「危機↓革命」といった左翼的な社会革命の展望を得るためには、「資本主義の組織化」傾向に一定の「歯止め」をかける必要があったのである。[4]

注

（1）米田貢氏は、ヒルファディングが金融資本において銀行と産業資本の分離、並存、相互前提関係を無視し、遂に両者の一体化を説いていると批判しているが、これは正鵠を射ていない（「ヒルファディング『金融資本論』批判」〈『経営研究』第三二巻第三号一九八一年九月〉七五－七九頁）。

（2）黒滝正昭氏は、わたしが「組織された資本主義」論が『金融資本論』ですでに唱えられていると考えるのか、そうでないのか、はっきりとしない、あやふやな態度を示していると批判している（『ルードルフ・ヒルファーディングの理論的遺産』近代文藝社、一九九五年、一二五－一二六頁）。わたしは、『金融資本論』が、純経済理論的には抽象的に「意識的に調整される社会」「貨幣なき社会」を展望しつつも、その全体的な性格においては『組織された資本主義』論ではなく、これを実現不可能とみなして、帝国主義戦争→資本主義の危機→社会革命を展望する帝国主義論としての性格を有すると考える。「意識的に調整される社会」、「貨幣なき社会」を「組織された資本主義」、ヒルファディングの「一般カルテル論」を、実現可能性のない抽象的仮定としての「組織された資本主義」論と呼んでもいい。しかし、これは資本主義のいわゆる「相対的安定期」における一資本主義観としての「組織された資本主義」論とは別物である。むしろ、重要なことは、後者の「組織された資本主義」論が『金融資本論』とまったく無関係に唱えられたものではなく、『金融資本論』を理論的基礎（基層）にしていたという事実を確認することにある。

（3）星野中氏は、『金融資本論』がマルクスの集積・集中論の発展を課題としているという観点から、「金融資本の完成形態」に注目している。「流通主義」という通説的批判が勢いをえている時に、このことに注目した氏の功績は、評価しても評価しすぎることはない。しかし、『金融資本論』の主たる目的が、「金融資本の完成形態」という形で、「組織された資本主義」の実現を立証することにあったという氏の見解は、本文中に示したごとく、首肯できない（「ヒルファディング『金融資本論』の基本的構造とその問題点――研究史上の位置との関連において――」〈内田義彦他編『資本主義の思想構造』岩波書店、一九六八年〉二六五頁）。

（4）逆に、侘美光彦氏は、『金融資本論』を「組織された資本主義」論とみなす見地から、「一般カルテル論」が『金融資本論』の体系の「不可欠の立論」であると指摘している。そして、「一般カルテル」成立否定論（「社会的・政治的」歯止め）に「ヒルファディング体系の矛盾が、いわば自己否定のかたちで直接に表現されている」とさえ述べている。侘美氏によれば、一九〇五年に書かれた『金融資本論』草稿では、金融恐慌が消滅し、急性恐慌が起こりにくくなると指摘され、資本主義の組織化を展望する論理も一貫していた。ところが、一九〇七年恐慌が発生した。これがヒルファディングに衝撃をあたえ、『金融資本論』の歯切れの悪い一貫性をかいた叙述に結びついた。しかし、侘美氏は、具体的な根拠もなく述べている（侘美光彦「ヒルファディングの恐慌形態変化論」〈武田隆夫編『資本論と帝国主義論』(下)東京大学出版会、一九七一年〉一四七―一五〇頁、「ヒルファディング」〈鈴木鴻一郎編『マルクス経済学講義』青林書院、一九七二年〉三一七―三一九頁）。なお、一九〇七年の「景気」という論文でヒルファディングは、「恐慌はもはや終わったので、カルテルは生産を組織した、過剰生産は排除された、などといううるわしい作り話」を批判し、「恐慌において資本家的生産の無政府性が明らかになる」とさえ述べている（R. Hilferding, Konjunktur, in: *Die Neue Zeit*, 25.Jg., Bd.2, 1906/07, S.152.　ヒルファディング『マルクス経済学研究』玉野井・石垣訳、法政大学出版局、一九六八年、二八二―二八三頁）。

（本章は、拙稿「ヒルファディング金融資本概念の再検討」北海道大学『経済学研究』第二八巻第二号、一九七八年六月にもとづく。）

第三章　ヒルファディング恐慌論の意義と限界

これまでの我が国におけるヒルファディングの『金融資本論』に関する研究は、信用と株式会社、独占と金融資本を取り扱った第一－三篇までに数多く集中してきた。第四篇の恐慌論に関しては、高山満氏の一連の労作が注目されるが、意外と少ない(1)。その大きな理由は、ヒルファディングの恐慌論にたいする低い評価が、比較的早い段階に定まっていたせいではないか？　彼の恐慌論は、古くは、コミンテルンの側から、「社会ファシスト的恐慌論」とレッテルを貼られ、その「流通主義」的方法が批判されてきた。この「流通主義」という超越主義的批判は、戦後のわが国においてもつづけられ、ヒルファディング批判の定番をなしてきたといってよい。これに関連して、彼の恐慌論は、流通の攪乱を強調する「不比例説」の系譜に位置づけられてきた(2)。つまり、その評価は、概して否定的であった。高山満氏の詳細でぼう大な研究も、少なくとも初期の作品群では、景気循環過程の動態分析については「理論的関心を十分惹くに足るもの(3)」があると認めるものの、総じてヒルファディングのマルクス無理解を批判する観点からなされている。そして結局は、ヒルファディング恐慌論を「不比例説」とみなして否定的に見る通説的見地にしたがい、その内在的批判を企てている。彼の恐慌論を不比例説と決めつけ、否定的に評価する通説の存在が、ヒルファディング恐慌論研究の乏しさに結びついたと推察される。わたしは、ヒルファディング恐慌論への「不比例説」という批判は一面的であり、全体的にはその適切な評価を誤らせるものであったと思う(4)。ヒルファディングは、彼なりにマルクスをよく読みこみ、マルクスの残した恐慌に関する叙述断片を整理し、独特に組み合わせている。彼は、恐慌の原因を、①利潤率の低下から生ずる資本過剰と②流通および価格形成上の攪乱の二系列において説明している。全体的にこの二系列の論述がうまくかみあわさっているとは言えず、このことが彼の恐慌論にたいする「不比例説」という一面的な評価を生む原因となったと考えられる。しかし、我々は、錯綜した叙述のなかにも、すぐれた閃きを見いだすことができる。恐慌の本質論を述べるにとどまらず、競争論と信用論を駆使し、景気循環と恐慌の現実化過程の分析に重点を置いたヒルファディング恐慌論は、今日の観点から見ても興味深い。また、景気循環論としての彼の恐慌論は、『金融資本論』の理論的性格を理解する上で重要な位置を占めている。

本章では、こうした考えから、とりあえずは、恐慌と景気循環の一般理論に関する部分を取り上げ、ヒルファディング恐慌論の意義と限界を明らかにしたい。

注

（1）高山満「ヒルファディング恐慌論の基本構造」Ⅰ－Ⅷ（『東京経大学会誌』第二七－四四号、一九六〇－一九六五年）、「景気循環と信用」Ⅲ－Ⅸ（『東京経大学会誌』第五七－九六号、一九六八－一九七六年）、「競争の形態変化と景気循環の変容」Ⅰ－Ⅳ（『東京経大学会誌』第七五－八五号、一九七二－一九七四年）。なお、最新の研究としては、中田常男『金融資本論と恐慌・産業循環』（八朔社、二〇一一年）がある。ヒルファディング恐慌論の研究史については、同書、序章を参照されたい。

（2）これについては、小沢光利「ヒルファディング恐慌論への諸評価」（松井安信編『金融資本論研究――コンメンタール・論争点――』北海道大学図書刊行会、一九八三年）二六七頁以下を参照。

（3）高山満「ヒルファディング恐慌論の基本構造（Ⅳ）」（前掲、第三三号、一九六一年）、三六－三七頁。

（4）松井安信氏は、「従来の見解――ヒルファディング恐慌論は不比例説という――はあまりにも単純かつ一面的論定というべきであろう」と指摘し、その競争論・信用論的視点を評価し、「循環的・長期傾向的諸法則の多面的、総合的な理論の体系化が彼の恐慌論の課題であった」ととらえている（松井前掲編著、二八五頁）。

第一節　ヒルファディング恐慌論前史と恐慌論の彼の執筆動機

ヒルファディングの恐慌論は、マルクス主義の歴史においては、はじめての本格的な恐慌論体系であった。まず、『金融資本論』で恐慌論を論ずるにいたった彼の動機を明らかにするために、『金融資本論』の成立までのヒルファディング恐慌論前史を整理したい。

まずヒルファディングの「師匠」とでもいうべきカール・カウツキーの見解の紹介からはじめよう。カウツキーは、一八八七年に『カール・マルクスの経済学説』を著した。これは、「マルクスの『資本論』入門書として第二インターナショナルの時代の労働者に広く読まれ」た当時の標準的テキストであった[1]。しかし、それは、『資本論』第一巻を中心に論じられ、恐慌については、最終章で、周期的恐慌にわずかに言及し、それが資本主義の発展とともに「慢性的疾患」となりつつあると指摘するにとどまったのであった。この著書出版当時、カウツキーは、世界市場の拡大の行き詰まりから長期慢性的不況を展望するエンゲルスの考えに忠実であった。これは、一八九二年に彼が書いた『エルフルト綱領解説』において明確に見られる。そのなかで、彼は、資本主義的商品生産の無計画性の結果として恐慌の原因を簡単に説明した後、「周期的な恐慌……とならんで、継続的（慢性的）な過剰生産と継続的な力の浪費がますますはげしくなっていく[2]。」と述べている。つまり、カウツキーは、世界市場の拡大の行きづまり（したがって消費の限界）から「慢性的過剰生産」が発生することを予測する。そして、恐慌および「慢性的過剰生産」と資本主義の終焉の展望を結びつけて論じているのである。カウツキーのこの考えは、ドイツ社会民主党内に広く受け入れられていた。だから、ベルンシュタインは、その修正主義を提唱する際に、マルクス恐慌論が資本主義の崩壊への期待と結びついていると考え、その過少消費説的理解を批判したのである。

ベルンシュタインは、有名な『社会主義の諸前提と社会民主党の任務』（一八九九年）の第三章第四節において、マルクス恐慌論を取り上げる。彼によれば、社会主義仲間のあいだで流布している経済恐慌の説明は、「消費の減少」にその原因をもとめるものである。確かに、マルクスは、『資本論』第三巻で、経済恐慌の窮極的原因を生産拡大への資本主義的生産の衝動に比しての「大衆の貧窮と消費制限」にもとめてはいる。しかし第二巻では、賃金が一般的に騰貴し、労働者階級の消費が拡大している時期に恐慌が準備されると述べ、過少消費説的な考えを否定している。ベルンシュタインは、矛盾していると思われるマルクスの叙述について、第三巻より第二巻が新しい時期に書かれたのであり、マルクスは結局過少消費による恐慌の説明を放棄したのであると指摘する。そして、固定資本の更新に周期的恐慌の物質的基礎を置いた第二巻がマルクス恐慌論の核心をなすとみなしたのである。(3) 彼はこの後、長期慢性的不況へのエンゲルスの言及にも触れ、マルクスの周期的恐慌論と合わせて、これらに彼の次のような見解を対置した。すなわち、交通手段および信用制度の発展とカルテル・トラストの形成は、生産の無政府性を抑制し、恐慌の危険を減少させる資本主義の能力を生みだした。また、固定資本の更新についても各種工業で同時に起こるということは今日では正しくない、と。

通例、資本主義の適応能力の増大といったベルンシュタインのマルクス批判が注目を集めてきたが、ローザ・ルクセンブルクにたいする彼の反批判も重要である。すなわち、ルクセンブルクが、将来における世界市場の完成による資本主義の終極的恐慌を主張したのにたいして、ベルンシュタインは、一般的恐慌が資本主義的生産の内在的法則をなすのであるならば、現在ないし近い将来において立証されなければならないと主張している。確かに、マルクスの恐慌論は、これまで資本主義の終末像（ベルンシュタインによれば「崩壊論」）との関連で理解されてきた。しかし、ベルンシュタインは、ここで、マルクス恐慌論が、この終末像とは切り離された周期的恐慌の理論であると主張している。彼のこうしたマルクス恐慌論理解は、後に、景気循環論として独自に恐慌論を論ずる道を切り開いた点で、注目される。彼の恐慌論は、資本主義の無計画性とか過少消費に恐慌の原因を一般的にもとめるこれまでの理解にたいして、彼なりにマルクスを読み込んでおり、おもしろい問題提起を含んでいた。とくに『資本論』の第二巻と第三巻の「矛盾」に関する彼の指摘は興味深い。これは、ヒルファディングがその恐慌論でまずは取り組んだ問題でもあった。

カウツキーは、同じ年の一八九九年、『ベルンシュタインと社会民主党の綱領』を書き、ベルンシュタイン修正主義にたいして反論を試みている。カウツキーの基本的な考えはこうである。資本主義的な生産方法は、絶えざる拡張を「一つの生存条件」とするが、労働力の価値の下落の結果、労働大衆の過少消費が生ずる。市場の拡張には限界がある。市場の拡張可能性が生産の急速な拡大に遅れるや、過剰生産が生じ、物価が下落する。これが、恐慌の基礎である。カウツキーのこの説明は、彼の「過少消費説」的恐慌論を再論したものにすぎない。彼は、ここでもまた、「慢性的過剰生産」の到来を予測する。が、ベルンシュタインによる崩壊論批判を受けて、これは、資本主義の「崩壊」をもたらすものではなく、資本主義の生存能力の限界を確定することによって社会主義の実際的な政策に「目的」をあたえるものにすぎないのであり、資本主義の「崩壊」論というのはベルンシュタインの作り話にすぎないと決めつける。カウツキーは、また、周期的恐慌は、「第二義的性質」のものであり、「一〇年ごとの周期は断じてマルクスの学説ではなく経験的に確証された事実」にすぎないと述べている。(4) これは、ベルンシュタインがマルクス恐慌論を周期的恐慌の理論とみなしたことにたいする反論である。カウツキーは、結局、周期的恐慌ではなく、慢性的過剰生産の展望の方を重視する。そして、「崩壊論」を否定したものの、相変わらず資本主義の終末像を示すものとして恐慌論を位置づけたのである。

我々は、修正主義論争において、ベルンシュタイン批判を試みるローザ・ルクセンブルクにも、世界市場の完成から終極的恐慌を見とおす、いわば「終末論的恐慌論」を見いだす。景気循環論的な恐慌論を重視するヒルファディングは、結局、修正主義論争においてマルクス恐慌論解釈の決着がついたと思わなかったのではないか。後述のように、彼は、過少消費説的な恐慌論解釈を否定している。つまり、カウツキーやローザ・ルクセンブルクの言説に従わなかった。むしろ、『資本論』第二巻を重視し、周期的恐慌論にマルクス恐慌論の本質を見るベルンシュタインの見解の方を重視していたと言える。

この点、ヒルファディングにとって、一九〇一年に出版されたツガン・バラノフスキーの『英国恐慌史論』は刺激的な著書であった。ツガンは、この著書で、ベルンシュタイン同様に「過少消費説」的な考えと崩壊論（＝恐慌論）を否定し、『資本論』の第二巻におけるマルクスの再生産表式論に注目し、景気循環論を展開している。そして、社会的生産における比例配分のもとでは資本主義的生産は無限に拡大しうると主張した。さらには、消費を問題としなくても生産手段の拡大のみでも再生産が成りたつと極論するまでにいたっている。ツガンは、資本主義の終末像とは切り離された、景気循環論として恐慌論を提起した。[5] 彼の著書は、ヒルファディングら当時のオーストロ・マルクス主義者のあいだで話題になり、注目を引いた。後に戦間期オーストロ・マルクス主義の中心人物となるオットー・バウアーの処女論文は、「マルクスの経済恐慌論」であった。この論文で、バウアーは、ツガンへの批判を試み、再生産表式を取り上げ、固定資本の更新の特殊な性格に恐慌の周期性の論拠を見いだす。彼は、マルクス恐慌論に「景気の合法則的交替に関する理論」を見てとり、景気循環論の点ではツガンと同じ立場にたっている。[6] ヒルファディングは、『金融資本論』の注において、バウアーのこの論文を「鋭く示唆的な」ものだと指摘している（Bd.2, S.384,（二）一八一頁）。彼は、ベルンシュタインにはじまり、ツガンからバウアーをへて方向づけられていった恐慌論の景気循環論的理解を受け入れた。『金融資本論』で、彼は、ツガンを注で四度取り上げている（Bd.2, S.333, S.384 f, S.388,（二）一一六頁、一八一頁、一八二―三頁、一八六頁）。この事実は、ヒルファディングがいかにツガンを強く意識していたかを示している。彼は、『資本論』第二巻の再生産表式を取り上げる際に、恐慌論研究で第二巻におけるマルクスの分析の意義を指摘した点でツガンの「功績」を認めている（Bd.2, S.333,（二）一一六頁）。と同時に「生産は生産のために存在するだけで消費は荷厄介な偶然事としてあらわれるにすぎないという奇妙な考えかたに到達」した「気の狂ったマルクス主義」者としてもツガンを特徴づけている。このように、ヒルファディングは、『金融資本論』で、カウツキーとルクセンブルクとは違った角度からベルンシュタイン批判を意図すると同時に、『資本論』第二巻を重視して景気循環論を唱えるツガンを継承する一方で批判することを企てたのであった。恐慌論は、「世界市場と恐慌」として、マルクス体系の最後尾に位置し、体系を総括する位置にあり、社会革命の展望と結びつけられていた。ヒルファディングは、マルクス恐慌論のこうした位置づけを考慮し、未完のまま残された恐慌論の完成と発展を考え、理論の部の最後に恐慌論をおいた。我々は、マルクスが未完のまま遺り残した部分であるがゆえに、ヒルファディングの仕事に興味を覚える。彼は、マルクスの叙述で重要なものを拾い上げ整理し、独自の解釈を加えつつ、組み合わせる。だから、我々は、組み合わせが成功したのかどうかをまずは問わなければならない。

注

（1）カール・カウツキー『マルクスの経済学説――『資本論』入門――』相田愼一訳、丘書房、一九九九年の「はしがき」より。

（2）カール・カウツキー『エルフルト綱領解説』都留大治郎訳（『世界大思想全集　社会・宗教・科学思想篇14』河出書房、一九六〇年、所収）、七一頁。
（3）エドゥアルト・ベルンシュタイン『社会主義の諸前提と社会民主主義の任務』佐瀬昌盛訳、現代思想7、ダイヤモンド社、一九七四年、一一六－一一七頁。
（4）カール・カウツキー『ベルンシュタインと社会民主党の綱領』山川均訳（春秋社版、世界大思想全集47、一九二八年に『マルキシズム修正の駁論』というタイトルで所収）、二〇七－二〇八頁。
（5）小沢光利氏は、ツガン・バラノフスキー、バウアー、パンネクーク、ヒルファディングと景気循環論的な考えが当時受容されていった歩みを描いている（松井安信編『金融資本論研究――コンメンタール・論争点――』北海道大学図書刊行会、一九八三年、二六四－二六六頁）。
（6）Otto Bauer, Marx' Theorie der Wirtschaftskrisen,（*Die Neue Zeit*,1905）, in: *Otto Bauer Werkausgabe*, Wien 1979, Bd.7, S.790ff. 松崎敏太郎訳「マルクスの経済恐慌理論」（『恐慌』叢文閣、一九三五年、所収）八九頁以下。

第二節　恐慌の本質論

ヒルファディングの恐慌論は、景気循環論的視点にたっていることを特徴としている。恐慌の本質論を内容とする第一六章も、「資本主義生産が繁栄と沈滞との循環のなかにとじこめられていることは、経験法則である。一段階から他の段階への移行は恐慌的になされる」（Bd.2, S.326,（二）一〇七頁）と述べることからはじめられる。この認識を踏まえて、まず恐慌の三つの一般的諸条件が取りあげられる。

第一は、「商品と貨幣とへの二重化とともに、あたえられている。」つまり、販売と購買の分離、貨幣の蓄蔵貨幣への転化、それに支払い手段としての貨幣における支払いの連鎖によって生ずる販路の行きづまりである。「恐慌のこの一般的可能性は、その一般的条件であるにすぎない」（ebenda,（二）一〇七－八頁）。

ここでヒルファディングは、マルクスのいう恐慌の抽象的可能性の第一、第二の二つの形態を「一般的可能性」と言い換えて、これを恐慌の一般的条件の一つとしている。彼によれば、これが「一般的可能性」にすぎないのは、恐慌が資本主義的生産による商品生産の一般化をへてはじめて生ずるからである。こうして、商品生産の一般化、その包括的世界市場への拡大のもとでの、「資本主義的生産の無政府性」が「恐慌の第二の一般的条件」となる。「恐慌の第三の一般的条件は、資本主義が生産を消費から分離させたことである。……資本家の生産は欲望充足のためではなくて利潤のためである。……生産のおこなわれるのは、一定の利潤をあげるため、資本の一定の価値増殖度をたもつためである。したがって、生産は消費にではなく資本の価値増殖欲に依存するのであって、価値増殖の可能性の悪化は生産の制限を意味する」(Bd.2, S.328f.（二）一〇九－一一〇頁)。

ヒルファディングは、恐慌の第三の一般的条件として、利潤を目的とする資本主義的生産における「生産と消費の対立・矛盾」について事実上語っている。その際、興味深いことに、彼は、生産の決定要因が価値増殖度つまり利潤率にあると、こう主張している。「生産の量は、そのときどきの価値増殖の可能性によって、資本の価値増殖度によって、資本とその増加分とが一定の利潤率をあげなければならぬという必然性によって、限定されている。」(Bd.2, S.329,（二）一一〇頁)。

このように、ヒルファディングは、価値増殖の条件たる利潤率が生産と消費のあいだに介在し、生産と消費との直接的関係が止揚されることに資本主義の特色を見いだす。資本主義においては、生産（ひいては消費）の拡大は、価値増殖の条件つまり資本蓄積の条件である利潤率に制約される。追加的資本投資が、期待された一定の利潤率をあげることができなくなれば、投資は中断し、生産拡大はストップし、労働力需要が抑制され、消費の制限がもたらされる。

このような内容において示される資本主義の「無規律生産」が「恐慌の現実性」をなす。つまり、「恐慌の第二の一般的条件」は、第一、第二の一般的条件が「恐慌の一般的可能性」を示すにすぎないのにたいして、これら二つの条件の具体的展開であり、「恐慌の現実性」をなすものである。彼があげる三つの「恐慌の一般的諸条件」は並列的に並べられているのではない。注目されるのは、第三の条件の考察で彼が、「過少消費説」の誤りを批判していることである。彼は、『資本論』第二巻中の有名なマルクスの叙述、すなわち、「恐慌はいつでも労働賃金が一般に上昇して、年生産物のうち消費にあてられる部分から労働者のうけとる分け前が現実にふえる時期にこそ用意される」という叙述を引用している。そして、適当な比例でだけ生産がおこなわれるとすれば、「『商品の過剰生産』という表現は、一般にそれだけでは『過少消費』という表現と同様に、なにも言いあらわしていない。」と述べている(ebenda,(二)一一一頁)。ヒルファディングは、ここで、ベルンシュタインと一見同様な形で、「過少消費説」を否定している。しかし、ヒルファディングとベルンシュタインの分かれ道は、すぐ後の叙述に示される。

「消費を任意に拡大することができれば、過剰生産は不可能だろう。だが、資本主義的諸関係のもとでは、消費の拡大は利潤率の低下を意味する。それは大衆消費の拡大が労賃の上昇とむすびついているからである。ところが、労賃の上昇は剰余価値率の低下を、したがって利潤率の低下を意味する。だから、蓄積によって労働者にたいする需要がふえ、利潤率の低下がおこり、そのため……増加した資本が増加しないままの資本より多くの利潤をあげなくなれば、蓄積は中止せざるをえない。……この点で蓄積の必然的一前提たる消費の拡大が、もう一つの条件たる利潤の実現と矛盾する。価値増殖の諸条件が消費の拡大に反逆するのだ。しかも、これらの諸条件は決定的だから、矛盾は高まって恐慌となる」(Bd.1, S.330,(二)一一二-一一三頁)。

後に見るようにヒルファディングは、これに加えて利子率の上昇の問題を取り上げる。ヒルファディングは、資本の蓄積過程における労賃と利子率の上昇の結果としての利潤率の低下、そして資本の追加的投資が利潤の増大を見込めなくなり、過剰資本におちいっていくことに恐慌の原因を見いだしている。ヒルファディングのこの部分のみを注目すると、宇野弘蔵氏の恐慌論と非常に似たものをなしている。[1] ヒルファディングは、しかし、これにとどまるのではない。さらに、消費の拡大と価値増殖の条件との衝突（利潤率の低下）の結果としての過剰資本の発生と蓄積中止が、結局は消費制限をもたらし、価値増殖の条件と価値実現の条件の衝突を生み、商品の過剰生産を出現させるプロセスをも想定する。彼は、過少消費説は否定するが、「消費の基礎のせまさ」が恐慌の一般的条件をなすことを認める。彼は、「直接的搾取の諸条件と搾取実現の諸条件とは同一でない」とか「社会の消費力は蓄積の衝動、すなわち資本を増大し、拡大された規模で剰余価値を生産しようとする衝動によっても制限される」というマルクスの言葉を引用する。ヒルファディングによる過少消費説の否定は、生産の拡大に比しての消費制限を述べる、マルクスの「あらゆる恐慌の窮極の根拠」を否定するものではなかった。ヒルファディングは、むしろ、マルクスが別々の箇所で述べた資本過剰、商品過剰の問題を統一的に組み合わせて恐慌と景気循環を説明する方向性を示している。[2]

恐慌の現実化の原因と景気循環の問題を論ずる前に、恐慌の三つの一般的諸条件の説明につづいて、ヒルファディングは、「恐慌はごく一般的には流通の攪乱である」と述べ、マルクスの再生産表式論を取り上げている。彼は、マルクスの「天才的な着想の、もっとも天才的な遂行であ」ると再生産表式をみなし、「第二巻の分析は、この驚嘆すべき労作のうち、もっとも輝かしいものである」と絶賛する。そして「恐慌の原因の認識は、マルクスの分析の成果を想起することなしには不可能である」と述べているのである（Bd.1, S.332f.（二）一一五－一一六頁）。ヒルファディングによる再生産表式のここでの検討は、恐慌の一般的諸条件に関するこれまでの叙述とは位置づけが明らかに異なる。彼は、「表式そのものからは、商品の一般的過剰生産の可能性はでてこない」と述べている（Bd.2, S.347,（二）一三六頁）。つまり、彼は、再生産表式の分析から、恐慌のさらなる一般的諸条件を導きだしているわけではない。むしろ、「流通の攪乱」

要因として恐慌の諸原因を第一七章で論述する前に、資本の価値増殖と価値実現の条件の関係について、「社会資本の立場から」分析するものとして、注目する。そして、固定資本の更新と貨幣資本の問題を重視しつつ、社会的再生産過程および資本主義的蓄積過程の「均衡諸条件」を確認するのである。そのことによって過少消費的な恐慌論理解を否定しさると同時に、社会的再生産の均衡の攪乱に恐慌つまり一般的過剰生産の可能性を見いだしている。彼は、マルクスを引用しつつ、資本主義的生産の無政府性のもとでは、均衡が偶然においてつらぬかれることを確認する。彼のこの叙述から、彼の「不比例説」的な考えをただちに読み取る向きもある。[3] しかし、彼は、ここでマルクスを引用しつつ、マルクスと同様に、社会的再生産と蓄積過程の均衡の諸条件を確認し、この均衡がつらぬかれるのは資本主義的生産では偶然にすぎないと述べているだけである。均衡の攪乱がいかにして生ずるかは、ここでは説明されない。この説明はつづく第一七章においてなされる。だから我々は、ヒルファディング恐慌論を正しく理解するためには、彼が、第一六章ですでに指摘した労賃の上昇と資本過剰、社会の消費制限と商品過剰、不比例の問題を、第一七章でいかに「有機的」に組み合わせて論じたのかを検討しなければならない。

注

（1）宇野弘蔵氏は、ヒルファディングが「労働力商品の価格と利子率の変動とについて言及している点」をとりあげている。そして、『周期的に出現する』『価格形成における攪乱』の問題として、労働力商品と他の商品とが区別されないでいるということは、極めて特徴的なことである」と指摘している（『経済学方法論』東京大学出版会、一九六二年、Ⅱの補論B、九六頁）。しかし、ヒルファディングは、利潤率の低下ひいては資本過剰をもたらす要因として労賃の上昇を取り上げているのであり、この点に限って言えば、宇野氏と同様である。

（2）小沢光利氏は、この点、こう指摘する。「この叙述は、『資本論』第三部第一五章第三節の『資本の絶対的過剰生産』の例解に依拠しながら、それを一歩進めて資本の過剰蓄積と消費要因とを関連づけようとした独自の説明であると評価してよいであろう。だが、この評価は、ヒルファディングの同時に呈示した『過少消費』否認論の陰に隠れて、注目されることはほとんどなかったのである」（松井安信、前掲編著、二五一頁）。

（3）小沢光利氏は、右の指摘にもかかわらず、「『過少消費』説にたいする過度の反発からにせよ、ここまではっきりと明言している以上、ヒルファディングにおける再生産表式の均衡論的解釈と恐慌の不比例説的理解とは、もはや疑問の余地がないところと言わざるをえない」（同上、二五二頁）と述べている。

第三節　景気循環における恐慌の諸原因

ヒルファディングは、景気循環の問題を、第一七章「恐慌の諸原因」において論じている。ここで、「恐慌の諸原因」というタイトルが注目される。つまり、ヒルファディングは、ここで、恐慌を現実化する諸契機を「有機的」に組み合わせることより、「諸原因」の列挙の方に関心を傾けている。まず、彼は、無政府性のなかで社会的再生産の比例関係（社会的物質代謝）がいかに維持されるかと問うことからはじめている。この維持機能をはたすのは、「資本主義経済の唯一可能な調整者としての客観的価値法則」そして「価格法則」なのである。だから恐慌は、「価格によっては生産の必然性がもはや正当には認識できなくなるような価格形成上の攪乱から説明され」る。つまり、周期的に起こる価格法則の攪乱から説明されるのである（Bd.2, S.348,（二）一三七頁）。

ヒルファディングのこの書きだしは、「不比例説」の証拠としてとらえられる向きもある[1]。しかし、逆に、彼が競争論的視角にたち、価値法則、価格法則のレベルから恐慌を論じていることを高く評価しなければならない。『金融資本論』において、ヒルファディングは、理論経済学の課題として、価値論の論証を企てる。第四篇の恐慌論では、周期的に変動する社会的再生産、景気循環において、交換をとおしての「社会的物質代謝」の法則である価値法則がいかにつらぬくかと問われている。そして価格形成上の攪乱が問題となっている。宇野弘蔵氏は、価格の不均衡な動きは、需要と供給の作用によって調整されると考え、これを恐慌論の考察から除外する。[2] しかし、その際、宇野弘蔵氏が取り上げるのは、短期的な需給調整と価格の動きにすぎない。ヒルファディングが問題とするのは、それとは違い、長期的な価格の変動である。端的にいって、部門間における不均等をともないつつ生ずる全般的な価格の上昇と下落の周期的な動きである。つまり、好況局面における全般的価格上昇と景気悪化と不況の局面における全般的な価格下落の動きである。全般的な価格の上昇から下落への反転、これこそが恐慌の現実化過程の説明に結びつく。恐慌は、価格の不均衡を均衡化し、また不況過程における逆の不均衡へとつづく動きでもある。[3] 私見では、旧価値水準から新価値水準への移行をもたらす動きをも意味する。こうして価値法則が貫徹する。

ヒルファディングは、恐慌における価値法則、価格法則の貫徹を問題設定する。彼は、この問題を、①利潤率の低下と②部門間不比例に分けて論ずる。我々は、流通と価格形成上の攪乱を述べることから出発する原因列挙型の記述のなかに、利潤率の低下をもたらす諸原因を指摘する資本過剰説的叙述（前半）と価格形成上の攪乱をもたらす諸原因を指摘する不比例説叙述（後半）といった二系列の叙述を見いだすのである。利潤率の低下について、ヒルファディングは、まずはこう述べている。

「恐慌は販路の欠乏を意味する。販路の欠乏は資本主義社会では資本の新投下の停止を前提とする。これはまた利潤率の低下を前提とする。この利潤率の低下は資本の有機的構成の変化によってひきおこされるが、この変化はこの資本の新投下の際におこったのだ。恐慌とは利潤率低下のはじまるその瞬間を意味するにすぎない。だが、恐慌の前には繁栄期があり、その時期には価格と利潤が高い。資本主義世界の転換はどうしてはじまるのか？　あの熱狂的に緊張した活動、高い利潤および蓄積の増大という歓喜の頂点から、販路の行き詰まり、利潤の消滅および資本の大量休息という絶望の谷底への、この移りかわりは？」（Bd.2, S.348f.（二）一三八頁）。

ヒルファディングは、利潤率の上昇から低下にいたる転換から、資本投下の問題を介して、販路の欠乏が生ずる事実に、景気の反転の原因を見いだしている。つまり、ヒルファディングが恐慌の根本的原因を、利潤率の低下によって生ずる資本の価値増殖条件、蓄積条件の悪化ひいては資本の過剰にもとめている。(4) ここでは、彼が、資本の有機的構成の高度化による利潤率の低下すなわち一般的利潤率の長期的低落傾向の問題を持ちだしている点が注目される。我々は、確かに、資本の有機的構成の高度化と生産性上昇がもたらす、旧価値（生産価格）水準から新水準への移行過程を恐慌に見いだす。この意味でも、恐慌は価値法則の貫徹過程である。しかし、ヒルファディング自身も後に述べているように、資本主義の繁栄期においては、資本の有機的構成の高度化は、全般的価格下昇下での生産費の引き下げを意味し、個別資本に超過利潤をもたらすものであり、逆に利潤率の上昇を引き起こす。それは、景気の反転をもたらす利潤率の低下における直接的な要因にはなりえない。ヒルファディングは、ここで、景気の反転をもたらす利潤率の直接的な低下諸要因と一般的利潤率の長期的低落傾向とを混同している。そして、この混乱は、つづく具体的な説明のなかでも、利潤率の低下をもたらす諸要因の列挙のなかにつらぬいていく。(5) このような混乱が見られるものの、彼は、利潤率の低下↓資本過剰↓販路のゆきづまりという形で、景気の反転の説明をおこなっている。

つづいて、ヒルファディングは、恐慌の諸原因に関して景気循環論的に論ずる。この点、彼は、「すべての産業循環は生産の拡張をもってはじまるが、生産拡張の原因は具体的な歴史的諸契機におうじてそれぞれちがう」と述べている。そして、「新しい市場の開拓、新しい生産部門の発生、新しい技術の採用、人口増加による需要の増大、に帰着する」と景気上昇をもたらす諸要因を列挙する。これらの要因は、利潤獲得への資本家の期待を高め、資本蓄積に刺激をあたえるのである。景気循環論を徹底させるならば、我々は、景気上昇をもたらす一般的諸契機として、これらに加えて①過剰資本の淘汰・整理、②商品在庫の一掃、③産業予備軍の増大と賃金の下落、④利子率の下落、⑤原燃料価格の下落等をあげなければならないだろう。これらはすべて資本の価値増殖にとって好条件を形成し、新たな資本蓄積の誘因をなす。

ヒルファディングは、景気の上昇についてはこう述べる。「固定資本の新投下、技術的におくれた旧設備のとりかえが大量におこなわれる。この過程は一般化され、各生産部門は、その拡張によって他の部門にたいする需要をつくりだし、生産諸部門はたがいに供給しあい、産業が産業にとって最上のお得意となる」(Bd.2, S.349,(二)一二八－一二九頁)。これは、いわゆる投資が投資を呼ぶという現象を言いあらわしている。しかし、ヒルファディングは、投資という生産的消費の拡大に注目するあまり、総需要の拡大が、これと並んで、雇用の増大と労賃の上昇による個人消費の拡大をも内容とし、生産的消費と個人消費が密接に絡んで、累積的・螺旋的に進んでいくという事実に注意を払っていない。生産的消費と個人消費のこの相互的・累積的増大という事実は、恐慌の第三の一般的条件からすればここでも述べられていて然るべきものである。

ヒルファディングは、つづいて景気の上昇と繁栄の局面において利潤率の上昇をもたらす諸契機を考察していく。が、その前に「循環は固定資本の更新と増加とをもってはじまる」と述べ、恐慌の一〇年周期の「物質的基礎」として固定資本の平均寿命を述べるマルクスの叙述を引用する。しかし、引用するだけである。自身の文章によって恐慌の一〇年周期を十分に説明しえていない。この点、たとえ、固定資本の平均寿命が一〇年であったとしても、ベルンシュタインが指摘するように、その更新が一定の比率を保つならば、一〇年周期の恐慌は生じない。だから、一〇年周期の恐慌は、固定資本の更新が特定の時期に集中し、波動を描いていくことによってもたらされる。なぜ波動を描くのか？　ヒルファディングは、ここまで説明していない。

この点、補足を加えておくと、波動は経験的事実によって示される。が、理論的には、諸資本の競争の結果として説明される。つまり、諸資本は、利潤獲得機会が良好であれば、こぞって資本蓄積をおこなう。資本にとっては、まさに景気の上昇局面が良好な利潤獲得機会となる。こうして競争の強制法則によって諸資本は競って積極的に設備投資をおこない、この設備投資は中位の活況から繁栄の局面にいたるまで増大し、やがて頂点に達する。そこから設備投資は減退しはじめる。というのは、繁栄から過熱局面にいたるまで、しだいに利潤獲得条件が悪化していくからである。競って設備投資は抑制されはじめ、やがては景気の反転を生みだしていく。このようにして設備投資は繁栄局面に集中し、波を描く。そして一旦波を描いたら、固定資本の寿命が働いて、更新設備投資の動きが規定され、これが、設備投資の一〇年周期の波動の物質的基礎となる。ここでは、更新設備投資の波が生ずる歴史的な始原が問題となるのではない。「ひとたび一定の運動に投げこまれた天体がたえず同じ運動を反復するのとまったく同様に」、資本主義である限りつづく永久運動としての循環の物質的基礎を説明する更新設備投資の波動が重要なのである。ヒルファディングは、固定資本の寿命に恐慌の一〇年周期の物質的基礎をもとめた際に、ここまで考え抜くべきであった。

以上のような問題点を残しつつ、ヒルファディングは、利潤率の上昇の諸要因の考察に移っていく。彼は、産業の繁栄のはじめの時期に、需要の増加とは別に利潤率の上昇をもたらす原因として、資本の回転期間の短縮をあげる。それは生産方法の改善と労働時間の延長による機械のより強度な運転によって生ずる。さらに流通期間の短縮が生ずる。「売れ行きは円滑にすすむ。注文で作業するから、流通期間はしばしばゼロになる」。遠い外国市場より手短な国内市場での販売がふえる。資本の回転期間と流通期間の短縮は、年利潤率の上昇をもたらす。これらは、産業資本家の投下する貨幣資本の節約をも意味する。これは、剰余価値率の上昇とともに資本蓄積の可能性を増す（Bd.2, S.350,（二）

一四〇頁)。

ヒルファディングは、このように、景気上昇過程における利潤率の上昇をもたらす諸原因を述べる。彼がここでは明白に述べていないが、より重要なのは、加速的に増加する需要に供給が追いつかない結果全般的な価格上昇が生じ、これが景気上昇過程における利潤率の上昇をもたらすことである。このような状況では、新技術、新生産方法を導入する新設備投資、それによる生産性の上昇、生産費の削減は、資本に超過利潤をもたらす。というのは、拡大する需要を満たすためには、新鋭設備と並んで旧設備の稼動を必要とするからである。市場価格を直接決定するものは、拡大する需要と限界的生産者つまり技術的に最劣等条件下にある企業による供給である。だから、新鋭設備の導入による生産費の低下は価格低下に反映しない。このような状況下では価値(生産価格)は、新たな水準に移行しない。こうして、諸資本にとって、景気上昇の局面では、超過利潤を獲得する機会が広がり、これが多くの資本には利潤率の上昇となってあらわれるのである。ヒルファディングもこの事実を知らないわけではない。が、彼は、この事実に触れず、利潤率の低下をもたらす要因の叙述に移っている。

この点、ヒルファディングによれば、この上昇は、「利潤率の低下を準備する事情のもとでのみおこなわれる」。繁栄期には資本の新投下がさかんだが、この投下は、最新の技術方法を導入する形でなされる。それは、資本の有機的構成の高度化をもたらし、利潤率を低下させる。また流動資本にたいして固定資本の割合が大きくなると、資本の回転期間が長くなる。これも利潤率低下の要因となる。また労働力ことに熟練労働力の不足が問題となる。未熟な労働者の採用によって不適切に操作される結果、機械は損傷しやすくなる。また国内需要が満たされて、遠い外国市場を探さなければならなくなる。「さらに他の諸契機もある。繁栄期には労働力への需要がふえ、それの価格が上がる。これは剰余価値率したがって利潤率の低下を意味する。さらに、利子率もまたのちに述べるような原因から、しだいにそれの正常な水準をこえて上昇し、その結果企業者利得率が下がる。」「これらはすべて第二段階で利潤率を低下させる諸契機にほかならない」(Bd.2, S.353, (二) 一四二頁)。

以上のように、ヒルファディングは、景気の反転をもたらす諸契機として利潤率の低下の諸原因を列挙する。資本の有機的構成の高度化は利潤率の長期的な低落傾向をもたらすが、景気の反転の直接的な要因ではない。これを別として、賃金の上昇など諸原因を列挙することそれ自体は、誤りではない。ヒルファディングは、後に部門間不均衡を述べる箇所で取り上げているが、原材料、燃料費の上昇も利潤率の低下要因をなし、またその他の諸原因を列挙することもできよう。私見では、利潤率の低下に際しては、これらの諸要因が一様に発現する必要はない。時と所によって、ある要因が突出して強く働き、その時々の現実の恐慌の特殊性を形成していく。このなかでとりわけ労働力商品の特殊性から賃金の上昇に注目する見解もある。しかし、労働力商品の特殊性がたんに労働力供給の限界を意味するだけならば、それは農業と鉱業によって供給される原材料・燃料の自然的諸条件による供給の限界とともに区別する理由はない(6)。

以上、補足を加えつつ、利潤率の低下諸原因に関するヒルファディングの叙述をまとめてみた。しかし、中位の活況から繁栄期にかけては、彼も述べているように、これらの要因は利潤率の低下を現実的に引き起こすものではない。これらは、利潤率の低下の潜在的な諸要因をなす。この時期では、増大する需要、全般的価格上昇による売り上げの増加と新技術・生産方法の導入による生産性上昇・生産費削減効果がこれらの要因に勝り、逆に利潤率の上昇がもたらされるのである。これらの要因が強く働き、資本家にも意識されるのは、ヒルファディングの言う「繁栄の第二段階」すなわち「景気の過熱局面」である。彼は、「恐慌は、いまのべた利潤率低下の傾向が、需要増加のもたらした価格および利潤の上昇にうちかつ瞬間にはじまる」(Bd.2, S.353, (二) 一四三頁)と指摘している。

しかし、ヒルファディングは、奇妙なことに、この指摘から進んで、利潤率の低下から資本過剰が生じ、これがいかに景気の反転に結びついていくかをつづけて論じていない。彼は、別の章では、景気の反転と恐慌の現実化をもたらす原因として、利潤率の低下が資本の価値増殖条件、蓄積条件の悪化となり、追加的新資本投下がごくわずかにしか利潤の追加的増加をもたらさないか、あるいはまったくもたらさない瞬間がやってくるということを述べている。私見では、利潤率の低下による過剰資本の発現は、新資本蓄積を停滞ないし停止させ、さらに生産的消費の減少が雇用と労賃の減少をもたらし、その結果として個人消費の減少をまねき、これが「大衆の消費制限」となって商品過剰を生み、再び生産的消費の減少をまねいていく。[7] こうして景気下降の累積的・螺旋的過程を生みだしていく。ところが、第一七章でヒルファディングは、過剰資本による景気の反転に関する具体的な説明はおこなわず、また、「消費制限」の問題を彼の「恐慌の現実化」論のなかに適切に組み入れていない。第一六章で、資本の価値増殖と価値実現との条件の矛盾として、「消費制限」の役割を彼自身が指摘しているにもかかわらず、である。

ヒルファディングは、結局、利潤率の低下が「打ちかつ瞬間」を述べた後、景気の反転の説明に入るのではない。むしろ、それからそれていく。彼は、「二つの問題がある」と述べる。第一の問題は、「繁栄をおわらせるこれらの傾向が資本主義的競争のもとで、またこれをとおして、どのように遂行されるか」、第二の問題は、どのように「危機的に」「突発的に遂行されるか」である (ebenda, 同上)。

ヒルファディングは、この内、第二の問題は、「あまり重要ではない」と指摘する。「なぜなら、景気の波動にとっては繁栄と沈滞との交替が決定的であって、この交替の突発性は二次的にすぎないからである」(ebenda, 同上)。しかし、「危機」とか「突発性」を「二次的」とすることは、恐慌を「二次的」とすることと同じ意味になってしまう。恐慌論をたんなる景気循環論に解消することを意味するのではなかろうか。ヒルファディング自身は、つづく二つの章で、恐慌の突発性、激成的な性格を貨幣・信用論の視点から説明している。その上で、恐慌論の最終章である第二〇章では、恐慌の形態変化として、信用組織の発達から「恐慌がおこりにくくなる」(Bd.2, S.399, (二)二〇二頁)と述べている。「二次的」という、彼の指摘は、「恐慌の形態変化」論への布石ともみることができる。こうして、ヒルファディングは、景気循環論を論じることで理論の部を終え、理論経済学的には資本主義が永遠の循環を描きつづけると示すのである。

結局、ヒルファディングは、恐慌の現実化における第一の問題に注目する。「これらの傾向」とは、利潤率の低下をもたらす諸傾向を意味すると解せられる。ここでは、利潤率の低下をもたらす諸傾向が、資本主義的競争のもとでいかに「価格形成の攪乱」ひいては「不均衡状態」に結びついていくか、と問題設定されているかのように見える。しかし、実際には、利潤率の低下から資本過剰が生ずる事実と結びつけることなく、部門間不比例の問題に説明が移されていく。その前に、次のような見解が示される。

「これだけは明らかだと言えることは、もし繁栄期の価格騰貴が一般的で同程度ならば、それは純粋に名目上にすぎないということである」。というのは、この場合、「相対的な交換比率には変化が」なく、生産部門間の「比例関係にもなんら変化が」ないからである。もし「表式でのべたような正しい比例で生産がおこなわれれば」、「なんの攪乱のおこる必要もなかろう」(Bd.2, S.353, (二)一四三頁)。

ここで、ヒルファディングは、景気循環における全般的価格騰貴と、紙幣の過大な発行による名目的物価上昇とを同等に扱っている。彼は、その際、再生産表式における均衡条件を想定し、全部門で均等に価格上昇が生ずるならば、この均衡条件が保たれると考えている。しかし、景気循環における全般的価格騰貴は、名目的なものであろうか。それは、需要の拡大に供給が追いつかない結果として生ずる。この場合、価格を決めるものは、限界的生産者の限界的な生産費である。全般的価格騰貴は、その結果、総需要と総供給の不均衡下での生産原価の上昇という事実をともなっている。つまり、全般的価格騰貴は、価値（生産価格）水準から市場価格が大幅に乖離していく現象で、いつまでもつづかない需要の拡大の結果である。それは、社会全体にとって均衡を失した状態で、この不均衡が、資本にとって、景気の過熱局面には利潤率の耐え難い低下となってあらわれるのである。むしろ、利潤率の低下現象は、種々の不均衡の総合的表現を意味する。賃金、利子率、原燃料価格、全般的な価値と価格の諸不均衡がそれである。ヒルファディングは、こうした全般的不均衡化の問題を軽視することによって、利潤率の低下が種々の不均衡の総合的表現であることを見落とす。その結果、利潤率の低下から過剰資本が生じ、景気の反転をもたらす説明を、第一七章後半では十分に生かすことができなかった。第一七章後半は、部門間不比例の問題に終始する。第一七章では、こうして、利潤率の低下から資本過剰にいたる未完の叙述系列（前半）と部門間不比例における価格形成上の攪乱の叙述系列（後半）の二つに、叙述展開が分化するにいたっている。

価格形成上の攪乱の提起にはじまり、部門間不比例に終わる第一七章の叙述展開から、通例では、過剰資本の系列はほとんど評価されないか、流通の攪乱、部門間不比例の叙述に埋没するものとして、一括して「不比例説」というレッテル貼りをまねいていく。しかし、過剰資本の系列は、ヒルファディングにとって重要な意味をもっている。彼は、別の箇所でこう述べている。

「恐慌を商品の過剰生産と単純に同視するものは、生産の資本主義的性格という主要事をまさしく見のがしている。生産物は商品であるだけでなく、資本の生産物であり、また恐慌時の過剰生産はたんなる商品の過剰生産ではなく、資本の過剰生産である。だが、このことは、資本の価値増条件がその実現条件と矛盾するにいたるほど資本が生産に投下されたため、生産物の販売がもはやヨリ以上の拡張、ヨリ以上の蓄積を可能ならしめる利潤をあげなくなったことにほかならない。商品の販路がゆきづまるのは、生産の拡張がとまるからである。だから、資本主義的恐慌を商品の過剰生産と単純に同視するものは、恐慌の分析においてまだ序の口にひっかかっているのだ」(Bd.2, S.401,（二）一〇四頁)。これは、第二〇章中の叙述からの引用である。ヒルファディングは、資本過剰説にたった恐慌の説明を見事に示している。しかし、彼のこの考えは、第一七章の叙述に十分に生かされているとは言えない。彼は、その代わりに、部門間不比例と価格形成上の攪乱に説明の重点を移している。

ヒルファディングは、この点、資本の有機的構成が高度で固定資本が大きい部門とそうでない部門の二つの部門に分けて考察する。第一六章では彼は再生産表式における均衡条件を確認しているのであるが、奇妙なことに、ここでは、第一部門（生産手段生産部門）と第二部門（消費手段生産部門）の二部門分割については触れていない。このような問題をはらみながらも、彼は、資本の有機的構成が高く、固定資本の大きな部門と低く小さな部門のあいだでの価格と利潤率の変動から生ずる資本配分の不均衡、部門間不均衡の諸論点を検討していく。

ヒルファディングによれば、固定資本の多く充用される部門では、それだけに「設備のいっそうの合理化、技術の改善、とり扱い方法のいっそうの科学化、などの可能性」もより大きい。ここでは、資本の有機的構成の高度化傾向がより強く作用する。「だが、資本の有機的構成の高度化とは生産性の向上にたいする経済学的表現にすぎない。生産性の向上は、等量の商品については価格（Preis, 費用価格あるいは生産費の問違いだと思われる——著者）の低下を意味する。だから、新たに投下される資本は、はじめは特別利潤をあげる。だから、資本はこの投下部門に流れ込む」。固定資本の充用が少なく資本の有機的構成が低い部門では、「技術的改善が少なく、したがって特別利潤も少ない」ので、資本の流入量が少ない。利潤率の不均等は、両者における価格騰貴の不均等、つまり資本の有機的構成の低い部門での価格騰貴の比較的大きな動きによって調整される。いずれにせよここに資本の配分の変化、価格の不均等な騰貴が見られ、「すでに攪乱の一契機が頭をもたげ」ているのである(Bd.2, S.354,（二）一四四－一四五頁)。

ヒルファディングは、ここで、この事実が景気循環のどの局面に相当するか、明確に述べていない。内容から言って中位の活況期について語っているようである。中位の活況下で、有機的構成の低い部門では、生産性向上による「特別利潤」をあまり期待できない。諸資本の競争下における利潤率の調整は、資本配分の変化によりつつ、有機的構成の低い部門でのより大きな価格騰貴によってなされる。

つづいてヒルファディングは、「価格形成の攪乱」をもたらす原因として、固定資本の大きな部門における供給の立ち遅れ、需要にあわせた供給の調整の困難を、次のようにあげている。

「固定資本の量が大きければ大きいだけ、新たな変更がほどこされて供給能力が高められるまでには、長い時間がかかる。この時点までは、しかし、供給は需要におくれるだろう。溶鉱炉の増設、新しい炭坑の開発、新しい鉄道の完成は、繊維製品または紙製品の増加よりは長い時間を要する。そこで、有機的構成の高度化とともに、結局は利潤率を低下させざるをえない諸要因のますにもかかわらず、ほかならぬこれらの部面では、好景気のあいだは、供給がのろく増加することによる競争関係の変化つまり需要関係の推移のため、さしあたりは他の生産諸部門におけるよりは強度の価格騰貴がおこる。利潤が減らないばかりではなく、有機的構成の変化は、さしあたっては価格および利潤の上昇をともなう。しかも価格は一般に、有機的構成が高度に発展すればするだけ騰貴する傾向をもつ」(Bd.2, S.355f.,(二)一四六頁)。

ヒルファディングは、これとは「反対に、固定資本量の少ない産業では、消費への適応が敏速におこなわれ、価格の上昇はせまい限界内にとどま」ると述べる。高山満氏が指摘しているように、(8)ヒルファディングは、ここで、価格騰貴の相違について、「特別利潤」に触れた先の叙述とはまったく逆のことを述べている。先の叙述では、資本の有機的構成の低い(固定資本量のすくない)産業ほど価格騰貴が激しく、そのことをとおして利潤率が均等化の方に調整されると述べていたはずである。ここで、タイムラグによる価格騰貴の相違が、「好景気」という時期に限定されていることが注目される。「特別利潤」に関する先の叙述は、生産余力がありタイムラグが供給に厳しく左右しない中位の活況期に相応すると考えられる。相違する叙述は、中位の活況と好景気すなわち活況という時期的相違に応じているとも理解される。

しかしヒルファディングは、時期的相違を明言していない。このような問題点を残しつつも、ヒルファディングは、結局、有機的構成の高い部門、固定資本の大きな部門で不均衡が厳しく襲うという事実を見いだす。好景気においては、タイムラグの結果、拡大する需要に供給が追いつかない結果、この部門では強度な価格と利潤率の上昇が生ずる。資本は、高い利潤率をもとめてこの部門に流入し、この部門で「資本の過剰投下、過剰蓄積の傾向」が生まれる。不均衡は、この部門で、新設の諸工場が稼動し、生産物を供給しはじめたときに顕現する。「これは、なぜ恐慌が技術的にもっとも発達した生産諸部門で、すなわち初期には、わけても繊維（木綿）産業で、のちには重工業で、もっとも強くあらわれるかを説明するものである」（Bd.2, S.356,（二）一四六頁）。

ヒルファディングは、このように、資本の有機的構成の高い部門と低い部門、固定資本の大きい部門と小さな部門のあいだで、価格と利潤率の不均等な上昇が生じ、より高い利潤率をもとめての諸資本の競争が、資本の有機的構成の高い部門へと資本の殺到をもたらし、そこで過剰蓄積をもたらすと述べている。こうして生ずる資本配分の不均衡と価格形成の混乱による恐慌の原因の説明は、第一七章後半の叙述の要をなす部分である。しかし、ここでの資本の過剰蓄積は、賃金や利子率の上昇などの結果として利潤率の低下によって生ずる資本過剰とは別物である。それは、高利潤率に誘われた結果としての資本の過大投下であり、需給調節の困難から過剰生産を現出するものである。ヒルファディングは、個別産業部門のレベルで資本の過大投下の結果として利潤率の低下も、部門間不均衡の問題として論じている。こうして、ヒルファディングは、①賃金、利子、原材料価格など生産費の上昇の結果としての利潤率の低下から生ずる過剰資本と②資本配分の不均衡と価格形成上の混乱ひいては資本の過大投下の結果としての資本の過剰という二つの事実を、両者の関連を示すことなく並行的に論じている。第一七章後半は、前者がついに言及されなくして終わる。そこではもっぱら部門間不均衡、価格形成上の攪乱が論じられている。

ヒルファディングは、つづいて、自然的事情から生ずる価格形成上の攪乱に言及する。すなわち、鉱物資源、動植物に依存した原料供給の自然的制約が原料価格の騰貴を生み出す事実である。この説明は、ほとんどマルクスからの引用で占められ、とくにヒルファディング的な特徴は見られない。彼は、さらに、原因羅列主義的に、予備的貨幣資本の減少、生産と消費の割合の変化と、流通における「比例関係の」「攪乱」要因をあげていく。ヒルファディングは、商品価格の上昇と労賃の上昇について、こう述べる。

「繁栄期には価格したがって利潤が上がる。商品価格の上昇は労賃の上昇より強くなければならない。でなければ、利潤が上昇しえないからである」。

しかし、ヒルファディングは、つづいて、景気の過熱局面ではどうなるか、とは問わない。補足的に私見を述べるならば、過熱局面では、労働力不足、人手不足がピークに達する。むしろ、人手不足が深刻化するという事実こそが、景気が過熱局面に入ったことを示すシグナルとなる。この局面では、賃金上昇が利潤を圧迫し、資本にとって死重となっていく。ヒルファディングはこの事実に言及せず、資本家の奢侈的消費に注目する。利潤が増え、資本家の消費が絶対的に増え、また奢侈的消費が増える。奢侈的消費は「弾力性にとみ、つよい蓄積衝動にたやすく順応する。そこで、ずれてくる。利潤のうち比較的大きな部分が蓄積に、比較的小さな部分が消費にあてられる。ところが、これは消費が生産の増加と歩調があわないことを意味する」(Bd.2, S.360,(二)一五二頁)。

ここで、ヒルファディングは、あたかも利潤のうち蓄積にまわされる部分にあたる生産物はだれが消費するのか、と後にローザ・ルクセンブルクが『資本蓄積論』で述べたのと同じような問題に言及している。この問題には、彼が第一六章で取り上げた再生産表式が答えているのではなかろうか。つまり、まさに蓄積部分にあたる需要には生産的消費が対応するのである。ヒルファディングのこの混乱は、彼が第一七章で、生産的消費と個人消費の区別をせず、再生産表式を生かしえず、また賃金上昇の真の意義と「消費制限」の問題にも触れえなかった事実を象徴的に示している。結局、ヒルファディングは、第一七章の終わりのところで、こう述べる。

「このようにして好況期の経過するうちに、価格形成の攪乱から不均衡状態が発生する。なぜならば、上述の諸契機はすべて生産価格からの市場価格のズレを意味し、したがって価格形成のいかんによってその量と方向とを決定される生産の調整上の攪乱を意味するからである。これらの攪乱がついには販路のゆきづまりとならざるをえないことは明白だ」(ebenda, 同上)。

これをもって恐慌の諸原因に関するヒルファディングの第一七章での叙述が終わる。彼は、諸生産費の高騰がもたらす利潤率の低下から生ずる過剰資本と、部門間不均衡における価格形成上の攪乱を有機的に結びつけて、これらが景気の過熱局面においていかに景気の反転をもたらしていくかを、説明することに結局は失敗している。彼は、第一七章前半では、販路のゆきづまりという事実が、利潤率の低下から過剰資本が生じた結果、新たな資本投下が停止するという事実によって生ずると説明していた。この新たな資本投下の停止の問題は、第一七章後半ではついに具体的に論じられなかった。「景気の反転」、「販路のゆきづまり」の問題を具体的に論ずることなく、ヒルファディングは、恐慌の現実化過程の具体的な説明を、次章以下の信用現象の分析にゆだねる姿勢を示している。

注

（1）高山満氏は、ヒルファディングの競争論的アプローチを一定評価しながらも、「彼が、『不比例説』恐慌論をとるのは、……正に、それは、……彼の『理論経済学』の方法的見地に由来するもの」であると述べ、交換をとおしての社会的物質代謝の法則として価値法則をとらえ、その論証を理論経済学の課題とするヒルファディングの考えそのものに「不比例説」の理由を見いだしている（「ヒルファディング恐慌論の基本構造（Ｖ）」〈『東京経大学会誌』第三五号、一九六二年〉、一四八頁）。しかし、高山氏は、後に、「ヒルファディングが『価値法則』をもっぱら資本主義社会総体の再生産編成の視角からとらえようとしていた」のであり、「総体としてのマルクス経済学の内部に、その一環として『金融資本』体制の下での『価値法則』の動向に関する『理論的分析』を位置づけるという見地は、基本的には妥当なものと考え」ると述べるにいたっている。そして「流通主義」的偏向という超越的批判については、初期の論稿では「既存の批判尺度に寄り掛って彼の所説に対するという傾向を免れていなかった」と考えを修正している（「『金融資本』と価値法則」〈金子ハルオ他編『経済学における理論・歴史・政策』有斐閣、一九七八年〉一四二－一五一頁）。

（2）宇野弘蔵氏の恐慌論の特徴は、価格による需給調整を強調することによって恐慌論におけるいわゆる商品過剰論的な説明を否定し、労働力商品の特殊性を強調し、賃金上昇と利子率の上昇に注目した資本過剰論によって恐慌論をとくことにある。なお、宇野恐慌論については、村上和光『景気循環論の構成』御茶の水書房、二〇〇二年から学んだ。村上氏は、物価動向分析を取り入れるなど宇野恐慌論の積極的拡充を意欲的にはかっている。しかし、村上氏は、物価動向分析を取り入れることによって、商品過剰論、価値実現論なき恐慌論の限界を浮き彫りにしているように思われる。

（3）本書の第一章第三節で検討したように、ヒルファディングは価値と価格を混同する方向を示している。だから、彼にあっては、この点が今一つ明確でない。

（4）高山満氏は、ヒルファディング恐慌論の特徴を、「『価格形成上の攪乱』→『不均衡』→恐慌という立論の中に、『利潤率』変動という媒介契機を組み入れ、それによって、恐慌発現の過程を説こうとしている点である」（「ヒルファディング恐慌論の基本構造（Ⅳ）」〈『東京経大学会誌』、第三三号、一九六一年〉、四一頁）と指摘している。この指摘は、ヒルファディングの意図を示す点では正当である。高山氏は、価格騰貴のなかでの利潤率の上昇傾向と潜在的低下傾向とのあいだの「相剋する二つの『傾向』」に関するヒルファディングの叙述を「最も生彩に富んだ部分」であると評価している（同上、六三頁）。

（5）エルスナーは、ヒルファディングの恐慌論の流通主義的な誤りを指摘しつつも、「利潤率の傾向的低下と恐慌との関係」を述べた点で、ヒルファディングを高く評価する（「新版序文」、（二）、一六－一七頁）。高山氏は、ヒルファディングのいう利潤率の低下について、こう述べる。「『有機的構成の高度化にもとづく平均利潤率の低下』、一般的賃金昂騰に伴う『平均利潤率の低下』、市場価格の低落に伴う『市場利潤率』の低下の三つに分かれる。彼自身は、これら三つの異なる原因による『利潤率低下』を総べて『利潤率低下』

の名の下に一括している」（同上高山論文、四三－四四頁）。そして、一般的利潤率の傾向的低下と恐慌との関連づけについては、ヒルファディングの「理論的破綻」を見いだしている（同上、四八頁）。わたしは、より正確には、恐慌の諸原因の説明に際して、①一般的利潤率の低下傾向と②景気循環における費用価格の騰貴をまねく諸要因（賃金、利子の上昇、流通空費の増大等）から生ずる利潤率の低下を、彼が並列的に列挙している点に問題を見いだすべきだと考える。

（6）たとえば、宇野理論にたつ伊藤誠氏は、「一九七三年末以降の資本主義世界の恐慌と不況は、戦後一九六〇年代に至る持続的成長をつうじ、先進諸国の現実資本が労働力と一次産品の供給余力にたいし過剰に蓄積され、それらの価格上昇により利潤率が低下したことから発生したと考えられる」と述べる（『現代の資本主義――その経済危機の理論と現状――』新地書房、一九八一年、二〇頁）。伊藤氏は、その著書で、繰り返し「労働力と一次産品」を並列的にあげて論じている。

（7）この点、宇野理論では、その恐慌論のなかで、商品過剰は資本過剰の結果にすぎないとして、商品過剰を恐慌の説明から除外している。たとえば、村上和光氏は、前掲書で、宇野弘蔵氏の指摘をとりあげ、「要するに『商品過剰』は決して恐慌の『原因』ではなく逆に『結果』であることが明確化されているわけであり、したがっていわゆる『過少消費説』は、この『原因』と『結果』との『取り違え』から帰結した、一つの『誤解』に過ぎない点が明らかにされていると把握可能であろう」（九四頁）と述べている。しかし、資本過剰が景気の反転の直接的誘因をなしたとしても、恐慌の現実化過程においては、資本過剰と商品過剰は相互的に作用し、累積的・螺旋的な過程を生みだしていく。資本過剰は商品過剰を生みだすが、「結果がまた原因となる」のであって、今度は商品過剰が資本過剰の増大をもたらしていく。この意味で、商品過剰は、恐慌の現実化過程の説明に不可欠な契機をなしている。

（8）高山満「ヒルファディング恐慌論の基本構造（Ｖ）」（前掲）、一三〇頁。

第四節　ヒルファディング恐慌論の評価

我々は、以上、『金融資本論』の第一六、一七章を取り上げ、ヒルファディングの景気循環論的恐慌論について検討した。そして、景気循環論的恐慌論で「理論の部」が終わっていることに『金融資本論』の重要な性格が見いだされると指摘した。つまり、ヒルファディングのいう理論経済学においては、金融資本の完成形態が実現されない限り、資本主義は永遠の循環をなすものとして描かれるのである。

我々は、ヒルファディング恐慌論の長所を、そのすぐれた問題の切り込み方に見いだす。彼のアプローチの仕方を見ると、とても不比例説では特徴づけえない。むしろ、資本過剰説ではないかと思われる側面もある。ヒルファディングの恐慌論の特徴は、利潤率の低下↓資本過剰の問題と価格調整の攪乱↓不比例の問題をいかに組み合わせるかということに見られる。そして、こうした問題設定自身は、ヒルファディングの天才の閃きの片鱗を示すものである。我々もヒルファディングから学び、考えさせられたところであった。ヒルファディングは、こう問題設定し、この問題に応えるために、マルクスからの引用を多用する。これは、当時の水準では、マルクスをよく読みこんでいると評価されよう。ただ、ヒルファディングは、彼自身が設定した問題に応えることに必ずしも成功していない。細かい点は抜きにして、彼の欠陥を指摘すると、第一七章では、前半は利潤率の低下から資本過剰の生ずる道筋を述べ、後半は価格調整の攪乱から不比例の生ずる道筋を述べる。我々は、この前半と後半が、第一七章では、適切に結びつけられていないことに気づく。とくに後半部分は、価格調整の攪乱から不比例を生みだす諸契機の羅列的説明に終始している。そこで取り上げられた資本の過剰も、需要に比しての資本の過大投下の結果である。第一七章の後半の叙述では、また、それぞれの指摘が景気循環のいかなる局面に相応しているのかあいまいな点もあった。彼の問題設定の仕方からすれば、景気の過熱と反転の局面を中心として述べられるはずと思われるのではあるが、必ずしもそうはなっていない。ヒルファディングは、結局、諸契機を生き生きと組み合わせて、景気の反転と恐慌の現実化過程を説明することに失敗している。彼の問題設定からすれば、「景気の反転」は、資本過剰と価格調整の攪乱から、新たな資本投下が抑制され、その結果として商品の販路が行き詰まることによって生ずる。その際、資本過剰と部門間不均衡の問題をいかに統一して説明するかが問われる。残念ながら、彼は、この具体的な説明をおこなわず、第一七章の叙述を、前半と後半に二分させる結果におちいった。彼の問題設定と叙述を生かして、景気の反転と恐慌の現実化過程の説明をおこなうとすれば、どう描かれるのであろうか。最後に、一つの試論として、「景気の反転」の問題に的をしぼり、大幅な補足を加えることによって、ヒルファディングによる叙述の二つの系列を結びつけることを試みたい。

繁栄期から景気過熱局面にいたる過程では、さまざまな不均衡があらわれる。原燃料部門の自然的諸条件の制約、巨大な固定資本の性格から生ずる、投資から生産設備の稼動にいたるまでのタイムラグは、生産手段部門で、拡大する需要にたいする供給のたち遅れを生みだしていく。これは、売り上げを増大する価格上昇比率を原材料費等生産手段の価格の上昇率が上まわる結果を生みだし、利潤率を圧迫していく。それは部門間不比例と両部門の価格騰貴の不均等を表現するものである。とくに消費財部門では、購買力ある需要の点で、人間の欲望の物理的制限が問題となる。過熱局面では、販路の拡大が思うにまかせられなくなる。在庫投資が増大する。国内市場の限界を超えて販路が必要となり、外国市場の開拓がいっそうもとめられるようになり、流通空費が増大する。信用を利用した商品投機は、販路拡大の鈍化が利潤率を圧迫するという事実を隠蔽する作用をもつ。景気の上昇局面、とりわけ中位の活況から繁栄期にかけては、新技術・新生産方法の導入による資本の有機的構成の高度化が生ずる。が、これは利潤率の低下をもたらすものではない。需要の累積的拡大という状況のもとでは、生産コストの引き下げをとおして、資本にむしろ超過利潤をもたらす。新旧技術水準の設備が並存し、旧技術水準の設備の拡大さえ見られる。このような状況下では、旧価値(生産価格)水準がまだ支配するのである。こうして超過利潤の獲得をめざして、新技術水準の設備投資も活発におこなわれる。市場価格は、拡大する需要と限界的生産者、すなわち最劣等条件の個別資本の生産費と利潤によって直接的には決められる。価格騰貴は、生産能率の悪化の結果としての限界的な費用の上昇を反映したものである。こうして価値(生産価格)と市場価格は、耐え難い点に達するまで乖離していく。生産と消費の相互的な累積的拡大は、労働者の雇用の拡大と賃金上昇の結果でもある。賃金上昇は、景気上昇の局面では、個人消費の拡大、消費財の需要の拡大を意味することによって、資本の価値増殖条件、蓄積条件に好作用をなす。が、景気過熱局面にいたっては、労働力不足、人手不足が深刻化し、賃金上昇率が価格上昇率を上まわり、利潤率を圧迫化する要因に転化する。利子率の上昇も全体としての価値増殖条件が良好なため、繁栄期には資本にとって気にならない。それが資本の蓄積にとって死重となるのは、価値増殖条件が全般的に悪化していく景気過熱局面においてである。こうして景気過熱局面において、景気の反転をもたらす部門間不比例、全般的不均衡が顕在化していく。その総合的表現が利潤率の低下なのである。つまり、賃金上昇、利子率の上昇、原材料燃料など生産手段価格の上昇は、利潤率の低下要因として強く作用する。この利潤率の低下は、とくに消費財部門に厳しくあらわれる。そして、追加的新資本、新たな投資が追加的利潤を生まない時点に近づく。つまり、資本過剰の問題があらわになっていく。価値増殖の条件、蓄積の条件の悪化は、その担い手である資本家においても意識される。そしてこの意識、つまり悪化した期待は多くの資本家によって共有される。売り上げの拡大が鈍化し、在庫が拡大する。労賃、原燃料費、金利等の生産諸費の負担が増大する。資本家は、もはや新たな投資に利潤獲得の見込みがないと判断し(期待利潤率が極度に低下し)、投資計画の見直しに入る。この判断を共有する多くの資本家たちは、諸資本の競争の強制の圧力をうけつつ、自分だけは生き残るため、という判断のもとに、新たな投資を次々と削減していく。これは、一〇年周期で増減する更新投資の減退の時期とぶつかり、投資は全体として急速に縮小していく。これは、生産的消費の縮小を意味し、生産手段部門の需要の減少を意味する。折悪しくも、この部門では、繁栄期に超過利潤をもとめた諸資本の競争によって資本投下が集中していたのであるが、先に述べたタイムラグの結果、新規設備がいっせいに稼動しはじめる。こうして生産手段部門を、もっとも厳しく過剰生産が襲うのである。もっとも劣悪な諸条件下で活動していた企業の倒産も生ずる。ここで見られるのは、諸資本のサバイバル競争であり、こぞって新たな投資の削減と生産調整がはかられる。労働者の解雇が増大し、賃金が抑制される。これは、個人消費の縮小をまねいていく。こうして、資本過剰の結果資本の新投下が抑制されることによって、景気は反転する。この反転は、今まで目の前にあった需要が急に消滅するという劇的過程であるが、この劇的過程をさらに劇的にするのが信用と投機の崩壊であり、かくして恐慌の現実化過程に突入する。そして、恐慌から不況へのプロセスがはじまる。資本主義は、個人消費と投資の相互的な累積的・螺旋的縮小によって全般的過剰生産におちいっていく。利潤を目的とする資本は、この過程では、縮小していく消費、需要を手をこまねいて見ているしかなく、これにあわせて、競争の圧力下、投資と生産の、いっそうの縮小計画をたてるしかない。結果が原因となり、「大衆の窮乏と消費の制限」は厳しく個別資本に襲いかかる。利潤を目的する資本は、競争の強制法則下、利潤獲得を犠牲とした消費の拡大という方策をとることができず、みずからの「歴史的制限性」に苦しむ。個別資本にとっては、競争相手が倒れてくれることを願い、生産縮小計画をたてるだけで、もはや行き着くところへ行くまで手立てがないのだ。消費と投資の累積的・螺旋的縮小、全般的過剰生産と全般的価格下落、多くの大衆の貧困と窮乏化をともないつつ、資本主義は、不況の泥沼へと下降していく。不況は、過剰資本の処理の過程でもあり、旧技術水準の設備の大量破棄をともなう。これをとおして新価値（生産価格）水準への移行過程がはじまる。こうして資本の有機的構成の高度化にともなう一般的利潤率の長期低落傾向が貫徹してゆくのである。

（本章は、拙稿「ヒルファディング恐慌論の意義と限界――『金融資本論』第四篇研究序説――」『金沢大学経済学部論集』第二五巻第二号、二〇〇五年三月、を若干の修正の上収録するものである）。

第四章　ヒルファディングの経済政策論——経済学史の視点から

先に経済政策にかかわる方法論の考察で、我々は、『金融資本論』の理論の部（第一－四篇）と政策の部（第五篇）では、叙述の方法がまったく異なることを示した。『金融資本論』の構成は、理論、政策、歴史と経済学を三分するヒルファディング独特の経済学方法論にもとづくものである。理論の部は、ヒルファディングなりに理論経済学の新たな展開を示したものであり、彼独特の弁証法の適用にもとづく一般理論的な論述をなしている。他方、政策の部は、理論の応用をなし、理論で示された諸事実が、政策を形成する階級の利害諸関係にいかなる影響をあたえるかを論じたものである。そこでは、金融資本の経済政策＝帝国主義、諸階級の政策的意思形成にあたえる帝国主義的政策の影響、帝国主義的経済政策の国家における政策への貫徹、プロレタリアートの政策における階級闘争と社会主義の問題が取り上げられる。そこでは、弁証法が適用外とされる。それは、一般理論的な叙述をなさず、具体的・歴史的・現実的な論述を主たる内容とする。とりわけ、帝国主義の時代には、ドイツが資本主義の「典型国」をなすと述べられ、この「典型国」を基準とした「タイプ論」的な論述を内容としている。

これまで、ヒルファディング自身が明確に意識していた、以上のような理論と政策の方法論的相違を無視し、『金融資本論』全体を帝国主義論の一般理論とみなす傾向があった。そして、この観点から、理論の部と政策の部の一貫性のなさを指摘する解釈も示されてきた。それにたいして、我々は、理論経済学と区別されたヒルファディングの経済政策論、そして経済政策論としての帝国主義論を、その具体的な理論構造にたちいって論ずる必要がある。

第一節 『金融資本論』第五篇の理論構成

ここでは、以上のヒルファディングにおける経済学の方法論的認識にもとづき、『金融資本論』第五篇の理論構成について簡単に論ずる。第五篇は、諸階級の階級利害にもとづく政策的意思決定、国家の政策とその政策的意思形成をめぐる諸階級の利害関係に関する迫真に富んだ具体的叙述に満ちている。また、保護関税論、資本輸出論、植民地政策論、移民論、帝国主義イデオロギー論、国家の経済政策的意思決定論など数々の興味深い論点を含んでいる。

まず第五篇の構成の全体的特徴を述べると、第五篇は「金融資本の経済政策」というタイトルであるが、内容の点では、金融資本の経済政策（第二一－二三章）とプロレタリアートの経済政策（第二四、二五章）の二つを柱としている[1]。そして、金融資本の経済政策は、その分析それ自体（第二一、二二章）と金融資本の経済政策がプロレタリアートを除く諸階級の政策意思形成にあたえる影響（第二三章）の分析といった二つの部分に分かれている。第五篇全体は、独占と金融資本への資本主義の発展による諸階級の利害関係および政策意思の決定の変化が国家とその政策をめぐる諸階級の対応にいかなる変化をもたらすかという視点によってつらぬかれている。

(1) 第二一章 貿易政策における転換

ヒルファディングは、まず、第二一章で、資本主義の自由主義の時代には、ブルジョアジーが、国家による経済的諸規制を排除するために「国家敵対」的な態度をとっていたと述べることからはじめている。そして、この時代における経済政策として、イギリスの自由主義的ブルジョアジーの自由貿易政策を基準としつつも、他方で経済強国イギリスに対抗して、大陸ヨーロッパでは育成関税政策が導入された事実を指摘する。つまり、この時代の経済政策の分析において、典型と特殊といったタイプ論的な認識を示している。彼によれば、自由主義時代のこの経済政策にたいして、カルテル化産業が成立すると、保護関税が機能転化し、カルテル保護関税となり、これまで「弱者の防衛武器だったものだが、強者の攻撃武器となった」(Bd.2, S.419,（二）二二七頁)。この点、ヒルファディングは、すでに一九〇三年の論文「保護関税の機能変化・現代の貿易政策の傾向」において、保護関税が機能変化し、カルテル保護関税となった事実を明らかにし、その結果として「資本家階級による国家の公然たる占取」がおこなわれ、「社会主義社会の直接の前段階」が到来している事実を指摘している。[2] これにたいして『金融資本論』第二一章では、イギリス、ドイツ、アメリカといった各国の事情にたちいり、歴史的・具体的に貿易政策の転換を論じている。そのなかで「資本の集中および集積の程度を標準とすれば、すなわちカルテルやトラストの発展、産業にたいする銀行の支配などの程度、要するに、あらゆる資本の金融資本化の程度を標準とすれば、自由貿易国のイギリスではなく、かえって保護関税国のドイツやアメリカが、資本主義的発展の典型国となった」(Bd.2, S.411,（二）二一六頁)というヒルファディングの指摘は興味深い。我々は、ここに歴史的・現実的・具体的といった彼の政策論的記述方法の適用を見いだすと同時に、金融資本に関する彼の理論経済学がドイツ・アメリカ、とりわけドイツを典型国としつつ思惟的に抽象化し一般化して論じられていることを読み取りうる。

第二一章では、保護関税の機能転化論を中心にして、自由主義の時代から帝国主義の時代への交代において、国家とその政策へのブルジョアジーの対応にいかなる変化が生じたかを明らかにしている。この章において、歴史的・個別的・具体的な経済政策の叙述方法、金融資本の理論経済学の経済政策への応用方法が集中的に論ぜられる。つまり、それは、自由主義の時代がイギリスを典型国とする一方で、帝国主義の時代はドイツを典型国とし、これを基準にして各国の経済政策の特徴を論ずるという仕方である。

(2) 第二二章 資本の輸出と経済領域をめぐる闘争

第二二章は、第二一章での論述を基礎として、まずはカルテル保護関税政策を叙述の出発点にすえる。我々は、第二一章を保護関税の機能変化論、第二二章を「資本輸出と経済領域拡大闘争」論と機械的・形式的に分けることはできない。第二二章は、その叙述の圧倒的部分が資本輸出と植民地政策の分析にあてられるが、カルテル保護関税論が一本の赤い糸として、叙述全体をつらぬいていく。第二二章では、カルテル保護関税政策、資本輸出、植民地政策が「有機的に」組み合わされて、金融資本の経済政策体系として帝国主義が明らかにされる。ここでは経済政策論としての帝国主義論が本格的に展開されるのである。その意味で、第二一章は、第二二章を本論とする準備的考察をなしている。

具体的に見ると、ヒルファディングは、資本主義的生産にとって経済領域の広さの意義が高まり、自由貿易こそが世界市場を統一的経済領域にし、合理的な国際分業を可能にし、最高の生産性を実現すると述べることからはじめている。ヒルファディングのこうした見解は、古典派経済学の自由貿易論に通ずる考えだが、これに関する彼の言及はない(もっとも、第二一章では、自由貿易は、経済強国イギリスの経済政策として位置づけられている)。この自由貿易にたいして保護関税は世界市場を分断し、合理的国際分業の形成を妨げ、したがって生産諸力の発展を抑止する。だが、保護関税はカルテル保護関税に機能変化している。資本家階級はそこから生ずる特別利潤を放棄しえない。だから、カルテル保護関税による生産性の阻害を、自由貿易の実現によってではなく、保護関税によって囲まれた経済領域の拡大によって補う努力がなされる。

ここで、我々は、帝国主義の暴力主義的領土拡大政策が、自由貿易のもたらす合理的国際分業と最高の生産性がカルテル保護関税政策によって阻害される代償として追求されるというヒルファディングの主張に留意しなければならない。また、帝国主義政策がカルテル保護関税を起点として説明されていることの意味も考えなければならない。しかし、これらの意味については、つづく諸節でとりあげることにしたい。ここでは第二章の構成について考察をつづけよう。

ヒルファディングによれば、カルテル保護関税は、これに対抗するために他国における保護関税の導入を誘う。そして、この壁をうち破るために資本輸出が強行される。この場合、他国の保護関税を利用するために、工場進出が企てられる、つまり、産業資本の形での資本輸出がなされる。そしてカルテル化した産業資本と銀行資本が共同の利害によって資本輸出をおこなわれることを考えると、それは金融資本の形態での資本輸出となる。この産業資本（金融資本）の形態での資本輸出と並んで貸し付け資本の形態での資本輸出がある。この貸し付け資本の形態での資本輸出は、カルテル保護関税政策とは直接には関係がない。この後、資本輸出の問題が様々な角度から詳しく論ぜられる。この点、ヒルファディングの資本輸出論は、カルテル保護関税を起点とする彼の経済政策論体系からはみ出す叙述部分を含んでいる。今日、我々は、資本輸出（対外投資）論が世界経済論において重要な理論的位置を占めることを知っており、そのなかで他国の保護関税を利用するための資本輸出はその一誘因にすぎないと考えられている。資本輸出は、様々な誘因や動機を考慮した多国籍企業・多国籍銀行の世界的経営戦略の一環としてなされる。しかし、ヒルファディングにあっては、世界経済論を展開する意図はなく、したがって世界経済論の一環として、資本輸出論を体系的に論ずる意図はない。それは、あくまでも経済政策論として論ぜられるのであり、カルテル保護関税→資本輸出→経済領域の暴力的拡大（植民地政策）という金融資本の経済政策体系の一環として論ぜられる。その結果として、貸し付け資本の形態としての資本輸出論は、ヒルファディングの経済政策論の全体の論理からはみだしているように見える。これはどう理解したらよいのだろうか？

この点、第二二章の叙述においても、ドイツを典型国とした帝国主義的経済政策の分析といった視点がつらぬかれている。また、経済政策論の特徴として、各国の経済政策の個別的・具体的分析がなされている。それは、典型国ドイツを基準として述べられている。他国は世界市場をめぐる激しい競争に巻き込まれ、多かれ少なかれドイツの影響を受け、保護関税には保護関税をもって対抗する。また競争を有利に展開するために植民地争奪戦に巻き込まれ、帝国主義的世界対立におちいっていく。古い資本主義国であるイギリスも、ドイツとの対抗上、保護関税を志向するようになる。つまり、「一国の保護関税はかならず他国のそれをひきおこす」（Bd.2, S.439,（二）二五二頁）というわけである。また独占と金融資本の発展による特別利潤の獲得は、その発展の遅れたイギリスの資本家にとっても魅力となり、これを促進するためにも、保護関税が評価される。ヒルファディングは、こうして近い将来にイギリスにおいても自由貿易から保護関税への移行がなされると見込むのである。このイギリスでは、古くから蓄積された資本は異常に大きく、これが貸し付け資本の形態での資本輸出の誘因となる。「資本のゆたかな国は貸し付け資本としての資本を輸出する」（Bd.2, S.448,（二）二六六頁）。それにたいして、産業資本（金融資本）の形態での資本輸出は、「その発達した諸形態における資本輸出」（Bd.2, S.443,（二）二五七頁）である。ヒルファディングのここでの叙述を見る限りでは、典型国を基準とした各国分析の視点は、資本輸出論においてもつらぬいているように見える。

第二二章の位置づけについてまとめると、ヒルファディングは、保護関税政策を起点として、資本輸出と植民地政策の問題を詳しく分析し、結局は資本の投下領域を独占的に我が物にし、そこでの市場を独占的に確保するために、保護関税に囲まれた経済領域の拡大闘争が生ずると結論している。帝国主義の経済政策は、こうして金融資本の経済政策体系として明らかにされる。そこでの分析は、典型国ドイツの経済政策を基準としつつ、その影響を受けた各国の経済政策の分析も含んでいる。ヒルファディングは、このような視点で、各国の経済的利害から帝国主義的世界対立が生じ、これが激化する方向を示している。資本輸出論など金融資本の経済政策体系の分析においては一見かなり経済理論的に思われるような叙述がみられる。だが、これは一般理論の形成を志向するものではなく、経済政策を理論経済学の応用として基礎づけるために、理論と政策が交錯した結果として生ずる印象である。全体的にはあくまでも歴史的・具体的・個別的叙述の手法がとられている。なお、第二二章の課題は、帝国主義を金融資本の経済政策体系として明らかにすると同時に、さらに国家にたいするブルジョアジーの態度が変化する事実を述べることにある。つまり、国家の経済政策を支配し、国家を軍国主義的に強化しようという金融資本を担うブルジョアの国家への態度と「新しいイデオロギー」が論ぜられるのである。

（3）第二三章　金融資本と諸階級

第二三章については、詳しくは本章第三節で取り扱うので、ここで手短にまとめるにとどめたい。第二三章は、金融資本が国家を支配し、国家の経済政策を規定するにあたって、大土地所有、小土地所有の農業階級、中小資本、小市民階級（中間階級）、「悪しき習慣にしたがって『新中間階級（Mittelstand）』と呼ばれている」（Bd.2, S.474,（二）二九九頁）サラリーマンがその支持勢力となる事実を明らかにしている。この内、サラリーマンの大部分が、後にプロレタリア陣営に加わることが期待されている。第二三章でヒルファディングは、「労働者階級の前進に対抗して、大資本の主導下「ブルジョアジーの全階層」が「共通の利害関係」から「団結」すると結論する。そして、この事実こそが金融資本の国家支配を保障し、その経済政策が国家の政策として貫徹することを保障すると考える。

以上、第二一章から二三章は、金融資本の経済政策が諸階級の利害によって支持を受け、国家の政策に貫徹する事実、さらには金融資本による国家支配を論じたものである。これにたいして第二四章と第二五章は、プロレタリアートの経済政策が取り扱われている。以下、そのエッセンスだけ述べよう。

(4) プロレタリアートの経済政策（第二四―二五章）

第二四章「労働協約をめぐる闘争」では、労働組合をとおした「純経済闘争」が、いかにその「政治的代表」すなわち「独立した労働者政党」の国家をめぐる政治闘争に発展するかが論じられる。つまり、企業者組織と労働組合組織との大組織戦の時代には、企業者から譲歩を獲得し改良的成果を得る可能性が少なくなり、労働組合の「全産業部面をおそう大闘争」すなわち大ストライキ闘争が展開されるようになる。その解決のためには、結局、「国家の干渉」「政治闘争」がもとめられる。こうして、ヒルファディングは、「純経済闘争」の限界を指摘し、改良主義の基盤が失われることを示すと同時に、国家をめぐる労働者階級の政策が問題となることを明らかにするのである。

第二五章「プロレタリアートと帝国主義」では、第二四章を踏まえて、帝国主義にたいするプロレタリアートの態度と政策が論ぜられる。ここでは、――詳しくは次節で取り上げるが――周知のごとく、「金融資本の経済政策たる帝国主義にたいするプロレタリアートの答えは、自由貿易ではありえない。社会主義でありうるのみである」（Bd.2,S. 502,（二）三三五頁）と結論づけられる。

以上、ヒルファディングは、第五篇の経済政策論を金融資本の経済政策とプロレタリアートの経済政策の二つに分けて論じている。そして、それぞれに、国家への態度とその政策への対応を論じている。プロレタリアートの経済政策として、第二五章では、労働者階級が改良的成果を獲得する見込みがなくなり、純経済闘争が政治闘争に「転化」するという第二四章の結論を受けて、帝国主義に社会主義が対置される。

注

（1）拙稿「ヒルファディングの経済政策論――『金融資本論』第五篇研究序説――」（『金沢大学経済論集』第二〇号、一九八三年三月）、一一三頁。

（2）R. Hilferding, Der Funktionswechsel des Schutzzolles, in: *Die Neue Zeit*, 21.Jg., Bd.2, 1902/03, S.280. 倉田稔『金融資本論の成立』青木書店、一九七五年、一七二頁。

第二節　ヒルファディング「帝国主義」論と自由貿易政策論

『金融資本論』でヒルファディングは、帝国主義にたいするプロレタリアートの答えとして自由貿易ではなく社会主義を対置した。彼にあっては、自由貿易政策は、「反動化した理想」であり、「死んだ」政策である（Bd.2,S.502,（二）三三五頁）。

ところが、ヒルファディングは、第一次大戦中（そしてワイマール期）にプロレタリアートの政策として自由貿易政策を唱えるにいたっている。この点、早くは、W・ゴットシャルヒが、第一次大戦中にヒルファディングが「労働者階級の利益という観点からみて、自由貿易が必要であり、それによってのみ、生計費を低下させることができるだろう」と主張していたことを明らかにしている[1]。わたしは、一九七六年の論文「第一次大戦とヒルファディングの帝国主義論」

において、この問題を詳しくとりあげた。わたしが明らかにした事実はこうである。

第一次大戦中、社会民主党が戦争協力に走り、労働者大衆が戦争に熱狂し、さらには労働運動の分裂にいたり、戦争協力のために帝国主義をイデオロギー的に支持する見解が生ずるにいたった。こうした事実に直面して、ヒルファディングは、帝国主義に直接社会主義を対置することはあまり効果がないと考える。また、今後の動向のいかんでは戦後に「組織された資本主義」の到来もありうると考え、戦後の社会発展を、社会主義か「組織された資本主義」かという二者択一の形で展望するにいたった。そして、「組織された資本主義」のもとでの国際平和的発展の一環として、自由貿易政策を掲げた。また、戦時中のプロレタリアートの政策として、①帝国主義にたいする批判の具体的武器、②平和の実現のための政策、③労働運動の統一のための具体的な目標として、労働者階級の物質的利害を考慮しつつ、プロレタリアートの政策として自由貿易政策を掲げた[2]。

第一次大戦中にヒルファディングが自由貿易政策論を唱えた事実は、彼の「帝国主義」論を学説史的・思想史的に再検討する必要性を生みだした。すなわち、ヒルファディングにおいて、『金融資本論』と第一次大戦中の自由貿易政策論はいかなる関係にあるのか、が問われる。この点、わたしは、前掲の拙稿を皮切りにいくつかの論稿で検討をつづけ、帝国主義に社会主義を対置し、自由貿易を「反動化した理想」とみなす『金融資本論』にも、後年の自由貿易政策論につながる「理論」的素地があることを見いだした。これは、次の三点にまとめることができる。

第一に、ヒルファディングは、『金融資本論』で、オットー・バウアーの影響を受けつつ、「発達した資本主義的生産にあたっては、全世界市場を単一の経済領域に結びあわす自由貿易が、もっとも大きな労働生産性ともっとも合理的な国際分業とを可能にすることには、なんの疑いもない」と述べている。彼は、一方で、自由貿易を強者の武器としつつも、他方で、生産力的視点から「統一的経済領域」論の立場にたって、これを積極的に評価する。そして、この「統一的経済領域」論こそが彼の帝国主義認識を大きく規定している。彼の経済領域拡大をめぐる闘争論も、その基底において、保護関税におけるこの「統一的経済領域」の分断によって生じた生産性の阻害の回復を、「代償」として「回り道」をとおしておこなうことを述べたものである。だから、生産力的視点からは、自由貿易は、ヒルファディングにあっても本来は望ましいものである。我々は、ここに、経済政策を規定する歴史的・現実的・具体的状況の変化しだいでは、彼にあって自由貿易が復活する「理論」的素地を見いだすことができる。

第二に、通例、ヒルファディングが労働者階級の物質的利害の観点からではなく、帝国主義的段階認識において『金融資本論』第五篇の帝国主義論を展開したと理解されている。ところが、驚くべきことに、最終章の第二五章では、通商政策をめぐる労働者の物質利害の点から、冒頭書きだされ、「労働者の政策は国内市場をめざし、わけても、それは賃金政策に帰着する」と述べられている。そして、自由貿易がプロレタリアートにとって「何ら積極的要求ではない」としながらも、「保護関税政策にたいする防衛にすぎない」と、消極的要求としては、一応一度は認めるかのような指摘が見られる。一度認めて、金融資本の指導下、すでにブルジョアジーが自由貿易から保護関税政策に転換し、帝国主義政策にあらゆる所有者階層が結集している状況では、「見込みのない」と、自由貿易の可能性を否定する。そして「プロレタリアートだけでは、その政策を支配者たちにおしつけるには、あまりにも弱いからである」という指摘で、第二五章のこの冒頭の三つのパラグラフが終わる。ヒルファディングのこうした叙述から、我々は、状況変化によって「見込み」が生じた場合、あるいは社会主義を直接目標として掲げる前に、労働者階級の物質的利害にもとづいた通商政策を掲げる必要が何らかの理由で生じた場合、彼が自由貿易政策を掲げるにいたる「理論」的素地をここに見いだすことができる。

第三に、我々は、経済政策論としての彼の「帝国主義」論の性格そのものに、後年の自由貿易政策論に結びつく「理論」的素地を見いだす。経済政策論は、諸階級の階級利害にもとづいた政策的意思決定を内容とする。帝国主義が金融資本の必然的な経済政策であるにしても、それが国家の政策につらぬくためには、国家の政策意思形成をめぐる諸階級の利害の綿密な分析を必要とする。ヒルファディングは世界情勢と政治情勢の現実的で具体的な分析にもとづき、これに対応する形で政策的結論を打ちだしている。経済政策論においては、世界情勢、国内情勢、経済・政治情勢の大きな変化があった場合、これに対応して階級の利害関係と政策的意思決定を再考し、新たな条件下で新たな政策的結論を導きだすことになる。後年の彼の自由貿易政策論は、「状況の推移に対応した、彼の政策論的な考えの変化(3)」として、政策論的な柔軟な対応の結果として生じた。

わたしは、以上、三点にまとめられる、『金融資本論』における自由貿易政策論の「理論」的素地を指摘してきた。これは、わたしのヒルファディング研究の独自の視点を示すものである。その後、これを支持するような見解もあらわれた。たとえば、一九八四年の著書で保住敏彦氏は、『金融資本論』の中に、①「自由貿易＝合理的国際分業」論、②「自由貿易＝帝国主義にたいする防塁」論においてすでに後年のヒルファディングの自由貿易政策論に結びつく「理論的基盤」なり「理論的要素」があった事実を認めている(4)。また、河野裕康氏は、「自由貿易の要求自体は、『金融資本論』でも、『保護関税政策にたいする防塁』として消極的ながらその意義が認められていた(5)」と述べている。

しかし、他方では、黒滝正昭氏は、『金融資本論』と第一次大戦におけるヒルファディングの自由貿易政策論とのあいだに一定の「理論」的結びつきをもとめるわたしの見解に異論を唱えている。黒滝氏は、まず、『金融資本論』では「保護関税に対しては社会主義、資本貴族の独裁に対してはプロレタリアートの独裁が対置されるほかなかった」と述べている。そして、「『プロレタリアートの商業政策としての自由貿易』という主張……は、金融資本の専一支配を前提とした『金融資本論』においては生ずる余地がなかったものであろう」と述べ、『金融資本論』と第一次大戦中わたしの自由貿易政策論の「理論」的結びつきをもとめるわたしの努力を無駄とみなす。[6] この考えから、黒滝氏は、わたしが自由貿易政策論の「理論」的素地としてあげる第二の点にたいして「ブルジョアジーの自由貿易からの離反によって、その実現が『全く展望のないもの』となった自由貿易政策が、ヒルファーディングによって『認められていた』というのは無意味であろう。[7]」と批判している。

この点、わたしは、第一次大戦中にヒルファディングが自由貿易政策を唱えた時も、少なくとも当時のドイツではその実現は「全く展望のないもの」であったと思う。単純に考えて、「全く展望のないもの」であることが、自由貿易政策を掲げることにたいする全否定にはならない。その場合でも、帝国主義がいかにプロレタリアートに有害な影響をあたえるかを啓蒙する手段、また帝国主義にたいしてイデオロギー的に批判する武器にもなりうる。事実、後述のように、ヒルファディングの友人であるオットー・バウアーは、この「批判の武器」を強調して、帝国主義に社会主義を対置する前段として、プロレタリアートの政策として自由貿易を掲げた。わたしは、第一次大戦中のヒルファディングは、実現の見込みがでてきたからというより、帝国主義にたいする闘争の「手段」なり「武器」として自由貿易政策を掲げたと考える。というのは、当時のヒルファディングの直接的な目的は、あいかわらず社会主義革命であったからである。彼は、自由貿易を実現することそれ自体をプロレタリアートの闘争課題として掲げたのではなく、社会主義革命への闘争にむけて分裂したプロレタリアートを再結集するための「啓蒙」的手段として自由貿易政策を掲げた。その意味で、第二の「理論」的素地が生きるのである。

それにしても、『金融資本論』でヒルファディングは、自由貿易を「反動化した理想」「死んだ政策」と決めつける一方で、なぜ帝国主義にたいするプロレタリアートの防衛政策としてこれを認めるかのような考えを一度述べ、「見込みのない」ものと否定するような叙述をおこなったのであろうか？　本書ではヒルファディングの経済政策論それ自体の方法・

構成・特徴をとりあげてきた。以下では、この考察を受けつつ、プロレタリアートの（経済）政策に関する彼の見解を検討するなかで、この問題に答えることにしたい。

この点、まず、我々は、『金融資本論』第二五章冒頭の三つのパラグラフの叙述とそれにつづく本論的展開のあいだに奇妙な断層を見いだす。通例、ヒルファディングは、物質的な利害の観点からではなく、帝国主義の「段階認識」にもとづいて、彼の「帝国主義」論を展開したのだと理解されている。しかし、彼は、冒頭三つのパラグラフで、まさに物質的利害の観点から論じている。そして、「プロレタリアートにとって自由貿易政策は、より急速でより強固なカルテルを意味して企業者組織の強化、民族対立の先鋭化、軍備の増強、租税圧迫の加重、生計費の騰貴、国家権力の拡大、デモクラシーの弱化、反労働者的＝暴力行為的＝イデオロギーの出現を意味するところの保護関税政策にたいする防衛にすぎない。」（Bd.2, S.501,（二）三三三頁）[8]と述べている。また、プロレタリアートだけでは力が「あまりに弱いから」自由貿易を実現する「見込みのない」とも述べられている（ebenda, 同上）。「見込みのない」という論調は、自由貿易を「反動化した理想」とし、帝国主義に自由貿易ではなく社会主義を対置する後の論調とは明らかに異なる。我々は、この奇妙な断層をどう理解したらいいのだろうか？　これについては、オットー・バウアーの考えとの比較で論ずると、興味深い論点が浮かび上がる。

バウアーは、一九〇五年の『ノイエ・ツァイト』誌上の論文「労働者階級と保護関税」と大著『民族問題と社会民主主義』（一九〇七年）の第二八章で、労働者階級の物質的利害の観点から、保護関税や帝国主義がいかに有害であるかを論じた。『金融資本論』第二五章の書きだしは、バウアーのこの考察を参考にしているように思える。*

＊　オーストロ・マルクス主義仲間で友人である彼らは、互いに互いの書いたものについては、目を通し、影響しあってい

ると考えられる。事実、「労働者階級と保護関税」でバウアーは、ヒルファディングの論文「保護関税の機能変化」（一九〇三年）を取り上げ、ヒルファディングも『金融資本論』第五篇の注でバウアーの著書をあげている。

とりわけ論文「労働者階級と保護関税」におけるバウアーの次の叙述は興味深い。彼は、労働者階級がその通商政策を貫徹するためには政治権力を掌握する必要があるとして、こう述べる。

「労働者階級が国家権力を獲得したならば、これはたんに自由貿易への移行のみではなく、それをはるかに超えて別の目標に進むことを意味する。かくして、保護関税にたいする闘争は、自由貿易のための闘争ではなく、社会主義のための闘争である(9)」。

これは、ヒルファディングの「金融資本の経済政策たる帝国主義にたいするプロレタリアートの答えは、自由貿易ではありえない。社会主義でありうるのみである。」（Bd.2, S.502,（二）三三五頁）という叙述とよく似ている。しかし、似て非なるものなのだ。バウアーは、労働者階級の物質的利害の観点から、プロレタリアートの通商政策として自由貿易政策を掲げる意味を一応認めた上で、通商政策をめぐる闘争が社会主義のための闘争に直結すると主張している。バウアーのこの主張は、物質的利害の視点から彼なりに首尾一貫している。ところが、ヒルファディングは、自由貿易を政策として掲げる現実的意味を否定して、社会主義を帝国主義に対置している。だから、物質的利害の視点を断ち切らなければならない。その結果、第二五章冒頭での叙述は、妙に浮き上がってしまう。この物質的利害に関する彼の叙述はおそらくバウアーを参考にしたものであろう。しかし、社会主義をめぐる闘争における自由貿易政策の取り扱いは、ヒルファディングとバウアーでは決定的に異なるのである。

第二五章の叙述に何らかの統一性をもとめるとすれば、我々は、ヒルファディングが、当時のドイツ社会民主党内での自由貿易と保護関税に関する取り扱いを取りあげ、まずはこれを断ち切ることからはじめていると、例の三つのパラグラフを位置づけることもできよう。ヒルファディングは、マルクスに見られ、カウツキーをはじめ社会民主党内に広く流布しており、むしろ「公式的」見解をなしていた自由貿易政策の主張にたいして、「見込みのない」と説得しているように見える。くだいて言えば、かの叙述は、労働者の生活「防衛」のために、自由貿易を掲げてもいいですよ、しかし、あまり見込みがないですよ、と説得しているとも理解できる。

ヒルファディングは、つづく二つ目のパラグラフでは、「といっても、このことは、今やプロレタリアートが、かの帝国主義と密接不離に結びついている近代保護関税政策に転向することを意味するのでは決してない」(Bd.2, S.501, (二)三三三頁)と指摘している。この指摘は、返す刀で、修正主義者たちの見解を批判していると解することができよう。しかし、以上のような解釈を試みたとしても、我々は、第二五章冒頭の三つのパラグラフとつづく本論とのあいだにある「奇妙な断層」といった印象をなおも完全には払拭できない。そこに、より深い意味があるのではないかとなおも考えられる。

これを考察するにあたって、我々は、同じ左翼的立場にたつバウアーとヒルファディングの、先に述べた彼らの見解の相違が、じつは、カウツキーの一九〇九年の著書『権力への道』への二人の対応の相違に結びついていることに注目したい。カウツキーは、この著書で、労働組合組織と大企業組織の組織闘争の時代ひいては帝国主義の時代には、労働者階級が改良的成果をほとんど獲得しえなくなると述べている。彼は、こうして、改良主義・修正主義を批判し、社会主義をめぐる闘争が時代の要請になっていると、彼の生涯でもっとも左翼的な立場を示しているのである。[10] しかし、バウアーは、これにたいする書評で、カウツキーをこう批判する。

「我々は、プロレタリアートが、ブルジョア支配下で部分的改良成果を少しも獲得しえない場合にはじめて、政治権力をめぐる決戦へと成熟するであろうとは思わない。反対だ！」。改良的成果を獲得しえなくなった労働者階級は、革命的階級闘争の軌道からはずれたり、希望、情熱、勇気を失うであろう。それとは反対に、日常的闘争のどんな勝利も労働者階級の勇気を生みだすのである。権力への道はむしろこうして示される[11]。

　つまり、バウアーは、カウツキーを批判し、自由貿易政策を含む改良闘争の積極的な展開のうちに社会主義への展望を見いだした。このバウアーとは反対に、ヒルファディングは、カウツキーの見解に従い（Bd.2, S.506,（二）一四〇頁）、労働組合と資本家組織の大組織戦の時代には改良的成果を得る機会が少なくなる（第五篇第二四章）として、物質的利益をめざした改良闘争を断ち切るところで、自由貿易ではなく社会主義を、と述べた。

　その際、我々は、ヒルファディングが言うプロレタリアートの政策の構成のなかには、左翼的な立場からする独特の「仮説」があると考えざるをえない。つまり、ヒルファディングは、労働者組織と企業家的組織の大組織戦によって譲歩を得る機会が狭められ、改良的成果を得る見込みが少なくなることを主張することによって改良主義　修正主義にたいする批判を企て、かつ自己の社会主義への展望を見いだす。彼は、こうして純経済闘争が政治闘争に転化する見とおしを述べ、さらには社会主義をめざす労働者階級の「階級意識」が高まると考える。また、金融資本が公然と国家権力を支配し、少数の資本貴族の政治的独裁が赤裸々になることこそが、プロレタリアートの勝利と結びついていると考える。つまり、この事実こそが、議会主義の幻想を打ち破り、プロレタリアートの「階級意識」を高め、政治権力をめぐる直接的闘争に彼らを導いていくというのである。しかし、改良的成果を得る機会が少なくなるということが労働者の「階級意識」の高まりに結びつくものなのか、先に述べたバウアーによる疑問もある。我々は、自由貿易ではなく社会主義を、と主張するヒルファディングの見解の背後には、左翼主義的な「仮説」があり、この「仮説」に直結してこれが導きだされている事実を看過できない。

結論的に言うならば、わたしは、先に指摘した「奇妙な断層」は、第五章冒頭三つのパラグラフが、プロレタリアートの物質的利害の観点から帝国主義を批判する「バウアー的見解」にしたがった叙述を意味し、その後の本論的パラグラフで、改良的成果を獲得する見込みが少なくなるといった「カウツキー的見解」にヒルファディングが旋回していった結果であったと考える。バウアーの場合は、反帝国主義闘争における批判の武器、プロレタリアートの生活防衛策として自由貿易政策を掲げることと、帝国主義に社会主義を対置することは彼なりに一貫していた。ところがヒルファディングにあっては、帝国主義に社会主義を対置するにあたって、自由貿易政策の位置づけにおいて、保護関税にたいする防衛の武器としていったん認めた上で「見込みがない」とする見解と「反動化した理想」「死んだ」政策とする、通例「帝国主義的段階認識」と評価される見解に分裂し、『金融資本論』では後者の見解が主体をなしたと言える。こうして、『金融資本論』のなかには、「自由貿易＝合理的国際分業」論も加えて、思ったよりもきっぱりと自由貿易政策を完全に否定し切れない歯切れの悪い側面が残されたと言ってよい。

注

(1) W. Gottschalch, *Strukturveränderung der Gesellschaft und politischen Handeln in der Lehre von Rudolf Hilferding*,Berlin 1962, S.157f. W・ゴットシャルヒ『ヒルファディング』保住敏彦・西尾共子訳、ミネルヴァ書房、一九七三年、一四六頁。
(2) 拙稿「第一次大戦とヒルファディングの帝国主義論」(北海道大学『経済学研究』第二六巻第三号、一九七六年八月)、一五九頁以下。
(3) 拙稿「ヒルファディングの経済政策論――『金融資本論』第五篇研究序説――」(『金沢大学経済論集』第二〇号、一九八三年三月)、一二一頁。
(4) 保住敏彦『ヒルファディングの経済理論』梓出版社、一九八四年、二一〇頁、二一三頁。
(5) 河野裕康『ヒルファディングの経済政策思想』法政大学出版局、一九九三年、二三五頁。
(6) 黒滝正昭『ルードルフ・ヒルファーディングの理論的遺産』近代文藝社、一九九五年、七〇－七一頁。

（7）同上、七一頁。
（8）この箇所の林要訳は、誤訳ではないが、原文の意味を曖昧にする不適切訳である。
（9）O. Bauer, Die Arbeiterklasse und die Schutzzölle, in: *Die Neue Zeit*, 23.Jg. Bd.1, 1904/05, S.591.
（10）K. Kautsky, *Der Weg zur Macht*, (1909), Frankfurt am Main 1972, S.86-91. 都留大治郎訳、世界大思想全集14、河出書房、一九六〇年、二四八－二五三頁。
（11）O. Bauer, Der Weg zur Macht, in: *Der Kampf*, Bd.2, 1909, S.340-342.

第三節　金融資本と国家

『金融資本論』第五篇でヒルファディングは、カルテル保護関税・資本輸出・植民地政策といった帝国主義の諸現象を金融資本の「必然的な」経済政策として体系的にとらえており、また帝国主義に自由貿易ではなく社会主義を対置したという意味で左翼的な社会変革の展望を示している。これは、彼の帝国主義的段階認識を示すものとして高く評価されてきた。しかし、他方で、前述のごとく、第一次大戦中に彼は、帝国主義にたいしてプロレタリアートの経済政策として自由貿易政策を唱えたし、また、一九二〇年代には、この自由貿易政策をその一環としつつ、一種の超帝国主義論ともいうべき「現実主義的平和主義」論を唱えた。このように彼は、その考えを大きく転換したのである。これは、彼の「転向」を示すものとして概して否定的に評価されてきた。

しかし、現代の世界経済では、覇権国アメリカが、強者の論理として、自由貿易的政策を展開してきた。また、アメリカを中心に先進国の利害による世界平和、いわゆる「超帝国主義」的状況が生じている。頭からヒルファディングの転換を否定的に決めつけるのではなく、経済政策論としての彼の帝国主義論の再考という形で、我々はまずは客観的に論ずるべきではなかろうか。この点、経済政策論とは「応用科学」であり、経済政策とは、その時々の具体的状況に応じた諸階級の経済的利害と意志決定、さらには力関係によって決まるものである。だから、国家の本質規定と国家の政策決定プロセスが重要な意味をもつ。「現実主義的平和主義」論では、ヒルファディングは、民主国家論を展開し、金融資本の経済政策と国家の政策を区別し、諸階級の力のベクトルとして国家の政策が決定されると主張した。『金融資本論』においては、彼は、金融資本における「資本貴族の独裁」として国家の性格を理解した。そこでは、金融資本の経済政策はイコール国家の政策として考えられているように見える。我々は、経済政策論においては状況の変化に応じて政策課題の変化も生ずるのであり、ヒルファディングの自由貿易政策論、現実主義的平和主義論もこうした経済政策論の論理の延長線上に唱えられたと考える。そして、この経済政策論においては、国家の問題が重要であるとみなす。それゆえ、ここでは、『金融資本論』における国家の問題を論ずる。

周知のように、ヒルファディングは、『金融資本論』の最後のところで、国家権力の問題について、こう述べている。「経済的権力は同時に政治的権力を意味する。経済にたいする支配権は同時に国家の権力手段にたいする処理権をあたえる。……金融資本は、その完成形態においては、資本少数政治の手における経済的および政治的絶対権の最高段階を意味する。それは資本貴族の独裁を完成する」(Bd.1, S.507, (二)三四一頁)。

ヒルファディングのこの叙述は、彼が、国家論の点で「政治的多価」――資本主義のもとで民主主義も独裁も可能であるとする――を認めない「経済決定論」におちいったという批判をもたらした。黒滝正昭氏は、「『金融資本論』においては、直接金融資本の経済的諸関係から、それが国家を支配し、その国家を強大化することの必然性、さらに戦争に至ることが導き出されていた」と指摘している[1]。そして、第一次大戦中におけるヒルファディングの自由貿易政策論が『金融資本論』とは異なる次元で唱えられた、すなわち、「歴史」と「国家の自立性」という新たな要因を加えることで唱えられたと述べている。つまり、「一方で金融資本からさえ一定程度自立した国家権力の独自の法則性の生成、他方で各国民経済を規定するそれぞれの歴史というもの、これが経済的諸関係と並ぶもう一つの決定因であるという把握[2]」が重要であり、これがヒルファディングの自由貿易政策に結びついたというのである。わたしは、「歴史」と「国家の自立性」の重要性そのものに関しては黒滝氏の指摘に異論を唱えるつもりはない。とりわけ「国家の自立性」に関する認識は、確かに、ワイマール期の「組織された資本主義」論におけるヒルファディングの民主国家論で重要な意味をもっている。そこでは、金融資本の経済政策と国家の政策が明白に分離され、国家の政策形成をめぐって（社会主義以外の）プロレタリアートの経済政策が、実現可能なものとして対置されることになる。ただ、わたしは、黒滝氏が、『金融資本論』には「国家の自立性」に関する認識がまったくなかったとしていることに賛同できない。

黒滝氏は、「国家の自立性」について、第一次大戦中におけるヒルファディングの次の叙述に注目する。「経済の土台から生じ、経済の諸目的によって最終的には規定され、それによって限界づけられつつ、権力諸組織は絶えず一定程度まで自立性を獲得し、その権力の維持と増大から固有の諸目的とその作用の固有の諸法則を受け取り、それらの追求と達成において経済に反作用するのである。……国家の権力努力は固有の法則性を獲得し、逆作用的に経済の拡張努力を規定する。それ故にまた、拡張およびその戦争における貫徹という個々の具体的な諸事実を、直接経済的諸関係から導き出そうと欲すること、そして権力諸組織の政策によるその媒介を解明しないならば、それは不完全な……ものであろう[3]」。

確かにこの叙述は、「国家の自立性」とりわけその「固有の法則性」に関してヒルファディングが明白に指摘したものとして注目される。黒滝氏は、この引用に、国家の支配と強大化さらには戦争にいたるまでを、経済的諸関係から「直接」的に導出している『金融資本論』の論理とは異なるヒルファディングの独自の展開を読み取っている。確かに、先にも見たように、『金融資本論』では、経済的権力が同時に政治的権力を意味すると指摘され、金融資本による国家の支配、資本貴族による独裁が述べられている。黒滝氏の指摘が一見正しいように見える。しかし、ヒルファディングのこの結論部分だけしか見ないとすれば、『金融資本論』およびそれ以前におけるヒルファディングの国家論的叙述に関する一面的な理解におちいってしまう。この点、一九〇三年の論文「ゼネラルストライキの問題によせて」では、ヒルファディングは、こう述べている。

「近代国家では、政治的権力すなわち社会が意のままにする組織的強制力は、その基礎たる経済的権力にたいして自立的・独立的存在を獲得した」[4]。

我々は、ここに黒滝氏が注目する、国家の「自立性」に関するヒルファディングの考えがすでにあったという事実を見いだす。ヒルファディングは、封建社会における封建領主のもとでの経済的権力と政治的権力の一致にたいして、近代社会における経済的権力と政治的権力の分離を語っている。彼によれば、近代国家のこの自立性・独立性は、「（没落しつつある旧貴族と新興のブルジョアジーといった――著者）二つの階級間の闘争によってその独立的地位を形成する絶対君主の支配における自立性」[5]という事実によってまずは表現される。ブルジョアジーは、階級の組織的行動によって、この国家権力を利用しうるにすぎない。法の平等性という原理も、経済的権力と政治的権力の分離といった発展の論理的表現をなす。個々のブルジョアは、経済的権力をもつが、政治的には無力である。ブルジョアジーは、代議制において、その代表によって国家組織を支配する。議会は、第一に、経済的権力と政治的権力の分離のもとで、個々のブルジョアの経済的権力を比較し、代表の選挙において、より大きな経済的権力により多くの票数を割り当てる任務をもつ。第二に、彼らの力を階級の組織力として統一し、ブルジョアジーの経済的権力を直接的に政治的権力に転化する道具をなす。しかし、それは、近代的発展から生ずる政治的権力と経済的権力の固有な分離を止揚するものではない。そしてこの分離こそ、議会制度を、ブルジョアジーによる国家支配の道具からプロレタリアートの独裁の道具に転化する可能性をあたえるものである。だから、ブルジョア議会主義の本質は、財産制限選挙権に相応する。ブルジョアジーは、かつて戦いとった成果を、プロレタリアートから防衛するために、国家権力と同盟する。また、彼らの経済的権力が絶頂を乗り越えて以来、経済的権力を支え、増やすために政治的権力を排他的に支配し、これを使用することを死活の利害とする。近代的金融、近代的カルテル・トラストのもと、世界市場をめぐる闘争は、国家の助力とともにおこなわれる。かつて国家組織に敵対的で強い国家を望まなかったブルジョアジーは今や、国家的権力手段の強化に利害をもつ。「国家権力を行使する諸層、官僚と軍隊の利害は、こうしてブルジョアジーの利害と一致する」(6)。

以上、論文「ゼネラルストライキの問題によせて」で、ヒルファディングは、近代社会において政治的権力と経済的権力が分離し、ブルジョアジーによる階級支配の機関たるべき国家権力が自立的存在をなし、また帝国主義政策の時代には、国家権力を支配する官僚・軍隊とブルジョアジーの「同盟」による国家権力の強化がめざされると論じている。この論文は、『金融資本論』形成以前では、ヒルファディングが国家論をもっともまとめて論じたものである。『金融資本論』を解釈する上でも無視できないものであろう。そもそも『金融資本論』が出版された当時のドイツは、第二帝政の時代である。帝国は、大土地所有者（ユンカー）と大ブルジョアジーを柱とした「自立」的存在をなした。まさに自立した国家を支配する政治的支配階級と大ブルジョアジーの「同盟」をとおして、ブルジョアジーの階級支配がつらぬかれる状況であった。『金融資本論』でヒルファディングが打倒の現実的目標として念頭においていたのは、このドイツ第二帝政であったはずである。ところが、『金融資本論』では、ヒルファディングは、前述のように、金融資本における資本貴族の政治支配なり独裁を語っているにすぎない。これは、どのように解釈されるのであろうか？

この点、本書の序章で述べたように、ベルリンに移住して以来、ヒルファディングは、ドイツ官憲ににらまれていた。

もしもドイツ第二帝政の打倒を述べたならば、ウィーンでの出版とはいえ、『金融資本論』を実名で出版しえないであろう。我々は、『金融資本論』の形成にいたるまでのヒルファディングの政治論文のリストを見ると、実名ではなく、カール・エミールというペンネームでだされていることに気づく。ペンネームで書かれ、ドイツの内政問題に詳しく触れた論文「帝国議会の解散とドイツにおける階級対立」（一九〇六年）、「ドイツ帝国主義と国内政策」（一九〇七年）を見ると、(7)『金融資本論』における、金融資本のもとでの資本貴族独裁の規定が妙に「抽象」的に思えてくる。

これらの論文では、ドイツにおけるビューローの官僚政府が語られ、保守党の支配を意味する「政府絶対主義」が語られる。また大土地所有者（および官僚・軍人）と大資本家との「同盟」が政府を支え、また政府が高率の保護関税政策によってこれらの階級利害を貫徹すると述べられる。しかし、官僚政府も大衆の支持基盤を必要とする。そこで中央党が問題となる。中央党は、中間諸階級（小市民諸階級）、労働者を含む広範な階層からなる大衆政党である。この中央党で、帝国主義のイデオロギー下、大資本家の指導のもとに小市民諸階級を結集するにいたる。また、社会民主党の前進にたいしてブルジョア諸政党の「ブロック」も形成される。

このように、二つの論文で、ヒルファディングは、当時のドイツの現実のなかで、諸政党の動向を分析し、その上で、政治的支配階級を構成する大土地所有との「同盟」にもとづき、大資本家がその政治支配と階級利害を貫徹すると説明しているのである。このことを考慮すると、『金融資本論』中の資本貴族の独裁という表現は、「経済決定論」的信条を吐露したものというよりは、大資本家が帝国主義政策とそのイデオロギーのもとに諸階級を結集し、諸政党の「ブルジョア・ブロック」および大土地所有者との「同盟」にもとづき、その政治支配をつらぬいていくと、当時のドイツにおける政治的現実をとらえ、これを「抽象」的に述べたものであったように思える。この点、我々は、『金融資本論』におけるヒルファディングの国家観をとらえるためには、第五篇の資本貴族の独裁という考えにいたるまでの、それ以外の叙述に注目すべきであろう。

我々は、まず、第二二章中に「大陸では海軍ではなく陸軍が問題であった。……それははじめから陸軍を支配するものたちの手における国家権力の自立化を意味する」(Bd.2, S.455, (二)二七四頁)という興味深い叙述に突き当たる。これは、『金融資本論』でヒルファディングが政治的権力と経済的権力の分離、国家の「自立」件のケースをも一応考慮していたことを示している。彼が、頭から、経済的支配階級の直接的な国家支配、政治支配を経済的決定論にもとづき考えているとはとうてい言えない証拠をなす。だから、我々は、ヒルファディングが「資本貴族の独裁」を語るにいたる筋道を見いださなければならない。この筋道は第二三章に見いだされる。そして、先にあげたドイツの現実政治に関する二つの論文が第二三章に生かされている事実に気づく。第二三章は、次のように書きだされる。

「……資本主義的独占のカタマリができると、資本は国家権力の強化に関心をもってくる。それと同時に、資本には国家権力を支配する力がますが、それは直接には自分の経済的権力により、間接には他の諸階級の利害に従属させることによる。……カルテル化はまた同時に資本の政治的利害を統一して、経済的権力の全重圧を直接、国家権力に作用させる。カルテル化は、あらゆる資本の利害を結合することによって、自由競争時代の分散した産業資本よりはズッとまとまったものとして国家権力に対抗する」(Bd.2, S.460f, (二)二八一―二八三頁)。

我々は、ここに、ヒルファディングがまずは国家権力の「自立性」を前提として論じているのを見てとることができる。金融資本による、こうした自立した国家権力の支配にとって、大土地所有が重要な鍵を握る。この点、ヒルファディングは、こう述べる。

「……大土地所有との結合は、国家権力にたいする金融資本の支配力を異常に強める。……金融資本は大土地所有の支持をうることによって、同時に、最高で最有力な官職の大部分を占めて官僚および軍隊を支配するところの階級を自分に確保することになる」(Bd.2, S.468,(二)二九一頁)。

ここで、ヒルファディングは、国家権力を直接担い支配するのは、大土地所有とその出自をもつ高級官僚と軍人である(「官僚政治」)と考えている。こうした国家権力はもちろんそれ自体としては自立している。ヒルファディングは、明らかに、金融資本による国家支配、政治支配が、高級官僚と軍人を支配する大土地所有と金融資本の支配下におかれるブルジョア諸政党の連合によって形成される政府をとおしてつらぬかれると考えている。ここでさらに、金融資本がいかにしてブルジョア諸政党を支配するかが問われる。それは、帝国主義の政策とイデオロギーにもとづき、労働者階級を共通の敵として、中小資本、旧中間諸階級、「悪しき習慣にしたがって『新中間階級』とよばれている」サラリーマンを、金融資本の指導下に共通の利害によって統一することをとおしてである。これをとおして、金融資本による国家支配、政治支配は、大衆的基盤を得る。

我々は、第二三章の簡単な検討をとおして、「資本貴族の独裁」に関する具体的なイメージをつかむことができる。ヒルファディングは、その際、金融資本が、ブルジョア諸政党とりわけ中央党におけるその支配を確立し、大土地所有とブルジョア諸政党の同盟によって、もともと自立した国家権力を支配し、諸階級の利害を統一しつつ、その経済政策を国家の帝国主義政策に転化すると考えている。彼は、金融資本の経済政策と国家の政策を一応区別した上で、諸階級の利害とその国家への対応に関する具体的な分析をつうじて、両政策の一致を述べている。金融資本の経済政策のみならず国家の支配と国家の政策意思形成の論理の説明こそ、経済政策論としての彼の「帝国主義」論の真骨頂をなしている。ドイツを典型国とする第五篇においてヒルファディングが念頭においているのは、ドイツ第二帝政の権力支配構造なのである。一九〇三年の論文「保護関税の機能変化」では、彼は、これまで「階級支配の組織としての国家の性格が隠されてきた」が、帝国主義のもとで「資本家階級は、直接、むきだしに、だれでもわかるように、国家組織を占取する」と述べている。[8] この事実は、国家権力をめぐる闘争へと労働者を目覚めさせる。『金融資本論』では、こうした労働者の階級的覚醒をもとめて、彼は、ドイツ第二帝政における形式的民主主義によっても隠されている資本家階級の政治支配をあばくために、資本貴族の独裁を強調している。そして、第二帝政の打倒を直接言う代わりに、帝国主義をめぐる「敵対的利害関係の衝突において、資本貴族の独裁はプロレタリアートの独裁に　変する」(Bd.1, S.507,(二)三四一頁)と抽象的にだが、格調高く宣言しているのである。

注

(1) 黒滝正昭『ルードルフ・ヒルファーディングの理論的遺産』近代文藝社、一九九五年、六三頁。
(2) 同上、六四頁。
(3) 同上、六三頁。
(4) R. Hilferding, *Zur Frage des Generalstreiks*, in: *Die Neue Zeit*, 22.Jg., Bd.1, 1903 / 04, S.135.
(5) Ebenda, S.136.
(6) 以上、経済的権力と政治的権力の関係、国家権力規定に関連するヒルファディングの叙述をまとめてみた(ebenda, S.136-139)。
(7) R. Hilferding (Karl Emil), Die Auflösung des Reichstags und die Klassengegensätze in Deutschland, Der deutsche Imperialismus und die innere Politik, in: *Die Neue Zeit*, 25.Jg., Bd.1, 1906/07, 26. Jg., Bd.1, 1907/08.
(8) R. Hilferding, Der Funktionswechsel des Schutzzolles, in: *Die Neue Zeit*, 21.Jg., Bd.2, 1902/03, S.280. 倉田稔『金融資本論の成立』青木書店、一九七五年、一七二－一七三頁。

第四節　ヒルファディング「帝国主義」論解釈の視点――諸説の批判――

（1）帝国主義の「段階認識」と自由貿易政策

これまで『金融資本論』第五篇は、ヒルファディングの「帝国主義」論を明らかにするという視点から解釈されてきた。そして概してレーニンの帝国主義論を基準として評価する方向がたどられてきた。たとえば、古沢友吉氏は、この点、「ヒルファディングは、帝国主義を資本主義の最高の『段階』として理解することはなく、それをたんに金融資本の経済『政策』として把握する結果におちいっている」と指摘している。(1) これにたいして、保住敏彦氏は、ヒルファディングが「帝国主義＝政策」論であるが「帝国主義的段階認識」をもちえていると積極的に主張している。保住氏の研究は、カウツキーとヒルファディングの対比をおこない、ヒルファディングの手紙、『金融資本論』以外の諸論文に丹念にあたる重厚なもので、わが国におけるヒルファディング研究に大きな影響をあたえてきた。わたしも、当初はその強い影響下にあった。ヒルファディングの「帝国主義」論に関するわたし独自の研究スタンスは、保住氏の主張との格闘をとおして形成された。ここでも、いささか執拗とも思われるが、まずは保住氏のヒルファディング解釈を取り上げる。

要約的に言うならば、保住氏は、ヒルファディングが金融資本の必然的で体系的な政策として帝国主義を示したのであり、また帝国主義に社会主義を対置した点で、「政策の総体即段階」として把握したという理解を示している。保住氏は、レーニンによるカウツキー批判を意識しつつ、帝国主義論史において、「政策か段階か」という基準をもうけ、同じ政策といっても、カウツキーが帝国主義の政策に自由貿易政策を対置したのにたいして、ヒルファディングのいう政策が即段階を含意するものであり、区別しなければならないと評価する。そして、「帝国主義を政策と把握されても、その政策体系が独占資本主義から必然的に生じた段階的特質として把握されればよいのである」と述べている。[2] 保住氏の見解は、「帝国主義＝政策」論にもかかわらずヒルファディングを評価するものである。こうした見解からすれば、第一次大戦中にヒルファディングがプロレタリアートの政策として自由貿易政策を唱えたことは、「帝国主義的段階認識」から彼が大幅に後退したということにならざるをえない。

こうして、第一次大戦中のヒルファディングの自由貿易政策論をどう評価するかという問題が浮かびあがった。倉田稔氏は、そこに社会主義の観点からしてヒルファディングの「大幅な一歩後退」を見いだした。[3] 田中良明氏も、そこにヒルファディングの「古き資本主義」への「憧憬」を見いだしている。[4] そして、わたしは、一九七六年に発表した処女論文「第一次大戦とヒルファディングの帝国主義論」において、戦時中におけるヒルファディングの自由貿易政策論・超帝国主義論にたいして、『金融資本論』中にすでに見いだされる「彼の帝国主義論の諸欠陥が総括的に表現されたもの」であるという特徴づけをあたえた。[5]

わたしが以上のような否定的な評価を変えるにいたったきっかけは、古典的帝国主義論史の範囲内でその延長線上に研究視点を限定するのではなく、現代資本主義論の視座にたって学説史・思想史を考える必要にかられたことにある。現代の世界経済では、覇権国アメリカが国内的に保護主義的利害をかかえながらも、強者の論理として門戸開放政策、自由貿易的政策を世界政策として展開し、また今日アメリカを中心にグローバリゼーションにおける自由化が進行している。アメリカを中心に先進国の利害による世界平和が生じている。こうした現代的状況を考慮して、わたしは、経済政策論にもかかわらずではなく、経済政策論だからこそ、ヒルファディングの「帝国主義」論を再評価すべきではないかと考えるにいたった。

この点、わたしは、レーニンの帝国主義論には経済政策論がなく、政策論的認識もなかったと考える。その結果、レーニンは、平和＝小休止とみなす「万年戦争論」におちいっている。レーニンには、戦争の可能性が現実性に転化するためには「政策」の論理が介在するという視点がほとんどない。*

＊　太田仁樹氏は、この点、レーニンの「帝国主義＝段階」説について、「独占段階の資本主義は帝国主義以外の政策を取りえないという意味での経済発展段階と特定の政策の一義的連結と呼ぶべきものであ」り、ヒルファディング的論理を「より硬直化した」ものであると評価する。そして、「レーニンの帝国主義認識は、ヒルファーディングよりも政策認識におけるフレキシビリティを欠くものであった」と述べている。(6)

以上のような見直しをへて、わたしは、ヒルファディングの自由貿易政策論の調和主義的性格を指摘しながらも、見解を大きく変え、その積極的な意義を明白に認めるにいたり、まずは一九七八年の拙稿「ヒルファディングの『組織された資本主義』論」(4)において、こう述べたのである。

「なお、ヒルファディングの自由貿易政策は、古典的な自由主義政策への復帰としてではなく、『統一的経済領域』論として唱えられた。」「ヒルファディングの『ヨーロッパ合衆国』は、彼の自由貿易政策論が自由競争の原理とかリベラリズムとかにもとづいたものではなく、むしろ国際経済の組織化をめざしていたことを示している。つまり彼の自由貿易政策論は、『統一経済領域』論であり、一種の『組織され管理された自由貿易』論とでもいうべきものであった。」「自由貿易が各国独占資本間の競争関係を変えることによって、生産力発展を刺激する作用をもつことを否定するものではない(7)」。

つづいて一九八三年の拙稿「ヒルファディングの経済政策論」は、「経済政策論としての帝国主義論」という視点から『金融資本論』第五篇を考察し、ひいてはヒルファディングの経済政策論そのものの仕組みや特徴を明らかにするわたしの基本的スタンスを確立したものである。拙稿では、「我われは、むしろ、マルクス経済政策論の先駆的な業績の一つとして、第五篇を取り扱い、経済政策論としてのその理論構造に立ち入って考察すべきであろう。」と述べている。[8] そしてこの見地にたって、保住氏の「政策論か段階論か」という帝国主義論史研究の基準を批判しはじめた。その後、わたしは、一九八四年の拙稿「帝国主義論史におけるヒルファディング——星野中・保住敏彦両氏の所説をめぐって——」[9]において本格的な保住説批判をおこない、そして拙著『ヒルファディングと現代資本主義』（一九八七年）序章で、わたしの保住説批判の要点を簡潔にまとめた。拙著では、両大戦間期におけるヒルファディングの自由貿易政策論について、次のような指摘もおこなっている。

「なお、ヒルファディングの自由留易政策は、古典的な自由主義政策への復帰としてではなく、『統一的経済領域』論として唱えられた。すなわち、ヒルファディングは、高度に発達した産業が国内市場を越えた広大な統合的経済領域を必要とすると考えていた。彼は……こうした考えから、ヨーロッパ統合をめざした『ヨーロッパ合衆国』のスローガンも打ちだしている[10]」。

また、この拙著では、ヒルファディング評価におけるわたしの見解のこうした変化にもとづき、拙稿「第一次大戦とヒルファディングの帝国主義論」を収録するにあたって、「彼の帝国主義論の欠陥」という表現を「彼の帝国主義論の問題点[11]」という表現に置き換えるなどの工夫をおこなった。しかし、ここでわたしが見解の変化を明示せず、またこのような「応急措置」では不十分であったこともあり、後に拙著におけるわたしの評価の視点の整合性のなさを指摘されるにいたった。*

＊　わたしが見解の変化を明示しなかったことは、河野裕康氏が、第一次大戦時におけるヒルファディングの自由貿易政策

論の意義を否定する論者の一人としてわたしを位置づけるにいたらしめた。河野氏は、一九九三年の著書『ヒルファディングの経済政策思想』の第九章において、第一次大戦中のヒルファディングの自由貿易政策論を取り扱い、こう評価する。「いずれにせよ大戦中の彼の思想は、ただ否定的にのみ評価されるべきこととは思われない。彼はけっして古典的な自由貿易主義の立場に逆戻りしたのではなく、あくまで金融資本の時代において、とりわけ戦時下で帝国主義的政策に対抗する限りで自由貿易を主張した」[12]。この評価は、先に示した私見と同じ方向性を示している。ただ、残念なのは、河野氏が、第一次大戦中にヒルファディングが自由貿易政策を掲げたのを「大幅な後退であり、動揺ただならぬ中にあった」(倉田稔氏)とか「古き良き資本主義」とその自由貿易主義への「理想化」、「憧憬」(田中良明氏)とみる見解と私見を同列においていることである[13]。確かに一九七六年の時点ではわたしは、ヒルファディングの自由貿易政策論を否定的に評価していた。しかし、この場合であっても、たんなる「古典的な自由貿易主義の立場」への逆戻りではなく、帝国主義への批判の武器、「組織された資本主義」論・超帝国主義論の一環としてこれを評価する視点を示していたと言える。河野氏は、後退論者ないし否定的論者のひとりとわたしを決めつける際に、ヒルファディングの「帝国主義」論が「自由貿易さえ実現されれば、資本主義の平和的発展が可能となるというような理論構造」をもっていたというわたしの指摘をとりあげている。しかし、帝国主義的世界対立と帝国主義戦争への危険を述べる彼の「帝国主義」論は、保護関税を起点にすえ、これを重要な、不可欠な柱として展開されている。また、ワイマール期の「組織された資本主義」論の一環として、彼は「保護関税政策はこうして暴力的対立の危険をもたらす。したがって自由貿易の保証が現実主義的平和主義政策の本質的構成部分をなす」と述べている[14]。このことを河野氏は、どう評価するのであろうか?

以上のごとく、わたしは、ヒルファディング評価の新しい視点を打ちだし、その独自性を示すために保住氏の所説にたいして繰り返し批判をおこなった。その後、拙稿「ヒルファディングの経済政策論」にたいしては、保住氏から反論をいただいている。氏は、一九八四年の著書『ヒルファディングの経済理論』の第四章において、こう述べている。

「ところで、帝国主義論史を整理するのに、『政策か段階か』を基準にすることにたいしては、疑問が出されるかも知れない。だが、レーニンが第一次大戦中、カウツキー帝国主義論を帝国主義政策論として批判し、自らの見解を帝国主義段階論として論じて以来、社会主義者や自由主義者の帝国主義観を整理する基準の一つとして、好むと好まざるにかかわらず、帝国主義を政策と捉えるか資本主義の新段階と捉えるかということが問題になると思われる……」[15]。段階認識の点では、「第一次大戦前のドイツ社会民主党の党内論争の中で、主に修正派の帝国主義観にたいする反論たることを意図しつつ書かれた、『金融資本論』の帝国主義論の理論的性格が問題なのであって、革命を通じて社会主義の実現を図ることを放棄した、ワイマール期のヒルファディングの政策論から『金融資本論』の理論的性格を逆に規定することは誤りである」。つまり、それは、「段階の相違を無視した非歴史的な評価」である[16]。また、「『金融資本論』第五篇を帝国主義の経済政策論を論じたものと捉える見解は、同書が……修正主義の潮流を批判し、社会民主党の左派的立場を根拠づけようとした一箇の革命論を内包していたことを看過していると言える……」[17]。

つまり、保住氏は、①「段階の相違を無視した非歴史的な評価」をおこない、②『金融資本論』の「革命論」的な性格を看過するものであると、わたしの見解を決めつけている。しかし、わたしは、かつてコミンテルンの理論家のあいだで見られたごとく、社会民主主義者を裏切り者とする視点にたって、『金融資本論』を改良主義とか修正主義の理論と、「非歴史的」に決めつけるつもりはない。わたしは、ヒルファディングがカウツキーと同じ考えの「経済政策」論にたっているとは考えない。また、ヒルファディングにあっては帝国主義＝金融資本の必然的政策であったと考える。だから、なぜ「『金融資本論』第五篇を帝国主義の経済政策論を論じたものと捉える」ことがヒルファディングの革命論的見解を否定することに結びつくのか、今一つ理解に苦しむのである。この点、拙稿「ヒルファディングの経済政策論」におけるわたしの主張は、ヒルファディングにあっては、社会主義の問題も経済政策論に含まれており、革命とか社会変革の問題（したがって革命論）もプロレタリアートの政策として論ぜられているということである。これは、本書でも確認してきたところである。保住氏はわたしの研究態度を「非歴史」的と批判するが、第一次大戦中、ワイマール期にヒルファディングが「組織された資本主義」論・自由貿易政策論を唱えた以上、これと『金融資本論』はまったく無関係なものなのか、あるいは何らかの関連性があるのかを問うことは、学説史・思想史研究においては当然のことではないだろうか。また、後年の彼の自由貿易政策論から逆照射したからこそ、『金融資本論』の、保住氏も認めるその「理論」的素地に気づくことができたのではないだろうか。

結局、一九八四年の前掲書における保住氏によるわたしへの反論は正鵠を射ていないように思われる。わたしがこれまで保住説を批判してきたのは、帝国主義の段階か政策かという基準では、『金融資本論』について経済政策論であったにもかかわらず帝国主義的段階認識を示しえたと評価するにとどまり、後年のヒルファディングの自由貿易政策論については段階認識からの後退として否定的にしか評価できないのではないかという疑問からである。この疑問にたいして保住氏は、相変わらず「段階認識からの後退」説にたっているように思われる。これは、ワイマール期のヒルファディングの理論を「改良主義」的だと氏が決めつけていることからもうかがわれる。保住氏にあっては、ヒルファディングの「自由貿易政策論」も、当然「改良主義」の理論となる。保住氏は、こうした「段階認識から後退した」「改良主義」論という見地から、『金融資本論』のなかに、これに結びつく理論的「限界」[18]があった事実を指摘するという考えにいたる。その意味では『金融資本論』に「欠陥」を見る一九七六年時のわたしの見解と同様である。

保住説にたいして、前掲拙著でわたしは、「ヒルファディングの帝国主義的段階認識を考える場合、自由貿易政策や平和主義政策に結びつく彼の叙述を消極的な側面とみなし、これを積極的な側面と『機械的』に分離して取り扱うことができるかどうか疑問に思う」と批判的に述べた。とりわけ、ヒルファディングが「最高の合理性と生産性ひいては統一的経済領域を保障する自由貿易の代償として別の形で『統一的』経済領域を形成する金融資本の努力として帝国主義を認識していた[19]」ことを考えると、これはたんに「限界」とか消極的側面と片づけることができず、むしろ彼の帝国主義認識の「理論」的特徴の根幹にかかわることではないか、と指摘しておいた。

保住氏にたいして、わたしは、ヒルファディングの経済政策論自体の研究の意義が問われると考える。「政策か段階か」という基準を固持する限り、ヒルファディング経済政策論の方法、構造、特徴を緻密に研究する姿勢が失われる。また、『金融資本論』中の帝国主義政策論と後の自由貿易政策論に関して連続した側面と変化した側面を緻密に検討する姿勢、また後のヒルファディングの自由貿易政策論をそのものとして正当に評価する視点が失われる。さらに、ヒルファディングが『金融資本論』でなぜ帝国主義に自由貿易ではなく社会主義を対置したのか、『金融資本論』第二四章から第二五章にいたる彼のプロレタリアートの政策論の検討をとおしてその理由を具体的に説明する方向も失われると考える。

保住氏は、わたしの研究態度を「非歴史」的と批判した。しかし、他方では、保住氏は、後に、現代の視点から、ベルンシュタイン修正主義の積極的意義の再評価をおこなう方向をたどった。また、ワイマール期ヒルファディングの評価についても、「金融資本と国家による資本主義の組織化が進展し、恐慌や戦争による資本主義崩壊が起こりえないかにみえる現代にあっては、ヒルファディングの組織資本主義・経済民主主義論に一定の理論的意義が認められなければならないだろう」と述べている[20]。

結局、保住氏は、わたしの批判にたいして、第一次大戦以前の帝国主義論史を論ずる場合、①左翼的立場を積極的に評価し、②レーニンの「帝国主義＝段階」論を「基準」とすべきであるという考えを述べ、自説を擁護するにとどまる。確かに世界戦争へと向かう当時の帝国主義的状況を考慮すると、左翼的な立場にたつ諸帝国主義論が当時の時代的・社会的状況を「積極的」に把握する学説・思想であったことは否定できない。しかし、その評価は、「政策か段階か」という「理論」的基準ではなく、どれだけすぐれた時代認識・社会認識を示しえたかと思想史的におこなわれなければならない。この点、バウアーにいたっては、帝国主義にたいして社会主義を対置する主張の一環として、自由貿易政策が掲げられたことも看過できない。

他方で、我々は、現代の視点にたって、諸帝国主義論の「終末」論的見解の時代的制約性も同時に指摘しなければならない。要するに評価の二重の視点にたたなければならない。したがって、「左翼的立場」とレーニンの「帝国主義＝段階」論を無批判的に学説史・思想史研究の「基準」とすることはできない。とくにレーニンについて、今日の現代資本主義の状況を考えると、少なくとも「帝国主義＝死滅しつつある資本主義の段階」という位置づけは維持できなくなっている。この段階規定は、その後の資本主義をもっぱら「没落しつつある資本主義」と規定するいわゆる「全般的危機論」の誤りに結びついた。また、「帝国主義＝資本主義の最高段階」というレーニンの位置づけも再考を要するにいたっている。今日の段階から見るならば、レーニンが対象とした古典的帝国主義の時代は、産業資本主義から現代資本主義に移行する「一つの過渡期」「過渡的段階」をなしていたにすぎないと考えられる。結論的に言えば、いわゆるレーニンの「段階規定」なるものも具体的に再考を要する。本稿ですでに指摘してきたように、政策論を欠くレーニンの「帝国主義＝段階」論は、平和を一時的息抜きとする「万年戦争論」におちいる結果となり、現代資本主義論の実情に合わなくなってきている。現代資本主義分析においては、むしろ、経済政策論の意義がますます高まっていると言える。単純に「左翼的立場」とかレーニンを「基準」とする帝国主義論史研究の視点は改めるべきときが来ている。我々は、帝国主義論史研究をおこなう場合、その時々の時代認識と社会認識を反映する生きた理論・思想として諸帝国主義論を思想史的に研究すると同時に、現代資本主義論の視座にたってその理論的可能性および時代的制約性を問うといった複眼的な視点をもたなければならない。

(2) ヒルファディングの自由貿易政策論と歴史の問題

わたしは、第一次大戦中におけるヒルファディングの自由貿易政策論は、社会民主党右派による戦争協力、労働者の体制順応傾向、労働運動の分裂といった予想外の状況で、ヒルファディングが彼なりに社会変革の問題とその主体的条件の形成を再考し、政策論的に柔軟に対応した結果として打ちだされたと考える。そして、その際、『金融資本論』に見られた自由貿易政策論の「理論」的素地が重要な意味を獲得したと思うのである。

それにたいして、黒滝正昭氏は、『金融資本論』の論理には収まらない、それとは異なる次元で、第一次大戦中にヒルファディングが自由貿易政策論を唱えたという独自の見解を示し、私見を批判している。わたしは、すでに一九九五年の拙稿「ヒルファディングの自由貿易政策論——黒滝正昭氏の批判に答える(1)——」[21]で黒滝氏の批判に反論している。ここでは、本章でのこれまでの考察を踏まえ、『金融資本論』における経済政策論としての「帝国主義」論の重要な一側面を浮かび上がらせるために、さらに黒滝氏の見解を批判的に取り上げることにしたい。

第一次大戦中におけるヒルファディングの自由貿易政策論に関する黒滝氏の積極的な主張は、こうである。すなわち、「通商政策の諸問題」(一九一六年)という論文で、ヒルファディングは、イギリスにおける自由貿易から保護関税への移行に関する『金融資本論』の見通しがはずれたことを確認する。『金融資本論』では、チェンバリン一派の保護関税運動を過大評価した。しかし、チェンバリン一派の政策は、「イギリス資本主義の一定の将来の利害を代表していた」が、イギリス労働者たちの利害のみならず、イギリスの諸加工品産業の現在的利害を損なうものであった。また、「商業資本・船舶資本・貨幣取扱資本は、少なくともその大部分は、自由貿易賛成派のままであった。そして金融資本に特有の商業政策は挫折したのである」[22]。

黒滝氏は、ヒルファディングの以上の叙述から、独自の見解を引きだす。すなわち、ヒルファディングは、経済政策形成の複雑さを認識し、国家の「自立性」にもとづく各国の「歴史」の具体的分析の必要性を認識するにいたった。すなわち、「一方で金融資本からさえ一定程度独立した国家権力の独自の法則性の生成、他方で各国国民経済を規定するそれぞれの歴史というもの、これが経済的諸関係と並ぶもう一つの決定因であるという把握」、これは『金融資本論』になかったものであり、こうした認識が「『プロレタリアートの商業政策としての自由貿易』の主張」に結びついたという[23]。

わたしは、イギリスに関するヒルファディングの見通しがはずれたことを強調する黒滝氏の着眼を高く評価したい。というのは、ヒルファディングは、後に、ワイマール期における「組織された資本主義」論のなかで、自由貿易下にイギリスで独占化が進行した事実に注目し、これを参考にしつつ、自由貿易による競争の作用によって、ドイツ経済の独占的諸組織における生産性向上がもたらされることを期待する観点からも、自由貿易政策を掲げたからである[24]。黒滝氏の着眼は、ヒルファディングの見解のこうした変化の方向性に結びついている。しかし、ここで、黒滝氏の着眼する事実が、なぜヒルファディングが自由貿易政策をプロレタリアートの政策として掲げる理由となったのか、今一つはっきりとしない。自由貿易がプロレタリアートの望ましい政策として掲げられるためには、①自由貿易が合理的国際分業ともっとも高い生産性を実現する、②自由貿易がプロレタリアートの物質的利害を保障する、③帝国主義にたいして自由貿易が批判の武器になるといったヒルファディングの考えが介在しなければならないのではないだろうか。そして、これらは、『金融資本論』で「理論」的素地としてすでに見られた考えであった。

わたしは、また、第一次大戦中に「国家の自立性」と各国の「歴史」的事情をヒルファディングが強調した事実について、ヒルファディングのかかる見解が『金融資本論』にはなかったものであるとする黒滝氏の見解には賛同しがたい。「国家の自立性」に関しては、すでに本章の第三節で論じた。ここでは、「歴史」の問題に注目したい。この点、黒滝氏の考えには、第五篇に帝国主義の一般理論を見いだす「通説」的見解が色濃く反映している。

つまり、黒滝氏は、あたかも『金融資本論』第五篇が「金融資本の経済法則」からのみ経済政策を説明しているかのごとくとらえている。(25) そして、「帝国主義とは金融資本の政策である、というのが『金融資本論』の根本命題であった。だとすればそれは、ドイツ帝国主義についてのみならず、イギリス帝国主義についてもそうでなければならない」と指摘している。(26)

黒滝氏のこの考えは、理論の部と政策の部の方法論的違いを無視し、政策論に一般法則的なものの妥当性をもとめたものにすぎない。一般法則として妥当するためには、例外が許されず、イギリスも「金融資本の経済法則」において規定されなければならない。これが、『金融資本論』の論理であると、黒滝氏は考える。確かに『金融資本論』の第二二章では、イギリスもドイツの後を追うと予測されている。しかし、第五篇は、理論経済学とは方法論的に断絶しており、タイプ論的である。金融資本の経済政策たる帝国主義は、とくにドイツを典型として分析され、世界経済もドイツを基準に論じられている。資本主義的先進諸国全体がすべてドイツ的にならなければ、当時の「帝国主義」の、「帝国主義」論としての情勢分析がなりたたず、『金融資本論』第五篇も論理破綻をきたすということにはならない。経済政策論の性格からいって、ドイツを典型とする叙述も歴史的・現実的・具体的な内容をなす。イギリスに関する見通しがはずれたことを認めたことは、あくまでも「予測」と「情勢認識」の推移であるにすぎず、『金融資本論』における経済政策論的認識の枠組みの根幹に触れるものではない。黒滝氏の強調する「歴史」も、『金融資本論』における経済政策論の方法の範囲内での「予測」と「情勢認識」の変化なり修正を意味するにすぎない。

また、イギリスが自由貿易から保護関税に移行するのでなければ、『金融資本論』の論理が破綻するというわけではない。この予測は、イギリスで、金融資本の理論経済学が妥当する発展水準にいたり、その結果として金融資本の経済政策が貫徹するという主張にもとづくものではない。むしろ、この予測は、第一に、ドイツにおける金融資本の政策の影響を受けた「防衛」的なものである。他国の保護関税には保護関税でもって対抗するといったヒルファディングの主張に関連したものである。イギリスは、ドイツの攻勢にたいして、自国の市場を確保するといった「防衛」的な意味で保護関税政策を導入する。第二に、保護関税と結びついた独占と金融資本におけるドイツの特別利潤を羨望し、保護関税の導入によって独占と金融資本への発展傾向を促進させたいというイギリス資本家の願望にもとづくものである。図式化して言えば、「金融資本→保護関税政策」ではなく、「保護関税政策→金融資本への発展の促進」が、そこには意図されている。

黒滝氏の主張は、以上のように、『金融資本論』にたいする疑問とせざるをえない解釈にもとづくものである。また、ヒルファディングが帝国主義に自由貿易ではなく社会主義を対置しているのであるから、「理論」的素地としても『金融資本論』に彼の自由貿易政策論的な考えが存在する余地はないという硬直した理解にもとづくものであると言ってよい。

注

（1）古沢友吉「ヒルファディング『金融資本論』の現代的意義」（越村信三郎他編『独占資本論への道』同文舘、一九六九年）、一二三頁。
（2）保住敏彦「ヒルファディングの帝国主義論」（同志社大学『社会科学』第四巻第二号、一九七一年）、五九頁。
（3）倉田稔『金融資本論の成立』青木書店、一九七五年、一一九－一二〇頁。
（4）田中良明「第一次大戦中のヒルファディングの帝国主義論」（『経済学雑誌』第七七巻第二号、一九七七年）、九三頁。
（5）拙稿「第一次大戦とヒルファディングの帝国主義論」（北海道大学『経済学研究』第二六巻第三号、一九七六年八月）、一六五頁。

（6）太田仁樹「B・И・レーニン」（太田一廣編『経済思想6　社会主義と経済学』第六章、日本経済評論社、二〇〇五年）、二六七頁。
（7）拙稿「ヒルファディングの『組織された資本主義』論」（4）（北海道大学『経済学研究』第二八巻第四号、一九七八年一一月）、二一八頁、二四一頁、二四三頁。
（8）拙稿「ヒルファディングの経済政策論——『金融資本論』第五篇研究序説——」（『金沢大学経済論集』第二〇号、一九八三年三月）、二二三頁。
（9）拙稿「帝国主義論史におけるヒルファディング——星野中・保住敏彦両氏の所説をめぐって——」（『金沢大学教養部論集・人文科学篇』二二－一、一九八四年）。
（10）拙著『ヒルファディングと現代資本主義』梓出版社、一九八七年、二一八頁。
（11）同上、七七頁。
（12）河野裕康『ヒルファディングの経済政策思想』法政大学出版局、一九九三年、二三五頁。
（13）同上、二一八－二一九頁。
（14）拙著『ヒルファディングと現代資本主義』（前掲）、二二四頁。
（15）保住敏彦『ヒルファディングの経済理論』梓出版社、一九八四年、二一六頁。
（16）同上。
（17）同上、二一七頁。
（18）同上、二一九頁。
（19）拙著『ヒルファディングと現代資本主義』（前掲）、二一六頁。
（20）保住敏彦「ドイツ・マルクス経済学の展開」（永井義雄編『経済学史概説』ミネルヴァ書房、一九九二年）、一八七頁。
（21）拙稿「ヒルファディングの自由貿易政策論——黒滝正昭氏の批判に答える（一）——」（『金沢大学教養部論集・人文科学篇』第三二巻第一号、一九九五年）。
（22）黒滝正昭『ルードルフ・ヒルファーディングの理論的遺産』近代文藝社、一九九五年、五九－六〇頁。
（23）同上、六四頁。
（24）拙著『ヒルファディングと現代資本主義』（前掲）、二一七頁。
（25）黒滝前掲書、六二頁。
（26）同上、六四頁。

小括

以上、ヒルファディングは、経済史、理論経済学、経済政策という経済学の三分法にしたがって、金融資本の理論たる理論経済学を基礎とし、その「応用科学」として経済政策論を展開した。帝国主義論として『金融資本論』を読みとることは、経済学史・思想史の視点からの研究の一接近方法であると認められる。が、その第五篇自体はあくまでも経済政策論であり、経済政策論としての方法、構成、特徴を兼ね備えている。以下では、本章の考察で得たわたしの結論を、箇条書き的に示しておきたい。

第一に、理論経済学における一般理論的展開とは異なり、経済政策論における叙述は、個別的・具体的・歴史的である。それは、その時々の階級利害にもとづいた政策的意思決定を重視する経済政策論の本来の性格に由来する。つまり、政策的意思決定は、個々の諸国における資本主義の客観的現実とこれに対応する階級的利害関係の具体的現実にもとづいているからである。したがって経済政策論においては、一般理論的に帝国主義論が展開されるのではない。そこでは、ドイツを典型国として、金融資本の理論にもとづき、金融資本の経済政策として帝国主義が明らかにされる。他の国については特殊型として取り扱われる。ヒルファディングの経済政策論は、たとえ金融資本とその経済政策が将来的にイギリスなどに一般化していくと見込まれていたとしても、過去と現状の分析においてはタイプ論的性格をもつ。つまり、産業資本主義の段階では、イギリスの自由貿易政策が典型をなし、大陸における育成関税政策が特殊型をなす。金融資本主義においては、ドイツにおける金融資本の経済政策が典型をなし、逆にイギリスにおける自由貿易政策は特殊型となる。イギリスにおける保護関税志向は、ドイツをうらやむ資本の利害あるいは防衛的なものとして考えられる。資本輸出についても、ドイツにおける産業資本の輸出が典型となり、イギリスにおける貸し付け資本の輸出は特殊型として位置づけられる。なお、経済政策論におけるこのようなタイプ論的分析は当時としては同時に現状分析をなす。

第二に、ヒルファディングにあっては、資本主義において本来政治的権力と経済的権力が分離し、国家は自立的存在である。したがって資本の経済政策と国家の経済政策は区別される。ところが、金融資本は、大土地所有と同盟し、ブルジョア諸政党を支配する。そして、帝国主義政策においてプロレタリアートを除く諸階級の利害を統一し、国家の支配を貫徹し、国家の政策を規定する。こうして金融資本の経済政策が帝国主義として国家の政策としてつらぬく。金融資本において政治的権力と経済的権力の一致が生じ、資本貴族の独裁が樹立されるのである。『金融資本論』におけるヒルファディングのこのような考えは、後に資本主義の経済的・政治的情勢の変化に応じて、政治的権力と経済的権力の分離、金融資本の経済政策と国家の経済政策の分離、国家の自立性を再び主張する余地を残しているのである。

第三に、ヒルファディングは、社会主義と社会変革の問題を経済政策論で取り扱っている。第五篇の経済政策論は、金融資本の経済政策とプロレタリアートの経済政策の対抗関係を基軸にして展開されている。結論的には、プロレタリアートの政策として、帝国主義に社会主義が対置される。金融資本の「必然的な」経済政策の分析とこうした社会主義的結論は、これまでヒルファディングの「帝国主義的段階認識」を示すものとして積極的に評価されてきた。しかし、我々は、ヒルファディングがこうした左翼主義的結論にいたった経緯を看過できない。じつはヒルファディングは、金融資本の経済政策である帝国主義が国家の政策として貫徹する事実を示すと同時に、労働者組織と資本家組織の大組織戦の時代には改良的成果を得る見込みがなくなる、したがって改良主義的幻想の余地がなくなると述べて、労働者階級の階級的自覚が高まると展望している。そしてこうした左翼主義的な「仮説」にたって、世界戦争に帰結する帝国主義の諸矛盾にたいして労働者階級が社会革命へとたち上がると考えるのである。帝国主義に社会主義を対置するヒルファディングの見解には、こうした左翼主義的な「仮説」があるのである。これが、「帝国主義戦争↓資本主義の危機↓社会革命」の展望、いわば「危機↓革命」説の基礎をなしている。だからこうした左翼主義的な「仮説」に動揺をきたした時、『金融資本論』における自由貿易政策に結びつく「理論」的素地が浮上し、ヒルファディングの経済政策論の転換がはじまる。そしてこの転換は、同時に『金融資本論』から「組織された資本主義」論へ、帝国主義論から現代資本主義論への歩みを意味したのである。

（本章は、拙稿「ヒルファディング経済政策論の再検討」（前掲）のⅢ、Ⅳ、Ⅴ、Ⅵ、「R・ヒルファディング」（前掲）の一の（3）にもとづく。）

第二部　ヒルファディングの「組織された資本主義」論

第五章　「組織された資本主義」論

一九七〇年代、H・‐U・ヴェーラーやJ・コッカを中心とした西独の比較社会史グループの学説が我が国に紹介され、それとともに「組織資本主義」という言葉が注目を集めるようになった。[1]「組織資本主義」（ないし「組織された資本主義」）という言葉は、ドイツ語の **Organisierter Kapitalismus** の訳語であり、これをはじめて用いたのは、言うまでもなくヒルファディングであった。[*] ヒルファディングのこの言葉は、これまで、資本主義の枠内における生産の無政府性（無規律性）の克服や計画的生産を強調している点が批判され、改良主義の用語として、否定的に評価されてきた。ところがヴェーラーやコッカたちは、この言葉の創始者ヒルファディングの意図から離れ、むしろ国家独占資本主義に対抗する用語、さらには比較社会史研究の中心的な概念装置として、「組織資本主義」に積極的な意義をあたえたのであった。[2]

＊　本書では、ヒルファディングの所論については、とくに学説史的研究の立場を強調する意図から、「組織資本主義」ではなく、「組織された資本主義」という用語を意識的に用いることにする。

ヴェーラーたちの見解は、我が国では歴史研究の有力な説として積極的に評価され、[3] 現代資本主義分析をおこなう上でも、一部で好意的にむかえられた。とくに後者について言えば、たとえば玉垣良典氏は、国家独占資本主義よりすぐれた概念として、「組織資本主義」を使用すべきことを唱えている。[4] また、宇野派を中心とした現代資本主義論の方法論争（「現状分析」をめぐる論争）のなかで、「組織資本主義」の見直しが言われるようになった。このなかで特徴的なのは、この概念の創始者ヒルファディングの見解の再評価も積極的に語られていることである。[5] こうして、これまで改良主義的でとるに足らぬ理論だと一蹴されてきたヒルファディングの「組織された資本主義」論も注目を集めるようになり、否定的にせよ肯定的にせよ、この理論をまじめに取りあげ、客観的に評価する動きが生じたのである。[6]

このような動きの後、今日ヒルファディングの「組織された資本主義」論研究の価値を頭から否定する姿勢は見られなくなってきている。本書第二部では、第一次大戦後資本主義を現代資本主義（第二次大戦後の本格的な現代資本主義への過渡的性格を有するのであるが）ととらえ、いわゆる「古典的帝国主義の時代」をその前期的段階とする観点から、戦間期、とりわけいわゆる「資本主義の相対的安定期」の一資本主義観として、ヒルファディングの「組織された資本主義」論を取り上げる。[7]

注

（1）一九七〇年代末から一九八〇年代はじめにかけて、組織資本主義を主要論題とした座談会や対談が、次のごとく催された。①「〈シンポジウム〉国家独占資本主義と現代資本主義」（『現代と思想』No.36、一九七九年六月）②「現代資本主義とマルクス主義〈対談〉」（『経済評論』第二八巻第七号、一九七九年七月）③「組織資本主義論の地平」（『経済評論』第三〇巻第一号、一九八一年一月）。

（2）たとえば、Jürgen Kocka, Organisierter Kapitalismus oder staatsmonopolistischer Kapitalismus?, Begriffliche Vorbemerkungen, in: *Organisierter Kapitalismus*, H.A. Winkler (hrsg.), Göttingen 1974. H・A・ヴィンクラー編『組織された資本主義』保住敏彦他訳、名古屋大学出版会、一九八九年。

（3）たとえば、大野英二①「『組織資本主義』論の問題点――比較社会史の研究動向」（『思想』No. 625, 一九七八年七月）②「組織資本主義論の新展開」（『経済評論』第二八巻第七号、一九七九年七月）などがあげられる。なお、大野氏は、ヒルファディングの「組織された資本主義」論をあまりに過小評価しているのではなかろうか？　ヴェーラーとともに大野氏は、ヒルファディングの所論を経済決定論におちいり国家イコール金融資本の政治的独裁と主張した点で、批判している。批判のおもな対象は、「金融資本は資本貴族の独裁を完成する」と述べた『金融資本論』中の一節である。この場合、大野氏らに見受けられるのは、『金融資本論』と「組織された資本主義」論の同一視ないし混同である。我々は、両者を区別した上で、戦間期におけるヒルファディングの「組織された資本主義」論の大きな特徴が、むしろ民主国家論を唱え、一定の「政治的多価」――組織資本主義が自由・民主主義ともファシズムとも両立すること――を認めたことにあると言わなければならない。ヴェーラーたちとヒルファディングの理論的区別を強調する大野氏の主張にもかかわらず、管見の限りでは、両者の基本的な考え方にはかなりの共通性があるように思われる。

（4）玉垣良典「国家独占資本主義論の根本的反省――現代資本主義再考――」（『現代の理論』No. 144, 一九七六年一月）。なお、玉垣氏は、これに関連して、ヒルファディングの「組織された資本主義」論をも積極的に再評価している。

（5）加藤栄一氏は、若干の留保つきではあるが、ヒルファディングの理論の積極的意義を強調している（「組織資本主義論と現代資本主義」、『経済評論』第二八巻第七号、一九七九年七月）

（6）否定的に評価する論稿としては、池上淳『国家独占資本主義論争』青木現代叢書、一九七七年、第二部第三章、小淵港「ヒルファディングと経済民主主義――ドイツ社会民主党キール大会における演説を中心に――」（『経済学通信』第二〇号、一九七七年一〇月）、同氏「『労使共同決定』過程と財政民主主義」（島恭彦・池上淳編『財政民主主義の理論と思想』青木書店一九七九年、第三部第一一章）、芦田亘「国家独占資本主義論争の新局面――社会究右転落と結びついた新たな現代資本主義論への批判――」（『経済』No.199, 一九八〇年一一月）があげられる。保住敏彦氏は、否定的側面と肯定的側面を分けつつ、ヒルファディング理論の積極的評価を試みている（「ヒルファディングの組織資本主義論――その展開と特徴――」愛知大学『法経論集』第九一号、一九七九年）。

（7）ヒルファディングの「組織された資本主義」論（「経済民主主義」論、「現実主義的平和主義」論を含む）については、筆者はすでに拙著『ヒルファディングと現代資本主義』梓出版社、一九八七年で一度詳しく取り上げている。この拙著では、主として、ヒルファディングの諸論文と演説を時系列的に取り上げて紹介した。本章とこれにつづく二つの章では、論文と演説の紹介ではなく、理論的組みたてとその特徴を中心に考察するものである。

第一節　「組織された資本主義」論の形成

一九二四年四月、ドイツ社会民主党（以下ＳＰＤ）は、それまでの党理論誌『ノイエ・ツァイト』（*Die Neue Zeit*）にかえて、『ゲゼルシャフト』（*Die Gesellschaft*）を創刊した。この『ゲゼルシャフト』は、「マルクス主義の新局面」に対応した国際理論誌としての期待を担うものであった（カウツキーの創刊の辞[1]）。その編集長に就任したのがヒルファディングである。彼は事実上カウツキーの後継者として、戦後に再建された第二インターナショナル（ＳＡＩ、社会主義労働インターナショナル）を代表する理論的指導者のひとりと目された。彼は、資本主義のいわゆる相対的安定期におけるほとんどの党大会に主要報告者として登壇し、カウツキーとともにＳＰＤのハイデルベルク綱領（一九二五年）を起草した[2]。キール農業綱領（一九二七年）の草案作成に際しては、農業委員会の委員長となった[3]。そして彼が当時の報告や論稿で唱えた「組織された資本主義」論は、コミンテルンのいわゆる「危機」論にたいして、第二インターナショナルの公式的な理論となったのである。

（1）純理論的仮定としての「組織された資本主義」

ヒルファディングは、本書第二章第四節で明らかにしたように、彼の主著たる『金融資本論』（一九一〇年）において純理論的な「抽象的可能性」として、「一般カルテル論」や「貨幣なき社会」の到来という形で、意識的に調整された資本主義に言及していた。いわゆる「相対的安定期」における彼の「組織された資本主義」論は、純理論的な仮定にせよ、こうした意識的に調整された資本主義を究極的な到達点とする、いわば「資本主義の組織化」論ともいうべき『金融資本論』の理論的特質と結びついている。そしてその後、戦争・革命の経過をへて、「抽象的可能性」の「現実性」への転化のプロセスにおいて成立したのである。もちろん、「現実性」への転化とともに、「相対的安定期」の資本主義をとらえる上での現実的・具体的性格を帯びたものとなっていった。「貨幣なき社会」についても言及されてもいない。「意識的」な「調整」も、景気循環のコントロール可能性の意味で用いられるようになった。ここでは、問題の所在を明らかにする意味で、完全独占に関するマルクスとエンゲルスの考えに触れておこう。

周知のようにマルクスは『資本論』において、資本の集積・集中が生産手段の集中と労働の社会化を進展させ、「資本独占」をもたらすという「資本家的蓄積の歴史的傾向」を描いた。[4] そして資本集中の極限として、全社会的総資本の単一資本家あるいは単一資本家会社への集中を想定した。[5] しかしこれはあくまでも理論上の仮定であり、マルクス自身は、完全独占が資本の自己否定を意味し、したがって現実には実現されないものと考えていた。このような完全独占への傾向にたいしては、つねに「分散的作用」が働く。[6] 独占は競争という環境のなかでのみ存在する。[7] しかし彼のプランでは「分散的作用」等は諸資本の競争の篇で展開されることになっており、[8] その篇が実際に書かれなかった以上、我々はその具体的内容について知ることができない。

マルクスなきあとエンゲルスは、一九世紀末の巨大な資本集中の諸現象をとらえて、いくつかの重要な指摘をおこなっている。彼は、マルクスが仮定として述べた完全独占への前進傾向が、一産業部門レベルではすでにイギリスやアメリカにおいて現実にみられると確認した。[9] また、個人企業→株式会社→トラスト→産業部門全体の株式会社による独占→国有化といった、星野中氏によれば「『社会化』進展の図式」を示した。[10] そしていくつかの生産部門にトラストが成立すると、私的生産も生産の無計画性も消滅すると述べたのである。[11] 結局、エンゲルスは、一九世紀末の資本主義分析から、マルクスが仮定した完全独占への傾向の着実な前進を確認した。

マルクス、エンゲルスから発して、問題が次のような形で残された。すなわち、資本の集積・集中と生産の社会化はどこまで進み、いかなる資本の形態に導くのか、またその場合、競争と生産の無政府性はいったいどうなるのか、と。マルクスの場合、完全独占への純理論的で抽象的な仮定が資本の自己否定を意味し、これにたいする反対傾向として資本の分散化作用が存在するという指摘があった。エンゲルスの場合、私的生産も生産の無計画性も消滅することが、すでに現実的視野にはいっていた。そして、資本集中↓完全独占への傾向といったこの問題の理論的考察が、一方に「組織された資本主義」の形成という回答を見いだしていく。

その後、資本集中と独占の問題は、修正主義論争をへて、ヒルファディングの『金融資本論』において正面にすえられた。その序文はこう述べている。

「『近代』資本主義の特性をなす集積過程は、一方ではカルテルやトラストの形成による『自由競争の止揚』となってあらわれ、他方では銀行資本と産業資本とのますます緊密化する関連となってあらわれる」(Bd.1, S.17,(一)四九頁)。資本はこの関連をとおして金融資本の形態をとる。その際、ヒルファディングは、独占と金融資本をどのような観点から取りあげたのだろうか。

既述のように、『金融資本論』において、独占形成は利潤率の均等化の法則とその阻害とのかかわりで、理論化されている。その際注目すべきことにヒルファディングは、独占による投機の死とか競争の止揚傾向を一面的に強調している(『金融資本論』第三篇第一一－一三章)。のみならず「カルテル化には絶対的な限界はない」として、カルテルが他の産業に波及してゆく過程が究極的に「一般カルテル」の形成に導くと指摘し、このような「一般カルテル」が支配する資本主義段階をさえ観念している(Bd.2, S.321f,(二)一〇四－一〇五頁)。

とはいえ彼は、(ベルンシュタインの)カルテル・トラストによる恐慌の解消論を批判するにあたり、一般カルテル形成の現実性をこう否定してもいる。

生産の無政府性はなし崩し的にではなく一般カルテルの成立によってはじめて止揚される。しかし、このような状態は、経済的には考えられるにしろ、「社会的・政治的」には一個の不可能事である（Bd2, S.402f,（二）二〇五－二〇六頁）[12]。

だが、この見解は、マルクスが経済理論的にも資本の分散化作用として完全独占の成立を否定する意図をもっていたのにたいして、完全独占不成立の経済理論的説明を放棄することを意味するのにほかならない。というよりも、競争の止揚、投機の止揚傾向を強調する彼の独占論の性格から考えて、その経済理論的な説明をできなかったのではないだろうか。だから、恐慌論つまり理論経済学を扱った最後の篇で、「社会的・政治的」に不可能事であり、「極端化する利害対立という暗礁」に乗り上げるという形でしか、一般カルテルが現実には成立しないと述べることができなかった。競争の止揚傾向を強調する、いわば「資本主義の組織化」論からすれば、経済理論的には一般カルテルの成立を否定しえない。だから、ベルンシュタインらによる恐慌解消論を批判するためには、ヒルファディングは、一般カルテル不成立論において、経済理論ではなく「社会的・政治的」な理由をもちださざるをえなかった。また、彼にあっては、この一般カルテル不成立論は、理論経済学的考察を終えて、第五篇の政策論で帝国主義と社会革命の展望を論ずるにあたって不可欠の前提であった。つまり、彼は、「組織された資本主義」の形成からではなく、帝国主義的対立と帝国主義的世界戦争の危険から社会主義への展望を導きだしている。この「帝国主義」論を展開する上では、ヒルファディングは「資本主義の組織化」論に一定の「歯止め」をかける必要があった。

結局、わたしは、客観的にみて、ヒルファディングの以上の見解が、「資本主義の組織化」論からする「マルクスの集積」論の擁護を目的とした彼の独占形成論と恐慌解消論批判を意図した彼の恐慌論という、修正主義批判の二つの課題のあいだに生じた一つの矛盾を表現していると考える。もっともこの恐慌論にしても、ヒルファディングは、恐慌の質的な変化として、その突発性・パニック性が解消されていく傾向を指摘している。その際、『金融資本論』第四篇では「金融資本と恐慌」というその表題にもかかわらず、金融資本と恐慌の関係には直接にはほとんど触れるところがない。恐慌の性格における変化をあつかった第二〇章でも、信用・銀行制度の発展による信用恐慌・銀行恐慌等の発生の困難化が指摘されるにすぎず、産業にたいする銀行の支配の影響もこの関連で言及されるにとどまる。この事実は、本書の第二章で考察したヒルファディングの金融資本概念の性格と関係しているのだろうか。

ヒルファディングは金融資本を「銀行の管理下にあって産業によって充用される資本」「貨幣形態の資本」であると定義した。つまり彼にあっては、金融資本は、社会に存在する遊休貨幣資本の処分権を掌中にした銀行が、その資本を株式擬制資本形態でいつでも流動化する可能性をもたせつつ、産業に投下し、その投下資本が固定化される関係を意味している。この金融資本は、「マルクスの集積論」批判に答え、所有(貨幣資本)の側面から集積を促進する役割を担い、また「資本主義の組織化」の観点から述べられている。金融資本は、産業・商業・銀行資本のいっさいの部分的資本諸形態を、貨幣資本(貸し付け資本と株式擬制資本)の運動をとおして全体性に統一する。つまり金融資本は、産業・商業・銀行資本を三位一体的に組織的に統一するまでにいたった「貨幣資本」の最高形態であり、この意味で銀行資本を揚棄したものである。

金融資本は、「社会経済の組織化の問題」をこう解決する。金融資本は、株式会社制度を基礎とし、産業における集積と銀行における集積の前進につれて発展する。それは、一方における「一般カルテル」の形成、他方における『中央銀行』の形成によって進められる資本主義の組織化を、さらに両傾向の基盤にたってそれらを統一することによって歴史的に促進する。そして「金融資本の完成形態」は、資本主義の組織化の完成を意味する。金融資本の完成形態においては、すでに敵対的形態であるが、意識的に調整される社会(「貨幣なき社会」)が成立しており、金融資本は、「その発生した培養土からひきはなされている」。このような金融資本は、その傾向からいえば、「生産にたいする社会的管理の樹立」「敵対的形態における社会化」を意味しており、社会主義の物質的基盤を形成する。

以上、結論としてヒルファディングの金融資本概念こそ、後年の「組織された資本主義」論の理論的基盤をなしているということができる。そして「完成形態としての金融資本」は、いうまでもなくヒルファディングによる恐慌解消論批判と矛盾する。しかしこの矛盾は、『金融資本論』のなかでは、帝国主義戦争の危機から社会革命を展望する、いわば「危機→革命」の展望にたつ帝国主義論としての性格から、消極的な形で存在していた。ヒルファディングは、「組織された資本主義」が理論的・抽象的な想定にすぎず、現実化しえないとすることによって、それを処理することができた。つまり、一般カルテルの形成傾向には「社会的・政治的」な歯止めをかける一方で、金融資本の完成段階＝意識的調整社会にいたる前に、金融資本の政策たる帝国主義がもたらす物価騰貴、租税負担、世界戦争等の諸矛盾から社会革命が生ずるとみていた。この意味で、『金融資本論』中のヒルファディングの「組織された資本主義」的な見解は、彼にあっては「死んだ抽象」として位置づけられる。しかし、『金融資本論』は、完全独占、「組織された資本主義」の可能性を経済理論的観点からではなく、「社会的・政治的」（「政策的」）観点からしか否定しえなかったという意味で、その現実的可能性にかなり引きよせられる理論構造をもっていた。

（2）戦争と革命をへて

『金融資本論』においてヒルファディングは、プロレタリアートの政策として帝国主義にたいして自由貿易ではなく社会主義を対置した。だが、戦争はヒルファディングの予期せざる事態をもたらした。それはSPDの戦争協力と国際社会主義運動の分裂に導く一方で、国家権力の異常な強化と戦時統制経済における資本主義のいちじるしい組織化と計画化をもたらした。また、ヒルファディングによって革命的自覚をもつにいたると期待されたプロレタリアートは、戦前の資本主義の繁栄期に獲得した経済的改善によって体制順応傾向におちいっているように思われた。こうして『金融資本論』において、プロレタリアートの階級的自覚の高まりを前提にして、帝国主義には社会主義を直接対置したヒルファディングの「危機→革命」の展望の確信は揺らぐ。このような事態に直面してヒルファディングは、これまで純理論的・抽象的に想定していた「組織された資本主義」を、現実的可能性において考えるようになった。こうして戦争と革命をへて、ヒルファディングにおいて「組織された資本主義」の理論的可能性から現実的可能性への転化、抽象性から具体性への転化の歩みがはじまる。

ヒルファディングは、すでに第一次大戦中に書いたいくつかの論文のなかで、「組織された資本主義」に言及している。同じ時期に、戦時統制経済の観察から、ロシアの革命家であるレーニンやブハーリンらが国家独占資本主義あるいは国家資本主義に言及していた。ヒルファディングも国家の役割を重視する観点から「組織された資本主義」に言及し、「組織された国家資本主義」という用語も併用している。そして戦後における社会発展の道を「組織された資本主義」か社会主義かという二者択一で展望した。

他方で、見解のこの変化に対応する形で、帝国主義への対応の点でも、ヒルファディングの考えにかなりの変化がみられた。彼は、分裂状態におちいった国際社会主義運動の当時の情況を見て、帝国主義に直接的に社会主義を対置することはあまり効果がないと考えた。インターナショナルの再建が急務であるとみなし、具体的諸要求の積み重ねをとおして、国際労働者階級を統一に導くことが当面の課題をなすと考えた。この具体的諸要求の一つとして、彼は、①帝国主義戦争の協力者と一線を画すプロレタリアート独自の商業政策、②労働者の物質生活の切実な要求だという理由から、自由貿易政策を掲げた。そしてこの自由貿易政策の延長線上に――「組織された資本主義」の一環として――一種の超帝国主義の可能性を認めたのである。ヒルファディングは、プロレタリアートの政策として第一次大戦中に帝国主義か自由貿易主義かといった問題を一方ではたて、他方では「組織された資本主義」(超帝国主義)か社会主義かという選択肢において戦後における発展の二つの道を示したのである[13]。

一九一八年一一月、ドイツ革命が勃発した。ヒルファディングは、「組織された資本主義」か社会主義かという二者択一の判定が社会主義の方にくだされたと考えた。彼は、戦地から復員早々ドイツ独立社会民主党(ＵＳＰＤ)の代表的理論家のひとりとして、社会主義のドイツ的な道をめざし、ドイツ社会化運動を積極的に指導していった。

しかし革命の挫折は、ヒルファディングをして再びかの二者択一を思いださせる。彼は、すでに一九一九年のベルリン一月闘争以降、革命と社会化の実現の見とおしを次第に悲観的にみるようになった。一九二〇年一〇月のある演説で、ついにヒルファディングは、社会主義か「組織された資本主義」かという二者択一を再度提起するにいたった[14]。

一九二〇年一〇月の演説の時点では、ヒルファディングはすでに「組織された資本主義」が現実に到来しうると予期しはじめた。彼は、革命の挫折の原因を労働者階級の未熟等にもとめ、社会主義が日常的闘争をとおして労働者を教化する過程で実現されると述べた。その時彼は、革命の岐路にたちつつ、すでに社会主義への過渡的段階として「組織された資本主義」をかなり現実的に想定していた。

経済の混乱と資本家の攻勢によって労働者階級が守勢にたたされた情勢下でヒルファディングは、労働者の生活改善のために戦後経済の再建に尽力しはじめる。彼はコミュニストの「崩壊論＝攻勢戦術」と重工業を中心とした反動グループの好戦的政策──彼によれば左右両翼の「破局政策」──に反対した。そして戦後恐慌を、特殊な性格をもつが一つの循環恐慌だと説明することによって、コミュニストのように戦後資本主義を発展の動力を失った「没落しつつある資本主義」とみなすのではなく、景気浮揚の可能性を確認した[15]。戦後恐慌のこうした景気循環論的な確認は、終末論的な恐慌観(崩壊論)を批判すると同時に、第一次大戦前の左翼的・終末論的な「帝国主義」観(「危機→革命」説)から脱することをも意味した。そして景気循環がコントロール可能であるとする、後の彼の「組織された資本主義」的な考えに結びついたのである。

とくに一九二一年に入って以降、ヒルファディングは、演説、報告等で戦後経済の再建にあたって大きな障害となっている賠償問題の節度ある解決を訴えている。[16] ある論文では、アメリカをバックとするイギリスとフランスの対立に、新しい世界戦争の危機の火床があることを認める一方で、イギリスを中心とした「再建のための全ヨーロッパ連合」の形成に世界平和の確立を期待した。[17] そして、彼のかつての「帝国主義」論の視点とは異なる「現実主義的平和主義」論を萌芽的に唱えていく。

一九二三年八月、ヒルファディングはシュトレーゼマン内閣における財務相として、失脚するまでのわずかな期間ではあるが、インフレーション収束のために通貨改革にのりだした。[18] ドーズ案が提示された時、彼はドイツ政府にドーズ案の受けいれを要求した。[19] こうしてヒルファディングは、「相対的安定期」——彼によれば「組織された資本主義」の時代——を、みずからその形成に積極的な役割をはたしつつむかえた。

以上、『金融資本論』から戦後経済再建期にかけて、ヒルファディングの「組織された資本主義」論の形成過程を大まかにたどってみた。その特徴は、こうまとめられる。

ヒルファディングは、第一次大戦中と革命末期に、「組織された資本主義」か社会主義かという二者択一で将来を展望している。そして「組織された資本主義」の現実性をしだいに強く意識するようになる。これは、『金融資本論』中にすでに示されていた「資本主義の組織化」論に基づく将来の予測であった。また、彼の「危機↓革命」説の動揺の結果でもあった。それとともに彼は、資本主義の経済的再建が労働者階級の日常的闘争にとって好条件を形成すると考えるようになる。そして、この戦後経済再建の指針として「組織された資本主義」論を唱えるようになるのである。

その際、彼は、『金融資本論』において抽象的に述べられた「貨幣なき社会」にはもはや言及しない。この点、第一次大戦中の戦時統制経済に直面して彼が国家的に組織された資本主義（「組織された国家資本主義」）に言及した事実、また、社会主義の漸進的・波及的実現を内容とし、市場システムの利用をめざした彼の「社会化」論からして、彼の言う「組織された資本主義」は、もっと現実にそくして景気のコントロール可能性を主張したものであった。

本書ですでに繰り返し主張してきたが、『金融資本論』と「組織された資本主義」論は決して理論的に断絶したものではなかった。つまり「組織された資本主義」論は、『金融資本論』の理論的な全面的改訂の上に成立したのではなく、むしろこの延長線上に唱えられた。それは、「資本主義の組織化」論の「社会的・政治的」歯止めをはずした結果であった。「組織された資本主義」論の形成過程は、第一に、『金融資本論』中に唱えられた考えの抽象的可能性から現実的可能性に転化していく過程であった。第二に、抽象性から具体性への転化の過程でもあった。この過程が、結局、「相対的安定期の一資本主義観」としての彼の「組織された資本主義」論の形成にみちびいたといえよう。この第二の側面について、もう少し述べておこう。

ドイツ革命期にヒルファディングは、ＵＳＰＤの理論的指導者として自ら直接的に社会化運動にかかわり、社会主義への過渡期の複雑さをあらためて認識していった。当時、戦争によって経済的に荒廃し、巨額の賠償要求を戦勝国によって突きつけられていた敗戦国ドイツの経済再建という事情も考慮しなければならなかった。ヒルファディングのこの認識の変化は、帝国主義に社会主義を対置し、帝国主義から一気に社会革命を展望する左翼的視点、いわば「危機→革命」の展望からの転換という形であらわれた。彼は、資本主義の構造的な改革をとおした漸次的な社会主義化を内容とする経済民主主義路線をめざすようになる。そしてそれは、ドイツ資本主義の再建と発展を前提とするものであった。こうして一九二〇年代中ごろからはじまる資本主義のいわゆる「相対的安定期」に、ヒルファディングは、経済民主主義実現の前提条件としてドイツ資本主義の再建と発展をもとめ、その理論的指針として「組織された資本主義」論を打ちだしていくことになる。そして、たんなる理論的予測にとどまらず、現実に到来するとヒルファディングが確信した時、彼の「組織された資本主義」論は当時のドイツ資本主義などの観察から、極めて具体性を帯びるにいたったのである。

注

（1）K. Kautsky, Phasen und Zeitschriften des Marxismus, in: *Die Gesellschaft*, 1.Jg., Bd.1, 1924, S.26.
（2）W. Gottschalch, *Strukturveränderung der Gesellschaft und politischen Handeln in der Lehre von Rudolf Hilferding*, Berlin 1962, S26. W・ゴットシャルヒ『ヒルファディング――帝国主義とドイツ・マルクス主義――』保住敏彦・西尾共子訳、ミネルヴァ書房、一九七三年、一七頁。
（3）社会経済研究所『農業政策綱領』政策綱領大系1、春秋社版、一九二九年、一二三六頁。
（4）マルクス『資本論』国民文庫版、（3）四三七－四三八頁。
（5）同上、二一二頁。
（6）マルクス『剰余価値学説史』（『マルクスエンゲルス全集』第二六巻Ⅲ、大月書店）、四〇六頁。
（7）マルクス『哲学の貧困』国民文庫版、二〇四頁。
（8）マルクス、『剰余価値学説史』、同上。
（9）マルクス、『資本論』、同上、エンゲルスによる注を参照。
（10）エンゲルス『空想より科学へ』岩波文庫版、八〇－八三頁。星野中「帝国主義論史における『社会化』論的系譜（1）」（経済学雑誌、第七二巻第二号、一九七二年二月）七頁。
（11）エンゲルス「エルフルト綱領批判」（『ゴータ綱領批判・エルフルト綱領批判』国民文庫版）九〇－九一頁。
（12）なお、我々は、カウツキーの一八九二年の著書『エルフルト綱領解説』（都留大治郎訳、世界大思想全集14、河出書房、一九五五年、六三頁）のなかにも、これと同様の表現を見いだすことができる。
（13）以上、拙著『ヒルファディングと現代資本主義』梓出版社、一九八七年、第一章第二節による。
（14）R. Hilferding, Die Sozialisierung und die Machtverhältnisse der Klassen（Referat auf dem 1. Betriebsratekongreß, gehalten am 5. okt.1920）

Berlin 1920, S.8. R・ヒルファディング『現代資本主義論』倉田稔・上条勇訳、新評論、一九八三年、四二頁。二者択一は、Selbstverwaltung in der Industrie, in: *Der Sozialist*, 7.Jg., 1921, S.1040において繰り返される。

（15）R. Hilferding, Die Einigung der deutschen Arbeiterklasse, in: *Der Kampf*, Bd.14, 1921.

（16）R. Hilferding, Die Wiedergutmachnug und das international Proletariat, in: *Der Sozialist*, 7.Jg., 1921.

（17）R. Hilferding, Die Weltpoltik, das Reparationsproblem und die Konferenz von Genua, in: *Schmollers Jb. f. Gesetzgebung, Verwaltung u. Volkswirtschaft im Deutschen Reich*, 46.Jg., 1922.

（18）W. Gottschalch, a.a.O., S.20-23. 前掲邦訳書、一〇－一三頁。

（19）R. Hilferding, Die Reichstagswahlen und die Sozialdemokratie, in: *Sozialdemokratischer Parteitag 1924. Protokoll*, Berlin 1924, S.16[illegible]f.

第二節　「組織された資本主義」論の理論的性格

（1）帝国主義論後の世界

レーニンは、彼の『帝国主義論』（『資本主義の最高段階としての帝国主義』）において、帝国主義がプロレタリアートの社会革命の前夜であると規定したが[1]、第一次大戦末期からの資本主義の危機の時期はまさしく社会革命の時代だと思われた。多くの社会主義理論家たちは、当時の国際情勢を帝国主義論の論理の帰結として把握したのであり、資本主義の崩壊現象から直接的に社会革命運動の指針を引きだした。しかし、一九二〇年代中ごろになると、危機からの脱出が不可能のようにみえた資本主義が、あらたに回復・上昇の時期をむかえた。資本主義のこの情勢変化にたいして、社会主義者たちは新しい対応をせまられた。コミンテルンは、資本主義の「部分的、一時的安定」「相対的安定」「民主主義的平和主義」の時代の到来を宣言した。そして理論上の模索をはじめたが、資本主義の発展の時期がもはや過ぎさり、その没落期がはじまったと考え、安定を別な形態をとった危機とみなす点では共通していた。その後コミンテルンは、個々の論者のあいだに見解の相違を残しつつも体制間矛盾と不均等発展の法則を柱とする全般的危機論を確立していく(2)。このように、コミンテルンの理論が、資本主義にもはや発展の内的動力が失われたとみなす傾向があったとすれば、他方ではそれと正反対の、影響力のある見解が生みだされた。第二インターナショナルの、ヒルファディングを代表とする「組織された資本主義」論がそれである。

ヒルファディングのこの「組織された資本主義」論は、『金融資本論』と理論的に断絶したものではなく、その理論的延長線上に打ちたてられた資本主義の一時代観である。『金融資本論』の本来の性格は、「資本主義の組織化」の論理に「社会的・政治的」な歯止めをかけ、帝国主義のもたらす諸矛盾から社会革命を展望する左翼的な帝国主義論であった。しかしヒルファディングは、戦争・革命の体験をとおして左翼主義的な立場から転換し、経済民主主義路線を打ちだすにいたった。この路線のためには、戦後資本主義の再建が必要であり、こうして「組織された資本主義」論が唱えられる。彼は、今や『金融資本論』における「資本主義の組織化」論を、その歯止めをはずしつつ、前面に出すことになる。それとともに『金融資本論』の理論経済学は、「組織された資本主義」論の理論的基層をなすにいたったのである。「帝国主義論から現代資本主義論へ」という本書の副題は、ヒルファディング理論のこうした展開を意識したものである。

資本主義の安定期に直面して、ヒルファディングの友人カール・レンナーは、「組織された資本主義」の時代に対応し、マルクス主義を「修正」すべきだとする「生きたマルクス主義」(lebendiger Marxismus)論を唱えた(3)。ヒルファディングも基本的にレンナーと同様の立場にたっていた。彼は、この時点ではベルンシュタインの考えにかなり接近していったのである。つまり生産の無政府性の止揚と経済の計画化という観点から相対的安定期の資本主義をとらえたのであり、資本主義のこのような変化に対応して改良闘争によって社会主義を漸次的に実現していく「経済民主主義」（「建設的社会主義」）論を、社会主義運動の指針としてたてた。そして、国際問題については、労働者階級の平和政策を追求する観点から、超帝国主義――彼によれば「現実主義的平和主義」――を主張した。わたしが本章でヒルファディングの「組織された資本主義」論と言う場合には、広義においてこの三つ①「組織された資本主義」②「経済民主主義」③「現実主義的平和主義」）を柱とした一時代観をさしている。本節では、一九二四年の論文「時代の諸問題」、一九二五年のSPDハイデルベルク党大会における彼の綱領報告それに一九二七年のSPDキール党大会での報告などにもとづき、ヒルファディングの「組織された資本主義」論の第一の柱を取り上げる。

（2）「組織された資本主義」論の一般的考察

いわゆる「レンテンマルクの奇跡」によってドイツで戦後インフレーションが収束した年の一九二四年四月、ヒルファディングは、彼の編集するSPDの新理論誌である『ゲゼルシャフト』創刊号の巻頭論文として「時代の諸問題」を発表した。彼は、そのなかで、ドーズ案採用前のまだ不安定の要因を残したドイツ資本主義の観察から「組織された資本主義」への発展の方向性を読みとった。この点、彼はこう述べる。

「経済において戦争と戦後の時期は、資本の集積傾向（Konzentrationstendenzen）のとほうもない増大を意味する。カルテルとトラストの発展は強力に促進される。自由競争の時代は終りに近づいている。諸大独占は経済の決定的支配者となり、社会的資本を集中し経済に用だてる銀行とますます緊密に結合するようになる。産業・商業・銀行資本のかつての分離形態は金融資本の形態において統一に向かう。これは自由競争の資本主義から組織された資本主義への移行を意味する。大経営における労働過程の社会化は産業部門全体の労働過程の社会化に、そして社会化された産業部門相互の連合に進展する。こうして経済の意識的調整と指導が生まれ、それは自由競争の資本主義に固有の無政府性を資本主義的基盤の上で克服する傾向をもつ。この傾向が障害なくつらぬくとすれば、その結果として組織されているが、敵対的形態において階層的に(hierarchisch)組織された一つの経済が生ずるであろう。

それは生産手段を所有している諸層のための、社会的生産諸力の調整と組織化の試みである。この諸層は生産の指導と社会的生産物の分配にたいして決定的な影響力をもつであろう。資本主義的生産諸関係の不安定性は軽減され、恐慌あるいは少なくとも労働者へのその反作用は緩和される。大トラストによる新投資の計画的配分、好景気の時期における固定資本の新投資の抑制、その不況期への延期、中央銀行の適切な貨幣政策に支えられた大銀行のそれに応じた信用調整はそのような政策の手段をなすであろう(4)」。

以上の引用からわかるように、ヒルファディングは、『金融資本論』に内在していた「資本主義の組織化」の論理を前面に押しだし、資本の集積から説き起こして金融資本による資本主義の組織的統一化の筋道を明らかにしている。そして、社会化された諸労働過程がカルテルと金融資本によって社会的・全体的に統合されると想定し、経済の意識的調整と生産の無政府性の止揚の傾向を指摘している。彼は結局、資本主義の不安定性が軽減され、恐慌、失業、貧困が緩和された、敵対的・階層的に組織された資本主義の発展段階として、「組織された資本主義」の到来を予測している。

ヒルファディングのこのような見解は、「金融資本の形態において統一」というところに彼の理論的な特徴がみられるが、当時の次のような現実認識にもとづいている。

第一に、戦時統制経済、それに戦後インフレーション期の巨大コンツェルン(たとえばシュティンネス)の成立がもたらしたとほうもない資本の集中である。ヒルファディングは資本の集中の力強い前進に戦後性を見たのである。

第二に、インフレーションの収束をもたらしたライヒスバンクを頂点とする銀行の信用調整力であり、彼はその景気政策に恐慌の緩和を期待した。これに関連していえば、彼は、原則的観点の相違を指摘しつつ、J・M・ケインズの研究に注目している[5](彼の友人オットー・バウアーも一九二五年の演説でケインズの見解にふれている[6])。

第三に、戦争の結果として、生産手段産業にかたよってだが、資本主義が生産能力をかなり拡大したという認識である。彼は、戦後危機さえ克服すれば、この拡大した生産能力が新たな生産上昇と好景気の基盤になると見ていた。

以上の事実認識から、ヒルファディングは、「この傾向が障害なくつらぬくとすれば」と述べつつ、戦後資本主義の「組織された資本主義」への発展傾向を展望した。それは確かに多少将来を先取りした指摘である。というのは、ヒルファディング自身、二ヵ月後のSPDベルリン党大会での演説において、経済状態の不安定さと恐慌への危険性をみとめ、その打開策としてドーズ案の採用を訴えなければならなかったからである[7]。ヒルファディングがここで「組織された資本主義」を先取り的に述べたのは、『金融資本論』以来の彼独自の「資本主義の組織化」論によりつつ、資本主義の安定にそくした社会主義運動の理論指針を打ちだすためである。論文「時代の諸問題」は、『ゲゼルシャフト』創刊号の巻頭を飾るのにふさわしく、「組織された資本主義」への一般的展望を示し、その観点から相対的安定期の資本主義の諸問題——社会主義への過渡的性格(経済民主主義)、農業問題、西欧における民主主義の発展と新しい政治的可能性、国際情勢(超帝国主義の可能性)等々——の要点をまとめて、社会民主主義者たちに理論研究の指針をあたえた綱領的文書であった。

実際に、この論文でのヒルファディングの見解は大部分SPDの新綱領(ハイデルベルク綱領)にその基礎をなすものとしてつらぬかれた。一九二五年のハイデルベルク大会での綱領報告において、ヒルファディングは「組織された資本主義」の見地にたって、採択にふされたSPDの新綱領草案の要点を解説しており、またドイツ革命期の社会化運動の総括から経済民主主義運動の展望を示した。この報告で、彼は「組織された資本主義」の成立を、歴史的段階を追ってこう説明している。

第一段階。小経営にたいする大経営の技術的・経済的優越性が勝利し、小経営は撃退され、その社会的意義を喪失する。

第二段階。固定資本の巨大化が恐慌時における経営間の競争負担の増加をもたらし、その結果として競争の排除をめざした独占的組織への連合の動きを呼びおこす。これは利潤率の調整関係から各産業に次々と波及する。こうして資本の組織化傾向が資本主義的生産部門の無政府性に織りこまれ、階層的に組織された資本主義が生ずる。しかしそれによって自由競争と無政府性を終焉させる資本主義の集中過程が汲みつくされるのではない。

第三段階。私的経営の株式会社への移行をもってはじまる。これを基礎として産業資本と社会の信用組織（銀行）の結合が完成する。これは結局、金融資本による産業・銀行・商業資本の統一を生みだす。「金融資本はそれ自身資本主義的集積傾向の諸作用から生まれて、このように資本主義的集積傾向を完遂し、そして資本主義的階級社会の枠内で可能な最高の仕上げにおいて、経済の階層的・敵対的な組織を形成する」(8)。

ヒルファディングのこのまとめは、『金融資本論』の「組織された資本主義」に結びつく部分を整理する形で、前述の「時代の諸問題」における見解を補強したものだと受けとることができよう。ここで彼は、資本主義の組織化の完成者として金融資本を明確に位置づけている。後の論文では、金融資本を「組織された資本主義において支配的な資本形態」(9)とさえ述べている。*

＊　金融資本に関するヒルファディングの見解にたいして、現実には相対的安定期に企業の自己金融化と銀行の地位の低下という現象が生じた。彼はこの現実にどのように対処したのだろうか。これについて後に彼は、こう述べている。

「その際銀行が産業を絶対的に支配しているか、ないしは産業資本が絶対的従属性のもとにあるかどうかと考えるのは俗人的であろう。ここでは根本的に対立する利害が重要なのではなく大部分同一的である並行的な利害が重要なのである[10]」。つまり、自己金融の問題に必ずしも正面から答えていないが、組織化の観点にたつヒルファディングは、金融資本における産業と銀行の支配従属関係ということはもはや決定的ではないという形で、この問題に対処したと言える。

資本主義の組織化に関するヒルファディングの見解は、彼の報告につづく代議員の発言において、異議を唱えられなかった。そしてSPDの新綱領のなかに、こう組みこまれる。「資本家的独占欲は、諸産業部門の総括へ、継起的生産段階の結合へ、そしてカルテルとトラストにおける経済の組織化へといたる。この過程は、産業資本・商業資本そして銀行資本を金融資本へと結合する[11]」。ヒルファディングの「組織された資本主義」論は、ハイデルベルク党大会で、SPDの公式的見解として採用されたわけである。

先にわたしは、「時代の諸問題」で展望されたヒルファディングの「組織された資本主義」が戦後インフレーションによって生じた巨大コンツェルンによる資本の集中を事実認識の基礎の一つにしていると述べた。ところがこの巨大コンツェルンは、シュティンネスの破産に象徴されるように、通貨の安定期にはその非合理的組織なる側面を露わにした。この点、ヒルファディングは、戦後インフレーションの収束とともに資本の集積過程も途絶するのではないと述べ、それに代わる資本の集積集中の動きをこう指摘する。

ラインラントのコンツェルンは、旧カルテル組織が経済的に非合理的になったと認識し、合理的に生産をおこない、最少の費用で最大の生産性を達成するためにトラスト組織に移行する。今日広範に、「ドイツ経済のカルテル組織からトラスト組織への移行がおこなわれている[12]」。

ヒルファディングは、戦後ドイツ資本主義の新しい局面に対応した独占体と金融資本の再編強化と蓄積運動、すなわち合同製鋼やIGファルベンなどの大トラストを生みだしたドイツ経済における合理化過程の動きを、「組織された資本主義」における経済の計画化の現実的基盤として指摘している。彼は、その後、アメリカ的生産様式の導入をも意味するこのドイツ合理化運動の成果をふまえ、一九二七年に、SPDキール党大会での報告において、「組織された資本主義」の到来を確言するにいたった。論文「時代の諸問題」における種々の問題提起——とくに農業問題と「現実主義的平和主義」に関する——が、ヒルファディングの他の諸論稿で豊富な理論的内容をえていく一方、一九二七年のこの有名な報告では、「組織された資本主義」に関して、こう述べられている。

「……我々が現実にいかなる状況にあるかを問うならば、たんに『後期資本主義』（W・ゾンバルト——著者）という表現にとどまることができず、この状況をまず非常に具体的に観察し、緻密に特徴づけなければならないだろう。決定的なのは、我々が現下のところ根本的には盲目的な市場法則の摂理によって純粋に支配される資本主義の自由競争の時代が過ぎ去り、経済の資本主義的組織化に、したがって諸力が自由に発現する経済から組織された経済にいたった資本主義の時期に住んでいるということである[13]」。

ヒルファディングは、こう「組織された資本主義」の時代の到来を確認し、相対的安定期の観察から、「組織された資本主義」の諸特徴をこうまとめている。

第一に、合成化学の発展と応用で、これは資本主義的生産の技術的総基盤を画期的に変革する。第二に、新技術の組織的利用で、新産業部門では資本はあらかじめ大規模に、場合によっては——人絹産業の例にあるように——世界的に組織される。それは「国際資本主義的コンツェルン」への傾向をもつ。第三に、資本主義的産業の国際化、すなわち国民的独占、カルテル・トラストが国際的に集中する傾向である。戦前、国民的に閉鎖的であった資本は、今日、驚くべきほど国際的連関をもとめ、国際的な組織化の道を追求している。第四に、――もっとも重要な特徴だが――、企業と経済の管理がもはや私的ではなく社会的要件となっており、その結果国家の干渉が今日経済において重要な位置を占めている。(14)

こうして「時代の諸問題」において金融資本による組織化といった形で多少抽象的に観念されていた彼の「組織された資本主義」は、この報告では、新技術的・生産力的基盤にたち、国際的な組織化に向かうほど資本が集中した、国家によって管理された――国家資本主義的な――資本主義の時代として体系化されている。当時のドイツ資本主義は、いわゆる「安定恐慌」を克服して、合理化景気を内容とした活況局面にはいった。戦後たち直った鉄鋼・化学・電機独占資本も、力強い国際的展開を繰り広げていた。それはドイツ資本主義の復活過程ともいうべきものであった。ヒルファディングはこのような現実を「組織された資本主義」の時代の幕あけと理解した。この状況を反映して、キール党大会でヒルファディングの「組織された資本主義」論は、つづいての代議員の発言においてほとんど共感をもってむかえられた。大会ではむしろ次のライヒ議会選挙をひかえて、「連合政権政策」の賛否をめぐって議論が闘われたのである。

以上、我々は、ヒルファディングがあたえた「組織された資本主義」の一般的な内容と理論的な特徴をみてきた。「現代の諸問題」で描かれた「組織された資本主義」は、相対的安定期の進行とともにその内容の豊富化をへて、ついにはキール大会での報告においてその到来を確言された。そして、一九二八年の第二インターナショナル(SAI)のブリュッセル大会を前後して、社会民主主義運動内に「組織された資本主義」論の開花期をまねいていったのであった。*この大会でも、「組織された資本主義」は議論の重要な位置を占めた。その決議「戦後の経済状態と労働者階級の経済政策」は、「私的独占の組織された資本主義が自由競争の個人主義的資本主義に置き換わった生産部門数は増大しつつある」と宣言した[15]。また同じ年にドイツ労働組合総同盟（ADGB）のハンブルク大会が開かれたが、この大会では、「組織された資本主義」の時代に対応した社会主義運動の指針が討議されたのである[16]。

＊

「組織された資本主義」論は、多くのオーストロ・マルクス主義、ドイツ社会民主主義理論家によって、種々の観点から展開された。以下では、カール・レンナー、オットー・ライヒター、ゲオルグ・ディッカーの所論を簡単に取り上げる。

カール・レンナーは、一九二八年の論文「戦後の社会主義政策の世界経済的基盤」[17]において、アメリカの「世界的金融資本」とそれによって「債務植民地」化されたヨーロッパといった世界経済の対抗図式から、次のように「組織された資本主義」を述べている。

アメリカにたいするヨーロッパの対抗手段は、「経済生活のアメリカ化」（合理化）とその条件としての大ヨーロッパ経済領域の創出である。この合理化は「国家によって組織された資本主義」によってのみ可能であり、我々は経済の国家化、すなわち「資本主義を国家的に組織する時期」にすでにいたっている。

レンナーはこうして労働者階級の「社会主義的国家経済政策」として、「国家によって組織された資本主義」の実現を目標とし、この資本主義を資本家と労働者によって共同に管理する道を唱えた。

オットー・ライヒターは、一九二八年の論文「組織された資本主義とその弁証法」[18]において、こう述べている。「組織された資本主義」は、生産の資本主義的管理から共同経済的管理へ移行するぎりぎりの境界線にせまった、「過渡的」で「政治化された資本主義」[19]――国家の経済介入の強化された資本主義――である。それは計画化、共同経済的管理化の傾向と資本家的組織の支配とのあいだに種々の弁証法的矛盾を生んでいる。たとえば、労働者階級の経済民主主義（共同決定権）の要求と国家を支配しかつ国家の権力機能を兼ねそなえるにいたった資本家的大組織の権力要求との矛盾、生産の集積による経済過程の合理化と景気循環および恐慌の排除の試みにもかかわらず、大トラストが過剰生産の傾向をかえって強くし、景気循環と恐慌を止揚できないといった矛盾である。また、資本主義の国際的組織化傾向と高率保護関税との矛盾などを生んでいるのである。

オットー・ライヒターは、「組織された資本主義」における弁証法的矛盾の激化から、階級闘争の尖鋭化と労働者階級による政治的権力の掌握を展望する。

ゲオルク・ディッカーは、一九二八年の論文「今日の資本主義」[20]において、生産力と生産関係の矛盾に関するマルクスの所説を取りあげ、こう述べている。

マルクスが社会主義をもたらすと意識した矛盾は、じつは生産力と自由競争の資本主義の矛盾であり、第一次大戦後、資本主義が新しい適応能力と柔軟性をもっていることが示された。「組織された資本主義」の到来がそれである。この「組織された資本主義」への発展は経済の組織化を意味し、経済過程を計画的に指導する萌芽を含んでいる。資本主義はますます国家の支持と保護を追求しなければならず、民主国家では国家の経済介入の方向性は選挙民の意思にかかっている。こうしてディッカーは、民主国家における労働者階級の影響力の増大に社会主義運動の将来を見いだすのである。

以上の簡単な説明から、「組織された資本主義」は、個々の論者のあいだで、さまざまに理解されていた──二人の中ではディッカーの所論が一番ヒルファディングの考えに近い──ことがわかる。

これまでの考察では、「組織された資本主義」の一般像を提示する理由から、具体的諸問題を捨象してきた。その具体像を示すため、①農業問題、②合理化、③階級関係の変化、④国家の経済介入の四つの論点にしぼって、以下、各論的に考察する。

(3) 農業綱領の問題

ヒルファディングは、資本集積（集中）が今日「資本主義経済の支配的法則として証明されている」と確認して、そこから資本主義の組織化と計画化を導きだした。だが、彼はあらゆる産業部門においてカルテルとトラストが成立すると考えているわけではない。彼は、エルフルト綱領の予測に反して、「農業において集中法則は決して妥当しない」とさえ述べている。[21] ヒルファディングのこの見解は、一九二五年のSPDハイデルベルク党大会における農業綱領作成への要求に関連して述べられた。それは、当時の社会民主主義のなかではかなり支配的な見解であった。オーストロ・マルクス主義の代表的理論家のひとりであるオットー・バウアーは当時、小経営にたいする大経営の技術的優越性の問題を大経営による小経営の駆逐の問題と混同してはならないと指摘した。そして、経験は後者が幻想であり、小農経営と大経営が並存関係にあることを示していると述べている。[22]

周知のように一九世紀末にSPD内で生じた農業綱領論争においては、中小農経営の根強い残存傾向を指摘し、小農保護政策の必要性を訴えたシェーランクやフォルマールの修正提案にたいして、中小農経営の没落の必然性を説き小農保護政策を否定するカウツキーの原則的な見地が勝利した。[23] しかし相対的安定期には、事実上、カウツキーのこの見解は修正されるか否定される。そして農業における経営の集中を否定するという共通認識にたって、オーストリア社会民主党のウィーン農業綱領(一九二五年)とSPDキール農業綱領(一九二七年)[24]が作成されたのである。

ヒルファディングは論文「農業問題への理論的評註」(一九二七年)などにおいて、農業における経営の集中法則の非妥当性とSPDの処方箋を示している。

まずヒルファディングは、農業経営において集中法則が妥当しない事実を、農業における土地所有配分の特異性から指摘している。すなわち土地所有配分は工業のように技術的発明と経済法則の摂理によってなされるのではなく、征服・革命・国家の干渉——農業革命、農奴解放——によって遂行されるというわけである。農業ではこのような暴力的行為が重要な役割をはたし、経済の作用は、暴力の諸結果をわずかに変更しうるにすぎない。したがって農業経営の集中の問題は経営規模にもとづく技術的優越性のいかんからではなく、この土地所有配分の性格と結びついた農産物価格の形成の独自性から説明されなければならない。

自由競争の前提下では、工業では長期的にみれば最低生産費が生産物価格を決定する傾向がある。農業では事情がことなる。限界生産物、すなわち需要に応じて生産された農産物でもっとも不利な生産費のもとでつくられた生産物が価格を決定する。そこでは、供給にたいする需要の超過という「基本的傾向」があり、「土地収穫逓減の法則」の作用から、価格の上昇傾向が絶えず生じている。とくに海外農業というアウトサイダーとの競争を（農業関税によって）克服していらい、農業は自然のカルテルをなすものとなり、そこでは技術的改善を強要する競争の圧力が効果的に働かない。近代的大経営とならんで無学文盲層の手に生産がゆだねられ、後進的・伝統的な農業を営む広範な小経営が残存している。

こうしてヒルファディングは、農業における資本集中の法則の妥当性を否定し、農業が「組織された資本主義」の後進領域をなすことをみとめる。農業では小経営を克服して大規模経営に集中することの社会的・政治的意義も失われたと考え、その代わりに次のような農業政策を掲げている。すなわち農業の国有化ではなく、①国家の意識的干渉による農業科学と農業技術のあらゆる成果の応用による農業生産性の向上、②農産物価格形成への社会的干渉によって生産の方向性を規定することを目的とした穀物商業独占（農産物価格の政治的決定）という二つの要求である。* これらの要求は農業にたいする国家の干渉を中心としている。結局ヒルファディングは、国家の意識的調整によって、農業を「組織された資本主義」に組みこもうとしたと言える。(25)

＊　ＳＰＤ農業綱領（一九二七年）は、右の二つの政策に内地植民政策を加え、合理化政策、内地植民政策、農産物価格支持政策の三つを基本的な柱とした。ヒルファディングらは、これらの政策によって、農村の文化・生活水準を引き上げ、そ

の都市化をはかって農民の意識構造を改革し、農民の支持を得ようとした。しかし合理化運動は、資金・技術面からいって大経営と中経営をその担い手とし、小経営の没落を一面では促す作用をもっていた。結局、SPD農業綱領は、農民保護を謳いながら、都市生活者の観点から打ちだされた食糧増産政策および人口対策としての性格をもっていたのであり、それが採択された翌年にはじまる農業恐慌の深刻化のなかで農民を引きつける魅力を失っていく[26]。

ヒルファディングが農業経済の集中法則を否定する上での論拠とした農産物価格論は、供給にたいする需要の超過という農業の「基本的傾向」を土台にしていた。彼のこの見解は、むろん地代論に関する彼の理論的理解にもとづく。また、同時に当時のドイツ農業に関する彼の事実認識と密接に結びついている。彼は「相対的安定期」のドイツ農業についてこう述べている。

「海外諸領域の編入から発した（農業の――著者）価格抑圧は、一八九六年以来すでに過ぎ去っている。戦争までは農産物の価格上昇の一時代であった。一九二一年から一九二四年までのはげしい農業恐慌もまた過ぎ去った。ロシアと東南ヨーロッパにおける農業革命は、この領域の輸出能力をとほうもなく、おそらくは長期的に減退させた。我々は、農産物供給の遅れた、この増加が価格上昇に対応してのみなされる一時期のなかにあり、工業生産の拡大に比して農業生産の拡大が相対的に立ち遅れた一時期のなかにある[27]」。

つまり、ヒルファディングは、まず、一八七三年から九五年まで長期にわたってつづいた戦前の農業恐慌が、ヨーロッパの主要な資本主義諸国での高率保護関税の導入、それに工業拡大による内需拡大から生じたアメリカにおける穀物輸出の停滞によって克服されたという事実を確認する。そしてアメリカの穀物輸出の停滞が戦後もつらぬくと考える。彼はまた戦後の農業恐慌が克服されたと述べる。この点、一九二四年のヒルファディングの論文「商業政策と農業恐慌に」よりつつ説明しよう。

ヒルファディングは戦後の農業恐慌が戦前のとは異なり、海外の安価な農産物の流入によってではなく――アメリカの穀物はもはや安価ではない――、購買力の一時的低下によって生じたと主張する。この購買力の低下は、戦後世界経済恐慌、インフレーションおよび為替相場の変動による経済的な混乱から生じた。政治的安定さえ取りもどせば、再び好況が展望される。それとともに農産物への需要も拡大し、農産物価格と工業価格のこれまでの関係を逆転するだろう。[28]

ヒルファディングは、一九二四年当時に彼が述べたこの予測がその後実現されたと考える。そして、ロシアと東南ヨーロッパにおける農業革命が、大土地所有を小農に分配することによって生産性をいちじるしく低下させ、長期にわたって輸出能力を減退させるという事情[29]をも考慮して、ドイツ農業の活況の傾向が永続的につづくという見とおしをたてている。ヒルファディングの農産物価格論は、この見とおしにもとづいている。

確かに一九二五年から一九二八年にかけて、ドイツにおいて農産物価格の一定の上昇が見られた。しかしその程度は低く、農業と工業の価格鋏状差を根本的に解消するものでなかった。しかも皮肉なことにSPDが農業綱領を採用した翌年にすでにドイツは世界農業の生産過剰傾向に巻きこまれ、農産物価格の下落にみまわれたのである。こうして生じた世界農業恐慌は、ヒルファディングの農産物価格論の基盤を奪い去った。それは小農を激減させ、中農経営を危機に追いやり、いちじるしく農民層の分解を進行させた。[30] SPDの農業綱領は、結局、農民を獲得する有効性を示しえなかった。現状に不満をおぼえた農民は、皮肉なことに救済をもとめてナチスのもとに結集することになる。

他方、ヒルファディングの以上の見解は、資本の集積（集中）法則が農業に妥当しないと認めることによって、彼の「組織された資本主義」論の現実的な性格を浮き彫りにする。それは、「一般カルテル」論とか「貨幣なき社会」論といった理論的・抽象的な極論にもとづくものではない。「資本主義の組織化」論によりつつ、当時の労働運動・社会主義運動に具体的な指針をあたえる目的をもった、現実認識に富んだものであった。

(4) 合理化運動について

ヒルファディングは、論文「時代の諸問題」において「組織された資本主義」への発展の一般的展望をあたえた。そして、戦後の不安定要因さえ克服されれば、戦争によって拡大した工業生産能力を基盤にして、景気の上昇が開始されるであろう、と述べた。しかし現実には、一九二四年末からいわゆる「安定恐慌」が生じ、大戦をへてドイツが保有してきた工業生産能力のかなりの部分がすでに不良になっていることを示した。これを契機にしてドイツ資本主義は、ベルサイユ体制によって規定された戦後の経済的諸条件に適応するためにも、生産性向上をめざして合理化運動を本格的に展開する。その結果として一定の景気上昇の局面、いわゆる「合理化景気」をむかえることになるのである。このような事実経過を見ながら、ヒルファディングは、一九二六年の論文「政治的諸問題」のなかで恐慌のピークが過ぎ去り、多くの経済部門で収益能力の回復と資本不足がだいたい克服されたと確認した。[31] そして一九二七年のSPDキール党大会での演説において、合理化運動の成果をふまえて、「組織された資本主義」の到来を確言した。彼はまた、一九二七年末のハンブルク海外クラブ(Überseeclub Hamburg)での講演において、「組織された資本主義」の世界経済的発展を、工業化・組織化・国際化という三つの特徴によって説明し、[32] ドイツの経済発展について、こう述べている。ドイツ経済は、一九二七年には量的に戦前最高水準を凌駕し、質的には合理化によってより高度な技術水準にたっし、組織化と国際化の面で西欧諸国をリードしている。[33]

ドイツ合理化運動の評価は、ヒルファディングの「組織された資本主義」論にとって重要な位置を占めている。以下では、合理化に関する彼の見解を検討する。

合理化運動は、ドイツ労働組合総同盟（以下ＡＤＧＢ）の側から一九二五年九月のブレスラウ大会で積極的に提起された。これにたいして、一九二五年一二月、ドイツ工業全国同盟（Reichsverband der deutschen Industrie）は建議書「ドイツ経済および財政政策」を発表し、資本家的組織の側からも安定期におけるドイツ経済の進むべき道として合理化を指示した。ＡＤＧＢは、一九二六年二月、それにたいする回答として、職員自由組合連合（ＡｆＡ）およびドイツ官吏組合総同盟（ＡＤＢ）との連署で、意見書「ドイツ経済政策の現在の任務」を提出し、合理化が福祉向上と結びついたものであるべきだと述べた。こうしてドイツ合理化運動は労資協調下に全国民的規模で展開されたのである。[34]

ＡＤＧＢの合理化へのこの対応に一定の方向づけをあたえたのは、故服部英太郎氏が指摘しているように、[35]ヒルファディングの「組織された資本主義・経済民主主義」論であった。ヒルファディングは、論文「時代の諸問題」のなかで、経済民主主義における労働組合の重要な一課題として「民主的生産政策」を掲げた。[36]この「民主的生産政策」こそ労働組合の側からの合理化要求に一つの指針をあたえた。この「民主的生産政策」に関連してヒルファディングは、こう述べる。

「わたしはそれ（「資本家的精神」の諸作用――著者）を組織された経済の創造のなかに見る。このことから次のような問題が生ずる。すなわち、いかにこのすでに組織された経済を、その階層的形態から別の形態つまり民主的な形態に移すべきか、という問題である。この任務のために我々は貧困化し頽廃した資本主義ではなく力にあふれた資本主義を必要とする。というのは相続者にとって遺産ができるだけ豊富であるならば非常に快適だからである[37]」。

これは一九二六年九月にウィーンで開催された社会政策学会の大会の席上、西欧資本主義の没落か再建かという問題に答えてのヒルファディングの発言である。この発言のなかにドイツ合理化運動にたいする積極的な協力を労働組合に勧めるヒルファディングの「民主的生産政策」の意図がうかがわれる。彼のいう「民主的生産政策」とは、階層的に組織された資本主義経済から民主的に組織された社会主義経済に転換することをめざす経済民主主義運動の基盤として、資本主義の生産力上昇を追求する労働組合の政策だったのである。彼は、「資本主義の組織化」と経済民主主義の観点から合理化の意義を認めた。このことは、ドイツ合理化運動にたいする彼の評価をも規定している。

ヒルファディングは、ドイツ合理化運動について明確な規定をおこなっていない。が、彼のハンブルク海外クラブでの講演から、戦後のドイツ経済の復興と賠償支払いのための、国際競争能力の向上をかけた国民的な生産性向上運動と彼がこれを理解していたと推察しうる。[38]彼は、合理化運動を「組織された資本主義」の生産力的基盤を準備し、またその一つの特徴を形成するものとして位置づけていた。

ヒルファディングは、以上の見地にたって合理化の成果としての生産力発展の内実に注目した。生産力の発展の具体的内実が何であるかについては、彼の個々の論文や演説によっては必ずしも一様ではない。ここでは、合理化に関係するヒルファディングの叙述を抜きだし、それにコメントする形で、彼の合理化論を検討したい。

論文「時代の諸問題」でヒルファディングは、近年、動作研究や労働の心理学的および生理学的研究がさかんになってきている点に技術の新しい発展傾向を読み取り、そのことによって労働の伝統的方法から合理的方法への移行が成就されつつあると指摘している。これは労働方法（Arbeitsverfahren）の合理化と呼ばれる。ヒルファディングは、テーラーの科学的経営管理を採用し発展させようという当時の動きを、「組織された資本主義」における労働関係の変化と経済民主主義の問題との関連で指摘したのである。[39]

ヒルファディングは、労働方法のこの合理化が「労働の一面化と荒廃」を生みだす側面をもつと指摘している。だが、彼はこれを技術的発展の宿命的な産物とみて、合理化に反対することを時代錯誤だと決めつける。これにたいしては労働者の文化的向上のために合理化の成果を利用すべきだと述べている。[40]

一九二五年のハイデルベルク綱領報告では、ヒルファディングは、ドイツ合理化過程を「技術的発達と経済的独占化の過程」と把握して、こう述べている。

今日、技術革命が二つの側面で急激に進行している。第一に、動力革命で、「石炭の地位が燃焼（Verfeuerung 法の改善、水力からの発電によって、さらには石油燃料への移行によって動揺させられている。石炭の古い地位は、おそらく新たな技術革命すなわち石炭液化によって再生されるだろう」。第二に――より重要なのだが――労働方法の革命化である。今や農民の労働から機械工の複雑労働までが科学的に研究され、生理学的に検査され、その効率と強度について心理学的に探究されている。労働はますます分解され、この分解はまたさらに新たに機械装置の使用に導く。そしてこれらは過程の連続性原理（流れ作業 Fließarbeit を意味する――著者）にもとづいた経営組織に集約される。[41]

ヒルファディングは、このように当時の「技術革命」の特徴を説明し、この「技術革命」が生産力上昇をもたらす一方で、生産諸力の少数資本家的寡頭制への独占化に導いた事実を指摘している。そして合理的生産をおこない、最小費用で最大の生産性をあげるために、ドイツ経済のカルテル組織からトラスト組織への移行が進められていると述べている。[42]

以上のことから、我々は、ヒルファディングが進行中のドイツ合理化過程の特徴を、エネルギー革命、「科学的経営組織」（wissenschaftliche Betriebsorganisation）の導入、トラスト形成の三点においてとらえたということができよう。彼のこの着眼は、高圧送電技術の進歩にもとづいた水力発電所の建設、中央発電所への動力生産の集中と全国的配電網の形成、それによる電力価格の低廉化をもたらした電力使用の普及、内燃機関の進歩と交通業の発展に結びついた石油の灯油から燃料油への移行、技術のシステム化（テーフーシステム、フォードシステムなど）そして大トラスト形成による経営の統廃合、経営間分業の促進といった当時の生産力発展の方向を反映していると言える。[43] しかし、ここでは、当時のドイツ経済の構造的変化に結びついたもう一つの重要な点が未だ触れられていない。すなわちそれは化学工業（装置産業）の発展である。

この点、ヒルファディングは、論文「政治的諸問題」において、合理化過程の展開をふまえ、ドイツの景気回復を指摘したが、さらにはドイツ産業構造の質的変化に触れ、合理化と独占資本の再編に関連して重要な論点を、こう示している。

「ドイツ産業の構造は講和条約によって重大な変化をこうむった。エルサズ・ロートリンゲンとオーバーシュレージェンの喪失、ザール地方の一時的な分離によって重工業の比重が減少した……

原料領域の分離によるドイツ重工業の量的弱体化は恐慌以来ドイツの産業構造における質的変化をともなった。指導部は完成品産業あるいはより正しくは戦前のライン・ヴェストファーレンの重工業と異なるタイプの産業集団にますます移される。というのは生産手段産業と完成品産業とのあいだの区別は、統合化と集中の今日的段階においてはもはやまったく適当ではないからである。原料産業が非常に深刻に苦しんだのと同じ時期に、たとえばドイツ電機工業は技術革新と財務の堅実化によってその地位を確定した。が、何よりも化学工業が今日すべての産業にたいして優勢な地位を獲得した。それは、一一億マルクの資本をもつドイツ最大の企業（IGファルベン――著者）で、世界最大の企業の一つをなしている。以前分離されていた多種多様の生産業種を自己に統合する。それはドイツ経済のもっとも重要な諸部門に一部は金融的に関係し、一部は生産技術的に関係する。ほとんど自足的でドイツ重工業から独立しており、その石炭液化方法は逆に重工業を自己に従属させる。混合肥料の製造は、ドイツカリ工業をそのパートナーにする。その際化学大コンツェルンがその金融的強さからいって優越者となる。繊維産業の染料供給者は、人絹の生産者として繊維産業をその構成部分――その意義が急速に増加するのだが――にする。そして一一億マルクのコンツェルンはドイツの諸大銀行に対等にたち向かう。デューイスベルク氏がＩＧファルベンの監査役会会長と全国工業同盟議長を結びつけた人的結合は、化学大工業の指導的地位を明白にする」[44]。

ヒルファディングは、ベルサイユ条約によってドイツ重工業が原料基盤を奪われ、その地位を後退させたが、それにたいして合理化運動の展開のなかで、化学・電機工業とくに化学工業がめざましい発展をとげ、ついには支配的地位を獲得したと述べている。確かにこの時期に化学・電機工業が重工業に比肩しうるほど成長して、ワイマール期にはドイツ工業全体を指導する地位についた。これらの成長は、産業構造の変化をもたらし、両大戦間ドイツ資本主義の発展のテコになった[45]。こうした変化に着眼したことで、ヒルファディングはすぐれた洞察力を示している。彼はこの化学工業の生産力発展の特徴について、一九二七年のキール党大会での報告において、さらにこう述べる。

「組織された経済は――標語的にいえば――技術的には、蒸気・電気とならんで合成化学がますます前面にあらわれ、そしてそれがおよそ半世紀後に工場技術的応用に耐えうるほど科学的に発展することによって特徴づけられる」。合成化学の発展と応用は、資本主義的生産の技術的総基盤を爆発的に変革するほどの原理的に新しい問題を生みだす。第一に、それはどこにでも大量に存在する無機材から重要な原料を人工的に製造して、資本主義経済を原料準備から解放することをめざす（その例としては石炭液化が注目され、これが石油の油田獲得をめぐる国際競争の問題を解決するだろうと述べられる）。第二に、原料を工業的処理に適した形態に変えるか、それにまったく新しい属性をあたえる。第三に、人絹のように廉価な無機材から高価な有機材を産出する[46]。

ヒルファディングは合成化学の発展に技術的に新しい三つの特徴を見いだす[47]。第一に、タール染料、空中窒素固定などにみられるように化学工業がもともと有していた、天然資源から生産を解放する傾向のいっそうの発展を、石炭液化の事例を引きつつ確認している。第二に、たとえば、石炭を種々の成分に分解して有効に利用することをめざした石炭化学の発展をそのおもな内容として、原料の性格の変化を述べている。第三に、不振の繊維産業のなかでめざましい拡大をみせていた人絹の例をあげて、高級品の低廉な生産、したがってその大衆消費財化を指摘している。

ヒルファディングはなかでも第一の点を重視したように思われる。つまり彼はこうした発展の方向に資本主義が原料資源の自然的制約から解放されることを見とおした。そしてたとえば石炭液化の発展に、当時懸案問題化していた石油資源の国際争奪戦の解決の糸口を見いだしたのである。結局、ヒルファディングは、このような意味で、合成化学の発展について「組織された資本主義」の確固たる生産力基盤の形成を期待したといえよう。彼のこの見解にたいして、我々はむろんコスト面で石炭液化装置の実用化が妨げられ、その後石油資源がますます重要な経済的意義を獲得したことで、彼の見とおしが誤っていたと指摘しうる。が、その反面、資本主義の発展がその後、合成化学の発展、重化学工業化によって一面では規定されたのであり、この事実に着眼した点でヒルファディングを評価することを忘れてはならないだろう。

この合理化運動の成果を受けて、確かにドイツ経済は復活していく。一九二七年一二月、ハンブルク海外クラブでの講演において、ヒルファディングは、合理化過程とドイツ経済の繁栄の関係について総括的にこう述べている。

一九二四年の通貨安定以来のドイツの経済活動（合理化運動）の成果をみると、まず海運業は、最新鋭船で戦前の四分の三にあたる船舶を保有するにいたった．石炭業は、過剰生産傾向をかかえながらも、不良鉱山の閉山や機械化によって出炭力と収益力を回復した。鉄鋼業はラインの左岸で失ったものを右岸で再建し、月平均生産高において一九一三年水準を上まわっている。化学工業は、窒素のほか石炭の液化、人絹生産そして部分的には新生産部門でいちじるしい経済的成果をおさめた。ドイツは「生産を再建したのみでなく、それをまた合理化した」。多くの生産部門において高水準の技術的転換と生産性の上昇が成就された。その結果、ドイツの総生産は、一九一三年の生産指数を一〇〇とすれば、一九二七年下四半期に一〇八まで増加したのである。

ヒルファディングは、ドイツ経済が合理化運動をとおしてわずか数年のあいだに飛躍的に再建された事実を確認している。そして、今やドイツが経済の組織化と国際化の点でヨーロッパ諸国をリードしているとさえ主張している。しかし、他方で彼は、こうしたドイツ経済の繁栄が巨額の外資導入に支えられ、さらに賠償支払いというきびしい現実問題をかかえていることにも、こう言及している。

ドイツ経済はその国際競争力と世界市場における地位を回復するために急激な技術転換と投資活動すなわち合理化運動を不可避とした。が、ドイツ国内における資本形成はこの投資需要を充足しえなかった。それゆえに外資がドイツ経済の合理化資金として導入された。ドイツの貿易収支の赤字をあげて外資が賠償支払いのために導入されたと主張する者は、現実的関係を見ていない。貿易収支が当面赤字であるにしても、これは合理化に必要な資材の輸入によるものであり、一時的であろう。ドイツ経済が合理化を成就するにつれて、外資の導入と貿易収支の赤字も減少するにちがいない(48)。

ヒルファディングの以上の指摘は、「組織された資本主義」論の現実基盤がどのようなものであったかを示している。彼は、世界資本主義の「相対的安定」におけるドイツ経済の再建と合理化を背景に「組織された資本主義」を唱えた。だが他方でドイツ経済は外資への依存と賠償問題という不安材料をかかえている。一九二七年一〇月、賠償支払総代表人S・P・ギルバードがドイツ政府に書簡を送り、外債の累積化にたいして警告を発した。先の講演でヒルファディングは、このギルバードを批判して、ドイツ経済の高度な繁栄を強調し、外債の導入と貿易収支の赤字が一時的問題だと主張したのであった。彼はまたある書評のなかで、外資が浪費的使用と賠償支払いのために導入されていると非難するライヒスバンク総裁シャハトに、こう反論している。

外国信用は政府によってではなく、公私の事業団体によって生産の再建か合理化のために使用されている。その浪費的費消は一部にすぎない。賠償は外国信用からではなく、こうして促進される生産の拡大と増収から支払いうる。[49]

しかしヒルファディングにしても、信用不安と外資の引き揚げが生ずるようなことがあれば、ドイツ経済が破綻することを認めている。[50] 後に世界恐慌が勃発した時、彼はドイツから資本を回収した外国資本家の私的行動に危機の主要原因の一つを見いだしたのである。

以上、我々はドイツ経済の合理化過程に関するヒルファディングの見解をみてきた。ヒルファディングは、「組織された資本主義」の生産力的基盤を明らかにする観点から、合理化における技術的諸転換の特徴をおおむね的確にとらえたということができる。我々は、一九二〇年代ドイツ資本主義が、動力革命（中央発電所への動力生産の集中と電力の低廉化など）、電力を基礎にした技術のシステム化、トラスト形成による経営間分業の促進、重化学工業化をおもな内容として、生産の社会化の高度な進展をとげたことを確認しうる。こうした技術革命と生産力的な発展は、一九二九年世界大恐慌、一九三〇年代世界大不況、第二次大戦をはさんで、その後資本主義をますます発展させ、産業構造と生活様式の変化をもたらしていった。「組織された資本主義」の生産力基盤を合理化運動に見いだしたヒルファディングの着眼は卓越していたと言える。

しかし他方で、ヒルファディングは、独占資本の再編および蓄積運動との関係で合理化運動の歴史的・経済的意義に十分に触れていない。ドイツ合理化運動は、ベルサイユ体制によって規定された経済的諸条件への敗戦国ドイツの適応運動、換言すれば戦後「危機」からの脱出を志向したドイツ独占資本の再編強化と強蓄積の運動を意味していた。この過程で大規模な技術的更新がなされ、ドイツ資本主義の復活がおし進められた。[51] 確かにヒルファディングは、トラスト形成の新たな動きを指摘してはいる。だが、彼はこれに資本主義の組織化と計画化の傾向を見るにとどまった。彼はまた、重工業にたいする化学・電気工業の台頭と産業構造の質的変化に注目した。しかし、この点、彼は、デューイスベルク（IGファルベン監査役会会長）とジルヴァベルクらの全国工業同盟指導部における社会民主党に宥和的な路線[52]や、労働組合にたいする化学・電機資本家の労使協調的態度および平和主義的外交政策を歓迎する意味で注目したのにすぎない。[53]つまりこの事実に彼は経済民主主義運動にとって有利な条件を見いだそうとした。後述のように、彼は、経済民主主義との関連で、合理化運動を、こう評価している。

ドイツ経済性管理局やドイツ規格委員会など公的機関によって合理化が推進されたが、これは、経済管理が私的要件から社会的職務へ移行する事実を示すものである。合理化運動における企業家の役割についても、個別的経営のレベルで生産を技術的組織的に上昇させるその努力が社会的利益に合致し、公的職務を遂行するものである。[54]

ヒルファディングは、合理化運動を労資共通の課題を意味する国民的生産性向上運動と理解したのである。そして、独占資本の強蓄積と新たな利潤追求運動、ドイツにおける新たな「帝国主義」の復活の動きを軽視した。その結果、合理化運動における労働強化の側面に言及はしているものの、これを軽視し、また、合理化運動の展開過程で新しい矛盾——大量失業、過剰生産など——を生みだしている事実を看過した。このドイツにおける蓄積運動は、結局は、戦後における、安定性を欠いていた世界経済的諸条件と衝突して景気後退ひいては恐慌激化の一要因となる。

世界大恐慌はヒルファディングの「組織された資本主義」論を激しく動揺させた。この時になってはじめて彼は合理化についても、こう述べるにいたっている。

「我々は他のヨーロッパ諸国と同様にドイツにおいて、戦時中とくにアメリカ合衆国で成就された全技術的成果が、ほぼ一九二四年に一時的に集中的に導入された現象をみる……この合理化すなわち科学的経営組織と技術進歩の結合は、労働者の解雇の急激な進行をもたらしたのであり、……いわゆる技術的失業の原因をなす」[55]。ヒルファディングは、この時点では、戦争の結果である技術的諸成果の一時的・集中的な導入として合理化運動を特徴づけ、一時的に集中的に導入されたがゆえに過剰生産と失業ひいては恐慌の一原因をなしたと述べている[*]。今では彼は、合理化におけるめざましい技術的転換の過程を戦争の後遺現象の一つをなし、清算されなければならないものだとみなす。そして大恐慌を引き延ばされた戦争の清算過程であるとみなし、この清算過程をへてはじめて正常な軌道にのった「組織された資本主義」の時代が到来すると主張したのである。

* 我々はこれとほぼ類似した見解をオットー・バウアーの合理化論にみる。バウアーは戦争によってもたらされた技術的諸変革が短期間に集中して採用され、一つの革命的発展段階を形成したと技術的合理化の過程を特徴づける。そして爆発的な設備更新過程が短期間に集中し、そのあとに中断の時期をまねいたがゆえに、「合理化恐慌」が生じたという。ただしその際、ヒルファディングが「戦争の根本的清算」過程に世界大恐慌の意義を見いだしたのにたいして、バウアーは、景気循環論の立場から世界大恐慌の意義をとらえている。つまり、バウアーは、設備更新の無計画的な集中に景気循環の原因をみとめ、「合理化景気」から生じた「合理化恐慌」をこの景気循環の一環とみなしているのである[56]。

(5) 労資関係の変化

ヒルファディングは、「組織された資本主義」が発展し完成するにつれて、労働者の機能差別化が進行し、労働者が未熟練・半熟練・熟練労働者、職員層の各段階に分化すると述べている[57]。彼は、「組織された資本主義」における労働者の階層分化の方向、労働者の生活向上それに株式会社における「所有と機能の分離」傾向から、事実上階級諸関係における大きな変化を認めている。この点、少したちいって述べたい。

ヒルファディングは、論文「時代の諸問題」において、労働者の階層分化の傾向が科学技術の応用と生産力の発展に応じて歴史的・必然的に生ずるという理解を示している。とくに「科学的経営組織」によって、分業と労働の特殊化が進行し労働者の階層分化が強力に促進される。そしてその結果「労働者軍は官吏と似たような性格をもつ職員の種々に細分化された階層に組織される」というのである。[58]

このようにヒルファディングは、「組織された資本主義」において労働者が階層的に組織されると考える。なかでも彼が注目するのはいわゆる「新中間層」の増加である。彼は、ハイデルベルク綱領演説において、こう述べている。

大経営の拡大、それに商業と産業における経営組織の内部変革による経済発展は、精神労働者あるいは頭脳労働者と呼ばれる労働者層を生みだした。彼らは生産過程に必要な構成員になったのであり、組織、監督などの重要な機能をはたしている。プロレタリアートと同様に彼らは経営の集中によって組織されており、その特殊利害を意識し、そして特権的地位への昇進機会から排除されている。あらゆる種類のこの職員層は、とくに都市においてますます重要な役割を演ずる。その数は資本主義的発展の最近の　〇年間には本来のプロレタリアートより急速に増加している。[59]

ところで「新中間層」の増加について、ヒルファディングは一九一〇年の主著『金融資本論』で、すでにこう述べていた。

商工業におけるサラリーマン層――彼は、この層が不当にも『新中間階級』と呼ばれているという――は、次の二つの理由からプロレタリアートの成長をしのぐ増加を示している。第一に、大経営の発展と資本の有機的構成の高度化である。これは、労働者の相対的あるいは絶対的減少をもたらす反面、技術者の監督の意義を高め、その要員を増加させる。第二に、株式組織の発展による所有と指導（Leitung）の分離である。これは、指導を高齢の賃金労働者やサラリーマンの特殊機能にする。株式会社の急速な発展は、これらの層を増加させる。

ヒルファディングは、『金融資本論』では、巨大経営の拡大が下層の地位ほど上層の地位の数を増加せず、また産業と銀行による大独占の形成がかえって最高の技術的地位を減ずるという理由をあげて、サラリーマンの政治的動向について、こう展望している。サラリーマンの境遇の悪化傾向がサラリーマン諸層と資本家との対立を尖鋭化する。その結果、サラリーマンの下層部がプロレタリアートの戦列に加わるようになる（Bd.2, S. 474-478,（二）二九九－三〇四頁）。ヒルファディングが一九二五年にハイデルベルク綱領演説で「新中間層」を再び取りあげたのは、独占的企業の巨大な発展にともなう経営の管理部門の膨脹と専門化、販売・広告その他のサービス部門の比重の増大、都市化などといった当時の資本主義的発展現象の一端を彼なりに捕捉したからにほかならない。しかし彼はこの事実に関する掘り下げた分析をおこなっていない[60]。「新中間層」の増加から、「組織された資本主義」における生産関係の階層的性格を指摘するにとどまっている。そして増大した「新中間層」を、経済民主主義実現のために不可欠な政治的・経済的勢力とみなして、この層を社会主義陣営に獲得する必要性を訴える意味で、この事実に触れたのにすぎない。彼は、この理由から、職員運動ＡｆＡの成長に注目している[61]＊。

＊　「新中間層」の増大の意義とそれを獲得することの重要性は、ＳＰＤハイデルベルク綱領（一九二五年[62]）とオーストリア社会民主党リンツ綱領（一九二六年[63]）のなかでも確認されており、当時の社会民主主義者のあいだで一つの重要な問題として意識されていた。

ヒルファディングは、労働者の階層分化や「新中間層」の増加を「組織された資本主義」における労働関係・階級関係の重要な変化としてとらえる。彼は「組織された資本主義」において、労働者が官吏のような性格をもった職員の種々に細分化された階層に組織されると述べている。彼のこの見解は、マルクスの窮乏化論の否定と結びついている。ヒルファディングは、「組織された資本主義」が恐慌ないしはその作用を緩和するのであり、また、社会改良（老齢保険、傷病保険、失業保険）などによって労働者の窮乏化傾向をほとんど克服したと認識している。(64) とくに賃金が組織された労働者と資本家の力関係によって政治的に決定される（政治的賃金論）ようになって以来そうだというのである。* 彼は、階級闘争が貧乏人の富者にたいする闘争ではなくなり、闘争の焦点も貧困問題ではなくなるとさえ述べている。(65)

＊　同じ時期に、合理化運動に関連して多くの社会民主主義者がいわゆる生産性賃金論、政治的賃金論などを唱えて、マルクスの賃金論と窮乏化法則を修正ないしは否定する見解を示した。(66)

こうしてヒルファディングは、労働者の社会的・経済的地位の向上および階層分化という社会発展の認識から、労働者が官吏と同様の性格をもつようになったと述べ、マルクスによる労働力商品にもとづく階級規定を事実上放棄する方向を示している。この方向性は、彼が労働者階級とならんで次第に勤労大衆（arbeitende Massen）とか生産者層（Produzentenschaft）とかいう表現を併用しはじめている点にも示されている。

以上のように、労働者の階層分化と性格の変化を認める一方、ヒルファディングは、資本家の性格にも一定の変化が見られると考えていた。これは株式会社制度の発展による「所有と機能の分離」の作用の結果である。ヒルファディングは、すでに『金融資本論』のなかで、「産業株式会社は……産業企業家機能からの産業資本家の解放を原則的にもたらす」（Bd.1, S.136, （一）二〇六頁）と述べ、株式会社における「資本所有の資本機能からの分離」（Bd.1, S.167, （一）二四八頁）を主張している。もちろんこれは、株式の所有にもとづく資本家による会社支配の喪失ではなく、その機能からの解放を意味する。一九三二年の論文「社会主義と所有」では、ヒルファディングはこう述べる。「株式会社において結局社長（Generaldirektor）を頂点とする職員層に指揮機能や組織機能が移行するという私的所有からの機能の分離が完遂される。我々にとって何よりも興味深いのは、株式会社によって資本家的所有は、新たに他人所有にたいする強められた支配権力を受けとるということである。一億マルクの株式会社を支配するためには五一％の資本、実際には経験上より少ない率の資本所有で十分である。またこの五一％の資本を支配するためには五一〇〇万マルクをまったく必要としない。わたしはこの株式を資本金三〇〇〇万マルクの他の株式会社に持ち込み、こうして一六〇〇万マルクの資本でもってこの持株会社を支配し、それによって一億マルクの株式資本を支配する……たとえば最大のドイツ鉱山コンツェルンは、今日、事実上その私的所有が被支配企業の株式資本の小さな部分しかなさない大株主によって支配されている」(67)。

つまりこの論文は、ヒルファディングの「所有と機能の分離」論が、具体的には、生産過程における指揮機能や管理機能が本来の資本家から離れてその代理人に委譲され、本来の資本家は、群小株主の上にたち、持ち株会社を利用することによってその所有支配力を強め、生産過程を外部から支配し、G－G'機能（資本の価値増殖機能）を純粋に追求するようになるという事実を示している。そして、この本来の資本家は産業と銀行を「貨幣資本」の所有によって支配し、そして少数の資本貴族、「金融貴族」として各株式会社の上に君臨するのである。結局、ヒルファディングの「所有と機能の分離」論は、経営管理者として資本家が無用化するということを示している。資本家は、生産過程を外部から支配する「所有特権者」となり、「組織された資本主義」においては、前の時代からたまたま（zufällig）引き継いだ敵対的所有基盤によって社会的生産を支配し、社会的生産物の分配に決定的な影響をあたえるのである(68)。

ヒルファディングにあっては、「組織された資本主義」における階級関係は次のように規定される。すなわち、階層的に組織された、生産過程の指揮機能をますます我がものにする、官吏に似たような性格をもった生産者大衆と生産過程の外部にたち社会的・経済的特権をもつ「所有資本家」とのあいだの対立関係として規定される。彼は、「組織された資本主義」の階級関係のもとでは、社会主義運動がもはや貧困と窮乏を問題とするのではなく、社会全体の利益を追求する運動、そして経営における昇進機会の平等化をめざした経済民主主義の運動として進められると考えるのである。

以上、我々は「組織された資本主義」における階級関係の問題を考察してきた。ヒルファディングは、労働者にしても資本家にしてもその性格が大きく変化したのであり、階級関係が一面では複雑に階層化し、他面では生産者層と特権的所有者との対立に帰着していくと考えている。

我々は、ヒルファディングが巨大企業の発展による経営管理部門の肥大化やサービス部門の比重の増加にともなう「新中間層」の増加傾向、さらに資本主義のもとで労働の社会化が労働者の階層分化をともなっているという点に着目したことを一定評価できよう。確かにこのような労働者階級のなかでの構造変化は現代資本主義のかかえている重要な問題の一つである。現代資本主義は、労働者階級をますます統一されざる「大衆」に変えていっている。しかし、他方で、現代資本主義を動かしているものは、あいかわらず資本の自己増殖運動、蓄積運動である。利潤追求という資本の論理は、大多数の人間を利潤追求の手段と化している。ヒルファディングは、経営者を資本家の代理人とするが、その「機能資本家」としての役割にあまり注意を払っていない。経営内、生産過程内においても、資本の価値増殖運動の担い手と手段という形で人間関係における線引きがある。資本の担い手である、経営専門家集団（機能資本家集団）は、その専門家意識および自らの地位の確保と上昇のために、ある意味では古典的な資本家より資本の価値増殖運動を純粋に貫徹させる役割を担う。ヒルファディングは、この点を曖昧にしたまま、生産過程における位階的性格を述べ、ただ経営の指導的地位への昇進機会が所有特権階級によって不平等化され、特権化されている事実を強調する。

周知のように、一九二〇年代のアメリカにおける「株式の大衆化」現象などの観察からバーリー＝ミーンズやバーナムらの「経営者革命論」が生じたし、その後いわゆる「テクノラート支配論」も生まれた。これらの見解は、現代資本主義における階級関係の複雑化といった現象を反映したものであり、あらためて、資本家とは何か、労働者とは何かを我々に問いかける。ヒルファディングの見解も、現代資本主義の現象を先取り的に反映したものであり、一つの現代資本主義論として学説史的に位置づけられる。

(6) 国家と政治の経済的役割

アメリカの一九二〇年代は、独占体にとって「自由経済」下の繁栄を謳歌した時代だった。それとは対照的に同じ時期のドイツでは、国家と政治が資本主義の復興と発展のために比較的大きな役割をはたした。それは、確かに第一次大戦中における戦時統制経済とは異なり、統制色を後退させ、市場経済を復活する動きをともなっていた。しかし、第一次大戦の敗戦国ドイツにおいて、領土と市場を失い、巨額の賠償金を課された結果、戦後資本主義の危機が集中的にあらわれ、その危機が、生産の社会化の高度な発展とともに、財政的な制約があるものの、国家と政治の経済介入を強く要求した。

経済における国家と政治の役割の増大という資本主義の新しい現象は、当然当時の社会主義者たちの注目するところとなった。コミンテルンでは、一九二八年ごろ、ラピンスキー、ブルム、ヴァルガを中心に、国民所得に占める財政の比重の増加、国家の企業者活動などを内容とする国家独占資本主義論が議論された。一方、第二インターナショナル（ＳＡＩ）の理論家たちは、ヒルファディングをはじめ、「組織された資本主義」論のなかに国家と政治を積極的に位置づけようとした。

ヒルファディングは、前掲論文「農業問題への理論的評註」（一九二七年）において、「経済管理（Wirtschaftsführung）がもはや企業家の私事ではなく、公的職務とみなされはじめたことが、自由競争の経済とは反対に組織された資本主義経済の特徴的メルクマールの一つである」と述べている[69]。「組織された資本主義」において経済管理が公的職務になるという見解は、ヒルファディングが国家の経済介入を説明する際に基本的視点をなしている。以下、一九二四年の論文「時代の諸問題」と一九二七年のキール大会での報告を中心に、国家の経済介入に関するヒルファディングの所論を検討したい。

「時代の諸問題」は、カルテル・トラストなどの資本家的諸組織と戦後に実現された民主国家の対抗関係について、こう述べている。

カルテルやトラストなどの権力中枢（Machtzentren）は、経済活動における法律上の平等権を支配従属という経済的内実によって破壊し、さらに国家を彼らの権力目的のために奉仕させようとする。しかしそれは、戦後に民主的基盤の上に打ちたてられた政治組織と衝突するようになる。したがって資本家的諸組織は今や行政官庁の組成や政党にたいしてあらゆる手段を用いて影響をおよぼし、その経済的権力を政治的権力に置き換えることに努める。それにたいして、「国家のカルテル政策は、いかにして可能になるのか」[70]*。

＊　ヒルファディングは、ここでおもに一九二三年の経済的権勢濫用禁止令（通称カルテル規制令）を事実上念頭においている。この法令は、ライヒ経済大臣とカルテル裁判所にカルテル規制の大幅な権限をあたえたものだが、条文の表現が抽象的で

あり、実際的運用上かなりの問題を残していた。(71) ヒルファディングは、この法令をいかに改善し、これに現実的意味をもたせるか、という形で問題をたてている。

ヒルファディングは、その回答を、戦後に政治的自覚と政治的影響力を増大させた労働者組織の力のなかに見いだす。戦争は、生産者組織すなわち労働組合の協力なくして遂行できなかった。国家はその協力と引き換えに労働組合に一定の譲歩をおこなった。その結果、戦争は労働者の地位向上と力の自覚をもたらし、労働者を重要な政治勢力に育てあげた。今や「戦時中に無制限のように思われた国家の経済への力を、戦後に労働者が利用するという意志が呼び起こされた(72)」。

戦時統制経済は、国家の強権による経済の計画化の試みであった。第一次大戦中の諸論文で、ヒルファディングは、この戦時統制経済の観察から、「資本主義的独占と国家の連合」した諸力を頂点とする階層的に「組織された資本主義」あるいは「組織された国家資本主義」の可能性を考えた。(73) しかし戦争の終結とともに統制体制は解除され、独占的諸組織は再び「経済的自由」を獲得した。そこでヒルファディングは、「時代の諸問題」で、戦時中に見せた経済にたいする国家の力を、今度は労働者階級の利益のために利用することを提唱する。そしてこの見解を、国家論の面から裏づけることも試みている。

ヒルファディングは、国家を支配階級の組織とみなすマルクスの理論にたいし、より「包括的な国家論」を形成する必要性を認めている。というのは、戦後に西欧において民主主義が広範な勝利を得たのであり、民主国家形態の拡大がもたらされたからである。民主国家は、労働者階級の力によって実現され、労働者階級の擁護なくして存立しえない。国家はもはや労働者にとって迂遠な存在ではなくなり、その政策決定に労働者の意志も反映される。*(74)

＊　同じ年の一九二四年の論文「現実主義的平和主義」において、ヒルファデイングはこう述べている。民主主義によって「階級の政治的力関係が絶えずはかられ、そしてこの力の認識はそれを顧慮することを容易にする。さらにこの力は直接的に民主主義における国民の意志の合成力をなし、国家の意志決定をなすものである」[75]。

こうしてヒルファディングは、「民主国家論」に依拠し、さらに戦後における労働者階級の政治的影響力の増大を背景にしつつ、カルテルの政治的規制など労働者階級の経済政策を貫徹させる手段として――戦時に経済にたいして強力な権限を獲得した――国家権力を利用しようと考えた。そして彼は、経済の階層的組織（資本家的経営組織）と民主的組織（労働組合など）との対抗図式を描き、経済を民主的に規制ないし改革してゆく経済民主主義の運動の一環として、国家の経済介入を要求したのである。

以上のヒルファディングの見解は、一九二七年のキール党大会での報告において、「相対的安定期」のその後の経過をふまえて、豊富化され体系化されている。この演説は、国家の経済介入を「組織された資本主義」のもっとも重要な特徴として指摘しており、合理化運動が公的諸機関によって指導されたという事実を確認して、こう述べている。「経済性管理局ならびに一般に官庁によって促進された合理化をめざすすべての諸機関は、経営の生産能率の引き上げを企業家に奨励したが、これは企業の管理がもはや企業家の私事ではなく社会的職務になったと社会が宣することを意味するにほかならない」[76]。

このようにヒルファディングは、合理化運動の経験から、経済管理が企業家の私事ではなく公的職務になったという結論を引きだす。そしてこれを「組織された資本主義」の重要なメルクマールとみなし、さらには、「経営および経済管理が社会の職務として考えられる場合、それは社会主義的原理」を意味するとさえ述べている[77]。

この点、ヒルファディングは、別の一論文では、こう述べている。

「フーバーの産業の無駄排除運動、たとえばドイツ経済性管理局、ドイツ工業規格委員会その他の定型化、よけいな分散の回避をめざした企てにたいする国家の支持と奨励は、純経済的法則が役だたなくなった分野で生産を促進する社会的諸規制である[78]」。

ところで右の「社会主義的原理」というヒルファディングの言葉は、いかなる意味で使用されたのだろうか。別のところで「社会主義的原理」は、こう用いられている。

「組織された資本主義は、それゆえ実際には、自由競争の資本主義的原理を計画的生産の社会主義的原理によっておきかえることを意味する。この計画的・意識的に指揮された経済は、高度の可能性をもって社会の意識的干渉、すなわちほかならぬ社会の唯一の意識的で強制権力を備えた組織である国家の干渉下にある[79]」。

これは、次の関連で述べられた。ヒルファディングによれば、これまで社会主義に反対する主要論拠は、私的所有者の利己心にもとづく自由競争のみが経済発展と技術革新を保障するということであった。しかし今日コンツェルンの指導者は、生産効率をあげるためコンツェルン内部で自由競争を排除し、計画的生産を試みる。それに対応して現代経営学（ニクリッシュやシュマーレンバッハに代表される――著者）では、利己心にもとづく自由競争を「科学的計画法」におきかえる研究が進められている。こうして資本主義は、自分自身で社会主義にたいする心理的反発を取り除き、社会主義の経済管理の原理を生みだす[80]。「計画的生産の社会主義的原理」は、これにつづいて述べられているのである。

このことから我々は、ヒルファディングのいう「社会主義的原理」が自由競争の排除とともに何よりも経営と経済の管理方法が科学化し計画化されている事実をさしていることをうかがい知る。この管理方法は、生産の最大効率を基準にしたもので、合理化の一環として探究されたのである。合理化運動の観察から、ヒルファディングは経済および経営の管理が科学化し計画化され、ひいては社会的職務とみなされるようになったことを認識し、経済の管理と指導がすでに社会主義的内実をそなえるにいたったと結論する。「社会主義的原理」という表現は、合理化運動の評価から得た結論を集約的に表現したものにほかならない。また、一九二五年のハイデルベルク綱領報告において、ヒルファディングは、経済がしだいに公共的性格を有するようになったことを、シュティンネス・コンツェルンの破産の処理が全ドイツ的問題になった事例をあげて説明している(81)。

ヒルファディングによれば、経済のこのような社会主義的内実にたいしては、依然として資本主義的形態が対応している。彼は、経済のこの関係から、国家の経済における新しい役割を指摘している。つまり、資本主義から社会主義への、いわゆる構造的改革をもたらすものとして、国家の経済干渉を位置づけているのである。

ヒルファディングは、国家の経済干渉の意義を、私的利益をめざす資本家的組織と全体の利益を代表する民主国家とのあいだの対抗関係のなかに見る。経済の社会主義的内実からいって、社会主義が時代の問題になっているという。「……問題は、いかなる形で我々がその（経済と国家の――著者）相互浸透を形成するかにある。それは、我々の世代が、国家の助力すなわち意識的・社会的調整の助力をもって、この資本家によって組織され指揮された経済を民主国家によって指揮された経済に転化するという問題を提出されていることを意味するにほかならない(82)」。

ヒルファディングは、この経済変革の道について、「社会改良が社会主義への道を切り拓く」と述べている(83)。そして「経済と国家の浸透の増加、経済の組織によってますます緊密化するその相互関係」が、資本主義から社会主義への構造的改革を内容としていることを明らかにしている。国家による経済干渉は、自由競争の時代にすでに租税、貨幣ならびに通商政策を内容としている。しかし「組織された資本主義」の時代における国家の経済干渉は、社会主義への改革との関係で、質的に新しい内容を獲得している。ヒルファディングは、その具体的事実として、いわゆる政治的価格と政治的賃金について、こう述べる。

今日パン価格や肉価格は、経済価格であるのみでなく政治的力関係によって決定される政治価格でもある。しかしもっと重要で新しいことは直接的にプロレタリアートの運命にかかわる領域、すなわち労働市場における国家統制である。革命の成果である失業保険は、労働市場における需要と供給の一定の調整を可能にする。今日我々は賃金協約制度や仲裁裁判所によって政治的賃金規制、政治的労働時間規制をおこなっている。労働者の個人的運命は国家の政策によって決定される。したがって我々は労働者の頭のなかに、週賃金が政治的賃金であること、週末にいかに賃金が形成されるかは、労働者階級の議会の代表の強さ、議会外でのその組織と社会的力関係の強さにかかっているという事実をたたきこまなければならない[84]。

ヒルファディングは、この政治的賃金および政治価格を、社会と国家の意識的干渉下におかれた組織された経済においてはじめて可能になったものであり、新しい「大きな経済・社会・政治的意義をもった要素」だと述べている。彼は「組織された資本主義」のなかに資本主義から社会主義への過渡的性格をみとめる見地から、労働力市場を中心とした市場価格機構への政治的介入に注目した。国家の経済介入は、この見地から、他の分野にも進展してゆく性格をもっている。

これについてヒルファディングの他の諸論稿や演説を参考にしつつ述べると、彼は、第一に、前述のごとく国家によるカルテル規制の発展も考えていた。第二に、農業の分野において、マルクの安定以来「農業ほど国家の諸措置に依存した生産部門はほかにほとんどない」と指摘し、国家の介入の例として、ライヒスバンクによる農業金融とライヒ穀物機関によるライ麦価格の直接的管理をあげている[85]。国や自治体の助成によって農産物販売を組織化し、価格を安定させることは、「相対的安定期」におけるヒルファディングの農業政策の基本的一要求をなしていた。[86] 第二に、石炭・カリ産業における価格決定の国家的管理を、国家の経済干渉の重要な事実として指摘している。[87] 石炭・カリ産業は、戦後革命期に制定された「炭鉱業規制法」（一九一九年三月）と「カリ産業規制法」（一九一九年四月）――社会化運動の遺産――にもとづき、ライヒ石炭評議会（Reichskohlenrat）やライヒカリ評議会（Reichskalirat）のもとに強制シンジケート化されており、価格決定に際してライヒ経済大臣の影響力下におかれていた。[88] この評議会は社会主義者たちによって「経済自治体」（wirtschaftlicher Selbstverwaltungskörper）とよばれ、社会主義への中間的・過渡的組織形態とみなされた。[89] ヒルファディングも同じ意味でこの事実に注目したのである。

政治的賃金決定のほか、ヒルファディングは、いくつかの分野において国家の経済介入の事実がすでに存在しているのを認め、これらを彼の社会主義的見地から評価している。そしてさらにその発展の方向が拡がっていくと考えるのである。ところが彼は、管見の限りでは、ライヒと自治体の公企業活動には言及していない。

この点補足的に述べておくと、現実には国公有企業は、金融業のほか電力、交通、合成窒素、アルミニウムなど重要な原料・動力・動脈部門における独占的地位を占めた。その活動は、ドイツの合理化過程を支える不可欠な部分を形成していた。とくに合理化が電化を基礎にした工場生産の変革を重要な内容とし、この過程で中央発電所への動力生産の集中と全国的配電網の形成によって生産のより高次な社会化が進められた。その際、国公有企業は電力生産のほぼ八〇％を独占したのである。結局、ライヒと自治体の公企業活動は、一九二〇年代のドイツ資本主義の危機に対応した独占資本の蓄積運動を支えると同時に、株式会社形態をとり企業の運営が資本家に委ねられたことなどから、独占資本の拠点さえ形成した。そしてこの意味でそれは現代資本主義における国家と政府の経済的役割の重みを示す重要なファクターをなしていた。[90]*

＊ ライヒの公企業活動は、政府出資の持株会社である、合同工業企業株式会社（Vereinigte Industrie Unternehmungen A. G.）をとおしてなされた。ヒルファディングは、一九三〇年から翌年までこの会社を監督する地位についた。[91]

ヒルファディングは、公企業活動を無視したのではないだろう。ＳＰＤハイデルベルク綱領のなかには、ライヒと地方自治体の公企業活動を助成する任務が述べられていた。[92] また一九二八年のＦ・ナフタリ編『経済民主主義――その本質・方法ならびに目標――』においては、経済民主主義への道の一つとして、公企業活動が位置づけられていた。[93] ヒルファディングも、他の社会主義者たちと同様に、これを経済民主主義への歩みの一環としてとらえるか、合理化運動にたいする国家と自治体の支援措置としてとらえたと思われる。

キール党大会報告におけるヒルファディングの「国家の経済介入」論は、こうして国家を利用した資本主義の構造上の諸改革をおもな内容にしたものであった。その際、彼のこの見解は、政党政治からなる民主国家論にもとづく。この点、簡単に触れておこう。

マルクスは、国家が支配階級の道具であるという。これにたいしてヒルファディングは、この見解があらゆる歴史に共通する国家形式を述べているにすぎず、「組織された資本主義」の時代に特有な国家論たりえないと指摘している。「現代国家の本質的要素は政党」にある。この政党の役割の位置づけに現代国家論の要がある。マルクスの見解が貫徹するにしても、それは、「政党闘争が階級相互の闘争を反映するのにほかならず、それゆえ政党闘争が階級対立の表現である」限りにおいてである。

ヒルファディングは、政党の役割の強調から、国家の政策が資本家階級の意志を一方的に反映するものではなくなったと述べている。さらには、「全体の利益における経済の指揮と支配のための手段として国家を使用」し、労働者階級の増大する影響下に資本主義社会を服させるべきであると主張する。[94] 彼は、国家が全体の利益を代表する性格を兼ねそなえるにいたったことを強調する。この考えにもとづき社会主義への漸次的な構造変化を指向する上で、国家の経済介入を「組織された資本主義」に位置づけたのである。

以上、ヒルファディングは「時代の諸問題」で、ワイマール共和国内で労働者階級が強大な政治的影響力をもち、国家の政策決定に参加するようになったという認識を示し、経済民主主義への一つの道として、国家の経済介入を論述した。キール党大会での報告では、資本主義の組織化・計画化にしたがって経済の指揮と管理が公的性格をおびるようになったと述べる。彼は、政治的賃金や政治的価格の存在をとりあげて、国家の経済介入を社会主義への資本主義の「構造的改革」の道として把握している。*

＊ ヒルファディングの「組織された資本主義」論は、経済をコントロールする上で財政政策の積極的な役割を考慮したものではない。一九二九年世界大恐慌とこれにつづく世界大不況期におけるヒルファディングの行動は、彼が赤字財政政策に反対であったことを示している。この点、H・A・ヴィンクラーは、ケインズ主義的な「組織された資本主義」論の見地にたって、ヒルファディング理論の不完全さを指摘し、ケインズ革命以前には一般に「組織された資本主義」の完全に発展したタイプについて語ることは無理だったと評価している。[95]

(7) 小 括

この節では、ヒルファディングの「組織された資本主義」論の理論構造について、まず一般的な考察をおこない、つづいて各論的にたちいって論述してきた。一般的考察においては、『金融資本論』で純理論的な抽象的可能性として示された「組織された資本主義」論が、一九二四年の論文「時代の諸問題」から一九二七年のキール党大会での報告までの推移のなかで、いかに具体化され豊富化していったかを見た。各論では、農業問題、合理化、階級関係の変容、国家の経済的役割などを論点として、彼の「組織された資本主義」論が、相対的安定期の資本主義の現実にたいするいかなる具体的な認識のもとで生まれたかを示した。小括として、資本主義の「相対的安定期」の一資本主義観として彼の「組織された資本主義」論の経済学説史的評価を試みたい。

『金融資本論』ではヒルファディングは、第一次大戦までを金融資本・帝国主義の時代とみなし、それを社会主義への前夜・前段階だと特徴づけ、帝国主義戦争、資本主義の危機から社会革命を展望していた。ところが第一次大戦後、資本主義は革命の危機を切り抜け、新たな安定と発展の局面をむかえたのであった。このような事態に直面して、ヒルファディングは、「危機→革命」説と左翼主義的な立場を放棄し、「組織された資本主義」論を唱えた。彼は、今や『金融資本論』における金融資本を頂点とした、いわば「資本主義の組織化」論を生かし、これを理論的基礎として「組織された資本主義」論を展開した。この意味では、彼の「組織された資本主義」論は、『金融資本論』の理論の部に取って代わるものではなく、これを理論的基層にした現実分析であったと言える。*

＊　P・M・スウィージーは、一九三一年にヒルファディングが書いた論文「資本主義的発展の固有の法則性」を取り上げ、「一九一〇年と一九三〇年とのあいだに生じたあらゆる変化にもかかわらず、ヒルファディングが一九三〇年になってもなお、『金融資本論』の議論をほとんど一言一句そのまま反復している」と指摘している。(96) 確かにヒルファディング自身が述べているように、この論文は『金融資本論』を簡単に要約したものである。しかしこの要約は「組織された資本主義」に収斂する形でなされており、それぞれの理論部分も『金融資本論』におけるのとは若干異なる位置づけをあたえられていること

に注意しなければならない。他方で、スウィージーのこの指摘は、ヒルファディングの「組織された資本主義」論がいかに『金融資本論』の理論経済学の延長線上に構築されたものであるかを示している。

本節では、「資本主義のいわゆる相対的安定期の一資本主義観」としてヒルファディングの「組織された資本主義」論を具体的に検討した。それは、『金融資本論』で述べられた「貨幣なき社会」の抽象的な将来像とは異なり、現実分析論として、経済をコントロールし、景気循環の有害な作用を緩和しうると述べたものであった。ヒルファディングは、資本主義がもはや発展の動力を失ったとは考えず、むしろ「組織された資本主義」の生産力的基盤を示すために合理化運動に注目するなど、現代資本主義に結びついていく、資本主義の過渡期的な発展の諸特徴を読み取っていく。資本主義の新たな発展と変化を強調するヒルファディングの考えには興味深い論点が見られる。彼の農業問題論、合理化論、階級関係の変容論、国家の経済介入論のどれを見ても、今日の我々の視点から見ても、それほど違和感が生じない。まさしくヒルファディングは、現代資本主義の重要な発展傾向に注目し、彼なりの回答をあたえているのである。現代資本主義論の学説史的評価の点では、ヒルファディングの「組織された資本主義」論は、「テクノラート支配論」、「構造改革論」、「福祉国家論」などに結びつく方向性をすでに示している。また、ケインズ主義の「修正資本主義論」とか「混合経済論」を有力な理論とする、資本主義経済の、景気循環のコントロールの可能性を追求する、いわば「組織資本主義」論の理論的系譜に位置づけられる。ヒルファディングは、「資本主義の組織化」論に基づき、資本主義の新たな発展と変化の方向を彼なりに読みとり、その社会認識、時代認識を深めていった。こうした鋭い現実認識こそが、現代資本主義論の一学説として、ヒルファディングの「組織された資本主義」論に積極的な意義をあたえるのである。

もちろん我々は、ヒルファディングの「組織された資本主義」論の限界も指摘しなければならない。とりわけ競争の止揚傾向を一面的に強調している点があげられる。ヒルファディングにたいして、これまで独占に関する彼の無理解が批判されてきた。たとえば、コミンテルンは、第三期論とブハーリン批判との関連で「組織された資本主義」論について討論した時、ヒルファディングらの「独占」把握にたいし、独占が競争を排除しないと述べたレーニンの見解を対置し、さらに競争が現実に広範に存在する事実を列挙して批判した。* このような批判の仕方は、今日までつらぬかれている。そしてヒルファディングの「組織された資本主義」論が一九二九年にはじまった世界大恐慌と階級闘争の激化の現実によって、その誤りを完膚なきまで暴露されたと述べる点で一致をみている。

＊ たとえば、M・ユェルソン（Joelson）の論文「独占資本主義か『組織された』資本主義か」は、ブハーリンやヒルファディングの「独占」把握に対置して、レーニンの見解——独占は競争を排除せずそれと矛盾・軋轢・対立関係にあること、金融資本と帝国主義が旧い資本主義の広大な基層のうえにたつ上部構造を意味することなど——を述べ、次のような独占と競争の対立関係の現実を列挙する。

工業と農業のあいだ、工業間、地方間の不均等発展にもとづく広範な競争の存在。独占的連合体とアウトサイダーとのあいだの競争。カルテル・シンジケート内での割当競争。代替商品間、企業者と消費者のあいだの競争。トラスト間の競争。労資間の競争（階級闘争）など。このようにユェルソンは、「組織された資本主義」にたいして、競争の広範な存在の事実を対置して批判する。(97) ヴァルガの論文「独占形成の諸問題と『組織された資本主義』の学説」も、ほぼこれと同じ観点からの批判をおこなっている。(98)

我々は、確かにヒルファディングの独占理解には、競争の止揚傾向を一面的に強調する難点があると考える。しかし、この批判をレーニンの見解の対置によって済ますことはできない。第一次大戦後資本主義は、独占の巨大な発展をとげていった。たとえばドイツでは独占資本同士の結合からIGファルベンや合同製鋼のように前代未聞の巨大独占資本が出現した。アメリカやドイツなどの合理化過程は、経済を新しい生産力水準にのせ、いわゆる現代的生産様式、生活様式を準備した。さらに化学、電機、自動車工業の台頭は、産業構造の変化と経済の内包的発展をもたらし、資本主義のその後の発展の方向性を示した。そしてドイツでは、生産の社会化は、国家を独占資本の蓄積機構に組みこむ形で進展したのである。したがって第一次大戦後資本主義の分析は、巨大独占資本化の論理、生産力と蓄積様式の新しい関係を問うことなしに済ますことができない。独占体制は、一般化、重層化、巨大化、世界化の道を進む。我々は独占体制下の諸資本の競争と蓄積運動を基軸にして第一次大戦後の資本主義の新しい諸問題と新しい発展を説明しなければならない。そして、これが世界大恐慌と世界大不況に終わり、さらに第二次大戦後に本格化する現代資本主義の発展に結びついていく事実を究明しなければならない。つまり、我々は、独占と競争の対立・矛盾というレーニン的な指摘に満足できず、むしろ、独占体制下においても展開される諸資本の競争とその強制による資本蓄積運動を軸にして、景気循環を描きつつ（時として危機をともなう）進行する資本主義の動学的な発展を説明する理論を必要としているのである。

注

（1）レーニン『帝国主義論』国民文庫版、一七頁。

（2）これについては、森杲「『相対的安定期』の分析視角（その1）コミンテルンの世界経済論（2）」（北海道大学『経済学研究』第二四巻第二号、一九七四年七月）、嶺野修『コミンテルンと帝国主義一九一九－一九三二』勁草書房、一九九二年を参照。なお、コミンテルンの諸家の見解の相違については、両大戦間期の歴史的推移も考慮していかなければならない。嶺野氏は、これを詳細に明らかにしている。

（３）Karl Renner, Auf dem Weg zur grossen Erneuerung, in: *Die Gesellschaft*, 5.Jg., Bd.2, 1928, S.292f.「生きたマルクス主義」については、Kurt Langer, *Sozialdemokratische Wirtschaftstheorien der Nachkriegszeit*, Basel 1937, S.16-18.

（４）R. Hilferding, Probleme der Zeit, in: *Die Gesellschaft*, 1.Jg., Bd.1, 1924, S.1f.　R・ヒルファディング『現代資本主義論』倉田稔・上条勇訳、新評論、一九八三年、六五頁。

（５）Ebenda. 同上、六六頁。

（６）Otto Bauer, *Die Wirtschaftskrise in Österreich, Ihre Ursachen-ihre Heilung*, Vortrag auf der Hauptversammlung 1925 des Bundes der Industrieangestellten, Wien 1925, S.3.

（７）R. Hilferding, Die Reichstagswahlen und die Sozialdemokratie, in: *Sozialdemokratischer Parteitag 1924. Protokoll.*, Berlin 1924, S.169-171.

（８）R. Hilferding, Bericht über das Parteiprogramm,in: *Sozialdemokratischer Parteitag 1925 in Heidelberg. Protokoll.*, Berlin 1925, S.278f.

（９）R. Hilferding, die Eigengesetzlichkeit der kapitalistischen Entwicklung, in: *Kapital und Kapitalismus*, Hrsg.v. Bernhald Halms, Berlin 1931, Bd.1, S.27. 倉田・上条前掲訳書、一〇頁。

（10）Ebenda, S.29. 同上、二一頁。

（11）Das Parteiprogramm der SPD, in: *Sozialdemokratischer Parteitag 1925 in Heidelberg. Protokoll.*, Berlin 1925, S.5. W・アーベントロート『ドイツ社会民主党小史』広田司朗・山口和男訳、ミネルヴァ書房、一九六九年、一八三頁。

（12）R. Hilferding, Bericht über das Parteiprogramm,a.a.O., S.280f.

（13）R. Hilferding, Die Aufgagen der Sozialdemokratie in der Republik, in: *Sozialdemokratischer Parteitag 1927 in Kiel. Protokoll.*,Berlin 1927, S.166. 倉田・上条前掲訳書、八四－八五頁。

（14）Ebebda, S.166-170. 同上、八五－八六頁。

（15）エル・レオンチエフ「『組織された資本主義』と『経済民主主義』」（ベ・ボリリン『ブハーリン『転形期の経済学』批判』高尾正之助訳、叢文閣版、一九三〇年、付録）、一二九－一五五頁を参照。

（16）服部英太郎『ドイツ社会政策論史（上）』著作集Ⅰ、未来社、一九六七年、三六－三八頁を参照。

（17）Karl Renner, Die wirtschaftlichen Grundlagen der sozialistischen Politik nach dem Kriege, in: *Der Kampf*, Bd.21, 1928.

（18）Otto Leichter, Der organisierte Kapitalismus und seine Dialektik, in: *Der Kampf*, Bd.21, 1928.

（19）Otto Leichter, Kiel und Linz, in: *Der Kampf*, Bd.20, 1927, S.308.

（20）Georg Decker, Der Kapitalismus von heute, in: *Die Gesellschaft*, 5.Jg., Bd.2, 1928.

（21）R. Hilferding, Bericht über das Parteiprogramm, a.a.O., S.271, Theoretische Bemerkungen zur Agrarfrage, in: *Die Gesellschaft*, 4.Jg., Bd.1,

1927, S.428.
（22）Otto Bauer, *Zum Parteitag*, in: *Der Kampf*, Bd.18, 1925, S.404-406.
（23）浅井啓吾「ドイツ社会民主党研究序説（下）――世紀転換期における正統主義と修正主義をめぐって――」（『経済系』五九・六〇集、一九六四年）、山口和男「農業綱領をめぐる論争」（『ドイツ社会思想史研究』ミネルヴァ書房、一九七四年、第二章）を参照。
（24）この邦訳は、社会経済研究所『農業政策綱領』政策綱領体系1、春秋社版、一九二九年の付録にある。
（25）R. Hilferding, Theoretische Bemerkungen zur Agrarfrage, a.a.O., S.411-432.
（26）豊永泰子「ドイツ社会民主党と農業綱領問題――一九一八年－一九二七年――」（大野英二・住谷一彦・諸田実編『ドイツ資本主義の史的構造』有斐閣、一九七二年、二）、原田溥「ドイツ社会民主党とキール農業綱領」（九州大学『社会科学論集』第一二号、一九七二年二月）を参照。
（27）R. Hilferding, Theoretische Bemerkungen zur Agrarfrage, a.a.O., S. 429.
（28）R. Hilferding, Handlspolitik und Agrarkrise, in : *Die Gesellschaft*, 1.Jg.,Bd.1, 1924, S.115-118.
（29）Ebenda, S.117.
（30）原田溥「ドイツ資本主義の農業問題」（『九大経済学部四〇周年記念論文集』、一九六七年）、谷口信和「ワイマール・ナチス期におけるドイツ農民層分解の特質」（『商学論集』第四五巻第一号、一九七六年七月）、渡辺寛「世界農業問題」（『講座・帝国主義の研究2世界経済』青木書店、一九七五年、第三章）を参照。
（31）R. Hilferding, Politische Probleme, in : *Die Gesellschaft*, 3.Jg., Bd.2, 1926, S.301.
（32）R. Hilferding, Deutche und internationale Verschuldung,in *Überseejahrbuch Hamburg*, Bd.5, 1928, S.55 ff.
（33）Ebebda, S.61-62.
（34）有沢広巳・阿部勇共著『産業合理化』経済学全集34、改造社、一九三〇年、一四九－一五三頁、服部英太郎『ドイツ社会政策論史（上）』著作集I、未来社、一九六七年、八八－九〇頁。
（35）服部英太郎、同上、第一・二章。
（36）R. Hilferding, Probleme der Zeit, a.a.O.,S.7. 倉田・上条前掲訳書、七〇頁。
（37）R. Hilferdings Rede, in: *der Verhandlungen des Vereins für Sozialpolitik in Wien 1926. Schriften des Vereins für Sozialpolitik*, Bd.172, 1926, S.115.
（38）R. Hilferding, Deutche und internationale Verschuldung, a.a.O., S.61 ff.
（39）R. Hilferding, Probleme der Zeit, a.a.O.,S.6. 倉田・上条前掲訳書、六八頁。

（40） Ebenda. 同上。

（41） R. Hilferding, Bericht über das Parteiprogramm, a.a.O.,S.280. なお、ここでいう新燃焼法とは、褐炭などの効率的利用をめざして開発された塵炭炉（Kohlenstaubfeuerung）の、炭粉を燃焼室に吹きこみ着火・燃焼させる方法を意味する。動力源の褐炭への推移は、ドイツ工業のかなりの部分を褐炭の豊富な中部ドイツへ移転させる一原因となった（Otto Bauer, *Kapitalismus und Sozialismus nach dem Weltkrieg, Bd.1: Rationalisierung-Fehlrationalisierung,* Wien, 1931, S.13fより）。

（42） R. Hilferding, Bericht über das Parteiprogramm, a.a.O., S.280f.

（43） 大泉英次「一九二〇年代ドイツ資本主義論への視角――独占資本主義と『国民経済』――」（北海道大学『経済学研究』第二六巻第一号、一九七六年三月）一八六－一八七頁を参照。なおアメリカについては森杲『アメリカ資本主義史論』ミネルヴァ書房、一九七六年、第六章三を参照。

（44） R. Hilferding, Politische Probleme, a.a.O.,S. 291f.

（45） 工藤章「〈研究ノート〉相対的安定期のドイツ化学工業」（『社会科学研究』第二八巻第一号、一九七六年）を参照。

（46） R. Hilferding, Die Aufgaben der Sozialdemokratie in der Republik, a.a.O., S.166. 倉田・上条前掲訳書、八五－八六頁。

（47） 合成化学の発展に関連していえば、ヒルファディングは、すでに第一次大戦前に化学工業の急速な拡大に注目しており、マタレの装置論を取りあげてその紹介論文を書き、労働手段としての装置の重要性を強調している（R. Hilferding, Eine neue Untersuchung über die Arbeitsmittel, in: *Die Neue Zeit,* 32.Jg., Bd. 1, 1913/14, S. 981-985）

（48） R. Hilferding, Deutche und internationale Verschuldung, a.a.O., S.61 ff.

（49） R. Hilferding, ［Bücher］ Adolf Weber: *Hat Schacht recht ?* ―― *Die Abhängigkeit der deutschen Volkswirtschaft vom Ausland,* in: *Die Gesellschaft,* 5.Jg., Bd.1, 1928, S.182-184.

（50） R. Hilferding,Deutche und internationale Verschuldung, a.a.O., S.63.

（51） わが国における研究では、ドイツ合理化運動にかんして、必ずしもわたしのように積極的評価があたえられているわけではない。むしろ積極的評価と消極的評価に分かれている。これについては安保哲夫「資本輸出分析ノート（二）相対的安定期ドイツの産業合理化とアメリカの資本輸出」（『社会労働研究』第一七巻第三・四号、一九七一年）を参照。

（52） 栗原優「ワイマール・デモクラシーと工業団体」（『歴史学研究』別冊特集、一九七六年一一月）一四五－一四六頁を参照。

（53） R. Hilferding, Politische Probleme, a.a.O.,S. 292.

（54） R. Hilferding,Die Aufgaben der Sozialdemokratie in der Republik,a.a.O., S.168. 倉田・上条前掲訳書、八八頁。

（55） R. Hilferding, Gesellschaftsmacht oder Privatmacht über die Wirtschaft（Referat gehalten auf dem 4. AfA-Gewerkschaftskongreß Leipzig 1931),

Berlin 1931, S.11. 倉田・上条前掲訳書、一二五—一二六頁。

(56) Otto Bauer, *Kapitalismus und Sozialismus nach dem Weltkrieg*,a.a.O., S.184ff.

(57) R. Hilferding, Probleme der Zeit, a.a.O., S.5. 倉田・上条前掲訳書、六九頁。

(58) Ebenda,S.2 f. 同上、六六頁。

(59) R. Hilferding, Bericht über das Parteiprogramm, a.a.O., S.276 f.

(60) オットー・バウアーは、前掲書において、合理化運動の担い手として技術者がはたした積極的な役割を評価し、それらの関連で経営の管理部門の膨張と専門化——彼によれば産業ビュロクラシー（industrielle Bürokratie）の急速な発展——について比較的詳しい分析をおこなっている（Otto Bauer,a.a.O., S.118-128）。

(61) R. Hilferding, Bericht über das Parteiprogramm, a.a.O., S.277.

(62) Das Parteiprogramm der SPD, a.a.O., S.5. W・アーベントロート『ドイツ社会民主党小史』（前掲）一八三頁。

(63) 「〈資料〉ドイツ・オーストリア社会民主労働党のリンツ綱領」（田川恒夫訳、『季刊・社会思想』三—一、一九七三年）一八九—一九一頁。

(64) R. Hilferding, Probleme der Zeit, a.a.O.,S.3. 倉田・上条前掲訳書、六六頁。

(65) R. Hilferding, Die Reichstagswahlen und die Sozialdemokratie,a.a.O., S.165f.

(66) Kurt Langer, *Sozialdemokratische Wirtschaftstheorien der Nachkriegszeit*, Basel 1937, 6. Kapitel. 服部英太郎『賃銀政策論の史的展開』著作集Ⅲ、未来社、一九七一年、第二篇第一章を参照。

(67) R. Hilferding, Sozialismus und Eigentum, in: *Sozialistische Bildung*, 1932. Jg., 1932, S.28

(68) R. Hilferding, Probleme der Zeit, a.a.O., S.3, S.6. 倉田・上条前掲訳書、六六、六九頁。

(69) R. Hilferding, Theoretische Bemerkungen zur Agrarfrage, a.a.O., S.430.

(70) R. Hilferding, Probleme der Zeit, a.a.O.,S.7f. 倉田・上条前掲訳書、七一頁。

(71) 加藤栄一『ワイマール体制の経済構造』東京大学出版会、一九七三年、三六五—三六七頁を参照。

(72) R. Hilfelding, Probleme der Zeit, a.a.O.,S.8. 倉田・上条前掲訳書、七二頁。

(73) 拙著『ヒルファディングと現代資本主義』梓出版社、一九八七年、第一章第二節（4）を参照。

(74) R. Hilferding,Probleme der Zeit, a.a.O.,S. 10-13. 倉田・上条前掲訳書、七三頁以下。

(75) R. Hilferding, Realistischer Pazifismus, in: *Die Gesellschaft*, 1.Jg.,Bd.2, 1924, S.111.

(76) R. Hilferding, Die Aufgaben der Sozialdemokratie in der Republik,a.a.O., S.168. 倉田・上条前掲訳書、八八頁。

(77) Ebenda, S.170. 同上、九一頁。

(78) R. Hilferding, Theoretische Bemerkungen zur Agrarfrage, a.a.O., S.430.
(79) R. Hilferding, Die Aufgaben der Sozialdemokratie in der Republik, a.a.O., S.168. 倉田・上条前掲訳書、八八頁。
(80) Ebenda. 同上。
(81) R. Hilferding, Bericht über das Parteiprogramm, a.a.O., S.279.
(82) R. Hilferding, Die Aufgaben der Sozialdemokratie in der Republik, a.a.O., S.169. 倉田・上条前掲訳書、八九頁。
(83) Ebenda. 同上。
(84) Ebenda, S.169f. 同上、九〇－九一頁。なお政治的賃金論は、Die Reichstagswahlen und die Sozialdemokratie, a.a.O., S.175f, Bericht über das Parteiprogramm, a.a.O., S.282fにも見られる。
(85) R. Hilferding, Politische Probleme, a.a.O., S.289.
(86) R. Hilferding, Handelspolitik und Agrarkrise, a.a.O., S.126.
(87) R. Hilferding, Deutche und internationale Verschuldung,a.a.O., S.59.
(88) 篠原一『ドイツ革命史序説』岩波書店、一九七〇年、一五四－一五五頁、塚本健『ナチス経済』東京大学出版会、一九七三年、四四－四五頁を参照。
(89) F. Naphtali (hrsg.), *Wirtschaftdemokratie. Ihr Wesen, Weg und Ziel,* 5.Aufl., Berlin 1931, S.41 ff. フリッツ・ナフタリ編『経済民主主義――本質・方途・目標――』山田高生訳、御茶の水書房、一九八三年、五六頁以下。
(90) 塚本健、前掲書、七五－八一頁、東亜経済調査局編『独逸の国家企業』一九三三年の第四章以下を参照。
(91) 佐藤智三「『ワイマール共和制』末期のドイツ電力業の構造」(『経済論叢』、第九〇巻第六号、一九六二年一二月)五八頁による。
(92) Das Parteiprogramm der SPD, a.a.O., S.7f. W・アーベントロート、前掲書、一九〇頁。
(93) F. Naphtali, a.a.O.,S. 59 ff. 山田訳、六二頁以下。
(94) R. Hilferding, Die Aufgaben der Sozialdemokratie in der Republik, a.a.O., S.170f. 倉田・上条前掲訳書、九二－九三頁。
(95) H. A. Winkler (hrsg.), *Organisierter Kapitalismus. Kritische Studien zur Geschichtswissenschaft*, Bd.9, Göttingen 1974, S.13.
(96) P・M・スウィージー『資本主義発展の理論』都留重人訳、新評論、一九七〇年、三三〇頁。
(97) M・ユェルソン「独占資本主義か『組織された』資本主義か」(『ブハーリン『転形期の経済学』批判』高屋正之助訳、叢文閣版、一九三〇年、付録)八七頁、一〇三頁、一一五－一二〇頁。
(98) ヴァルガ「独占形成の諸問題と『組織された資本主義』の学説」(『世界経済年報』7、一九二九Ⅲ、経済学批判会議訳、叢文閣版、一九三〇年)、四六六－四七二頁。

第三節　一九二九年世界恐慌と「組織された資本主義」論

資本主義のいわゆる「相対的安定期」は、非常に不安定な様相を示していた。だから、諸帝国主義論の理論的帰結を継承しつつ、「全般的危機論」と「組織された資本主義」論という正反対の理論が生じた。確かにヒルファディングの「組織された資本主義」論は不安定な資本主義を対象とした過渡的理論としての性格を有していた。一九二九年世界大恐慌の勃発は、この理論を震撼させた。ヒルファディングは、この世界大恐慌にいかに対応したのだろうか？最後に、この点、簡単に触れておきたい。

世界大恐慌が勃発した時、ヒルファディングは、ＳＰＤのヘルマン・ミュラーを首班とするワイマール大連合政府（一九二八年六月－一九三〇年三月）の財務大臣の地位にあった。世界恐慌がはじまる前の一九二八年、ドイツはすでに景気後退におちいっていた。一九二九年五月に開催されたＳＰＤマグデブルク党大会での報告において、ヒルファディングは、予想外の不況に直面して、我々は稀にみる困難な状況におちいっていると述べた。つまり前政府の放漫財政のつけ、不況による租税の減収と失業数の増加によって深刻な財政赤字問題が生じたというのである。このような財政の赤字にたいしてヒルファディングは、一九二九年一月から開催されたパリ専門家会議においてドイツの賠償負担軽減要求の実現を容易にするために、増税による均衡財政の確立をめざした。彼は、社会主義実現の不可欠な前提としてワイマール民主主義を守ろうとした。そして、世界平和の維持をめざした対外政策を追求するといったプロレタリアートの「長期的利害」のために、多少の妥協をしても、ＳＰＤを与党第一党とするワイマール大連合政府を維持すべきだと強調した。具体的な政策としては、①均衡財政の確立（増税を含む包括的な財政改革の提起）②国際協定による賠償減額の要求（ヤング案にむけて）③短期債務依存から長期債務依存への転換（免税国債などの発行）を掲げた。[1] しかし、彼は「ワイマール連合」を構成する与党間の対立抗争のうちに、大不況の前に為すすべもなく退陣を余儀なくされたのである。

世界大恐慌が勃発した当初、ヒルファディングは、この恐慌が比較的短期間に終わるだろうと多少楽観視していた。しかしその後、大不況が長期化の様相をみせた。ついには一九三一年中ごろ、オーストリア最大の銀行クレジット・アンシュタルトの破産にはじまる信用恐慌が生じた。そのなかで、ヒルファディングは、一九三一年にライプチッヒで開催された第四回職員自由組合連合（ＡｆＡ）大会での演説「経済における社会権力か私的権力か」と同じ年の論文「信用恐慌の諸問題」において、はじめて世界大恐慌の本格的な分析をおこなったのである。これらにもとづきヒルファディングの見解を整理すると、こうである。

一九二〇年代の資本主義の繁栄は、戦争の結果生じた戦後の強い消費需要と投資需要によるものであり、また資本家的独占諸組織による高価格水準の維持などに支えられたものであった。しかし他方で、第一次大戦は、早晩大恐慌に発展しかねないような世界経済における種々の不均衡をも生みだしていた。すなわち、①農業の生産過剰と原料生産の過剰、②戦争の結果としての技術発展が生みだした合理化による工業生産の過剰と失業の増加、③後発諸国の工業化による国際分業関係の変化、④国際通貨関係の混乱と保護貿易主義、⑤おもに合衆国の民間投資（短期的資本が多い）に支えられた不安定な国際金融構造などがそれである。したがって、一九二九年にはじまる世界恐慌はこれらの不均衡の総合的爆発であり、引き延ばされた戦争の根本的清算過程であった。今日の信用恐慌は、直接にはアメリカとフランスによる資本の引き上げと金蓄蔵政策にみられる、私的利益のおもむくままになされた資本家たちの不合理な行動によって引き起こされた。が、たんに信用制度の混乱だけではなく産業における種々の混乱に深く根をおろしていたのである(2)。

ヒルファディングはこのように世界経済恐慌を分析した。ところで、彼はこの世界経済恐慌にいかなる対策を講じたのだろうか？　一九三一年一〇月二日付のカウツキー宛の手紙のなかで、これについてヒルファディングは次のように述べていた。

現在の状況の一番悪いところは、「いかに恐慌を除去するか、どんな直接的に効果的な手段を使用するか、我々が人々に具体的にまったく語りえない」ことにある。信用恐慌の解決は、結局、アメリカとフランスの金融力の使用にのみ期待される。しかし、これはもちろん資本主義的解決法であり、社会主義的解決ではない(3)。

つまり、ヒルファディングは世界大恐慌の、確かな具体的解決方法をもちえていなかったと言える。とはいえ、彼はなんらかの恐慌克服策を労働者階級のまえに提示しなければならなかった。ヒルファディングが恐慌克服策として打ちだしたのは、アメリカとフランスの金融力に支えられた協定による国際通貨制度と国際信用取引の再建であった。彼は、信用収縮に対処するために、通貨供給を減らすような中央銀行の政策には反対し、かえって通貨供給を増やすべきだと主張した。国内的には国家の強力な経済干渉にもとづいた、銀行政策による銀行と資本家的独占諸組織の監督と統制の強化、国民経済のいっそうの組織化と計画化を提唱した。

したがって、世界大恐慌に直面してヒルファディングは、彼の「組織された資本主義」論を撤回したのではない。むしろ、前述のように経済に種々の不均衡をもたらした戦争の根本的清算をへてないものとして、彼の「組織された資本主義」論の前提なり基盤をなした「相対的安定期」にたいする彼の評価を修正した。そして、戦争の根本的清算過程をなす恐慌を激成させ長期化させた原因を、「組織された資本主義」のなかにある中央銀行を頂点とした信用制度と種々の計画装置を正しく使用せず、私的利益に走って経済全体の利益を害した大銀行と大企業の——私経済的にはそれなりに正当な——無政府的な行動のせいにした。ヒルファディングは、民間の側からの資本主義の組織化の限界をそこに見いだした。そして彼が「組織された資本主義」論のなかで述べていた国家の経済的役割をいっそう強化し、国家によって資本主義の計画経済化を実現することに、恐慌からの脱出路をみた。つまり、ヒルファディングは、彼の「組織された資本主義」論を基本的に維持しつつ、その一定の軌道修正を試みたと言える。具体的な政策としてヒルファディングは、カルテル局のほか、大銀行の総監督者である適切な国家機関を設置し、この国家機関とライヒスバンク（ドイツ中央銀行）を頂点とし、破産し国家の管理下にある大銀行を道具として、社会全体の利益を追求して民間の私的行動をコントロールする銀行政策を打ちだしたのである。(4)*

＊　ヒルファディングは、具体的な銀行の信用政策として、金準備の回復をめざしたライヒスバンクの金融引締政策を批判した。彼によれば、金本位制から離脱した今、銀行券の発行を金準備と連動させることはまったく無意味である。銀行券の流通量はもともと金準備によってではなく、流通商品量と満期になった手形の額によって規定されている。したがって現況では金融引締政策は、流動性の悪化によって劣悪な経営だけでなく優良な経営をも破滅に追いやることになる。(5)他方、ヒルファディングは赤字財政とインフレ政策による積極的な景気刺激策にも反対した。彼によれば、インフレーションは最悪の課税方法をなし、賃金引き下げの悪意にみちた方法である。それは結局経済混乱をまねき、通貨を安定させるためにデフレーションによる恐慌を後に招来させるのである。(6)ドイツ労働組合総同盟（ＡＤＧＢ）が打ちだしたインフレ政策にもとづく公共事業を内容としたＷＴＢ計画に、ヒルファディングが真向から反対したのは、このような考えからすれば、けだし当然であった。(7)ヒルファディングがケインズ主義的な財政上の景気刺激政策を採用しなかったことには、今日批判もある。しかし、敗戦国ドイツが第一次大戦後天文学的なインフレーションによる経済的危機を経験した事情（これは第二次大戦後ドイツの中央銀行政策を規定した）、巨額の賠償負担下での財政収入不足を考慮すると、当時のドイツでケインズ主

義的な財政上の景気刺激政策の導入が可能であったかどうかは、疑問である。[7]

ヒルファディングによれば、こうした銀行政策を実現するためには、ＳＰＤとブルジョア諸政党そして資本家グループの「理性の同盟」の形成を必要としていた。[8] しかし、世界大恐慌とこれにつづく世界大不況が階級闘争を激化させた状況のなかでは、このような「理性の同盟」の形成がほとんど不可能に近かった。その結果、ヒルファディングは、ファシズムの嵐が吹き荒れるなか、ワイマール共和国と民主主義の救えるものだけは救おうと考え、「より少ない悪」という寛容主義的な政策をとり、ワイマール共和国を担うと思われるブルジョア諸政党の政策を容認する妥協的な姿勢を示した。彼は、ファシズムにたいする防波堤としてブリューニング政府を支持したのである。[9] ヒルファディングはもはや資本主義の危機を利用して社会主義を実現しようという左翼主義的な考えはもたず、「組織された資本主義」への正常な軌道にのった資本主義の発展に戻ることを待望した。というのは、彼は、「かつての組織されていない大衆運動がまさに恐慌期に強い浮揚を経験したのにたいして、組織された経済的・政治的闘争といった組織の時代には、労働者階級が最強の攻撃力を展開し、成功をうるのは繁栄期である」と考えたからである。[10] 結局、ヒルファディングは、世界大不況が長期化し、政治的危機が激化するなかで、あくまでも「組織された資本主義・経済民主主義・現実主義的平和主義」論の思想的枠組みを維持したのであり、結果的には、不幸な一時期が過ぎ去ることを待つことしかできなかった。そしてこのことは、ファシズムの勝利の結果、ヒルファディング自身の悲劇的な運命に結びついていったのである。

注

(1) R. Hilferding, Diskussionsrede zum Bericht der Reichstagsfraktion auf dem Parteitag der SPD in Magdeburg,1929, in: *Sozialdemokratischer Parteitag Magdeburg 1929. Protokoll.* Berlin 1929, S.194-199.

(2) R. Hilferding, Gesllschaftsmacht oder Privatmacht über die Wirtschaft (Referat gehalten auf dem 4. AfA-Gewerkschaftskongreß Leipzig), Berlin 1931, S.9-21. R・ヒルファディング『現代資本主義論』倉田稔・上条勇訳、新評論、一九八三年、一二三頁以下。

(3) R. Hilferding an K. Kautsky, 2.10.1931 (IISG, KDXH 653)

(4) R. Hilferding, Gesllschaftsmacht oder Privatmacht, a.a.O.,S.29ff. 倉田・上条前掲訳書、一四一頁以下。Ders., Probleme der Kreditkrise, in: *Die Gesellschaft*, 8.Jg., Bd.2, S.233-241. 拙訳「R・ヒルファディング『信用恐慌の諸問題』『社会主義と所有』」(『金沢大学教養部論集・人文科学篇』第二一号、一九八三年)、二一五－二二六頁。

(5) R. Hilferding, Probleme der Kreditkrise, a.a.O., S.238f. 拙訳、二二一－二二四頁。

(6) R. Hilferding, Gesllschaftsmacht oder Privatmacht, S.30. 倉田・上条前掲訳書、一四三頁。

(7) W・S・ヴォイチンスキーは、その自伝で、このへんの事情について――多少誇張もあるが――興味深いエピソードを述べている(『歴史を生きる』2、直井武夫訳、論争社、一九六一年、第四三章)。また、W. Smaldone, *Rudolf Hilferding. The Tragedy of a Germann Social Democrat*, Illinois 1998, pp.120-122も参照されたい。

(8) R. Hilferding, In der Gefahrenzone, in: *Die Gesellschaft*, 7.Jg., Bd.2, 1930, S.279, S.297.

(9) W. Gottschalch, ***Strukturveränderungen der Gesellschaft und politisches Handeln in der Lehre von Rudolf Hilferding***, Berlin 1962, S.219-228. W・ゴットシャルヒ『ヒルファディング』保住敏彦・西尾共子訳、ミネルヴァ書房、一九七三年、二二〇－二二九頁を参照。

(10) R. Hilferding, In der Gefahrenzone, a.a.O., S. 290.

(本章は、拙稿「『金融資本論』と『組織された資本主義』論」(前掲)の序論の一部、ヒルファディングの『組織された資本主義』論」(1)、(2)、北海道大学『経済学研究』第二七巻第二号、第三号、一九七七年五月、八月、にもとづく。)

第六章　「経済民主主義」論

第一節　社会化と経済民主主義

ヒルファディングは「組織された資本主義」の時代における社会主義の新しい理論と実践の課題に答えるものとして「経済民主主義」論を唱えた。そして、この「経済民主主義」論は、ドイツ一一月革命期における社会化運動の挫折を受けて、「新しい社会改良」の道として提起されたものであった。したがって、我々は、この社会化の試みの挫折の経験の考察からはじめよう。(1)

一九一八年一一月キール軍港での水兵の叛乱を皮切りにドイツ革命が勃発した。そして、多数派社会民主党（SPD）と独立社会民主党（USPD）の連立からなる人民代表委員政府が形成された。ヒルファディングは、USPD機関紙『フライハイト』の編集長として、この革命に参加した。一九一八年一一月一八日付の『フライハイト』紙上の論説では、「生産手段の社会化（Vergesellschaftung）というプロレタリアートの目標」が掲げられる。(2)しかし、そこには難題があった。つまり、これまでマルクス主義は、「科学的社会主義」の名のもとに、事実による裏づけのない「未来社会」の構想を考えることを自粛してきた。その結果、社会主義にたいしては、生産手段を社会的所有に移し、生産者のアソシアシオンとか計画経済をつくるといった抽象的なイメージしかもたれなかった。しかし、ヒルファディングらは、当時のドイツの現実にそくして社会主義実現の具体的構想を打ちださなければならなかった。しかも敗戦国ドイツの事情を考慮し、また共産主義者との対抗を意識せざるをえなかったのである。

ヒルファディングは、ロシア革命におけるレーニンらボリシェヴィキの戦術をドイツ革命に適用することに反対して、社会主義への民主的・平和的移行を唱えた。彼は、ロシア革命の方式が後進的な農業国であるロシアの特殊な道であり、発達した工業国でしかも第一次大戦の敗戦国であるドイツには適さないと主張した。[3] 何よりもボリシェヴィズムのドイツへの適用がテロ独裁と内乱の支配ひいては生産の恐ろしい破壊をもたらすと考えた。そしてそれとはことなる社会変革の道すなわち社会化（Sozialisierung）の道を追求しはじめたのである。彼は社会化を、おもに、①戦後ドイツの経済再建と生産力上昇、②資本家階級と労働者階級の権力闘争、③民主主義的な社会主義の実現、といった三つの観点から論じている。

社会化の議論において、多数派社会民主主義者たちの多くは、社会主義が資本主義の最高に発展した生産力段階を前提にするという理由から、戦争によって経済が荒廃し混乱した時期には社会主義への移行は問題たりえないと述べた。それにたいしてヒルファディングは即時社会化（社会主義化）を主張したのであり、彼の所属する独立社会民主党（USPD）も即時社会化の要求を行動綱領に掲げた。

ヒルファディングは、多数派社会民主主義者たちの見解を批判して、こう述べる。

ドイツの生産手段がなおかなり無傷のまま残されている。また、「社会主義経済制度のみが恐ろしい戦争から受けた傷を治癒しうる[4]」。というのは、社会主義的生産は経済の計画的組織、生産の合理化、労働者の労働意欲などの点で、資本主義的生産より優れているからである。経済の貧困化や講和条件の苛酷さは社会化を否定する論拠とはならず、かえってその必要性を示している。[5]

このようにヒルファディングは、多数派社会民主主義者たちとは異なり、戦争による経済荒廃を理由に社会化を否定するのではなく、社会化の即時実施を唱えた。が、経済荒廃の問題は、社会化に厳しい前提条件をつきつけた。つまり、社会化は同時にドイツの戦後経済再建の課題を担ったのであり、したがって生産力上昇をもたらすものでなければならなかった。この点、ヒルファディングは、こう述べている。

社会主義の深刻な悲劇は戦争によって経済が荒廃したときに政治権力を獲得したことであった[6]。確かに、経済の繁栄期は多くの点で社会主義の実現にとって好都合であった[7]。というのは「社会主義は生産のできる限りの上昇、あらゆる欲望のできるだけ豊かな充足をも意味する」からである[8]。

こうしてヒルファディングは、社会化による生産力上昇を唱え、その結果、生産の撹乱されざる続行と生産力上昇を社会化の前提条件として設定した。社会化におけるこのような生産力的視点は、社会主義への平和的移行の強調や、社会化の性急な試みを抑制する考えに結びついている。ヒルファディングによれば、ロシア革命におけるようなテロ独裁と内乱は、生産力のとほうもない破壊を意味するゆえ、避けられなければならない。これは、後進的な農業国ロシアとは異なり、先進国では精巧な生産機構が形成されており、これを傷つけないためでもある。また労働者の直接行動による個別的な社会化はカオスを生みだすだけである[9]。社会化のためには綿密な計画と研究の準備作業が必要である[10]。そしてこうした準備作業をなす中心機関が一九一八年一一月二一日に政府によって招聘された社会化委員会だったのである。

ヒルファディングは、この社会化委員会に『フライハイト』紙編集長の肩書で参加した。そして、社会化委員会でのやり取りをとおして、社会化に関する彼の具体的な考えを形成していったのであった。

ヒルファディングは、革命の当初、ＳＰＤとＵＳＰＤの連立からなる人民代表委員政府の成立をみて、労働者政権が樹立されたと考えた。そして資本家から経済的権力を奪うことによってこの労働者政権の支配基盤をゆるぎなきものにするために、基幹産業の社会化に即刻着手すべきだと訴えた。彼は、まず社会化の対象として、私的独占によって組織されているという理由から石炭・鉄鉱業をあげ、他の重要産業の社会化もこれとの関連で波及的に進行すると述べている。彼は、このような社会化の進行が資本家からもっとも重要な権力源泉を奪う権力闘争の過程だと考えるのである。

しかし権力闘争の観点からすれば、また経済の計画的運営の観点からすれば、第一に社会化の対象になるのは、ヒルファディングのいう金融資本の性格からいって大銀行ではないだろうか。ヒルファディングの『金融資本論』(一九一〇年)は、「プロレタリアートによって略取された国家によって金融資本を手におさめさえすれば、ただちに、もっとも重要な生産部門の支配権をにぎることができる」という理由からベルリン六大銀行の掌握の重要性を強調していたのである(Bd.2, S503f.(二)三三六―三三七頁)。ヒルファディングはなぜ社会化の第一の対象として大銀行の社会化をはずしたのだろうか。

銀行の社会化問題について、一九一八年一二月一一日に発表された社会化委員会の「作業計画」(Arbeitsplan)は、「産業の始動が流通信用の維持と拡大そして諸信用銀行の破壊されざる機能を要求する」という理由を述べて、大銀行を社会化の対象から除外している。[11] ヒルファディングも、この作業計画を解説して、「第一に銀行を社会化すべきだという考えは、非常に明白だが、信用機関の完全な社会化によって産業の回復を撹乱するならば、我々の経済建設は非常に危くなるだろう」と述べて、大銀行の即時社会化を否定している。[12] 彼が別の機会におこなったある報告は、石炭鉱業などの重要産業の社会化を進めるなかで、大銀行の社会化が問題となると指摘している。[13]

このようにヒルファディングは「産業の回復」すなわち戦後経済再建の配慮から大銀行の即時社会化に反対している。

『金融資本論』では、金融資本をなす大銀行と基幹産業の掌握によって全生産を支配し、そのもとで社会主義への漸次的移行が進められると語られていた。しかし「社会化」論においては、このような全生産の支配の掌握も、石炭鉱業にはじまる社会化の個別的な波及過程であり、漸進的な性格をもたされたのである。社会化の波及的進展論とも言うべき彼のこの考えは、もちろん戦後経済再建という目標にともなう制約を背景としたものであり、現実主義的である。経済の攪乱をともなうことのない社会化という見解は、その他にも、市場経済と価格法則を利用するという考え、資本家からの生産手段の「有償収用」という考えにも結びついている。この構想の基盤は、労働者政権の存在を前提とし、これが持続的に維持されることにあった。しかし、革命のその後の進行は、社会化を実現する機会を急速に奪っていく。我々は、次に、社会化の名のもとに考えられた社会主義の構想の特徴について検討したい。

ヒルファディングはまず、戦時統制経済の経験から、生産手段の国有化を、効率の悪い官僚主義を生みだすものだとみなして否定している。だから、彼は、国有化ではなく、社会化を唱えるのである。しかし、社会化においても、国家が資本家から生産手段を「有償収用」するのだから、形式的には国有化と言ってもよい。ヒルファディングがあえて国有化を否定するのは、国家が国庫の利害（財政的利害）をかかえつつ経営を官僚的に支配するような事態にいたることを忌避したからである。

社会主義の実現においては、通例、私的所有から社会的所有（国有、自治体所有、協同組合所有）への転換が重視されるが、ヒルファディングは、むしろ社会主義の経営組織と経営管理の問題に集中的に取り組む。この点、ヒルファディングの友人であり、オーストリア革命においてその社会化委員会の委員長を務めていたオットー・バウアーは、所有の転換は社会主義の実現にとって「形式」的変換にすぎず、重要なのはその「内実」として生産過程の変換にあると述べ、やはり経営組織と経営管理の在り方の方を重視した。(14) 確かに我々は、その後の歴史において、所有の変換を重視するあまり、官僚と特権的グループが経済と経営を支配し、また労働者を支配し、ついには失敗と崩壊にいたったリアル・ソーシャリズムの経験を目にしてきた。この意味で、ヒルファディングたちの着眼は、注目に値する。

通例社会主義とは、マルクス主義では、階級支配を廃絶し、労働者が主人公となる社会であると考えられてきた。これにたいして、ヒルファディングは、社会主義の具体的な構想を現実にそくして練る際に、労働者一般が経営を指揮し支配することは現実的でないと考えた。経営の現代的発展は、経営を巨大化し複雑化して、その指揮と管理は高度に専門的な知識を必要とする。したがって社会主義社会においても、経営の指揮と管理は、経営専門家に委ねられるのである。ヒルファディングは、とりわけ、ドイツの経済復興のために社会化における生産力上昇を考慮し、経営専門家と技術者の役割を重視する。彼は、ボリシェヴィキ革命の初期において、労働者が主人公になるということを労働者が経営を支配するという意味に解釈し、経営専門家と技術者を追放したり虐げたりして生産の恐るべき後退をもたらしたという経験を教訓とする。そして、株式会社における「機能と所有の分離」を取り上げ、機能資本家を経営専門家として社会全体の利益に奉仕させることを考えるのである。

それでは、ヒルファディングは、労働者が社会の主人公となるということをどう考えたのであろうか。右に述べたように、彼は、一般の労働者が経営を指揮し管理するという意味で考えたのではない。彼は、この点、個別経営の労働者が社会化に踏み切る「ワイルドな社会化」に反対した。また個別経営の労働者が自らの経営者を選ぶことにも反対した。彼は、まず生産者、消費者、全体の代表からなり、産業における一般的方針と経営者の人事を決める「産業自治体」(「産業議会」)の形成を構想する(これは、「三者管理構想」と言う[15])。この場合、労働者は、生産者として自らの代表をだすにすぎない。したがって、これだけでは、社会の主人公としては一般労働者の地位ははなはだ弱いと言わざるをえない。だから、ヒルファディングは、これに加えて、労働者の組織である経営協議会(経営委員会)を設置し、賃金、労働時間、福利厚生などの労働諸条件を経営者と共同決定するという仕組みを考えた。つまり、ヒルファディングの社会化構想は、社会主義の組織としては、産業自治体と経営協議会の二つを柱とするものであった。我々は、その後の歴史において、ドイツとオーストリアで、このうち経営協議会が実際に実現され、労使の共同決定権を体現していった事実を知っている。

以上の社会化構想から、一九二〇年一〇月におこなった「社会化と諸階級の力関係」という報告において、ヒルファディングは、社会主義についてあらためて次のように定義する。

「社会主義は、一般に何らかの機械的（mechanische）平等を意味せず、出発点の平等を意味し、各人が同等に社会からあらゆる能力、あらゆる個性をできるだけ包括的に発展させる可能性を受けとることを意味するにすぎない[10]」。

つまり、彼にあっては、社会主義とは悪平等を意味するのではなく、能力に応じて働き、働きに応じて受け取る社会である。個々人の能力を公平に生かすために、私有財産における格差と不平等が除去され、仕事と職をめぐる競争において出発点の平等が保障される（ヒルファディングは、「社会化された産業では、競争は死滅しない」と考える）。つまり、ヒルファディングは、社会主義における平等の意味を「機会均等」の意味でとらえたのである。ちなみに「社会化」論で社会主義の意味で用いられたこの「出発点の平等」という考えは、後に「経済民主主義」論では経済民主主義の意味で用いられることになる。

以上、我々は、ヒルファディングの「社会化」論における社会主義構想を述べてきた。彼の「社会化」論は、所有の変換よりは経済と経営の指揮・管理の問題を重視したものであった。もちろんヒルファディングは、所有の変換を無視したわけではない。彼は、社会化委員会の報告を提出し、これにもとづき政府の社会化法案を作成し、これを法律として制定し、資本家から生産手段を「有償収用」するという手続きを考えていた。

むろん、そのための前提は、権力基盤にあり、労働者政府の存在であった。ドイツ革命の経過は、ヒルファディングにとって失望の連続であった。彼が労働者政府であると考えた人民代表委員政府は、社会化に着手する気のない多数派社会主義者が主導し、彼らはプロレタリアートにとって「裏切り」とも思われる行動にでた。そのために政府が設置した社会化委員会は、実際には政府が社会化を考えているというポーズを示すものにすぎなかった。こうした事実に直面して、一九二〇年にヒルファディングは、革命当初労働者階級が政権を掌握したのではなかったと訂正する発言さえおこなったのである。一九二〇年代前半は、ヒルファディングにとって、革命と社会化の挫折を受けて、社会主義の戦術を練り直した時期であった。そしてこの練り直しが彼の経済民主主義論の形成に結びついていった。

「社会化」論から「経済民主主義」論へのヒルファディングの転換は、帝国主義（戦争）から社会革命を展望する彼のいわば「危機↓革命」説からの転換にともなってなされた。第一次大戦中にヒルファディングは、「組織された資本主義」か社会主義かという二者択一の形で戦後の発展を展望した。ドイツ一一月革命の勃発は、彼にとっては、この二者択一は社会主義の方に判定がくだされたと思われた。こうして、ヒルファディングは、労働者政権のもとでの社会化立法による私的所有からの社会的所有への転換、産業自治体と経営協議会の形成を内容とした「社会化」論を構想したのであった。しかし、革命と社会化の挫折は、彼をして「危機↓革命説」から「組織された資本主義」の到来を展望した漸進的社会変革論へと方向転換を余儀なくさせた。「社会化」論もその波及的進展を想定しており、一種の漸進的性格を有する。しかし、その性格は大きく変化するにいたった。「経済民主主義」論では、それは、労働者政権の存在が前提とされず、むしろ政権獲得を目標としつつ、資本主義の漸次的改革をめざすことを意味するにいたった。

こうしたヒルファディングの方向転換の第一歩は、報告「社会化と諸階級の力関係」で打ちだされた「個別的社会化」論に見られる。以前、ヒルファディングは、「社会化は事実上政治権力が社会主義者たちの掌中にある場合にだけ可能である」と述べていた[17]。ところが、彼は、純ブルジョア政府の存在を前提とした上で、カップ一揆後に生じた「革命的情勢」を利用しつつ、社会化を実現する最後の機会として、まずは石炭産業の「個別的社会化」を提起する。ヒルファディングは、それとともに社会化における権力闘争に関する彼の考えも修正している。つまり彼は、権力問題たる社会化の意味を二重にとらえ、労働者政府による経済権力をめぐる闘争といったこれまでの見解に加えて、社会化が「第一に労働者階級と資本家階級とのあいだの権力問題である」とも述べているのである。これは、労働者の政権獲得をめざして個別的社会化が労働者階級の権力闘争の目標となるという彼の新しい見解を表現したものにほかならない。当時の力関係では、すなわちブルジョアジーがふたたび政治権力を掌握している状況下では、「力関係に強要されて」、彼は個別的社会化に甘んじなければならないと考えたのである[18]。こうして、ヒルファディングにあっては、社会化は、カップ一揆後の情勢下で、政治権力の獲得のための目標、分裂した労働者階級を再結集するための目標として、その性格を大きく変えたのであった。

その後、カップ一揆後の革命的情勢が解消されるや、この個別的社会化の目標も放棄された。今やヒルファディングは、社会主義をめぐる闘争を、工場や、革命の一成果として形成された経営協議会のなかで、労働者の経営参加、能力向上、地位改善をめぐる日々の闘争として理解するにいたる。彼は、生活と労働の条件の改善をめぐって闘われた古い社会改良とは異なる、こうした新しい改良闘争を経済民主主義と呼ぶにいたる。

黒滝正昭氏によれば、一九二二年の「ドイツにおける社会化」という論文で、ヒルファディングは、「経済民主主義としての社会主義という新しい思想」と述べ、社会化にとって代わるものとして経済民主主義をはじめて唱えたという[19]。これまで述べてきたように、ヒルファディングの社会化論は、所有の変換よりも、民主主義的な経済と経営の組織と管理の形成、換言すれば民主主義的社会主義の実現に重点をおいたものであった。今や彼は、社会主義の民主主義的内容を取りだし、所有の変換を前提せずして、工場内、経営内における経営参加などをめぐる労働者の日々の闘争において、この民主主義的内容を漸進的に実現しようと考える。ヒルファディングは、一九二三年五月の社会主義労働インターナショナル（ＳＡＩ）ハンブルク大会での報告において、社会化と対比しつつこの問題を次のように述べている。

「革命は、社会の社会化（Sozialisierung）、生産手段の社会化（Vergesellschaftung）が短期間に暴力的な方法によって解決される過程でなく、二つの前提条件、すなわちプロレタリアートによる国家権力のしっかりとした掌握と生産指導のためにプロレタリアートの成熟と力を必要とするということを示した。社会主義はもはや外からもちこまれる教義ではなく、指導への影響力をより多く獲得するために、経営を組織労働者階級の管理下にますますおくことを、各工場内で要求するようになるところのプロレタリアートの内的体験でなければならない」[20]。

ここでは、ヒルファディングは、経営参加をめぐる労働者の日常的闘争の究極の目標として社会主義を考えている。この闘争は、経営の民主化闘争である。そして、経営の民主化闘争を彼が重視するにいたった理由は、革命と社会化の挫折にたいする彼の総括にある。革命の敗北について、彼は、労働運動の分裂と組織的弱体、労働者の未熟および体制順応傾向といった革命の主体的条件の欠如にそのおもな原因をもとめている。革命において労働者は、社会主義の自覚の点でも経営能力の点でも未熟であった。この反省にたって、ヒルファディングは、労働者階級の主体的力量を養いつつ、権力ポジションを一つ一つ獲得するといった、新しい改良闘争を重視した運動を唱える。彼は、労働組合と経営協議会を中心とした日常的な実践活動をとおして労働者階級を「社会主義精神」で満たすことが社会主義への道であると主張するにいたった[21]。そして資本主義の危機→革命に対応した社会化運動から「組織された資本主義」における改良運動すなわち経済民主主義運動に転換してゆくのである。この転換は、「社会化」論の変容としての個別的社会化の提起（一九二〇年）によってその第一歩が踏み出され、つづく革命の敗北と社会化の挫折の総括の過程で生じたのであった。またそれは、社会化における「出発点の平等」論を経済民主主義における「出発点の平等」論に置き換え、また社会化における生産力上昇の問題を経済民主主義における合理化の問題として提起し直す過程でもあった。

注

（1）別著でわたしは、ヒルファディングの社会化論についてすでに詳しく考察している（拙著『ヒルファディングと現代資本主義』梓出版社、一九八七年、第二章）。なお、ドイツにおける社会化に関する最新の研究として、小林勝『ドイツ社会民主党の社会化論』御茶の水書房、二〇〇八年がある。

（2）Revolutionäres Vertrauen!, in: *Die Freiheit*, 1.Jg., Nr.6, 18.11. 1918, MA.

（3）彼の友人であるオットー・バウアーは、ヒルファディングと似たような見地にたって、ロシア革命とボリシェヴィズムを詳しく考察している（拙稿「オットー・バウアーのソビエト・ロシア論」〈北海道大学『経済学研究』第三六巻第一号、一九八六年〉）。

（4）Ebenda.

（5）R. Hilferding, Zur Sozialisierungsfrage Sonderabdruck aus dem Protokoll der Verhandlungen des 10. Deutschen Gewerkschaftskongresses, abgehalten in der Zeit von 30 Juni zu 5 Juli Nürnberg, Berlin 1919, S.35. Ders., Taktische Probleme, in: *Die Freiheit*, 2.Jg., Nr.601, 11. 12. 1919, MA.

（6）Revolutionäres Vertrauen!, a.a.O.

（7）R. Hilferding, Revolutionäre Politik oder Machtillusionen?, Rede gegenSinowjew auf dem Parteitag der USPD in Halle, Berlin 1920, S.9.

（8）Revolutionäres Vertrauen!, a.a.O.

（9）R. Hilferding, Ausbau des Rätesystems!, in: *Die Freiheit*, 2.Jg., Nr.63, 5. 2. 1919, MA.

（10）Revolutionäres Vertrauen!, a.a.O.

（11）Arnold Seinmann=Bucher, *Sozialisierung?*, Berlin 1919, S.64.

（12）Ebenda, S.66.

（13）R. Hilferding, Zur Sozialisierungsfrage, a.a.O., S.36.

（14）Otto Bauer, *Bolschewismus oder Sozialdemokratie?*, 1920, in: *Otto Bauer Werkausgage*, Bd.2, Wien 1976, S.344f. なお、オットー・バウアーの社会化論については、拙稿「オーストリア革命とオーストロ・マルクス主義——オットー・バウアーを中心に——」（『金沢大学教養部論集・人文社会科学篇』第二三巻第一号、一九八五年）のⅣを参照。

（15）R. Hilferding, Selbstverwaltung in der Industrie, in: *Der Sozialist*, 7. Jg., 1921, S.1034.

（16）R. Hilferding, Die Sozialisierung und die Machtverhältnisse der Klassen, Referat auf dem 1. Betriebsrätekongreß, gehalten am 5. 0kt.1920, Berlin 1920, S. 15. R・ヒルファディング『現代資本主義論』倉田稔・上条勇訳、新評論、一九八三年、四九頁。

（17）R. Hilferding, Zur Sozialisierungsfrage, a.a.O., S.38.

（18）R. Hilferding, Die Sozialisierung und die Machtverhältnisse der Klassen, a.a.O., S.11, S.19. 倉田・上条前掲訳書、四五頁、五三－五四頁。

（19）黒滝正昭『ルードルフ・ヒルファーディングの理論的遺産』近代文藝社、一九九五年、七三頁。なお社会化から経済民主主義へのヒルファディングの転換過程に関する黒滝氏とわたしの見解の相違については、拙稿「ヒルファディング研究の新展開——黒滝正昭著『ルードルフ・ヒルファーディングの理論的遺産』の意義と問題点——」（『宮城学院女子大学研究論文集』第八一号、一九九五年六月）一九頁以下を参照。

（20）R. Hilferding, Der imperialistische Friede und die Aufgagen der Arbeiterklasse（Referat auf dem Internationalen Sozialistischen Arbeiter- kongreß in Hamburg 1923）, in: *Kongress-Protokolle der Sozialistischen Arbeiter- Internationale*, Bd.1, Darmstadt 1974, S.60.

（21）R. Hilferding, Die Sozialisierung und die Machtverhältnisse der Klassen, a.a.O., S.1-2, S.23-25. 倉田・上条前掲訳書、三四－三五頁、五七頁以下。

第二節　「経済民主主義」論の展開

（1）経済民主主義とは何か

資本主義のいわゆる「相対的安定期」において、ヒルファディングは、コミンテルンにたいし第二インターナショナル（SAI）の立場を代表して、「組織された資本主義」における社会主義の運動指針として「経済民主主義」論を唱えた。

彼は、社会主義運動の当時の国際関係についてこう述べる。

戦争と革命によっていかなる国においても資本主義が止揚されなかったのであり、とくにロシアにおいてそうであった。今後の世界とくにヨーロッパの運命は、ボリシェヴィキの自己過大評価にもかかわらず、東から決められるのではなく、西欧における民主主義と社会主義の発展にかかっているのである。[1]

ヒルファディングは、こう述べたとき、資本主義の成熟を待たずしての、植民地諸国や後進的な農業国における「飛び越し」の社会主義的発展の道を否定している。また、暴力革命の道を否定している。彼は、社会主義が資本主義の十分な経済的成熟、下部構造の変革を前提にするという理由から、資本主義が高度に発達した西欧を中心とする社会変革の道を示す。* 彼は、西欧とくにドイツにおける戦後的諸条件、彼の言葉を用いれば「組織された資本主義」への経済的発展とワイマール民主主義の成立に対応して、「経済民主主義」論を展開するのである。ここでは、我々はまず、「経済民主主義」(Wirtschaftsdemokratie)とは何を意味するのか、その内容規定について検討したい。

＊　ヒルファディングは、第一次大戦後のドイツ革命期においてすでに、社会主義が資本主義の成熟を待って実現されるが、ロシアにはこの条件が欠けているゆえに、ボリシェヴィキによる社会主義建設の実験が結局失敗に終わらざるをえないと述べていた。[2] また新経済政策（ネップ）の導入に際して、いかなる国もマルクス主義の歴史理論の法則から免れることができず、レーニン自身資本主義の再建に取りかかることを余儀なくされたという指摘もおこなっている。[3]

論文「時代の諸問題」でヒルファディングは、「組織された資本主義」における恐慌・失業・貧困の緩和を指摘した後に、経済民主主義について、こう述べる。

「組織された資本主義」における種々の社会改良は労働者階級の保守化傾向、言い換えれば体制順応傾向を促進する性格をもつ。が、それにたいして経済組織の対立基盤は闘争を必然化するのである。経済の組織化と計画化は同時に生産手段がますます一部の特権的所有階級に集中する過程であり、自由競争の時期からたまたま引き継いだ敵対的所有基盤の矛盾をあらわにする。生産者大衆はこのような敵対的所有基盤にますますがまんできなくなる。こうして階層的に組織された経済から民主主義的に組織された経済への転化、すなわち経済民主主義が時代の問題になる。(4)

ヒルファディングは、「組織された資本主義」における経済的発展そのものがしだいに労働者階級のあいだに社会主義への心理的条件を生みだし、ついにはその体制順応傾向を克服していく過程として、経済民主主義の必然性を述べている。彼は、経済民主主義を次のように規定している。

「経済民主主義は、個々人に自らの欲望充足にたいする様々な自然的個性があるように、生産過程での職務(Funktionen)の相違を少しも止揚するものではない。が、それは各人にとってあらゆる職務、あるいは少なくともその能力に応じた職務にたいする出発点の平等を達成するということを想定している(5)」。

この経済民主主義の内容規定は、社会化論においては社会主義の内容規定として述べられている。したがって、社会主義に関するヒルファディングなりの特徴づけを意味している。社会化論においては、社会化立法による所有の変換と産業自治体の形成において社会主義的な民主主義として「出発点の平等」の実現が提唱された。今や所有の変換をともなうことなく、経済と経営の管理に労働者が参加する運動の指針として「経済民主主義」論における「出発点の平等」論が再び打ちだされる。それは、経済民主主義における社会主義的内容規定をなす。この点、ヒルファディングは、一九二五年のハイデルベルク綱領問題の結語で、「社会主義以外の何ものも意味しない経済民主主義」とも述べている(6)。彼にあっては、経済民主主義は社会主義の別な表現にほかならない。この点、「出発点の平等」論についてもう少したちいって考察したい。

ヒルファディングの「出発点の平等」論は彼独自の民主主義観にもとづいている。彼は、民主主義が各人にとって出発点が平等であるという、近代社会にのみ適用される選抜原理であると述べている。[7] これは、平等主義というよりは機会均等主義の思想を表現している。このことから彼の社会主義観は、経営と経済の管理と指導、仕事と職業をめぐってなされる万人の「公平な」競争を想定したものであり、能力主義的な性格をもっていることがうかがわれる。事実、ヒルファディングは、一九三二年の論文「社会主義と所有」において、次のように述べている。

「生産手段の私的所有の廃止は、しかしながら決して無差別性と均一性の社会の招来を意味しない。社会主義社会も強い差別を含んだ社会でしかない。我々は、いかに労働過程の社会化がますます多様な種類の職務を生みだし、そしてその構成をますます複雑化するかを述べてきた。この諸職務の占有と指揮への昇進をめぐってなされる個人的競争は依然として完全に維持されている。しかしそれは平等な機会のもとに平等な出発点からなされる競争である。個々人の生来の素質と能力の抹消ではなく、その完全な発揮が結果を規定する。職務のこの相違と意義が収入の相違に結びつけられるかどうかは、次の場合には第二義的問題である。すなわち、この支配権（Verfügungsgewalt）がもはや生産手段に関する権力ではなく、社会の消費財元本、物質的・精神的消費財元本における相違する分け前であるにすぎず、指揮がもはや社会に関する支配ではなく、社会への奉仕を意味する場合である[8]」。

このようにヒルファディングは、いちじるしく競争と能力主義――これは彼の生産力上昇視点と結びついているのだが――を強調した社会主義観を示している。その理由は、労働過程の社会化が労働の複雑な分化と特殊化を生みだすからだという。前章でみたように、ヒルファディングは、「組織された資本主義」において労働者の階層分化が促進され、いわゆる「新中間層」が増大すると考えていた。彼によれば、分業と労働の特殊化の前進――「分業の止揚」などということは彼にとって論外である――は科学の応用と生産力の発展の必然的な産物であり、社会主義においてもこの傾向が継承され発展させられる。「出発点の平等」論は、仕事と職業の分業の進展、労働者の階層分化を配慮したものであり、さらには「新中間層」の要求に答えたものであったと言える。

ヒルファディングはこうして社会主義における不平等の存在を強調する。これは一見マルクスが『ゴータ綱領批判』のなかで、ブルジョア社会の母斑として述べた見解に類似している。しかしヒルファディングには、マルクスとは異なり、分業の止揚によっていかに不平等が解消されるかという理想主義的な問題意識はない。ヒルファディングは非常に現実主義的であった。彼は、分業の発展や労働の特殊化が科学や技術の発展の宿命的な産物であると考える。こうした観点から生産者が能力と実力に応じて活躍する機会をあたえられる社会体制を社会主義とみなしている。これまでの歴史において、「悪平等」という言葉が社会主義批判の定番をなしてきた。また「悪平等」という考えは、しばしば技術者、経営者、知識人の迫害に結びつき、社会主義における生産力的発展を阻害してきた。この点で、ヒルファディングの右の現実主義的な考えは、一考に値する。また、社会主義における平等とは何かという問題をあらためて我々に突きつけている。

以上、ヒルファディングにあっては、経済民主主義が社会主義と同義であり、出発点の平等(機会均等)を内容としている。それでは、ヒルファディングはこの時期に社会主義の代わりになぜあえて経済民主主義という言葉を使用したのだろうか？　ヒルファディング自身は明言していないが、その理由はこうである。

第一に、社会主義における民主主義的内容の強調のためである。「社会化」論においてヒルファディングは、民主主義的な社会主義の実現をめざした。「経済民主主義」論においても社会主義の民主主義的内容を強調している。この強調は、一面では、ボリシェヴィズムと一線を画す意味をもっていた。ヒルファディングは、当時のロシアの社会体制にたいして、「民主主義と自由の概念が社会主義の概念と不可分」であると批判したのである。[9]社会主義における民主主義の強調は、さらにヒルファディングの独自な民主主義観と結びついてなされた。彼は、戦後にドイツ革命がもたらしたワイマール民主主義を社会主義運動の一つの成果として積極的に評価したが、それは労働者階級に市民としての形式的平等をあたえるにすぎないと考えた。彼によれば、民主主義の真の内容は、政治的民主主義につづいて社会的・経済的特権の廃止と経済における不平等の是正、すなわち経済民主主義を実現することによってえられる。*

このように経済民主主義概念は政治的民主主義概念に対応して生みだされた。

＊　ヒルファディングは、一九二五年のハイデルベルク綱領報告において、社会化と経済民主主義の関係について次のように述べている。
「社会化の過程は、それが同時に経済民主主義化の過程である場合にのみ完遂される……社会化の問題とともに経済民主主義の問題が我々の胸にせまってくる」[10]。

すなわちヒルファディングは、社会化が経済における民主主義の実現を意味しており、この点で経済民主主義に結びついていると指摘するのである。


第二に、経済民主主義という概念は、それを実現する方法と不可分に結びついている。経済民主主義は、階級的に組織された経済から民主主義的に組織された経済への転換を意味している。すなわち、それは経済の組織化と計画化の点ですでに社会主義的内実をもった「組織された資本主義」を、組織と計画の体制を維持しつつ漸次的に民主化する課題を担っていた[11]。「出発点の平等」論も、私有財産と生産手段の所有特権にもとづく昇進機会と分配の不平等な歪み、経済的・社会的不平等を漸次的に解消する日常的・改良的な闘争の目標を意識して唱えられた。

この点、ドイツ労働組合総同盟（ＡＤＧＢ）における経済民主主義論争のなかで、資本主義社会内部で経済民主主義を実現することは可能か、という議論が生じた[12]。

ＡＤＧＢの代表的な理論家のひとりであるＦ・ナフタリは、一九二八年のＡＤＧＢハンブルク大会での報告において、この議論を総括して、経済民主主義が資本主義の克服後に実現されるのは明白だが、この概念はその実現の具体的な道（経済民主化）をも示していると述べた。つまり、「『経済民主主義』概念は、経済発展の道に関する我々の観念を具体化する要求……から生じた」のである[13]。

ヒルファディングは、一九二七年のＳＰＤキール党大会での報告において、彼が経済民主主義を唱えて以来生じた種々の議論を取り入れ、こう述べている。

「経済民主主義とは、経済上の私的利益を社会的利益のもとに従属させることであり、経営民主主義(Betriebsdemokratie)とは、各人がその能力に応じて経営の指導に昇進しうる可能性をもつことである[14]。」

ここでは「時代の諸問題」で述べられた経済民主主義がおもに経営民主主義を意味するものとして用いられている。そして、経済民主主義はより包括的に社会全体の利益すなわち「共同経済的側面」を表現するものとして使用されている。ヒルファディングの見解のこの変化は、経済民主主義を実現する道の具体化を反映している。経営民主主義という言葉は、労働組合運動のなかで、比較的早くから労働者の経営参加、共同決定権（Mitbestimmungsrecht）の実現を意味するものとして使用されていた[15]。これを踏まえて、ヒルファディングの「経営民主主義」概念は、労働者の経営参加や共同決定権の実現をめざした改良運動の最終目標として打ちだされた。また経済民主主義における全体の利益の強調は、彼のキール党大会報告における「国家の経済介入」論の展開に照応している。すなわちヒルファディングは、資本家組織の私的利益にたいして社会全体の利益を追求する機関として国家の経済的役割を特徴づけた。そして、このような社会全体の利益の貫徹を追求する上での究極像として経済民主主義を示したのである。ここでは、ヒルファディングの「経済民主主義」概念は、経済民主主義を実現する、二つの道を反映して、経営民主主義と経済民主主義に分化したと考えられるのである。以上の考察を踏まえて、我々は次に経済民主主義実現の道を示した、いわゆる「経済民主化」論の検討に移ることにしたい。

(2)「建設的社会主義」論と経済の民主化

第一次大戦後におけるドイツ革命の敗北は、ヒルファディングの社会主義運動論に大きな変更をもたらした。それまでヒルファディングは戦争などによる資本主義の危機とこれにともなう労働者階級の革命的自覚の高まりから社会革命を展望し、この社会革命によって社会主義が実現されると考えていた。戦後における革命の敗北と社会化運動の挫折後、彼は、この危機から革命を展望する、いわば「危機→革命」説を放棄し、「組織された資本主義」における、日常的改良活動を前面に押しだした社会変革の理論、すなわち「経済民主化」論を唱えはじめる。ヒルファディングは、こうした彼の新しい考えを、「建設的社会主義」(konstruktiver Sozialismus)という言葉でこう表現する。

「エンゲルスが彼とマルクスのライフワークを空想から科学への社会主義の発展と呼んだとすれば、今日では社会科学の社会組織への応用が問題となっている。それは科学的社会主義から建設的社会主義への移行である。次のことは明白だ。すなわち経済民主主義の形成がとほうもなく複雑な問題であり、その成熟が長期にわたる歴史過程をとおしてなされ、そしてこの過程で集積された資本による経済の組織化の前進が同時に民主的管理にますます服するようになるということである。たとえある階級の政治権力が他の階級に移行するのが比較的短期間の所業で、すなわち革命的に成熟されうるにしても、経済の発達はつねに持続的・有機的発展のなかでのみ、すなわち進化的にのみ経過するからである(16)」。

このようにヒルファディングは、第一に、「組織された資本主義」において社会主義が直接時代の問題になっていること、第二に、社会主義への移行が長期にわたる「複雑」で「進化的」な建設事業であるということを、「建設的社会主義」という言葉で言いあらわしているのである。その際、社会主義への移行が長期的・漸進的な過程であることはヒルファディングの「社会化」論においてすでに述べられていた。[17]同じ考えは、カール・カウツキーやオットー・バウアーらによっても、暴力革命によって一挙に社会主義の実現をめざすボリシェヴィズム（共産主義）から社会民主主義を区別するメルクマールの一つとして強調されていた。[18]しかし「建設的社会主義」論では、「社会化」論におけるのとは異なる考えが明確に示されている。すなわち「社会化」論では、基幹産業の即時社会化による直接的な私的所有の廃止と産業自治体所有の実現が前提にされていた。

それにたいして「建設的社会主義」論では、私的所有の廃止問題が一応棚上げにされて、その代わりに資本主義の改革の論理が前面に押しだされているのである。別のところで、ヒルファディングは「社会改良が社会主義への道を切り拓く」とも述べている。[19]「建設的社会主義」とは、計画化、社会化の点で、社会主義の経済的な内実をかなり兼ね備えるにいたった「組織された資本主義」にたいする改革をとおした漸次的な社会主義への道を表現したものにほかならない。[20]

ヒルファディングの見解のこうした変化は、むろん「組織された資本主義」への発展という彼の認識に対応していた。彼は、資本主義の経済的危機ではなく、「組織された資本主義」のいっそうの発展を追求し、その生産力的基盤を損なうことなく、平和的・漸次的に資本主義経済の民主主義的改革をおこなうという社会変革の道を唱えた。彼の見解のこの変化は、何よりも社会化の挫折の深刻な反省にもとづいていた。ヒルファディングは、社会化の挫折をつうじて社会主義の主体的条件として労働者の階級的自覚と経営管理能力などを形成する必要性をいっそう認めた。その結果として、改良運動を前面に押しだすようになった。

労働者階級の階級的自覚の問題についてみると、ヒルファディングはすでに第一次大戦中に労働者階級の体制順応傾向を指摘していた。彼は、『金融資本論』では、戦争に導く帝国主義の諸矛盾が労働者階級のこの体制順応傾向を克服し、革命の心理的条件を形成すると考えていた。また、労働者を多数者にする資本主義の歴史的発展の必然として革命的情勢が生ずると、議会における労働者の多数者支配が実現されるだろうという展望をいだいていた。この認識にたって、ヒルファディングは、ドイツ一一月革命の当初、国民議会選挙が実施されるならば、これは労働者の多数者支配を実現するだろう、と述べていた[21]。しかし実際は国民議会選挙をつうじてブルジョア諸政党が再び政権を取りもどし、それとともに社会化運動も挫折していく。このような失敗をとおしてヒルファディングは、先進工業国における社会変革の困難を認識した。特に労働者の体制順応傾向などが失敗の大きな原因をなしたと考えた。彼は、これまで労働者の革命意識、革命的自覚、社会主義への志向に関して左翼があまりに楽観的な見とおしをもっていたと気づく。そして、社会主義の主体的条件の形成を資本主義の危機と革命的情勢の到来に期待するのではなく、資本主義を改革する日常的建設活動、改良運動によって能動的にこれを形成する必要性を積極的に認めるようになった。彼は、論文「時代の諸問題」において、こうした経験を総括して、こう述べている。

社会主義は、最初、外から公準的要求（Postulat）として勤労大衆にもちこまれ、日常活動において彼らを勇気づけた。ところが労働運動が成長し発展するにつれて、改良主義的な傾向が生まれ、資本主義の止揚に代わってこれへの順応が運動の内容をなすにいたった。それとともに大衆を掌握した力としての哲学あるいは歴史理念たる社会主義は、一個のイデオロギーにすぎなくなる[22]。

ヒルファディングによれば「組織された資本主義」は、恐慌・失業・貧困の作用を緩和することで一面ではこのような労働者階級の体制順応傾向を強める。とくに種々の社会改良が労働者階級の体制順応傾向を促進する。[23] したがって、経済民主主義のもとでは、労働者の階級的自覚をいかにして高めるかが重要な課題となるのである。

さらに労働者階級の経営管理能力の問題がある。ヒルファディングは、社会化運動の指導をとおして、経済発展と生産力上昇を追求する観点から、労働者の管理能力と責任意識の形成の必要性をいっそう意識するようになった。彼は、「経済民主主義」論においては、経済民主主義の必然的前提としてこの問題を位置づけている。一九二四年五月三〇日付けのカウツキー宛の手紙のなかで、彼はこう述べる。

中央組織に包括し、徹底的な社会的規制をおこなう前に、経営内での労働者の向上と指揮への参加が必要であることは疑いない。というのは労働者層の今日的状況、その道徳的・知的能力では、生産性の低下と指揮の怠惰(Bequemlichkeit)によって社会化の利益は大部分帳消しにされる危惧があるからである。[24]

ヒルファディングは階級的自覚の点でも経済と経営の管理能力の点でも当時のドイツ労働者層にはこれらが欠けていると考える。そして、日常的な改良活動における訓練によって労働者層を鍛えることを運動指針として打ちだすのである。この場合、彼は「組織された資本主義」的発展の次のような性格が客観的・必然的に改良運動に社会主義への方向づけをあたえると考える。

つまり「組織された資本主義」における経済の組織化と計画化は同時に社会の生産手段と生産物の支配権が少数大資本家に集中することを意味し、敵対的所有基盤にもとづく経済と経営の専制的支配の不当性を暴露する。とくに戦後におけるドイツ革命によって労働者階級が新たに獲得した政治的民主主義と政治的自由は、このような労働者階級の経済的従属と激しく矛盾し、階級対立を激化させるのである。[25]「組織された資本主義」にはさらに別の傾向がある。株式会社における所有と機能の分離により、生産過程の指揮機能が生産者大衆のものとなる。しだいに管理能力と責任意識をもつようになる生産者大衆は、無用化した資本家すなわち特権的所有者と対立する。「組織された資本主義」はこうして経済の民主化をもとめる生産者の心理的変化を生みだす。

ヒルファディングは、「組織された資本主義」のこのような傾向を考慮して、(1)教育改革(2)労働組合の経営参加運動(3)国家による全体の利益の追求といった経済民主化の道を具体的に述べている。

まず教育改革の問題について見てみよう。ヒルファディングは、論文「時代の諸問題」で経済民主主義を「定義」したあと、経済における出発点の平等を保障するものとして、教育の機会均等(Gleichheit der Bildungsmöglichkeit)の要求を掲げている。彼はまた政治的民主主義の問題に触れ、「政治権力の所有と行使の条件と成果の保障は、社会を支配する教育・学問・文化の征服にある」とも述べている。[26] 論文「政治的諸問題」で彼は、さらにこう述べている。経済民主主義の要求、つまり労働者とサラリーマンの共同決定権の要求は教養ある知的な労働者階級によって実現されるのであり、労働者階級の闘争が文化闘争、高尚な精神的ふるまいと精神的所有をめぐる闘争であるから、教育学と教育制度の改革、「文化民主主義」(Kulturdemokratie)の実現が社会民主主義の重要な課題になるのである。[27] こうしてヒルファディングは、当時のドイツの特殊事情から、学校と教会の分離の要求、統一国家による統一的教育制度の形成という要求を掲げるのである。

次に労働組合の経営参加運動について見よう。ヒルファディングは、社会主義の主体的条件の形成という配慮から、労働組合に、官僚的・階級的に組織された経済において構成員の昇進機会を平等化する任務をあたえる。資本家組織と生産者組織との対抗関係において、労働組合の政策は、経済民主主義を最終的に達成するまで、工場民主主義、経営協議会の地位の強化、生産の管理を追求することである。これは労働組合が経営の一翼を担うことを意味する。こうして「労働組合はたんなる社会政策の機関であることをやめ、民主的生産政策の担い手となる。[28]」。ここでいう「民主的生産政策」とは、戦後ドイツの再建をめざして、資本家と同権的に労働組合の側から合理化運動を積極的に促進する政策を意味している。

我々は、前章でヒルファディングの「国家の経済介入」論を検討した際に、彼が、国家の助けを借りて、私的利益にたいして全体の利益を追求しつつ資本主義を社会主義に漸次的に改革する道を主張したと述べた。ヒルファディングは、経済の管理がしだいに公的性格をおびるようになるという「組織された資本主義」の基本的傾向にもとづき、ドイツ革命によって実現された資本主義の制度的諸改革を社会主義への構造変化ととらえる。そしてこの制度的諸改革を継承する最大目標として、経済協議会制度(das System der Wirtschaftsräte)をあげている。ヒルファディングは、先に見たSPDのハイデルベルク綱領報告において、経済民主主義のもとで、現存の諸経営協議会から進んで「経済協議会制度が経済の新組織の不可欠な条件」として理解されるにいたったと述べている。(29) この経済協議会制度とは、ハイデルベルク綱領によれば、「労働組合との密接な協力の維持のもとでの、経済組織への労働者階級の共同決定権実現のための」制度であり、労働者階級による経済の指導と管理への同権的参加をめざしたものである。(30) それは、ワイマール憲法第一六五条に約束された、この約束が充分にはたされていない地方経済協議会およびライヒ経済協議会の制度を意味する。この経済協議会制度は、労働組合の経営参加運動の「最大目標」をなし、国家による資本主義の制度的改革として実現される。

ヒルファディングは、「組織された資本主義」に対応して、経済の専制的支配や種々の所有特権の解消を目的とした経済民主化の道を具体的に示した。そしてこの経済民主化により、社会体制を漸次的に改革する過程で、社会主義を担う労働者階級の主体的力量を養うことをめざす。我々は、経済民主化がまず労資の共同決定権の実現を核としていることに気づく。この共同決定権は、戦争・革命をつうじて労働組合指導部が追求してきた目標である。戦後革命期にはヒルファディングは、資本主義の改革にすぎない共同決定権や同権的参加という目標にとどまることに反対して、社会化の即時実施を唱えた。彼の「経済民主主義」論は、社会化の挫折後、改良の意義の再評価をとおして、かつて対立的な立場にあった労働組合指導部の考えに接近したことを示している。むしろ社会民主主義運動を指導する立場から、労働組合による当時の改良運動とくに共同決定権の問題を社会主義に関運づける積極的な役割をはたしたと言えよう。*

＊　ＡＤＧＢは、戦後革命期に労資の共同決定権の思想を体現して活動していた「中央労働協同体」（Zentralarbeitsgemeinschaft der industriellen und gewerblichen Arbeitgeber und Arbeitnehmer Deutschlands）が戦後インフレーションの高まりのなかで機能麻痺し、またその労資協調的な性格にたいする批判も強まって破産した後に、深刻なイデオロギー的危機におちいった。[31] 故服部英太郎氏は、ヒルファディングの「組織された資本主義・経済民主主義」論が、共同決定権の問題をより高い思想的次元で再生することによって、ＡＤＧＢのこのイデオロギー的危機を救済する役割をはたしたと指摘している。[32]

以上のように、ヒルファディングは、社会変革が共同決定権の実現などをとおして漸進的に成就されると考える。それでは、彼にあっては政権の獲得はいったいどのような位置づけをあたえられるのだろうか。ハイデルベルク綱領のなかには、確かに「労働者階級は政治権力を掌握することなしには、生産手段の社会化をおこない得ない」とある。[33] ヒルファディング自身、前掲のキール党大会での報告において、「社会主義の実現のために国家権力の獲得を結局達成する……必要性」があると訴えている。[34] そして中央党を対象とした連合政権政策の追求それに地方自治体首長の獲得の必要性を述べている。ヒルファディングは、政権獲得の重要性を強調する。しかし、これは国家権力の直接行使による私的所有の廃止、社会化の即時実現をめざしたものであるとは必ずしも言えない。政治的民主主義は国家に全体の利益を代表する性格をあたえるが、ブルジョア諸政党が政府をなしている限り、全体の利益の追求は限界にぶつかる。この限界を乗り越えるためには、労働者階級を代表するＳＰＤが議会の多数派になる必要がある。しかし労働者政府が実施する政策は、労働組合などの経済組織が日常闘争のなかで形成する労働者の総意の政治的反映でなければならない。ヒルファディングは、政治権力の獲得がただちに私的所有の廃止に結びつくと、もはや考えていない。結局、彼は、「経済民主主義」論において、社会主義の実現を、経営参加運動などによる経営の内的変革と経済にたいする国家の民主的管理の二つに分化させ、経済の社会主義的内実の形成の結果として最終的に私的所有から社会的所有への移行がおこなわれると考えていたと思われる。ＡＤＧＢ指導部が発起し、Ｆ・ナフタリが編纂した『経済民主主義――その本質、方法ならびに目標』（一九二八年）――ヒルファディングもこの編集方針の決定に参加したのだが――は、労働者階級による政治権力の獲得によって私的所有から社会的所有への転換、社会主義を実現することを想定したこれまでの古い見解にたいして、こう述べている。

経済民主主義は資本主義社会のなかから多種多様な形で成長するのであり、経済形態の変化に照応して収入・分配の変化と所有関係の変化が生ずるのである。(35)

以上の考えは、ヒルファディングの見解でもあるということができる。ドイツ革命における社会化の挫折以降、ヒルファディングは、労働者の自覚と能力向上をめざして資本主義の漸次的改革に力を入れるようになった。労働者政権を樹立したとしても私的所有から社会的所有への所有の変換は、労働者の準備的状況と経済における社会主義的内実の形成を前提にしてのことであった。このことに関連して、ＳＰＤのハイデルベルク綱領の採択に際して、ＡＤＧＢの側から労働組合をＳＰＤが指導するという項目にたいしてクレームがついたとき、ヒルファディングは、こう述べている。

ＳＰＤが労働組合を指揮するつもりはない。労働組合運動を「社会主義精神」で満たすことは、「経済情勢と歴史的発展自身が……配慮する」[36]。

また別のところでヒルファディングは、「大衆が理解しうる以上のことを要求しない」のが「戦術の至高の原則」であるとも述べている[37]。彼のこの見解は、漸進主義を特徴としており、改良闘争の重視に結びついている。そして、かつての社会化論とは異なり、経済民主主義をめぐる闘争では所有の変換を棚上げにしているとさえ言える。

ヒルファディングのこの見解は、社会主義を考える際に、所有の変換（とくに国有化）を重視するあまり、経済と経営の民主的管理の問題を軽視してきたリアル・ソーシャリズムの負の歴史を見ると、一面では高く評価できる。がしかし、他方で、我々は、経済と経営の民主化は、これを最終的に完遂するためには、所有の変換を必要とするのであり、権力闘争の対象となると言わざるをえない。ヒルファディングの経済民主主義論は、この点をかなりあいまいなままに残したものであった。

(3) 小　括

以上、「組織された資本主義」に対応した社会主義運動の理論として「経済民主主義」論を検討してきた。小括すると、経済民主主義は「組織された資本主義」における経済の組織化と計画化、恐慌・失業・貧困の緩和、少なくともその作用の無害化を前提とし、生産過程における労働者の階層的組織化を考慮して唱えられた。ヒルファディングは、科学技術と生産力の発展、労働過程の社会化が労働の複雑な分化と特殊化を生みだすという現象をとらえて、経済民主主義（すなわち社会主義）における「出発点の平等」（機会均等主義）論を展開した。また「組織された資本主義」における労働者階級の体制順応傾向に対処する意味で、その自覚と能力の向上を意図して日常的な改良闘争を重視した。そして、社会主義への資本主義の漸次的な改革の道を提示したのである。

経済民主主義は「社会化後」の理論であった。社会化は国家権力によって直接的に私的所有を廃止し、産業自治体所有を実現する試みであった。が、この試みが挫折したとき、社会主義運動のなかに、ドイツ革命の諸成果とワイマール共和国の諸条件を考慮した社会変革の理論が新たに要求されたのである。ヒルファディングの「経済民主主義」論はこの要求に応えて、日常的改良闘争を重視し、これに社会主義的観点から意義づけをあたえたものである。それは、社会化の挫折のおもな原因を、労働運動の分裂や労働者階級の主体的力量の弱さにもとめ、改良闘争によって社会主義の主体的条件を能動的に形成することをめざした。こうしてヒルファディングは、資本主義の危機から社会革命を展望するかつての「左翼主義」的な見解を放棄し、議会制民主主義と改良運動をとおした社会主義への平和的・漸次的変化に重点をおくようになった。

このようにヒルファディングの「経済民主主義」論は、「社会化後」の構想であり、また「組織された資本主義」に対応した社会主義の理論と実践の課題に応えるものであった。それは、社会主義と民主主義の関係に関する問題を追求したこと、さらに先進工業国における社会変革のむずかしさを彼なりに認識し、社会主義運動に改良闘争を積極的に位置づけたことなど、今日的な主要な論点を含んでいた。ヒルファディングの「経済民主主義」論は現実的であり、今日の我々にそれほど違和感を与えない。むしろ所有の変換に拘泥する「所有偏重」の社会主義論にたいしては反省をせまるものである。しかし他方で、それは、逆に所有の変換を棚上げにするものであり、また当時のドイツでは「労資協調主義」的な性格を有するものであったことも指摘しなければならない。

とりわけ後者の点では、ヒルファディングの「経済民主主義」論は、客観的には、ドイツ合理化過程を労働組合の側から積極的に促進する指針をあたえ、事実の問題としてドイツ資本主義の復活を支える重要な役割をはたした。それは、ワイマール期におけるヒルファディングの次のような現実主義的な行動に結びついている。

周知のようにヒルファディングの所属するSPDは、ワイマール民主主義の共同の担い手として、左右の反民主主義勢力にたいし、共和国の与党的な行動をとった。ヒルファディングも、一方で共産党（KPD）の後にしたがう労働者を獲得してその勢力を削ぐことをめざし、他方で右翼ファシズムの危険な性格に注意を向けなければならなかった。[38]彼によれば、社会主義を実現する前提となるワイマール民主主義を維持し発展させるためには、積極的な民主主義教育が必要であり、さらには戦後ドイツ経済を再建して社会不安をなくすことが必要であった。彼の「組織された資本主義・経済民主主義」論は、このようなワイマール・ドイツの現実に対応して、教育改革や戦後経済再建を中心とした任務を提起する。そしてとくに生産力の上昇を重視し、戦後経済再建を追求する観点から、ヒルファディングにおける改良重視は、ワイマール民主主義を認める資本家団体と協調し妥協する性格を色濃くもっていたのである。

ヒルファディングは、合理化運動に労資協調主義的に取りくむことを提起する。そして、この合理化運動に労働者階級の共同決定権拡大ひいては経済民主主義の実現への機会を見いだした。また化学・電機独占資本の親共和国・親労働組合的な性格を認め、これらと提携することによって経済民主主義の実現にとって有利な条件を生みだそうとした。[39]政党間の関係では、党内の種々の反対意見をおさえて、おもに中央党を対象にした連合政権の実現をめざしたのである。ヒルファディングによれば、中央党を一概にブルジョア政党と決めつけることができない。中央党は、とくにその背後に多くのカトリック系労働者をしたがわせている。この労働者の支持をSPDのために獲得するためにも連合政権政策が必要なのである。[40]こうしてヒルファディングは、ワイマール民主主義を認める種々の勢力と提携し、さらに地方自治体での政治的力量を高めつつ、SPD政権の成立をめざしたのであり、その過程で経済民主主義を漸次的に実現しようとしたのである。

しかし資本主義のいわゆる「相対的安定期」におけるこの経済民主主義運動は、合理化の推進方法の協議、労働諸条件の改善、賃金協約などを主体としており、共同決定権の機関たる「経済協議会制度」などの実現にかんしてみるべき前進がなかった。また、ヒルファディングの「経済民主主義」論は、経済の全体の利益、経営における労資の「共同決定権」という目標を掲げつつ、「労資協調型」という性格を備えさせつつ、ドイツ資本主義の復活をもたらした。そして、世界大恐慌とナチスの支配、第二次大戦をもたらしたその後の歴史において挫折と中断をへて、第二次大戦後のヨーロッパ型、より正確にはドイツ型、オーストリア型の資本主義、つまり「労資協調型」の「調整様式」を内容とする資本主義の形成に結びついていった。また、これに関連していえば、なおもマルクス主義を維持する姿勢を示していたという意味で、脱マルクス主義を志向し、労使の共同決定権（労使同権）と福祉国家を追求するにいたった戦後のドイツ社会民主主義への過渡的思想をなしていたと言える。

注

（1）R. Hilferding, Die Reichstagswahlen und die Sozialdemokratie, in: *Sozialdemokratischer Parteitag 1924.Protokoll.*, Berlin 1924,S. 165,S.168.

（2）R. Hilferding,Die Frage der International（Referat auf der Generalversammlung der Bezirksorganisation Berlin Stadt USPD am 28. 9.1919）, in: *Die Freiheit*, Nr.471, 29.9.1919, MA.

（3）R. Hilferding, Die Einigung der deutschen Arbeiterklasse, in: *Der Kampf*, Bd.14, 1921, S.268.

（4）R. Hilferding, Probleme der Zeit, in: *Die Gesellschaft*, 1.Jg., Bd.1, 1924, S.3. R・ヒルファディング『現代資本主義論』倉田稔・上条勇訳、新評論、一九八三年、六六頁。

（5）Ebenda, S.4. 同上、六七頁。

（6）R. Hilferding, Bericht über das Parteiprogramm 1925, in: *Sozialdemokratischer Parteitag 1925 in Heidelberg. Protokoll.*, Berlin 1925,（Schlusswort）, S.297.

(7) R. Hilferding, Probleme der Zeit, a.a.O., S.4. 倉田・上条前掲訳書、六七頁。

(8) R. Hilferding, Sozialismus und Eigentum, in: *Sozialistische Bildung*, 1932. Jg., S.32. 拙訳「R・ヒルファディング『信用恐慌の諸問題』『社会主義と所有』」(『金沢大学教養部論集・人文科学篇』第二一号、一九八三年)、三四頁。

(9) R. Hilferding, Bericht über das Parteiprogramm, a.a.O., S.274.

(10) Ebenda, S.273.

(11) R. Hilferding, Der imperialistische Friede und die Aufgaben der Arbeiterklasse (Referat auf dem Internationalen Sozialistischen Arbeiterkongreß in Hamburg vom 21. bis 25. Mai 1923), in: *Kongress-Protokolle der Sozialistischen Arbeiter-Internationale*, Bd.1, Darmstadt 1974, S. 59.

(12) 服部英太郎『ドイツ社会政策論史(上)』著作集I、未来社、一九六七年、三三五―三三八頁を参照。

(13) F. Naphtali, Die Verwirklichung der Wirtschaftsdemokratie, in: *Protokoll der Verhandlungen des 13. Kongresses des Gewerkschaften Deutschlands 1928*, S.171 ff.

(14) R. Hilferding, Die Aufgaben der Sozialdemokratie in der Republik, in: *Sozialdemokratischer Parteitag 1927 in Kiel. Protokoll.*, S. 171. 倉田・上条前掲訳書、九三頁。

(15) 吉村励「ドイツ経営協議会の発生・展開――ワイマール経営協議会法の成立事情によせて――」(大阪市立大学『経済学年報』第八集、一九五八年三月)一七九―一八〇頁を参照。

(16) R. Hilferding, Probleme der Zeit, a.a.O., S.3. 倉田・上条前掲訳書、六六―六七頁。

(17) たとえば、ヒルファディングは、「政治的革命は急速に容易に成熟される。それにたいして一つの経済形態の、他の経済形態への転換は非常に多くの時間を要する。」と述べている(Arnold Steinmann=Bucher, *Sozialisierung?*, Berlin 1919, S.67)。

(18) たとえば、Otto Bauer, Kautsky und der Bolschewismus, in: *Der Kampf*, Bd.12, 1919, S.665, を参照。

(19) R. Hilferding, Die Aufgaben der Sozialdemokratie in der Republik, a.a.O., S.169. 倉田・上条前掲訳書、八九頁。

(20) ヒルファディングは、一九二一年の論文「産業における自治」において、「建設的社会主義」という言葉をはじめて使用している。しかしそれは「どの経済部門が社会主義に組織されるべきか、その組織はいかなる性格をもっているのか、またその担い手はだれか」という意味で、すなわち社会化の問題として語られていたのである(Selbstverwaltung in der Industrie, in: *Der Sozialist*, 7. Jg., 1921, S. 1033)。

(21) R. Hilferding, Klarheit!, in: *Die Freiheit*, 1. Jg., Nr.15, 23.11.1918, MA.

(22) R. Hilferding, Probleme der Zeit, a.a.O., S.5f. 倉田・上条前掲訳書、六九―七〇頁。

(23) 池上惇氏は、これについて、ヒルファディングが、改良の意義をきわめて低く評価し、改良がたんに労働者層の体制内化をもたらすという消極的評価にとどまったという指摘をおこなっている(『国家独占資本主義論争』青木現代叢書、青木書店、一九七七年、一三五頁、一三九－一四〇頁、一四三頁）。しかしヒルファディングは別のところで、八時間労働日の問題について次のように述べている。

八時間労働日の実現は第一に文化的意義の問題である。教育により共同決定権における労働者大衆の能力を高めるためには、時間と余暇が必要なのである（Die Reichstagswahlen und die Sozialdemokratie, a.a.O., S.175）。

このようにヒルファディングは、改良の消極的作用と積極的作用といった二面的作用を認めていたのであり、本文中に述べたように、改良の意義を決して低く評価したのではない。

（24）R. Hilferding an K. Kautsky, 30.5.1924（IISG, KDXII635）.

（25）R. Hilferding, Bericht über das Parteiprogramm, a.a.O., S.275.

（26）R. Hilferding, Probleme der Zeit,a.a.O., S.4. 倉田・上条前掲訳書、六八頁。

（27）R. Hilferding, Politische Probleme, in: *Die Gesellschaft*. 3.Jg., Bd.2, 1926, S.295f.

（28）R. Hilferding, Probleme der Zeit, a.a.O., S.6. 倉田・上条前掲訳書、七〇頁。

（29）R. Hilferding, Bericht über das Parteiprogramm, a.a.O., S. 274.

（30）Das Parteiprogramm der SPD, in: *Sozialdemokratischer Parteitag 1925 in Heidelberg. Protokoll.*, Berlin 1925,S.9. W・アーベントロート『ドイツ社会民主党小史』広田司朗・山口和男訳、ミネルヴァ書房、一九六九年、一八九－一九〇頁。

（31）「中央労働協同体」については、栗原良子「ドイツ革命とドイツ工業中央労働共同体」（1）（2）（京都大学『法学論叢』第九一巻第三号、一九七二年六月、第九一巻第四号、一九七二年七月）を参照。

（32）服部英太郎『ドイツ社会政策論史（上）』（前掲）、二九－三六頁。

（33）Das Parteiprogramm der SPD, a.a.O., S.6. W・アーベントロート前掲書、一八四頁。

（34）R. Hilferding, Die Aufgaben der Sozialdemokratie in der Republik, a.a.O., S.183. 倉田・上条前掲訳書、一一三頁。

（35）F. Naphtali（hrsg.）, *Wirtschaftsdemokratie. Ihr Wesen, Weg und Ziel*, 5.Aufl., Berlin 1931, S.26f, S.185f. フリッツ・ナフタリ編『経済民主主義——本質・方途・目標——』山田高生訳、御茶の水書房、一九八三年、二一一頁以下。

（36）R. Hilfelding, Bericht über das Parteiprogramm, a.a.O., S. 274f.

（37）R. Hilferding, Die Reichstagswahlen und die Sozialdemokratie, a.a.O., S.167.

（38）たとえば、R. Hilferding, Die Aufgaben der Sozialdemokratie in der Republik, a.a.O., S.174f. 倉田・上条前掲訳書、九九－一〇〇頁。

（39）R. Hilferding, Politische Probleme, a.a.O., S.290ff.

（40）R. Hilferding, Die Aufgaben der Sozialdemokratie in der Republik, a.a.O., S.183. 倉田・上条前掲訳書、一一三頁。Ebenda,（Schlusswort）, S.219f.

（本章は、拙稿「ヒルファディングの『組織された資本主義』論」（3）北海道大学『経済学研究』第二八巻第二号、一九七八年八月にもとづく。）

第七章　「現実主義的平和主義」論

第一節　「現実主義的平和主義」への道

ヒルファディングは、「組織された資本主義」における経済政策（対外政策）論として、一種の超帝国主義論ともいうべき「現実主義的平和主義」論を論じている。この「現実主義的平和主義」論は、平和主義的政策と自由貿易政策を二本の柱としている。ここでは、『金融資本論』と比較しつつ、ヒルファディングの「現実主義的平和主義」論について考察したい。

（1）「現実主義的平和主義」とは何か

「その歴史的規定性において帝国主義政策が資本家の政策およびそれに条件づけられた国家の政策の特定局面に生ずる資本主義的拡張政策を意味するととらえるならば、戦争の結果はそのような政策に終止符を打つか、少くともそれを決定的に変えはしなかったか……」。

論文「時代の諸問題」において、ヒルファディングはこう自問する。そして、戦後における国際関係の特徴を指摘した後に、さらに問いを次のように畳みかけている。

個々の部分の暴力的略取にかわって、世界市場の共同確保と共同利用の方向に資本主義的拡張傾向の形態変化が生じてないか？ 好戦的諸傾向が弱まり、現実主義的平和主義（realistischer Pazifismus）と呼ばれる一つの政策が可能にならないか？ 一つの超国家組織のために個々の諸国の主権を制限する徹底した政策によって新しい形態の世界政治秩序を形成しえないか？[1]

ヒルファディングは、戦後に国内・世界情勢が変化し、金融資本の拡張政策が必ずしも国家の帝国主義的対外膨張政策に結びつく必然性がなくなったという理由を述べて、プロレタリアートの政策として自由貿易政策と「現実主義的平和主義」[2]を掲げる。

ヒルファディングが「現実主義的平和主義」という言葉をはじめて用いたのは、管見の限りでは、一九二二年の彼の論文「世界政策、賠償問題そしてジェノア会議」である。彼は、戦後処理の諸問題をめぐって開かれたジェノア会議を論評するなかで、当時の国際情勢の具体的な分析、とくに戦勝国である英米仏の対外政策形成の具体的な条件の分析にもとづいて、世界平和体制の確立の現実的可能性を探った。そして、好戦的なフランスの外交政策にたいして、平和を望むイギリスの外交政策を「現実主義的平和主義」と呼んだ。[3] ヒルファディングは、その後、この「現実主義的平和主義」の意味を広げ、「相対的安定期」における労働者階級の政策としてとらえなおしている。

ここでヒルファディングが「平和主義」の前に「現実主義的」という言葉を冠していることが注目される。「現実主義的」とはどういう意味だろうか。この回答は、「平和主義」の可能性を探る際に、当時の国際関係の具体的な情勢分析をおこなうヒルファディングの現実主義的な分析視角に見いだされる。ヒルファディングは、第一次大戦前と戦後では世界の状況が変わったことを強調する。戦前は、好戦的なドイツ帝国主義が世界政策を主導した。この帝国主義の基礎には金融資本の経済政策があった。第一次大戦後、世界政策を規定するのは敗戦国ドイツにおける帝国主義ではない。

世界政策を規定するのは戦勝諸国である。ヒルファディングは戦勝各国の経済政策がどのように決定されるかと問う。そして各国の、必ずしも金融資本の利害に規定されない資本の動向、階級の力関係と利害の具体的な分析にはいっていくのである。彼は、現実の分析にもとづき、現実のなかに「平和主義」の可能性を見いだす。ヒルファディングは、具体的には、イギリスの平和主義的外交政策と戦後に力を強化した労働運動の平和主義政策を結びつける。また、戦後に形成された国際連盟に平和主義政策の手段を見いだす。こうして、ヒルファディングは、たんなる理想主義ではなく、現実のなかに平和主義の可能性を見いだすという意味で、「現実主義的平和主義」を唱えたのである。

ヒルファディングの「現実主義的平和主義」論は、第一次大戦後の資本主義の情勢変化に応じた彼の経済政策論的認識の深化と変化の結果として生じた。そして、その要をなす考えが、金融資本の経済政策と国家の経済政策の分離の強調である。

『金融資本論』においては、本書第一部第四章で考察したように、金融資本と国家の経済政策を区別して考える視点があったものの、金融資本の拡張政策は事実として同時に国家の政策をも意味しており、両者は密接不可分なものであった。というのは金融資本において経済的権力と政治的権力が統一されており、プロレタリアートを除いた諸階級が金融資本の拡張政策を支持するメカニズムが働いていたからである。

それにたいして「現実主義的平和主義」論では、まず両者を分離することからはじめられる。ヒルファディングは、ここでも、帝国主義が金融資本の拡張政策にもとづく巨大国家の暴力主義的膨張政策であると規定している。ところが、これに加えて、帝国主義は、金融資本の拡張政策が国家の政策に現実化するような歴史的条件下で生ずると指摘している。この点、彼はこう述べる。

「……帝国主義の経済政策は金融資本の経済政策にほかならないと定義しうる。……しかし、金融資本の拡張政策は、一定の歴史的諸関係のもとでのみ、その帝国主義的形態を受けとりえた」[4]。

ヒルファディングは、一方では、いわゆる「相対的安定期」においても「非常に強い帝国主義傾向」が存在していて、それが新たなる戦争への危険性をたえず生みだしている事実を強調している。しかし彼は他方では、戦後に次のような国際情勢の変化が生じたとも指摘している。

第一に、英米のアングロサクソン世界のヘゲモニーが国際的に確立し、両国を中心に諸列強による世界市場の共同確保と共同利用の傾向が一時的に生じた。

第二に、民主国家の形成（政治的民主主義の実現）によって、労働者階級が国家の政策決定に関与する機会があたえられた。

第三に、植民地諸国民の民族独立運動が興っている。この運動は暴力に結びつけば世界平和をみだす要因となりうるが、他方で新たな世界戦争が植民地体制の崩壊に導くという危惧をも生みだしている。

このような戦後における国際情勢の変化から、ヒルファディングは、帝国主義の経済的可能性が政治的現実性に転化する必然性がなくなったと述べる。そして政策について次のような指摘をおこなっている。

「資本主義的政策の分析において……二つの点で誤りがなされている……第一に、資本主義を非常に静態的にみて、動態的に、そのたえざる変化のなかで見ない傾向によってである。このようにして一定の発展段階にある資本主義の諸現象をその本質に属する不変の法則とみなす誤りがあまりに安易になされている。第二に、さしあたり資本家階級ないしはその支配グループの傾向にすぎない資本主義的経済法則ならびに諸傾向が政治的現実性に置換される必然性が必ずしもないということがあまりに容易に看過されている」[5]。

ここでヒルファディングは、金融資本の拡張政策にもとづいた第一次大戦前の帝国主義的膨張政策が戦後も不変につらぬくとみてはならないこと、帝国主義の経済的可能性がいつも政治的現実性に転化する必然性がないことを強調しているのである。ヒルファディングは、政策形成の複雑さを、こう述べる。

資本主義は種々の異なった環境のなかで発展する。それは封建社会の間隙をぬって成長し、アジア的専制君主の支配下にある広範な農民層の上にたって発展する。また、絶対主義、立憲君主制、ロシアのツァーリズム、近代民主主義諸国のもとで、さらにはソビエト共和国のもとでも発展する。したがって資本主義の経済法則と傾向を純粋に明らかにすることが理論分析にとって必要であるとすれば、他方で、政策論の展開は、経済と政治の現実的諸関係を考慮してなされなければならない。

「現実主義的平和主義」論においてヒルファディングは、こうした政策論の観点から、政治と経済の具体的な分析をなし、世界の平和体制を形成する上での現実的基盤を追求している。そして①統一的経済領域の形成を目的とした自由貿易政策とヨーロッパ合衆国のスローガン②国際連盟の民主化と軍縮政策を具体的な行動綱領として掲げた。

(2)「現実主義的平和主義」論から『金融資本論』への逆照射

以上、ヒルファディングの「現実主義的平和主義」論は、①第一次大戦後における民主国家の形成（政治的民主主義の実現）と労働者階級の政治的力の強化、②金融資本の経済政策と国家の経済政策の分離、③各国の歴史的事情と諸階級の現実的利害関係の相違にもとづく国家の経済政策的意思決定の複雑さを考慮して、金融資本の経済政策が必ずしも国家の経済政策としてつらぬく必然性がないと主張したものであった。そして、具体的には、英米の平和主義的傾向をとらえて、労働者階級の力によって平和主義を確固たらしめることを内容としていた。むろんこれは、『金融資本論』（一九一〇年）における彼の見解とは、かなり異なっている。帝国主義論から現代資本主義論への展開を学説史的に明らかにするという問題関心から、以下では『金融資本論』におけるヒルファディングの帝国主義認識と彼の「現実主義的平和主義」論との関係について論ずる。

『金融資本論』において、ヒルファディングの「帝国主義」論は、第五篇の「金融資本の経済政策」のなかで展開されている。この第五篇でヒルファディングは、帝国主義を金融資本の経済政策とする観点から、保護関税政策・資本輸出・植民地政策・ミリタリズム・帝国主義イデオロギーなどという帝国主義の諸現象を彼なりに体系的に説明した。そして帝国主義的世界戦争の危険がせまっていると述べ、これにたいして社会主義革命に備えるようにプロレタリアートに訴えた。このように彼は、帝国主義の諸矛盾から資本主義の危機と社会革命を展望する、いわば「危機↓革命」説にたっていた。そして、帝国主義にたいするプロレタリアートの回答として、自由貿易ではなく社会主義を掲げたのである。しかし、本書第四章で詳しく考察したように、そこでは「現実主義的平和主義」に関連するいくつかの無視しえない論点も示されている。

第一に、ヒルファディングは「帝国主義」論を金融資本の経済政策論として展開し、帝国主義を金融資本の政策だと規定した。彼は、カウツキーのように、帝国主義を「金融資本の好んで用いる政策」[6]と規定したのではなく、帝国主義が金融資本にとって客観的に必然的な政策をなすと考えた。しかし、「帝国主義」論を経済政策論において説くことはどういう意味をもつのだろうか？　また、経済政策論は帝国主義論にいかに位置づけられるのだろうか？　じつはヒルファディングが「帝国主義」論を経済政策論として展開し、帝国主義を金融資本の経済政策と規定したことは、後年彼がカウツキーと違った意味で自由貿易政策や超帝国主義を唱える一つの原因となった。第一次大戦中ヒルファディングは、帝国主義が一つの経済政策だとするならば、プロレタリアートはこれに別の政策たとえば自由貿易政策を対置しうるはずだという考えを示した。つまり、ヒルファディングは、経済政策というものがその時々の現実の情勢と条件にそくした階級の諸利害にもとづき打ちだされると考え、第一次大戦勃発後の情勢の変化に応じて政策における彼の見解を変えたと言える。

ヒルファディングは、また、これに関連して、資本主義のいわゆる「相対的安定期」には、彼の経済政策論の具体化を試み、金融資本の政策と国家の政策に政策を分けるのみでなく、分離する。そして、金融資本の拡張政策が必ずしも国家の帝国主義的膨張政策に結びつく必然性がないと述べたのである。『金融資本論』では、確かに金融資本の政策と国家の政策を峻別する考えは、明白な形では述べられていなかった。しかし、そこでも金融資本の経済政策がプロレタリアートを除く諸階級の支持をえていかに国家の帝国主義的政策としてつらぬくかが分析されており、金融資本の政策と国家の政策を一応区別してその上で両者の一致を述べるという論理が事実上あった。また、『金融資本論』以前に彼は、議会制民主主義において経済的権力と政治的権力が分離すると政治理論的に述べていた。『金融資本論』における金融資本のもとでの経済的権力と政治的権力の一致論、金融資本の経済政策と国家の経済政策の一致論は、ヒルファディングによる経済決定論的な決めつけではなく、当時の政策論的な具体的分析の結果として得られた結論であった。後のヒルファディングの自由貿易政策論や超帝国主義論は、こうした経済政策論の次元で、プロレタリアートの経済政策や反帝国主義闘争を、その時々の情勢に応じて具体的に論ずるなかで形成されたと考えられよう。

『金融資本論』でヒルファディングは、反帝国主義闘争の具体的内容を問わなかった。彼は、当時の資本主義が社会主義の前夜にあるとみなし、帝国主義の諸矛盾が激化し戦争へと突き進んでいくにしたがって、一気に革命的情勢が醸しだされると考えていた（わたしは、これを「終末論的帝国主義観」と呼ぶ）。彼は、第二インターナショナルのなかで流布していた、戦争には革命を対置するという見解を受けとめ、左翼主義的な立場から帝国主義には社会主義を直接対置した。つまり彼はプロレタリアートをして帝国主義のいきつく崩壊の相続人にするという観点から、帝国主義に社会主義を対置することで十分だとみなしていた。ところがその後国際情勢が急転するなかで、ヒルファディングはしだいに反帝国主義・反戦闘争を具体的に追求する必要性を感じはじめるのである。たとえば一九一二年のある論文のなかで彼は「対外政策上の問題で具体的な立場をとることがいかに重要であるか」、「日常的な問題において、社会主義の一般的で自明な回答がいかに空虚で効果のないものであるか」ということを反省的に述べている[7]。そして具体的な反戦政策の一つとして、軍縮政策の意義を積極的に評価しはじめた。彼の見解が若干変化した理由は、①一九一二年一月の帝国議会選挙におけるドイツ社会民主党（SPD）の躍進②一九一二年一〇月に勃発した第一次バルカン戦争など、情勢の変化に応じた彼の政策論的認識の変化の結果であった。つまり、『金融資本論』においては左翼主義的な立場から帝国主義に社会主義を単純に対置する見解が唱えられたが、その後の情勢変化によってヒルファディングは反帝国主義・反戦闘争の政策的要求を具体化する必要にせまられたのである。そして、第一次大戦中には、反帝国主義闘争の政策的要求の具体化の一環として自由貿易政策を積極的に取りあげるにいたった。

「現実主義的平和主義」論との関連で、第二に、ヒルファディングの「帝国主義」論の保護関税を主軸とする視角と「自由貿易＝合理的国際分業」論を看過できない。ヒルファディングはカルテル保護関税を起点にすえて帝国主義政策を説明した。つまり彼は保護関税の一般化が世界市場を個々の経済領域に分断するが、他方では金融資本への発展が経済領域の広さの意義を高める、ということを指摘することから論じている。その際、ヒルファディングは、「発達した資本主義的生産にあっては、全世界市場を単一の経済領域に結びあわす自由貿易が、もっとも大きな労働生産性ともっとも合理的な国際分業とを可能にすることに、なんの疑いもない」（Bd. 2, S.421,（二）二二九頁）と述べている（同様の考えは、オットー・バウアーにも見られる）[8]。このような自由貿易にたいして、保護関税は合理的な国際分業の形成を阻害し、生産諸力の発展を抑止する。金融資本は、保護関税が高い特別利潤を保証するがゆえに、この制限を自由貿易の実現によってではなく、資本輸出や植民地政策を推進し、経済領域を拡大することによって克服しようとする。こうして金融資本の拡張政策が経済領域をめぐる闘争として展開され、そして諸列強の国際対立ひいては戦争への「必然性」を生みだすのである。

ヒルファディングは、保護関税による世界市場の分断傾向（生産諸力の発展を阻害する）と金融資本にとって経済領域の広さの意義が高まる傾向の対立関係を軸心にすえて、彼の「帝国主義」論を展開し、帝国主義的諸現象についてすぐれた分析をおこなっている。しかし、他方では、保護関税を主軸にすえる視角は、帝国主義的国際対立の根源を保護関税におく、後年の彼の見解に結びついたと言わなければならない。また自由貿易が合理的な国際分業を保証するという彼の考えは、これが実現されない「代償」として帝国主義を説明する見解に結びついた。『金融資本論』では自由貿易政策がブルジョアジーの、陳腐化した古い理想であると片づけられていた。しかし、他方では、ヒルファディングは、古典派経済学（あるいはいわゆる近代経済学）と同様に自由貿易に世界経済と国際分業の発展にとって一つの「理想」を見いだす。こうした経済学的な理論認識は、意外と根強く現状分析の底流として残るものである。それは、後に情勢の変化に応じて表面に浮上し、統一的経済領域を形成する手段として、自由貿易政策を唱える論拠をなすにいたる。この自由貿易政策に関して、もう一つ問題点を指摘しておこう。

『金融資本論』において、保護関税と帝国主義にたいする自由貿易政策の防衛的な意義を消極的だが認めるかのような叙述がある。ヒルファディングは、その際、諸階級が金融資本の保護関税（帝国主義）政策のまわりに結集する当時の政治的力関係からいって自由貿易の実現の「見こみがない」という理由をあげて、自由貿易政策を掲げる意味が失われたと述べている。この場合、次のような疑問が生ずる。すなわち、諸階級の政治的力関係の変化から自由貿易を実現する見こみが生じた場合、自由貿易が合理的国際分業を生みだすというならば、この政策を掲げる意義がふたたび復活しないだろうか？　あるいは情勢の変化のなかで自由貿易政策を掲げる意義がなんらかの形で——たとえば帝国主義批判の武器として——生じないだろうか？　事実、このような問題が『金融資本論』以後のヒルファディングに提出され、彼は自由貿易政策をプロレタリアートの政策として積極的に取りあげるようになる。

第三に、『金融資本論』は戦争に反対する要因や傾向をいくつかあげている。すなわち①資本輸出による各国資本の絡みあいが「資本の国際的利益連帯への傾向」生んでおり（この考えは後にカウツキーの超帝国主義論の一つの論拠となる[9]）、また②社会主義運動への恐怖が戦争への抑止をなす。ヒルファディングは、「もし反対の諸原因が反対に作用しなかったら、暴力的解決はとっくにはじまっていただろう」と指摘している。彼によれば、戦争傾向と戦争反対傾向のどちらが優勢になるかは、その時々の具体的状況にかかっており、そこでは利得の見こみや力の差がとくに決定的要因になる。「ここでは、あたかも一産業部面の内部で競争戦をつづけるか、それともカルテルまたはトラストによって長短いずれかの期間それを中止するかを決定するのと同様な関係が民族間および国家間で一役を演じる」。ヒルファディングはこうした角度から、「最近の国際的領土維持政策には、まるで資本主義の初期段階における、均衡政策を思わせるものがある」と述べている（Bd.2,S.452f,（二）二七一－二七二頁）。

我々はここに、産業部面内でのカルテル・トラスト形成とのアナロジーで国家間の国際利益共同体の形成を説明した、後の「現実主義的平和主義」論の萌芽を看取しうる。もちろん、『金融資本論』ではヒルファディングが戦争反対諸要因によって戦争勃発を阻止しうると考えていたわけではない。彼はむしろ、これらが戦争勃発の期日を引き延ばすにすぎず、金融資本の政策が戦争に発展する絶えざる危険性を生み、その前に社会主義革命が生じないとすれば、ついには世界戦争にいたると確信していた。とはいえ戦争反対諸要因に関するヒルファディングの見解が、情勢の変化に応じて「現実主義的平和主義」論へと結びついていった事実も否定しえないだろう。つまり、彼は、戦争の可能性が現実性に転化するためには、政治と政策の様々な要因が介在しなければならないという認識を『金融資本論』ですでに示していたのである。

以上、「現実主義的平和主義」論の角度から『金融資本論』を逆照射し、若干の問題点を取り上げてみた。『金融資本論』の基調は、帝国主義戦争の見とおしを述べ、自由貿易政策を旧い自由競争の再建をめざす反動化した理想だときめつけ、帝国主義に社会主義を対置することであった。しかし、自由貿易を反動化した理想とするヒルファディングの見解にも、情勢の変化に応じて自由貿易政策を再び掲げる意義が生ずることを容認する一側面も残されていた。また「現実主義的平和主義」論に結びつく「戦争反対傾向」論も『金融資本論』にあった。『金融資本論』第五篇とそれ以後のヒルファディングの帝国主義認識は、理論的にまったく断絶していたわけではない。『金融資本論』で彼は、保護関税必然論、帝国主義戦争必然論を硬直的な形でとらえていなかった。後に政策論的な柔軟な対応をおこなう可能性を残していた。このことは、第一次大戦後、彼をして帝国主義論から現代資本主義論に展開していくことを可能にしたのである。『金融資本論』から「現実主義的平和主義」論にいたるヒルファディングの考えの歴史的変遷については、別著で詳しく述べているのでここでは繰り返さない。[10] ここでは、彼が経済政策論として「帝国主義」論を論じたことに重要な意味があったとだけ指摘しておく。

注

（1）R. Hiferding, Probleme der Zeit, in: *Die Gesellschaft*, 1.Jg., Bd.1, 1924, S.13f.

（2）わたしはこれまで、realistischer Pazifismus の訳語として「現実的平和主義」という言葉を当てていた。しかし、以下に説明する内容からして、「現実主義的平和主義」という訳語が適当であると判断するにいたった。

（3）R. Hilferding, Die Weltpolitik, das Reparationsproblem und die Konferenz von Genua, in: *Schmollers Jahrbuch für Gesetzgebung Verwaltung und Volkswirtschaft in Deutschen Reich*, 45.Jg., 1922, S.7.

（4）R. Hilferding, Die Eigengesetzlichkeit der kapitalistischen Entwicklung, in: *Kapital und Kapitalismus*, B. Halms（hrsg.）, Berlin 1931, Bd.1, S.34. R・ヒルファディング『現代資本主義論』倉田稔・上条勇訳、新評論、一九八三年、二七－二八頁。
（5）R. Hilferding, Krieg, Abrüstung und Milizsystem. ――Drei Beiträge zum Abrüstungsproblem, in: *Die Gesellschaft*, 3.Jg., Bd.2, 1926, S.388f.
（6）K. Kautsky, *Zwei Schriften zum Umlernen*, in: *Die Neue Zeit*,33.Jg., Bd.2, 1915, S.111. 波多野真訳『帝国主義論』創元文庫、四八頁。
（7）R. Hilferding, Der Balkankrieg und die Großmacht, in: *Die Neue Zeit*, 31.Jg., Bd. 1, 1912/13, S.77.
（8）Otto Bauer, Die Nationalitätenfrage und *Sozialdemokratie*, in: *Otto Bauer Werkausgabe*, Bd.1, Wien 1975, S.234-236. オットー・バウアー『民族問題と社会民主主義』丸山敬一他訳、御茶の水書房、二〇〇一年、一五八頁以下。
（9）K. Kautsky, Der imperialistische Krieg, in: *Die Neue Zeit*, 35.Jg., Bd. 1, 1916/17, S. 484f. 波多野訳（前掲）、一一一－一一三頁。なお、保住敏彦氏は、ヒルファディングのこの見解が後に超帝国主義論的に理解され、超帝国主義論の論拠となっていったと指摘している（入江節次郎・星野中編『帝国主義研究Ⅱ――帝国主義の古典的学説――』御茶の水書房、一九七七年、二七九－二九六頁）。
（10）拙著『ヒルファディングと現代資本主義』梓出版社、一九八七年は、その全編をとおして、この歴史的変遷を論じたものである。

第二節　「現実主義的平和主義」と自由貿易政策

（1）国際的な保護主義の動き

「我々は、戦争によって政治的にバルカン化されたこのヨーロッパにおいて、今日、資本主義諸国の政策によってこの政治的バルカン化になお経済的バルカン化がつけ加えられるのを体験している。そして現在日々成長しつつある保護主義のなかに再び民族諸国家の闘争にもとづくところの古い厄災が発生するのを見る。我々は、経済的保護主義から軍事的保護主義が、軍事的保護主義から戦争が発生することを知っている。だからこそ我々は、この新しい保護関税運動、独占運動のなかに非常な危険をかいま見るものである……」[1]。

一九二五年の社会主義労働インターナショナル（ＳＡＩ）マルセイユ大会での報告において、ヒルファディングは、戦後ヨーロッパで強い保護主義傾向が存在する事実をこのように取り上げる。それは政治的・経済的バルカン化と特徴づけられる。そして新たな戦争への危険に結びつく「軍事的保護主義」つまり帝国主義的諸傾向を生みだしている。ハプスブルク帝国の崩壊によって戦後に独立した中欧・東欧の諸小国は、輸出入の許可制、貿易禁止、高率保護関税政策など、保護主義傾向を非常に強めた。この点、ヒルファディングは、一九二三年の一報告において、すでに強い危惧を表明していた。(2)

フランス、イタリア、ベルギー、オランダなどでも種々の保護主義政策がとられた。これまで自由貿易国であったイギリスも、一九一五年のマッケンナ関税を皮切りに保護関税制度に歩みよりを見せた。また、戦後世界経済に台頭したアメリカもフォードニー・マッカンバ関税を導入して、関税引き上げを敢行したのである。(3) このような国際的な保護主義傾向は、資本主義世界からのソ連の離脱、戦前の古い国際分業、通商関係の破壊という状況のなかで、世界市場のいっそうの狭隘化をもたらした。

コミンテルンは戦後資本主義のこうした国際関係に資本主義の没落傾向を読みとった。(4) 一方、ＳＡＩは、戦後ヨーロッパ経済を再建する立場にたって、国際保護主義の風潮から生ずる世界貿易の障害を除去することを焦眉の課題とした。ＳＡＩの代表的理論家であるヒルファディングは、国際的な保護主義傾向を批判した。そして、ＳＰＤの通商政策として、「統一的経済領域」の形成を目標とした自由貿易政策とヨーロッパ合衆国のスローガンを唱えたのである。

一九二四年から一九二五年にかけて、一般的保護関税制度の再導入か否かを争点として、ドイツで貿易政策上の論争が生じた。ヒルファディングは、ＳＰＤの議会闘争を指導する立場からこの時期に保護関税（自由貿易）問題を集中的に論じた。以下では、このドイツ貿易政策上の論戦におけるヒルファディングの所論を検討したい。まず、事実経過を簡単におさえておこう。

穀物関税は、第一次大戦の勃発時に、戦時の食糧確保などの目的から、一連の立法措置によって除去されていった。これは、その後、ヴェルサイユ条約におけるドイツの通商自主権の制限や戦後の食糧不足による農業の好調などの理由から、そのままずっと放置されていた。工業関税が種々の制限を受けつつも機能しつづけたのにたいして、農業関税はほとんど撤廃状態にあった。

ところが一九二三年、マルクの安定化と時を同じくして生じた農業不況は、全国農業同盟と国家人民党をおもな担い手として農業関税を再導入する要求運動を引き起こした。そして一九二五年一月一〇日を期してドイツが通商自主権を回復することが明らかになった。こうしてドイツ政府による関税法案が、二度にわたってライヒ議会に上程された。

一度目は一九二四年八月の農業関税法案で、これはライヒ議会で実質審議をへないまま、SPDなどの種々の反対勢力によって流産させられた。

二度目は、一九二五年五月の――一九〇二年のビューロー関税への復帰といわれた――小関税法案(Kleine Zolltarif=Novelle)である。今度は、その後に生じた政治的力関係の変化(ルター右翼ブロック政府の成立、一九二五年四月の大統領選挙におけるヒンデンブルクの勝利、農業と工業の同盟の復活など)によって、小関税法案はライヒ議会を通過し、一九二五年一〇月一日をもって発効するにいたったのである。[5]

カウツキー宛のヒルファディングの手紙によれば、この時期ヒルファディングは、八時間労働日やドーズ案をめぐる闘争とならんで、保護関税反対闘争をライヒ議会内で繰り広げ、多忙をきわめていた。[6] 彼は、保護関税反対論を、農業関税と工業関税に分けて論じ、さらにヨーロッパ合衆国構想に言及している。まず彼の農業関税反対論から検討しよう。

（2）農業関税論

ヒルファディングは、工業関税にたいする農業関税の独自な性格として、農業関税の導入が比較的容易なのにくらべて、その撤廃がきわめて困難である点を指摘している。農業関税の引き上げは農産物価格と地代の上昇をもたらし、その結果として資本還元された地代たる地価の上昇をもたらす。この上昇した地価はすべての農家に利益をあたえ、土地の売買過程でしだいに既得権益化する。またこの地価にもとづき不動産信用が生まれる。したがっていったん導入された農業関税の撤廃は、全農業関係者の利益を害し、そのうえ不動産信用を動揺させるから、きわめて困難になるのである。

ヒルファディングはまず、戦争以来の農業関税の停止から、「新しい経済状況に我々の経済政策を適合させる」絶好の機会が生じたと述べる。[7] ところが、折から農業恐慌が生じ、これを理由にして農業関税再導入の要求が高まり、重要な政治問題に発展した。この農業関税再導入の要求にたいする反対理由を、ヒルファディングはまず、戦後農業恐慌の性格を明らかにすることから述べている。

ヒルファディングによれば、戦後世界農業恐慌は、世界経済恐慌、インフレーションおよび為替相場の激しい変動などによる購買力の一時的低下から生じた。政治的安定さえ取りもどせば、ふたたび好況が展望され、農産物需要も拡大することが見こまれる。[8] とくにドイツにおける戦後農業恐慌は一時的である。つまり一九二三年のマルク安定措置によって農業における租税負担が再びきびしく作用し、加えて租税積立金の用意不足と信用飢餓から、農産物の投げ売り競争が生じ、ドイツの農産物価格が世界市場価格以下に沈んだ。このような事情から農産物価格と工業製品価格のあいだのいわゆるシェーレ（価格鋏状差）現象が生じている。ドイツのような穀物輸入依存国にとって国内穀物価格が長期にわたり世界市場価格以下にあるのは不可能だから、このような現象は一時的である。外国からの穀物輸入が激減している状況のなかで（とくにロシア革命、東南ヨーロッパの農業革命によって）、通貨安定後において資本主義の景気回復と強力な賃上げ攻勢がはじまるにつれ、農業の活況がふたたび見こまれるだろう。(9) このことを踏まえてヒルファディングは、農業関税再導入にたいする反対理由をこう述べている。

第一に、ドイツ農業の将来問題である。関税による保護がなくても特殊的に繁栄し高度に発達したデンマークの集約的農業がある。これをドイツ農業の将来的な発展の手本にすべきである。農業経済の自然な発展は、人口増加、生活水準の向上、交通輸送機関の発達につれて生産の特殊化への傾向を生みだす。したがって世界経済内の分業における立地条件を正しく考慮して、輪作への転換・商品作物の生産（ニンジン、ジャガイモなどの野菜耕作）、輸入飼料を利用した酪農生産の発達を中心とした農業の経営転換と農業生産性の向上――農業における合理化――が、ドイツ農業の将来に望まれる。ところが穀物関税の導入は、酪農や中小農所有を犠牲にした（ヒルファディングは中小農保護の立場にたつ）、穀物耕作を専業とする大土地所有の温室的保護を意味し、農業の特殊化や集約化など生産性向上運動を阻害するのである。(10)

第二に、穀物関税の再導入は、社会政策上有害な作用をなす。ヒルファディングは、ライヒ統計局の試算にもとづき、穀物関税が地主の増収のために消費者に「逆進的に作用する租税」を課すことを意味すると指摘している。これはドイツ労働者層の大部分の賃金が肉体的最低限に低迷している現状では、ドイツの社会政策全体の「最悪の暗殺計画」を意味する。(11)

第三に、工業に作用する生産政策上の害悪である。これは次の三つの点においてである。①穀物関税の再導入は、大衆の購買力を工業から奪い、農業に移す。②工業生産諸費の上昇によって世界市場でのドイツ工業の競争力を減退させる。③労働者全体の生活水準を押し下げることによって労働力の質を低下させ、とくに未熟練労働者から熟練労働者への移行を妨げる。工業の生産費上昇は、結局、価格転嫁によって完成品産業および輸出産業にしわ寄せされる。これらの産業は熟練労働者層に強く依存するから、この点でもまた打撃を受けるのである。農業関税再導入の工業への悪影響は、不況からの工業の回復を遅らせ、ひいては農業不況を長びかせる[12]。

このように①ドイツ農業の将来②社会政策上の有害な作用③工業への悪影響などの理由から、ヒルファディングはこう結論している。

「農業関税の再導入は、農業の現下の不利な状況――その原因はとくに一時的かつ関税政策によっては直接影響を受けない事情にある――によっても、国民経済の発展の長期的利害によっても是認されないように思われる[13]」。

(3) 工業関税論

ヒルファディングの工業関税反対論についてみると、彼は、農業関税と工業関税が密接不可分な関係にあると述べている。というのは、「農業関税がまねく生産費上昇の代償として、外国の競争にたいする工業保護の要求があらわれるからである。また政治的には、農業と工業の利害関係者の協力は、保護関税反対論の克服を可能にするからである」。工業が農業関税を支持するとすれば、それが工業関税引き上げの引き金になるからである。この場合、カルテル保護関税の性格からいって、工業は農業用生産手段の価格引き上げによって代償以上のものを引きだす。ヒルファディングは、『金融資本論』を参考文献にあげつつカルテル保護関税を説明し[14]、おもに二つの理由から工業関税反対論を展開する。

第一に、産業合理化運動との関係である。この点、ヒルファディングは、イギリスが恰好の見本になっているとして、こう述べている。

「いかに農業生産の集約化と増加が成就されたかは、デンマークの例が示している。いかに保護関税の負担なくして、ごくささいな犠牲と非常に大きな国民経済上の影響をともないつつ、自由貿易下で工業の組織化が達成されたかは、イギリスの例が示している」[15]。戦前のイギリスにおける集積運動、カルテル・トラスト化の状況がドイツやアメリカの水準にいたらなかった大きな理由の一つは、保護関税の欠如であった。ところが、戦後のイギリスにおいて、「自由貿易は産業の組織化を妨げなかった。自由貿易は組織化の目標を生産制限や価格引き上げによってではなく、何よりも生産諸費の引き下げと商業上の失費を節約することによってつらぬかせた。保護関税ととりわけインフレ封鎖が温室的な発展をもたらしたドイツのカルテル形成よりも、イギリスの集積の諸形態は高次に技術的・組織的進歩を促がしたのである」[16]。

ヒルファディングは、保護関税がカルテル形成の促進要因となる一方で、技術的後進性を温存させる有害な作用をもつという考えを明らかにしている。つまり保護関税が促成する温室的なカルテル化は、技術的にもっともたち遅れた経営も残存させるような価格計算を許容する。ドイツ産業全体の平均は技術的に後進的であり、企業が低賃金と労働時間延長で国際競争力をもとうと企てるならば、それは不幸である。というのは、短労働時間は技術進歩を強要し――ヒルファディングは八時間労働日問題を意識して述べている――、高賃金は購買力ある国内市場を形成するからである。こうしてヒルファディングは、ドイツの技術的後進性が保護関税によって保護されるならば有害きわまりないと考え、次のように述べたのである。

「イギリス産業の大進歩はそれゆえ、社会的反動であり生産を高価にし、生産の障害をなすところの保護関税制度への移行にたいするひとつの警告である」[17]。

このように、ヒルファディングは、ドイツ経済の生産力上昇の観点から、工業関税の引き上げに反対した。というのは、敗戦国ドイツは過重な賠償負担をかかえており、生活水準を切り下げることなく生産性の上昇と輸出の拡大によってこれを処理できるか否かが懸案問題となっていたからである。アメリカでは、完全融合をなすトラストがその内部で生産諸費用の合理的な調整をおこなっている。つまり、ヒルファディングは、カルテルよりもトラストが生産力的に合理的な組織形態だと考えている。彼はつづけて言う。自由貿易国イギリスでは、外国との競争がきびしく作用するゆえに、技術的に最大効率をあげている経営を基準に費用計算がおこなわれている。ドイツでは、カルテルの不合理な生産政策が存在している。

「我々が今日ドイツで必要としているのは、外国からの自由競争の風通しである。そのことによってのみ我々は、ドイツの企業家に合理的に生産し、全技術的・組織的に必要な経営の転換に着手し、そして工業のさらなる発達にとって危険をなすツンフト的なカルテル政策を排除するように強要するだろう」[18]。

こうしてヒルファディングは、賠償問題と合理化運動との関連で自由貿易政策を提唱する。その際、彼は加工産業主導型のドイツ経済発展の将来像を描いていた。つまり、敗戦国ドイツは、領土割譲を強いられ、原料基盤の多くを失った。この後では、豊富な熟練労働力だけが残されており、熟練労働力に依拠する加工業にドイツ経済全体が転換することを余儀なくされている。だからこの加工業の発展にとってあらゆる障害を除去せねばならない。新関税法案は重工業における価格引き上げによって、この加工業の生産費上昇、したがって国際競争力の低下をもたらす。この理由からも工業関税の引き上げは阻止されねばならない。

第二に、ヒルファディングは「現実主義的平和主義」との関連で、工業関税ひいては保護関税一般に反対し、自由貿易を唱えている。

「……近代保護関税政策の国際的な諸作用は重要な意味をもつ。カルテルのダンピングは国際競争を異常に尖鋭化し、つねに新たな対抗措置に導き、この対抗措置はこれもまたとくに完成品工業につらく当たるのである。ある国の保護関税制度は他の諸国の保護関税制度を促進し、高める。世界市場のできるだけ大きな部分の帝国主義的略取と独占化によって、この尖鋭化した競争を排除しようという努力が生ずる。保護関税政策はこうして暴力的対立の危険をもたらす。したがって自由貿易の保障が現実主義的平和主義政策の本質的構成部分をなす[19]」。

ヒルファディングは、あたかも帝国主義の諸矛盾の根源や世界戦争の原因を保護関税に帰しているかのように見える。他の個所でもヒルファディングは同じ趣旨の発言をおこなっている。我々は、彼のこうした考えが『金融資本論』における「帝国主義」論の保護関税視角と「自由貿易＝合理的国際分業」論に深く根ざしていることをすでに指摘しておいた。彼がいわゆる「相対的安定期」における帝国主義的諸傾向の存在を語る時、それはこの見解にもとづきつつ、当時の国際保護主義傾向をとらえた結果であった。

ヒルファディングは、自由貿易政策に平和の保障をもとめた。とくにドイツについて言えば、自由貿易政策は、ドイツの経済的安定と発展をもたらすことによって国内の好戦的気分を霧散させ、ひいては帝国主義的国際対立を解消させる大きな役割をはたすと考えていた。

以上、一九二四年から一九二五年にかけて展開されたドイツ貿易政策論争におけるヒルファディングの所論を農業関税反対論と工業関税反対論に分けて紹介し、ひいては「現実主義的平和主義」に占める自由貿易政策の意義について明らかにした。

一九二〇年代世界経済において強い保護主義的傾向が存在するなかで、経済大国たるドイツの一般的保護関税制度への移行が他の諸国の保護主義化にいっそう拍車をかけるという危惧が生じた。そこでヒルファディングは、おもに①戦後ドイツの経済再建（農業と工業の合理化）②現実主義的平和主義政策の理由から反対論を展開したのである。彼は、ドイツにおける自由貿易制度への移行を、他国における貿易制限の撤廃、ひいては統一的世界市場の形成の第一歩だと考えていた。このような考えから、国際プロレタリアートに次のような任務を提出している。「……社会主義プロレタリアートの任務は、全力をあげて保護主義と戦い、そして統一的世界市場の経済的必然性が政治においても認識されるように配慮することである」[20]。

ヒルファディングは、通商政策協定をとおしての漸次的な統一的世界市場の形成をめざした。SPDのハイデルベルク綱領（一九二五年）は、「諸国民の自由な財貨交換および経済的団結の実現のための、長期の貿易協定による保護関税制度の廃止」という要求を掲げている[21]。ヒルファディングも、綱領のこの要求と共通の認識にたっていた。彼は、一九二七年の世界経済会議が自由貿易的な内容を盛りこんだ決議をなしたとき、その不十分さを指摘しつつもこれを積極的に評価した[22]。このようにヒルファディングは、自由貿易による統一的世界市場の形成を究極目標とした。「ヨーロッパ合衆国」構想はその前段階としてヨーロッパ・レベルでの統一的経済領域の形成を目的として唱えられた。

（4）「ヨーロッパ合衆国」構想

ドイツ労働組合総同盟（ADGB）の理論家F・ナフタリは、自由貿易による統一的世界市場の実現が遠い理想であり、現実主義的な自由貿易主義者は具体的歴史条件を考慮して、ヨーロッパ関税連合の形成をさしあたってめざさなければならないと述べている[23]。ヒルファディングもナフタリと同様の考えにたっていた。

この考えから、ヒルファディングは、ドイツ政府の小関税法案にたいして、「ドイツの立場からのみでなく、我々が追求せねばならない理想の立場、すなわちヨーロッパ経済領域のより強固な連合、ヨーロッパ関税連合の立場から」も批判したのである[24]。

ヨーロッパ合衆国については、当時、ブルジョア陣営から、クーデンホーフ・カレルギーを中心に「中央ヨーロッパ」ないし「汎ヨーロッパ」構想が掲げられた[25]。コミンテルンにおいては、「ヨーロッパ社会主義合衆国」「ソ同盟に連合した調和ある労働者・農民のヨーロッパ」のスローガンが唱えられた[26]。SPDも「ヨーロッパ合衆国」の形成をハイデルベルク綱領の要求のなかに採用したのである[27]。ヒルファディングはハイデルベルク綱領報告（一九二五年）で、これについてこう述べている。

アジア・アフリカにおける民族解放運動の昂揚は、ヨーロッパの帝国主義的対外政策を阻止しえない場合には、新たなる政治的危機の火床になる。諸民族の対立・抗争のブルジョア的民族性原理にたいして、民族連帯のプロレタリア的原理がヨーロッパの救済となる。これとの関連でヨーロッパ合衆国の形成が問われなければならない。このヨーロッパ合衆国はアメリカ合衆国と隔絶したヨーロッパ経済領域を形成するのではなく、またイギリスやロシアを排除する手段として望まれるのではない。「そうではなく、我々はヨーロッパ合衆国を経済の大問題、対外政策の大問題を解決するために望むのである。およそ世界大戦の究極の原因は次の事情にあった。すなわちとっくに個々のブルジョアジーの手に負えなくなった巨大に成長した生産力が、この経済的発展段階にもはや相応しない旧来の民族的国境にたいして反乱を起こしたということである。我々はヨーロッパにおける国家問題の解決を望む。というのは我々は未開の諸国民の成長過程にもちろんある程度まで干渉し監視し、そして指導しなければならないからである。この過程を今日再び、戦争技術の発達のもとで全ヨーロッパ文明を没落にさらす破局的・好戦的な方法によって遂行させないためにである[28]」。

ヒルファディングは、資本主義の生産力発展が狭い民族的国境と矛盾するという理由から、戦前への反省をこめて、統一的ヨーロッパ経済領域の形成を提唱している。彼は、とりわけアメリカの台頭、後進諸国の工業化という世界的な趨勢のなかで地盤沈下してゆくヨーロッパの経済再建を念頭においてこれを述べた。* またヨーロッパの経済的統一が植民地諸国の共同管理を可能にし、植民地領域をめぐる新しい戦争の危険を解消するという、後述の「民主主義的植民地政策」の考えを示したのである。

＊　たとえば、ヨーロッパ合衆国についてドイツ社会民主主義のなかでは、W・S・ヴォイチンスキーが、アメリカの台頭と後進諸国の工業化のなかでヨーロッパの地位が低下傾向にあることを指摘して、ロシアとイギリスを含めた広範囲の領域を対象とするヨーロッパ合衆国の形成を唱えた。(29) それにたいしてF・ナフタリは、ヴォイチンスキー構想の非現実性を突き、大陸ヨーロッパに限定し、独仏の利害提携を主軸にしたヨーロッパ合衆国の形成を主張した。(30)

このヒルファディングの「ヨーロッパ合衆国」論は、彼の自由貿易政策論が自由競争の原理とかリベラリズムとかにもとづいたものではなく、むしろ国際経済の組織化をめざしていたことを示している。彼の自由貿易政策論は、「統一経済領域」論であり、一種の「組織され管理された自由貿易」論ともいうべきものであった。つまり、自由貿易によって保守的な独占にたいして競争の風通しをよくし、同時に独占的大企業にたいして「統一的経済領域」を形成することによって広大な市場を確保しようとするものであった。* この点、もう少し述べておこう。

＊　したがってヒルファディングの自由貿易政策が、非集積産業部門のブルジョアジーの考えを代弁するものだ(31)とかひからびたリベラルな大学教授達の発想だ(32)とかいうドイツ共産党（KPD）の側からの批判は、必ずしも正鵠を射ていない。なお、関連してドイツ政府の小関税法案に関するKPDの見解を次に示しておこう。

KPDの理論家E・ルードヴィッヒは、小関税法が、第一に、戦勝諸国によってドイツが植民地化されている現状下で国際資本主義的協調政策を促進することを意味し、第二に、ソ連の農産物の輸入を制限することによってソ連との通商条約を締結することを困難にするという東方に敵対的な商業政策を意味すると述べている。「ドイツの関税および外国貿易政策は、ソ連に対抗した安全保障協定にその表現を見いだすところのドイツ対外政策全体の補完物にすぎない。」「共産党の指導下での工業関税と農業関税にたいするドイツ勤労者の闘争は、したがって同時に世界帝国主義へのドイツの編入にたいする闘争ならびにソ連との連帯のための闘争である[33]」。ルードヴィッヒはこのように小関税法に反対するが、自由貿易を実現するためにではなく、それを反世界帝国主義闘争とソ連との連帯のための闘争に結びつけるのである。

ヒルファディングの掲げた自由貿易政策とヨーロッパ合衆国のスローガンは、「組織された資本主義」における経済政策にほかならない。たとえば穀物関税反対論を述べたとき、ヒルファディングは組織化と自由貿易の関係について次のような見解を示している。すなわち、農業関税再導入に反対することは、決して諸力の自由な発現にまかせたり、国家の経済政策をないがしろにすることにはならない。むしろ、農産物の国内販売の組織化を重要な課題とするのであり、その手段としては――オットー・バウアーが先駆的に論じた*――国家穀物輸入独占があげられる[34]。ヒルファディングは後にSPDのキール農業綱領(一九二七年)において、この国家穀物輸入独占をプロレタリアートの重要な要求として掲げたのである。

＊　一九二四年四月の論文「穀物関税か穀物輸入独占か?」において、オットー・バウアーは、第一次大戦後オーストリアの特殊事情を考慮しつつ、穀物関税反対論を展開した。そして、さらに自由貿易も、それが諸力の自由な発現を意味するといった理由から退けている(この点、ヒルファディングの自由貿易観とは多少異なっている)。彼は、オーストリアの貿易依存型の性格から、他国の保護主義的対抗措置を誘発しないような通商政策をもとめ、農産物販売を「組織された社会自身の意識的調整に服させ」るという意味で、穀物輸入独占の要求を掲げたのである[35]。その後、一九二七年の国民議会演説に

おいて、オットー・バウアーは、政府の関税提案には反対したが、①他国の対抗措置を誘発しない、②労働者の生活水準に悪影響をおよぼさない関税ならば許容するといった柔軟な姿勢をも示した[36]。

次に国際的組織化についてみると、ヒルファディングは、「組織された資本主義」の重要な特徴の一つとして、国際カルテル化の傾向に注目している。そしてこの国際カルテル化との関連で、保護関税の新しい機能をも指摘している。すなわち、①世界市場価格を超える国内カルテル価格の形成②国内カルテル・トラスト形成の促進と同時に国際カルテルの形成を促進する作用を指摘しているのである[37]。さらに、一九二七年のキール党大会での演説において、ヒルファディングは、「通商政策（関税政策――著者）は……消費財の価格上昇、消費者の収奪といった反動的側面と資本主義社会の組織化傾向といった革命的側面の二側面をもつ」とさえ述べている[38]。とはいえ彼にあっては、保護関税はむろん容認しえない。というのは「組織された資本主義」の時代において生産力の発展と国境との矛盾が生じており、保護関税による世界市場の分断は、国際競争を激化し、とくに「国家間の無政府性」を生み[39]、帝国主義的国際対立を生みだすからである。

ヒルファディングは、この「国家間の無政府性」を克服し、「組織化の論理」を国際的につらぬかせるために、統一的ヨーロッパ経済領域の形成を提唱し、さらに超国家組織である国際連盟による各国の政治的・経済的主権の制限という要求を掲げた[40]。そして現実主義的平和主義の経済的基盤を形成することを意図したのである。

(5) 小括

以上、我々は、ヒルファディングの保護関税反対論を農業関税と工業関税に分けて整理し、さらには彼の「ヨーロッパ合衆国」論に言及した。小括すると、ヒルファディングは『金融資本論』における保護関税論が戦後も基本的には依然として妥当することを認めている。そしてその上で、戦後における情勢変化、とりわけ労働者階級が国家の政策決定に大きな影響力をもつようになったという考えから、農業者組織や重工業の保護関税政策にプロレタリアートの自由貿易政策を積極的に対置している。

その際、ヒルファディングは、自由貿易が生産力の発展をもっとも効果的に促進するという認識を基礎にして、自由貿易政策論を論じている。つまり保護関税が技術的に劣悪な条件の経営を温存させるというカルテル政策を許容するとすれば、自由貿易は外国の競争の強圧下に生産費の引き下げをもたらし、生産力の発展を推進させる。ヒルファディングは、『金融資本論』ですでに自由貿易がもっとも合理的な国際分業の発展を保障するという見解を示していた。彼はこの見解にたって、戦後ドイツの経済再建における生産性向上の必要から、自由貿易政策を唱えた。

我々はむろん、自由貿易が各国独占資本間の競争関係を変えることによって、生産力の発展を刺激する作用をもつことを否定しない。第二次大戦後におけるアメリカの「門戸開放政策」としての自由貿易政策、GATTにおける自由化、EUにおける関税同盟から非関税障壁を撤廃した「域内市場」への歩みが、これを示している。確かにこれらは、第二次大戦後における生産力の発展と貿易拡大に大きく貢献した。だから、経済学史において、帝国主義段階と保護関税との密接な関係にこだわる立場にたって、自由貿易政策を旧い過去の思想であると論断することはできない。保護関税政策にしても自由貿易政策にしても経済政策であることには変わらず、これらのどちらが採用されるかは、その時々の世界的・国内的情勢のいかん、また利害と力関係のいかんにかかっているのである。

しかし、他方で、自由貿易政策を合理的な国際分業の促進という観点から一面的に評価することはできない。たとえば、マルクスは、「自由貿易問題についての演説」（一八四八年）のなかで、自由貿易が調和的な国際分業を発生させるといった弁護論を批判して、自由貿易が他国を犠牲にして一国を富ませる性格をもつと述べている。[41] つまり自由貿易は、経済強国による世界市場支配の武器にもなり、また、後発諸国の第一次産品生産へのモノカルチュア化をもたらし、支配従属の国際的分業関係を生みだすことにも結びつく。決して合理的な国際的分業を保障するものではない。この点は、F・リストも指摘するところであり、彼の育成関税論の基礎となった考えでもある。もっともリストは、発達した資本主義諸国同士のあいだでは自由貿易政策が適当であると考えた。ヒルファディングは、『金融資本論』では、「自由貿易＝合理的国際分業」論を述べ、古典派経済学そしてリストの考えを踏襲するような経済学的な考えを示した。他方では育成関税からカルテル保護関税への機能転化を詳しく論じ、これを彼の「帝国主義」論の基礎においたのである。彼は、自由貿易に関する経済学理論的説明をおこなっているわけではない。このために、いわゆる「相対的安定期」におけるヒルファディングの保護関税反対論（自由貿易政策論）と「ヨーロッパ合衆国」論が、当時の情勢下で有効な政策論として掲げられているものの、いかなる経済学理論的な考えにもとづいているのか、今一つはっきりとしていない。はっきりとしているのは、彼の自由貿易政策論（と「ヨーロッパ合衆国」論）が、旧いリベラルな考えへの回帰を意味するものではなく、「統一的経済領域」論をなし、「組織された資本主義」論の一環として「組織され管理された自由貿易政策論」をなしていたことである。これは本論中に明らかにしたことである。

さらに我々は、ヒルファディングの自由貿易政策論が『金融資本論』における保護関税を起点にすえる帝国主義論の独特の特徴を赤裸々に示したことを指摘しなければならない。つまり、保護関税を帝国主義的戦争と結びつけ、自由貿易に平和の基礎を見いだす考えのことである。今やヒルファディングは、金融資本の支配する時代であっても、自由貿易さえ実現されるならば、平和が保障されるという彼の帝国主義論の性格を浮かび上がらせるにいたったのである。

ヒルファディングの自由貿易政策論と「ヨーロッパ合衆国」論は、概して当時の政策的要求に応える形で唱えられた。それは、経済的には、当時のドイツの経済再建と合理化の要求に応えるものであった。つまり、彼の経済民主主義論が、労働者の側から産業合理化運動に協力する労資協調主義的な性格を一面でもっていたのにたいして、彼の自由貿易政策論は、競争の風通しをよくすることによって産業合理化運動を通商政策の側面から促進するものであった。また、それと同時に、世界の保護主義的な傾向を批判し、敗戦によって狭隘化したドイツ工業製品の世界における販路の拡大をもたらし、そのことによってドイツ資本主義の復活を助けるものであった。確かに当時のドイツは、戦勝国の世界体制（ヴェルサイユ・ドーズ体制）下に苦しんでいたのであり、労働者の生活改善と改良的成果を得るためには、戦後の経済再建が焦眉の課題になっていた。ヒルファディングは、そのために、保護関税要求をかかげる重工業グループにたいして、多かれ少なかれ自由貿易主義的な傾向を示した加工業グループに与する態度を示したと言えよう。

注

（1）R. Hilferding, Die international sozialistische Friedenspolitik (Referat auf dem *Zweiten* Kongreß der S. A.I.in Marseille 1925), in: *Kongress-Protokolle der Sozialistischen Arbeiter- Internationale*, Bd.2, Darmstadt 1974, S.266.

（2）R. Hilferding, Der imperialistische Friede und die Aufgaben der Arbeiterklasse (Referat auf dem Internationalen Sozialistischen Arbeiterkongreß in Hamburg 1923), in: *Kongress-Protokolle der Sozialistischen Arbeiter- Internationale*, Bd.1, Darmstadt 1974, S.56.

（3）たとえば、楊井克巳編『世界経済論』経済学大系6、東京大学出版会、一九六一年、第三篇一、二章を参照。

（4）コミンテルンの世界経済論については、森杲「『相対的安定期』の分析視角（その一）コミンテルンの世界経済論」（1）（2）（3）（北海道大学『経済学研究』第二四巻第一－三号、一九七四年三－九月）、嶺野修『コミンテルンと帝国主義　一九一九－一九三二』勁草書房、一九九二年を参照。

（5）Dirk Stegmann, Deutsche Zoll-und Handelspolitik 1924/5-1929 unter besonderer Berücksichtung agrarischer und industrieller Interessen, in:

Industrielles System und politische Entwicklung in der Weimarer Republik, Hans Mommsen u.a. (hrsg.), 1974, S.499-513, 横山幸永「一九二〇年代ドイツにおける穀物関税」（２）（３）（４）（『経済学季報』第二五巻第二号、第二六巻第二号、第二七巻三・四号、一九七五年一〇月－一九七八年二月）による。

（６）R. Hilferding an K.Kautsky, 30.5.1924（IISG, KDXII 635）.

（７）R. Hilferding, Handelspolitik und Agrarkrise, in: *Die Gesellschaft*, 1.Jg., Bd.1,1924, S.113f.

（８）Ebenda, S.115 f.

（９）R. Hilferding, Die Schicksalsstunde der deutschen Wirtschaftspolitik. Nach einem auf dem 2. AfA Gewerkschaftskongreß in München（15.bis 17. Juni 1925）gehalten Referat, Berlin 1925, S.7.

（10）R.Hilferding, Handelspolitik und Agrarkrise, a.a.O., S.124-126.

（11）R. Hilferding, Die Schicksalsstunde der deutschen Wirtschaftspolitik, a.a.O.,S.15f.

（12）Ebenda,S.17.

（13）R. Hilferding, Handelspolitik und Agrarkrise, a.a.O.,S.126.

（14）Ebenda, S. 126-129.

（15）Ebenda, S.129.

（16）R. Hilferding, Trust und Kartelle in England, in: *Die Gesellschaft*,1.Jg., Bd.1, 1924, S.305.

（17）Ebenda.

（18）R. Hilferding, Die Schicksalsstunde der deutschen Wirtschaftspolitik,a.a.O., S.1 9 .

（19）R. Hilferding, Handelspolitik und Agrarkrise, a.a.O.,S.129.

（20）R. Hilferding, Der imperalistische Friede und die Aufgaben der Arbeiterklasse,a.a.O.,S.56.

（21）Das Parteiprogramm der SPD, in: *Sozialdemokratischer Parteitag 1925 in Heidelberg. Protokoll.*, Berlin 1925, S.10. W・アーベントロート『ドイツ社会民主党小史』広田司朗・山口和男訳、ミネルヴァ書房、一九六九年、付録、一九〇頁。

（22）R. Hilferding, Handelspolitik am Scheideweg, in: *Magazin der Wirtschaft*, 1930. Jg., 1930, S.686.

（23）Fritz Naphtali, Die Einigung Europas, in: *Die Gesellschaft*, 3.Jg.,Bd.2, 1926, S.338f.

（24）R. Hilferding, Die Schicksalsstunde der deutschen Wirtschaftspolitik, a.a.O., S.22.

（25）これについては、R. Frommelt, *Paneuropa oder Mitteleuropa*, Stuttgart 1977が詳しい。

（26）森杲「『相対的安定期』の分析視角（その一）コミンテルンの世界経済論」（３）（前掲）、三八－四一頁を参照。

（27）Das Parteiprogramm der SPD, a.a.O.,S.10. W・アーベントロート前掲書、一九〇頁。
（28）R. Hilferding, Bericht über das Parteiprogramm, in: *Sozialdemokratischer Parteitag 1925 in Heidelberg.Protokoll.*, Berlin 1925, S.281f.
（29）W. Woytinsky, Neue Weltwirtschaft-Neue Weltpolitik, in: *Die Gesellschaft*, 2.Jg., Bd.2, 1925, S.271-285.
（30）F. Naphtali, Die Einigung Europas, a.a.O.,S.334-343.
（31）B., R. Hilferding: Handelspolitik und Agrarkrise, in: *Die Internationale*,7.Jg., Heft 10/11, 1924, S. 380.
（32）E. Ludwig, Der neue Deutsche Zolltarif und die deutsche Zollpolitik, in: *Die Internationale*, 8.Jg., Heft.6, 1925, S.341.
（33）Ebenda, S.342f.
（34）R. Hilferding, Handelspolitik und Agrarkrise, a.a.O., S. 126f.
（35）Otto Bauer, Getreidezölle oder Getreideeinfuhrmonopol, in: *Der Kampf*, Bd.17, 1924, S.121-126.
（36）Otto Bauer, Das Zollattentat auf die Volkswirtschaft, Rede auf den Nationalrat am 23. Februar 1927, in: *Otto Bauer Werkausgabe*, Bd. 3, 1976 Wien, S.431-445.
（37）R. Hilferding, Die Eigengesetzlichkeit der kapitalistischen Entwicklung, in: *Kapital und Kapitalismus*, Bd.1,B. Halms（hrsg.）, Berlin 1931, S.31f. R・ヒルファディング『現代資本主義論』倉田稔・上条勇訳、新評論、一九八三年、二四－二五頁。
（38）R. Hilferding, Die Aufgaben der Sozialdemokratie, in: *Sozialdemokratischer Parteitag 1927 in Kiel. Protokoll.*, Berlin 1927, S.167f. 倉田・上条右掲訳書、八七頁。
（39）R. Hilferding, Die international sozialistische Friedenspolitik, a.a.O., S.261.
（40）Ebenda, S.262-266.
（41）『マルクス・エンゲルス全集』第四巻、大月書店、四七〇－四七一頁。

第三節　「現実主義的平和主義」と帝国主義

（1）「現実主義的平和主義」の提起

一九二四年のドーズ案導入を契機にして、戦後処理問題をめぐって不断の動揺と混乱を重ねていた資本主義も、ようやく「協力」と「平和」の体制を確立し、安定と発展の局面にはいっていった。ヒルファディングは、このような平和体制の到来を予測しつつ、そのために積極的に働いた。

こうした戦勝国の平和体制にたいしては、種々の評価がある。コミンテルンの理論家たちは、「危機」論の観点から、この平和体制（「民主主義的平和主義」）を一時的なものだとみなし、アメリカとイギリスの対立を軸心にすえて、新たな帝国主義戦争の到来を予測して、「帝国主義戦争の内乱への転化」といったスローガンを打ちだした。したがって彼らは第一次大戦後の時期を文字どおり「戦間期」だとみなしたのである。

それにたいして社会主義労働インターナショナル（SAI）のなかには、こうした戦勝諸国の平和体制を支持し協力する傾向が根強くあった。社会民主主義左派をなしたオーストロ・マルクス主義者のオットー・バウアーは、彼の友人たちのこの態度を無節操だと批判し、戦勝諸国の平和体制にたいして社会主義者と民主主義者の平和体制を対置すべきだと主張したのである[1]。SAIの世界大会で二度にわたり戦争と平和の議題における主要報告者として登壇したのはヒルファディングであった。彼は、バウアーとは若干異なり、戦勝諸国の平和体制の形成の意義を積極的に評価し、それを民主的平和体制へと改革しつつ維持すべきだという見解を唱えた。

ヒルファディングはもはや新たな帝国主義戦争が生ずるという必然性を認めなかった。一九二五年のSAIマルセイユ大会における報告で、彼は平和政策の現実的基盤が形成されていると指摘し、「現実主義的平和主義」についてこう述べている。

「政治的民主主義の獲得とともに空想的平和主義の段階が終わり、現実主義的平和主義の時代がはじまっている。それは、もはや人間性や一般的理性、戦争の殺戮にたいする恐怖の感情に訴えるのではなく、我々がプロレタリアートの増大しつつある現実的な力の上に、プロレタリアートのいっそうの反戦感情、労働運動の政治的力の上に支えられているという理由からである」[2]。

ヒルファディングにあって現実主義的平和主義とは理想やヒューマニズムに頼るのではなく、政治的民主主義の実現(民主国家の形成)と戦後におけるプロレタリアートの政治的影響力の増大に支えられた平和主義を意味する。また、加うるに、戦後の国際情勢において資本主義的拡張政策の形態が変化し、諸列強による世界市場の共同利用(共同支配)の傾向が一時的に生じたという事実認識もその重要な基盤をなしていた。

ヒルファディングのこの「現実主義的平和主義」論は、いわゆる「相対的安定期」に彼が明言するにいたった、金融資本の政策と国家の政策に政策を二分する独自の経済政策論の考えにもとづいている。つまり、帝国主義とは金融資本の拡張政策に条件づけられた国家の暴力主義的膨張政策である。それは金融資本の政策が国家の政策に転化する特定の歴史的局面にだけ発生する。帝国主義の経済的可能性が必ずしも政治的現実性に転化する必然性はない。この考えにたってヒルファディングは、世界平和秩序の確立をめざす国際プロレタリアートの政策として現実主義的平和主義を掲げた。

ところで、ヒルファディングは戦後においても帝国主義的諸傾向と戦争への危険性が依然として存在することを認めて、こう述べている。

「資本主義のなかにたえざる戦争諸傾向が存在し、かの強力な資本主義的諸独占が敵として向かいあい、世界分割をめぐってたがいに闘争しているのは事実である。我々は資本主義の力がとほうもなく増加したことを知っている。それとともに帝国主義の諸傾向が成長する……」[3]。

ヒルファディングは、ほかのところでもこれと同趣旨の指摘をいくつかおこなっている。より具体的な次のような指摘もある。戦前の古い紛争機会に代わって、イギリス対アメリカ、イギリス対フランスという新しいより大きな紛

争機会が生じている。(4)

ヒルファディングは、こうした帝国主義的諸傾向の存在と戦争への危険にたいして、社会主義を実現する以外に世界平和の確立が考えられないのだろうかと問う。彼はこの回答を戦後における国際情勢の変化の分析から得るのである。論文「現実主義的平和主義」（一九二四年）で彼は、戦争の主要結果として次の三つの事実を指摘している。「資本主義のもっとも進歩的な勢力として①アングロサクソン世界——イギリスと合衆国——のヘゲモニーの形成と確立②政治的民主主義の完成化③民族意識の強化——つまり新しい民族国家の形成ならびにこれまでの被抑圧民族の民族解放運動という形態において、またこれまでの民族諸国家内での大衆の民族意識が強められる形において」(5)。

ヒルファディングはこれら三つの基本的な事実認識にもとづいて第一次大戦後の国際情勢を分析し、彼の「現実主義的平和主義」論を展開していく。この三つに概ねそってヒルファディングの見解を紹介することにしよう。

（2）戦後世界情勢分析——アングロサクソン・ヘゲモニー

第一次大戦後、アメリカの台頭とヨーロッパの地位低下が誰の目にも明らかとなった。が、その意味の解釈は、必ずしも一様になされなかった。コミンテルンでは、アメリカによるヨーロッパの植民地化が指摘されたり、新たな戦争に結びつく資本主義の危機の構造分析の一軸心に英米対立がおかれたりした。(6) ヒルファディングは、一九二〇年代初頭から英米活動共同体の側面を強調しつつ、この事実に注目してきた。(7) 彼は、アメリカとヨーロッパを対立させる見解には批判的で、アメリカもヨーロッパの文化圏に含め、アメリカとイギリスを対にしてアングロサクソン世界とかアングロサクソン同盟と呼ぶ方を好んだのである。(8) そしてこの平和を志向するアングロサクソン同盟に好戦的なフランスを対置させる形で、戦勝諸国間の構図を描いた。彼は世界市場の共同確保と共同利用のための、戦勝諸国による国際利益共同体を形成する条件を説明している。この国際利益共同体について、彼は抽象的にこうに述べている。資本主義経済はその利潤目的のために二つの手段を知っている。第一に、競争による弱い敵の打倒であり、第二に、強者たちによる利益共同体の形成である。産業の集積と銀行の集積が進み、産業と銀行の関係が緊密になればなるほど、競争戦が荒廃的に作用するので、協定の形成がもとめられる。利潤上昇の目的は同じであっても第二の方法が経済的で効果的である。「アナロジーは国際政治にも当てはまる」[9]。

ヒルファディングのこの見解は、『金融資本論』で萌芽的に述べられており、またカウツキーの超帝国主義論における一規定と酷似している[10]。注意すべきことに、ここでは国際的な独占体制、国際カルテルが問題となっているのではなく、対外政策上の協力や利害調整にもとづいた諸国家間の国際協調体制が取り扱われている。したがってここでは各国における政策決定の複雑なメカニズム、諸階級の力関係や利害関係が大きな役割を演ずるのである。諸国家の国際利益共同体は、もろく一時的な性格をもつ。ヒルファディングのようにこれを一国の独占形成とのアナロジーで説明するのは安易であるように思われる。実際に、ヒルファディング自身諸国家の国際利益共同体の問題がその時々の具体的諸関係の分析を必要とすると述べている。そして、その分析基準をこう示している。

第一に、拡張傾向はまず国内の農業生産と工業生産の関係にかかっている。

第二に、拡張傾向とその具体化の道は、産業・商業・金融資本が国民経済内ではたす役割にしたがって種々に相違する。

第三に、経済的権力と政治的権力との関係、政治体制の相違がその時々の経済政策の具体的形態を規定する。とくにそれ自体として固有の法則性をもつ国家の権力組織が対外政策の形成上大きな意味をもつのである[11]。

ヒルファディングは、①農業と工業の関係②産業・商業・金融資本の関係③経済的権力と政治的権力の関係、政治構造の相違にしたがって、理論的には同じ抽象において表現される資本主義も、政策的には種々の選択肢をもつと述べている。これらの基準にしたがい、彼は第一次大戦の戦勝国英米仏の対外政策形成上の具体的諸関係を分析している。

ヒルファディングによれば、イギリスでは、農民階級と都市金利生活者層の勢力が弱く、これまで産業資本が経済政策上無制限な支配権を享受してきた。その独自さは、イギリスにおける産業と銀行の特殊な関係に由来する。イギリスの資本主義的産業は小経営から自生的に発達した。イギリスの銀行資本はドイツの銀行資本とは異なり、産業の流通信用を媒介するにとどまった。銀行の主たる関心は、イギリスが世界貿易、海運、国際金融の中心的地位にあるから、世界に向けられた。しかし産業と銀行のこのような関係、さらには自由貿易体制下にあるにもかかわらず、イギリスでも独占が形成された。この独占のおもな特徴は、自由貿易による外国の競争の強圧を受けて、生産の合理化と技術的一貫経営にもとづく組織化によって形成されたことであった。[*]保護関税の欠如は、世界市場の暴力的独占化ではなく、世界市場の再建にイギリス産業の関心を向かわせる。また銀行、取引所、海運業なども、かつての世界経済におけるその中心的地位から、世界市場、国際為替市場の再建と拡充を死活問題だと考える。だからイギリスの対外政策の目標は、国際商業・通貨・信用取引の再建に全力をかたむけることにある。イギリスにとって賠償問題や連合諸国からの利子徴収は第二義的な意味しかもたない。加うるに、植民地をかかえる世界帝国のその内部問題が対外政策の大きな規定要因になっている。インドやエジプトで民族独立運動が生じている。暴力革命を呼びかけるボリシェヴィキの煽動は、これらの諸国におけるイギリスの地位を動揺させている。イギリスは帝国内部での諸問題を解決するために休息と平和を必要としている。こうしてヒルファディングは、イギリスの対外政策が国内外の動揺をできるだけ回避するといった保守的性格をもっていると結論する。(12)

＊　一九二四年の論文「イギリスにおけるカルテルとトラスト」でヒルファディングは、イギリスでの独占形成を比較的詳しく分析している。彼はイギリスにおける大混合企業（コンビネーション）の形成の特徴として、完成品産業から原料部門への干渉と支配、すなわち「上昇的結合生産」の傾向を指摘している。彼はここで、ビッグ・ファイブへの銀行業の集中を説明した後、「イギリスの銀行業におけるこの集中は一つの質的変化をともなっている。諸銀行はしだいに古典的なイギリス預金銀行の性格を失い、ドイツ銀行型に近づきはじめる」と述べている。(13) 概してヒルファデイングは、生産性と合理性の観点からイギリスの独占形成に注目したが、一九二七年末のある演説では、その後の事実関係から、イギリス産業の停滞と不況に言及せざるをえなかった。(14)

アメリカについてヒルファディングは、こう述べる。アメリカは、連合諸国の兵器廠として第一次大戦によって飛躍的に発展した。貿易・国際収支の黒字を莫大に増やしつづけ、世界最大の債務国から最大の債権国に転化した。アメリカは今日世界の金準備の半分以上も支配している。しかし他方で、生産能力の過剰と貨幣資本の過剰に悩んでいる。ヨーロッパの購買力の低下はアメリカにとって大きな打撃を意味している。それは、アメリカの農民と綿花栽培者にとって販路減少を意味する。また産業にとっても、たとえ国民所得に占める輸出の割合が少ないとしても、つねに最高額の売り上げをめざすことを強いる資本主義の競争のメカニズムからいって、ヨーロッパへの輸出の減少は、景気動向と収益に大きな影響をおよぼす。農業の利害と産業資本の利害はしたがって、ヨーロッパ市場の再建にアメリカの関心を向かわせる。加うるに銀行資本の利害も無視できない。戦後の債権者としての地位に加えて、貿易収支の黒字による貨幣のたえざる流入から、ぼう大な貨幣資本がアメリカに堆積している。しかしそれらはアメリカ国内で利用のはけ口を見いだせない。そこでは利子率も低く低迷しているのである。この事実はアメリカがヨーロッパに融資する傾向を決定的にする。こうして銀行資本の利害はヨーロッパ市場の再建をもとめる産業資本と農民の利害に結びついたのである。戦後、基軸通貨と国際金融市場の支配をめぐってアメリカとイギリスの銀行資本間に角逐が生じ、そのなかでドルの世界的地位が向上した。アメリカ連邦準備銀行の指導部は、ヨーロッパが通貨体制の再建用にもとめる金の多くを、アメリカの通貨体制と経済的地位に不利にならないように気をくばりつつ融通する。

フランスはその経済構成において小農と都市金利生活者層が大きな比重を占める。そして、これらは政治への統一した直接的影響力をもたなかった。中流産業が優勢なフランス産業も国家の保護主義に慣れ、主要関心を世界政策よりも国内政策に向けていた。もっとも戦勝によるエルザス・ロートリンゲンの獲得は、フランスの重工業の発達をもたらしたことも看過できない。フランスの対外政策に最大の影響力をもったのは金利生活者層から貨幣を集めて対外事業に投資していた大金融業者（haute finance）であった。それはポアンカレのブロック・ナショナル（bloc national）の支柱でもあった。戦争はフランスの経済と金融に大打撃をあたえた。金利生活者の完全なプロレタリア化と国家財政の破産を防ぐために、フランスはドイツとロシアにたいして容赦のない賠償徴収を要求した。この賠償徴収の強権政策によってフランスは、世界平和とヨーロッパ市場の再建を志向するイギリスとアメリカに対立したのである。しかしフランスはその経済の弱体化に悩んだ。ロシアは支払不能であった。ドイツ経済はポアンカレの強権政策によって荒廃させられた。そこでフランスは英米金融界に援助を乞わねばならなくなり、アングロサクソンの金融力の優越性をまざまざと見せつけられた。フランの低落と租税重圧の増大は、農民層、小市民階級それに大金融業者の利益共同体を破壊した。こうしてブロック・ナショナル政策からの転向が可能になった。フランスも国際協調の道を歩みはじめるのである。(15)

ヒルファディングはこのように戦勝三国の対外政策形成上の諸関係を分析し、欧米資本主義諸列強が国際協調と世界平和の体制に結集すると結論している。この体制は、英米のアングロサクソン利益共同体に、フランスさらには日本を加える形で形成される。彼は、一九二四年の時点では、このような戦勝諸国間の国際協調体制の構図を描いていた。ところで、この国際協調体制のなかにドイツはどのような位置づけをあたえられたのだろうか？　一九二四年の時点では、ヒルファディングはドイツの対外政策上の無力化を指摘した。が、コミンテルンのようにドイツに従属的帝国主義という規定をあたえたのではない。ロカルノ条約の調印後、ドイツの国際連盟加入の話が急速に進められた一九二六年には、彼はドイツの積極的な国際的役割を、こう述べはじめる。

「ドイツ資本主義が国際資本主義的利益共同体の形成のこの努力において主導するように見えるのは決して偶然なことではない。というのは戦後のドイツは依然としての最強の経済大国（Ökonomische Energiezentren）の一つだが武装解除されている。だからこそドイツの資本家階級は他国の同胞以上に資本主義的利害対立を、強権政策的にではなく、直接的に経済的利益共同体の形成によって片づける必要性を強く感ずるからである[16]」。

ヒルファディングは、まずは戦勝国英米仏を中心に資本主義の国際協調体制の成立への傾向を説明した上で、後にこの体制のなかにドイツを含め、ドイツに積極的な役割をあたえようとした。一九二七年末のある演説で彼は、戦後の世界経済像を①後発諸国の工業化、②経済の組織化、③国際化という三つの特徴においておさえ、ドイツが組織化と国際化の面で西欧諸国をリードし、国際政治で大きな役割を演ずるようになったと述べている[17]。

他方で、ヒルファディングは、戦後の現実的諸関係から成立した資本主義のこの国際協調体制が新たな戦争の可能性をまったく排除するものではなく、そればかりか一時的な性格をもつことをまぬがれないとも指摘している。確かに戦争技術の発展により大衆と支配者のあいだで新たな戦争が経済的・社会的破滅を意味すると考える意識が広がっている。世界平和体制はかなり強固なものになってはいる[18]。だが、資本主義の現実はたえず帝国主義的国際対立の傾向と新たな戦争への危険性を生みだしている。ヒルファディングは、「その際我々は、資本主義がたえず新たな戦争の可能性をつくりだしていることをまったく忘れない――そうでないとすれば、戦争の危険にたいする闘争がおそらく必要なくなるだろう」と述べる[19]。そして、「おそらく――経済的見地から見たならば――一時的なものにすぎないだろう事情を、我々の政治的力を用いて真の平和を達成するために利用しなければならない」と主張している[20]。つまり彼はプロレタリアートによる「現実主義的平和主義」政策の追求の積極的意義を強調するのである。

(3) 反戦政策

一九二五年のSAIマルセイユ大会での報告においてヒルファディングは、「資本主義は戦争であり、社会主義は平和である！」(一九〇七年の第二インターナショナルのシュトゥットガルト大会におけるE・ヴァンダーヴェルデの結語)というテーゼが戦後に妥当しなくなったと述べている。戦前には確かに戦争が不可避であり、プロレタリアートの戦術としては戦争勃発の際にゼネラルストライキという一度限りの革命的行動が残されているように思われた。しかし戦後の国際情勢は大きく変化した。国際プロレタリアートの政治的力が戦前よりはるかに大きくなり、また資本主義の政治的上部構造がいちじるしく変化したのである。したがってプロレタリアートは、「戦争を終焉させるために社会主義が現実化するまで待つのではなく、社会主義の実現と平和の実現が階級闘争において等しく重要な契機であることを知った……我々はこれらを同時に望み、同時に達成しなければならない[21]」。

ヒルファディングは、社会主義と平和の実現がそれぞれ階級闘争の、同時に追求すべき具体的な構成部分をなすにいたったと主張する。彼はさらに、論文「戦争、軍縮、民兵制度」において、両者が相互に前提しあうとも述べている。「各国の社会主義政党は、権力を掌握した時に、外国の干渉と威嚇によって妨げられることなく社会変革の仕事を進めうること、外国の敵対的干渉にたいする防衛に全エネルギーを割かなくてもよいということに、非常に強い関心をもっている。まさにこの観点から戦争の廃絶が労働者の政策の直接的な関心の的となっている。社会主義がその経済的諸関係の変更によって、対立と紛争の原因をはじめて完全に除去するということはあいかわらず真実である。しかしその任務をはたすために、社会主義は平和を要求する……」[22]。

『金融資本論』では帝国主義戦争が「必然化」する論理が示され、反戦政策は具体的に示されなかった。「現実主義的平和主義」論は、平和と社会主義の二つの目標を同時に追求するものであり、両者の密接な相互関係を示している。ヒルファディングの見解のこの変化は、何よりも戦後における政治的民主主義の拡大（政治的上部構造の変革）とプロレタリアートの政治的影響力の増大という事実認識にもとづいている。第一次大戦は西欧でホーエンツォレルンとハプスブルクという二つの王家の没落をもたらした。一九二四年にはイギリスにおいてマクドナルドを首班とする第一次労働党内閣、フランスでは左翼連合のエリオ内閣が成立した。ヒルファディングは、このような事実に「現実主義的平和主義」に有利な情勢の推移を読み取ったのである。*

＊　ヒルファディングの編集するＳＰＤ理論誌『ゲゼルシャフト』(Gesellschaft) には、第一次大戦が資本主義に固有な諸問題に起因するのでなく、軍事的君主制の植民地政策によって引き起こされたという見解も掲載された（たとえばヴォルフガング・シュヴァルツ「戦争・平和・資本主義[23]」）。

ヒルファディングは、その「政治的民主主義」論において、民主主義がたんに普通選挙権の導入や出版・集会の自由を意味するだけでなく、官僚機構の独裁を制限し、軍隊の市民への従属を保障する自治の要求も含むと述べている[24]。この政治的民主主義は、対外政策の決定を金融資本の独壇場とするのではなく、労働者階級にその共同決定に参画する機会をあたえる。そして、この共同決定の上で労働者階級の影響力がますます増加している。帝国主義にたいしてプロレタリアートの反対諸傾向が成長し、労働者階級が「資本主義世界の運命をも共同決定する」[25]。労働者階級が各国政府の対外政策に影響をあたえたり、それを共同決定することにより、世界平和の体制は堅固なものになる。ヒルファディングは、プロレタリアートのこの政策目標を、国際連盟政策をつうじて実現しようとした。「国際連盟政策は個々の国家の合力にすぎず、民主主義と社会主義がその政策でかち取る影響力に国際連盟の命運がかかっている……」[26]。

コミンテルンは、国際連盟が帝国主義的戦勝国英仏によってもっとも容易に敗戦国を掠奪するために設けられたという見解を示した。ヒルファディングはそれと異なり、超国家組織によって各国の経済的・政治的主権を制限して諸国家の国際利益共同体を形成することを、国際連盟の究極の理想と解したのである。一国のレベルでの「組織された資本主義」は、世界の暴力主義的な独占化傾向を生み、「国家間の無政府性」をもたらすという危惧をともなう。だから労働者階級の政治的影響力にもとづいて、国際連盟を利用しつつ、世界の経済的・政治的組織化を達成することが、「現実主義的平和主義」の核心問題をなす[27]。むろんヒルファディングは現実の国際連盟の不完全さと限界をよく知っていた。それにもかかわらず、彼は、「国際連盟だけが平和政策の道具になりえ」るとあえて主張する。そして、イギリス労働党政府と肩をならべてフランスの左翼連合政府が国際連盟に登場したとき、国際連盟の漸次的な変容が生ずると期待したのである[28]。その上ドイツやアメリカの加盟によって国際連盟が普遍的な性格をもつようになる。一九二四年の時点におけるヒルファディングのこの期待は、英仏の政権交代が生じ、アメリカの加盟がなかったことで裏切られた。しかしヒルファディングは、それによって国際連盟の価値が喪失したとみるのではない。国際連盟の不完全さを払拭する必要性をますます痛感した。一九二六年に彼が掲げたスローガンは「国際連盟の民主化」であった[29]。

ヒルファディングは、平和政策の道具として国際連盟に期待しつつ、具体的問題として①集団安全保障②国際司法裁判所制度③軍縮政策を積極的に評価した。彼はこれらを議題とする国際連盟会議の動きに注目し、とくに一九二四年のジュネーヴ議定書（Genfer Protokoll）の意義を高く評価した。

集団安全保障と国際司法裁判所制度の問題について、ヒルファディングは、個々の国の主権を制限し、これらから戦争宣言の権利を剥奪すべきだと主張した。諸民族の敵対的闘争を生むブルジョアの民族性原理にたいして連帯性にもとづくプロレタリアートの民族性原理を対置すべきである。国際連盟が後者の原理を体現しなければならない。そのためには、無制限な拘束力をもち、加盟国にいかなる特権も例外も許さない国際司法裁判所が国際連盟のもとに形成されなければならない。それが形成されてはじめて有効な安全保障体制が構築されるのである。ヒルファディングはさらに、安全保障、司法裁判、軍縮の三位一体において、軍縮が要石をなすと指摘している。[30]

その際ヒルファディングは、F・エンゲルス以来社会民主主義者によって掲げられてきた民兵制度の要求が第一次大戦中の諸経験から有効でないことが明らかになったと述べる。民兵制度への移行はかえって軍国主義イデオロギーを強化し、大衆のあいだに暴力主義的風潮を蔓延させ、内戦への危険を生みだす。今日ではあれこれの軍事制度の選択が問題なのではなく、軍事諸力そのものの放棄すなわち軍縮が直接問題になっている。この場合、一方的・部分的軍縮ではなく一般軍縮が問題となる。国内的には防衛軍や秩序維持軍への軍隊の制限、国際的には国際連盟への出兵分担割り当てへの軍隊の制限が問題となる。[31]

以上、政治的民主主義と国際連盟政策を柱とするヒルファディングの現実主義的平和主義政策を紹介してきた。ヒルファディングは、もはや金融資本の拡張政策のみが国家の対外政策を決定するのではなく、労働者階級もその共同決定に加わるという考えを示す。そしてこう述べている。

第一次大戦以来、強権政策や秘密外交の道があいかわらず追求されている。しかし他方では、民主主義的大衆の圧力下で、諸国民の国際協調への新しい道も存在している。戦後の国際政策のなかに示された現実の対立は帝国主義的利害対立ではなく、民主的各国政府間の政治的対立にとどまった。今日、平和への脅威は、ボリシェヴィズムからファシズムにいたる様々な軍事的独裁が政治的に支配する諸国から発するのである[32]。

(4) 植民地問題

ヒルファディングは、アジアや北アフリカの植民地被抑圧民族の民族独立運動が、戦後の世界史においてもっとも重要な現象になっていると述べている[33]。しかし、民族・植民地問題にかんして彼は、わずかにしか述べていない。我々は、この問題にかんして彼の断片的な叙述を整理することで、彼の見解の真意を判断するよりほかはない。

ヒルファディングは、第一次大戦が後進・植民地諸民族の民族意識を高めたと考える。そして、民族独立運動が発生した原因を、これらの諸国の資本主義化にもとめている。一九三一年の彼の論文「資本主義発展の固有の法則性」は、こう述べる。

資本輸出は世界の徹底的な資本主義化（Durchkapitalisierung）をもたらす。資本輸出は同時に、資本主義的諸関係、資本主義的社会構造、社会的階級教育をも植民地諸国に輸出する。その結果、これらの諸国において民族ブルジョアジーが発生し、民族独立をめざして民族全体を統一し、はげしい抵抗をおこなうにいたった[34]。

ヒルファディングはまた論文「ドイツ経済と国際債務」において、ブラジルの経済発展を現地で観察しつつ*、後発諸国の工業化が、戦後の世界経済の特徴をなす一主要事実であると述べている。これまでの通念ではブラジルはコーヒー生産のモノカルチャの典型国と考えられていた。しかし、そこでは戦争と保護関税体制によって皮革工業や繊維産業を中心に急速な工業発展をとげた。そこでは、資本主義は最高の技術的、——部分的には——高度の組織的段階で形成されている。ヒルファディングは、このようなブラジルの工業発展を一般化して、同じ過程がすべての未開発諸国で進行していると指摘している。(35)

＊ ヒルファディングは、一九二七年夏にブラジルで開催された列国議員貿易会議（interparlamentalischer Handelskonferenz in Brasilien）に出席し、九月いっぱいまでブラジルの工業発展を観察する機会をえた。(36)

ヒルファディングは、このように後進国・植民地諸国における経済発展の歴史的趨勢を、資本主義化、工業化という特徴によっておさえた。＊この見解においては、帝国主義諸国の植民地政策が寄生的な性格をもち、植民地諸国の発展を畸形化したり停滞させたりし、その結果世界経済の「寄木細工的現実」そして南北問題を生みだすという理解が稀薄である。ヒルファディングは、他方で、植民地諸国における民族解放運動の積極的な意義を認めながら、これに不安を感じている。

＊ このような考えは、とくにオーストリア社会民主党右派の理論家であるカール・レンナーに強くみられる。レンナーは、戦争を契機にこれまでの後進国・植民地諸国が西欧資本主義諸国による受動的な資本主義化から脱却し自力で工業化をはじめたが、その結果として全地球的に資本主義化が進められたと述べている。そしてかつての世界市場のようなたんなる交換関係ではない同質の諸部分からなる世界経済が現出したと指摘している。(37)

後進・植民地諸国の資本主義化は、国際的分業関係の変化を必然ならしめる。西欧資本主義諸国は摩擦と犠牲をともなう、この変化への適応過程を歩まなければならない。ヒルファディングは、これが解決のできない問題ではないと述べている。彼が不安を感じるのは、植民地民族解放運動がボリシェヴィズムと結びつき、暴力革命的な傾向をおびることである。この点、彼はこう述べる。

「諸民族の自決権を徐々に実現する方向に民族および政治的解放を向けることが肝要である。しかし他の諸国の強権政策に利用されるならば、この解放傾向は平和を脅かす危険をもたらすだろう。バルカン諸国の民族的自由志向がツァーリの政策の権力目的に利用されたように、ボリシェヴィキの対外政策は、現実主義的なロシアの拡張志向と世界革命の空想との固有な混合をなす自己の目的のために民族的対立と解放傾向を利用している」[38]。

ヒルファディングは、コミンテルンと結びついた植民地民族独立運動を、世界平和を脅かす最大の危険とみなした。また世界平和をみだすアウトローだとソ連を考えていた。ソ連のアジア政策は革命理論に彩られている。が、客観的にはロシアの植民地主義的拡張政策にほかならない。ヒルファディングは、アジアでのソ連のこうした動きにたいして、イギリス労働党政府の植民地宥和政策を、平和の維持とヨーロッパ労働運動の利益に合致するものだと賞讃するのである。

ヒルファディングのこの見解は、植民地被抑圧民族の側にたっているというより、ヨーロッパにおける先進諸国の利害の立場にたっている。事実、彼は、植民地諸民族の暴力的解放闘争がヨーロッパひいてはヨーロッパ労働運動に打撃をあたえるという理由から、これを避けるために民族自決権を承認しなければならないと述べている。

「民主主義と労働運動が諸民族の自決権を承認するのは、民族的自由と自治の形成が結局は永久の平和状態のための不可避的な条件をなすからである。それだけに暴力的暴発を避ける発展に関するその関心は大きい。というのはインドとエジプトにおける暴力的・政治的破局と結びついた経済的後退は、イギリス労働運動のみでなく、ヨーロッパの労働運動の戦闘力を萎えさせ、社会主義への前進を促進せず阻害するからである」[39]。

こうしてヒルファディングはヨーロッパの労働運動と結びつき、その管理下におかれた改良的で民主的な植民地民族運動を提起する。このような彼の考えは、他方で、資本主義的諸列強による植民地の共同搾取を進歩的な傾向だと評価したり、いわゆる「民主主義的植民地政策」を唱えたりすることに結びついている。この「民主主義的植民地政策」に関するヒルファディングの具体的な説明はない。が、それは一九二八年のSAIブリュッセル大会で採択された植民地問題に関するテーゼのなかに表現されている。このテーゼは、帝国主義諸列強による植民地の「文明化作用」を積極的に評価し、すでに十分に文明化した植民地には自治（政治的独立ではなく）をあたえている。未開の植民地にたいして西欧諸国の後見を認め、その具体的政策としては、労働諸条件の改善などの改良的諸要求を列挙した宥和的植民地政策である[40]。この「民主主義的植民地政策」は、一九〇七年の第二インターナショナルのシュトウットガルト大会で大きな影響力をかちえた修正主義者たちの「社会主義的植民地政策」と酷似している。それは、改良政策をとおした植民地諸国の経済的・政治的な地位の改善、これらの漸次的・平和的な独立化を支持しつつも、あくまでもヨーロッパ諸国とその労働運動の利害にたった考えをなしている。

ヒルファディングは、ある論文で、植民地諸民族の独立運動が、帝国主義政策の新たな障害となっており、これが帝国主義戦争の反対要因になっているとも述べている[41]。しかし彼は他方で、コミンテルンと結びついた植民地民族解放運動が新たな戦争への危険をもたらすのではないかと、不安と危惧を吐露している。

（5）小　括

小括すると、ヒルファディングの「現実主義的平和主義」論は、『金融資本論』から大きく見解の変化を示したものであった。『金融資本論』では、資本主義の危機から革命を展望する左翼主義的な立場にたって、プロレタリアートの政策として帝国主義に自由貿易ではなく、直接社会主義が対置された。もっとも『金融資本論』にも「自由貿易政策」論と「現実主義的平和主義」論に結びつく理論的な素地があったことは、すでに指摘した。そもそも経済政策論として帝国主義論を展開したことは、ヒルファディングをして、情勢の変化に対応して柔軟に対応することを可能にした。これは、決して彼の誤りを意味するのではない。むしろ、帝国主義を政策と規定することを批判し、政策論を抜きにたいして、ヒルファディングの利点をなすものであった。これまで彼の理論は、「組織された資本主義」論そのものを帝国主義論を展開した結果、レーニンが、平和を一時的な息継ぎとする観点から「万年戦争論」におちいったのにた否定する観点から、さらにはカウツキー流の超帝国主義論を意味するといった理由から、これまであまり顧みられてこなかった。(42) しかし、我々は、ヒルファディングを評価する場合、現代資本主義の「超帝国主義」的状況を考慮しなければならない。

現代の世界経済においては、途上国、新興工業諸国との対抗もあり、資本主義先進諸国による世界の共同支配の体制（協調と競争の体制）が生まれている。また、世界戦争への潜在的可能性が現実性に転化しない政策論的な仕組みが生まれている。永続的な世界平和を願う平和政策が重要な意味を得ている。だから、ヒルファディングの「現実主義的平和主義」論は、政治的・経済的に不安定であった両大戦間期に比べて、第二次大戦後に現実的基盤をあたえられ、その多くの部分が一定の妥当性を有するにいたっている。今日、帝国主義戦争から社会革命を展望する帝国主義論の論理はもはや妥当性を失っている。現代世界経済を分析する場合は、世界戦争への潜在的傾向がなおも完全には失われていない事実を考慮しつつも、これを世界戦争にいたらせない経済的・政治的諸要因を政策論的に明らかにしなければならない。だからこそ、経済政策論として帝国主義論を論じたヒルファディングが積極的に評価される。

この角度から「現実主義的平和主義」論を見ると、そこには『金融資本論』からのヒルファディングの興味深い発展が見られる。ヒルファディングは、政策形成の複雑さを強調し、同じ資本主義と言っても、各国の経済構造と階級の利害関係の相違によって様々な経済政策が生まれると指摘する。彼は、第一次大戦後の情勢変化をとらえて、金融資本の経済政策と国家の政策を明確に区別するのみでなく分離しつつ、経済政策論を論ずる。戦後のドイツで政治的民主主義が実現され、また労働運動の政治的影響力が強まった。こうした理由から、ヒルファディングは、金融資本の経済政策が必ずしも国家の政策として貫徹する必然性はない、また戦争の可能性が現実性に転化する必然性はないと主張する。政治的民主主義のもとでの政策論のこの考えは、あたかも政治的権力と経済的権力の分離を強調した『金融資本論』以前の考えに、ヒルファディングが立ち戻ったかの印象を我々に与える。

ヒルファディングは、確かに、国家の政策と切り離す一方で、金融資本の経済政策が戦後も妥当すると主張している。しかし、他方で電機、化学工業資本のなかに平和を志向する資本グループが生まれている事実を指摘する。また、戦争において連合諸国が勝利し、ドイツが敗北したという事実は、ヒルファディングの経済政策論的認識に根本的な変化をもたらしていると言わざるをえない。

『金融資本論』では、金融資本の理論経済学の適用の結果として明らかにされる帝国主義政策が、ドイツを典型国として、世界情勢に支配的な影響を与えると政策論的に考えられていた。しかし、今や金融資本の典型国たるドイツの経済政策が世界政策を規定するのではない。むしろ、戦勝諸国とりわけ『金融資本論』のなかでは「特殊」と位置づけられていたイギリスの経済政策が世界政策を規定するにいたったのである。こうしてヒルファディングは、「現実的平和主義政策」と名づける新たな経済政策を追求するために、戦勝諸国の経済政策分析に力を入れ、各国の政策的意思決定の具体的な分析をとおして、好戦的なフランスにたいして現実主義的平和主義にたつイギリスといった対抗図式を描きだす。

しかしヒルファディングが、政策論的認識のこの変化にもとづき、『金融資本論』第五篇をどう改変するつもりであったのか、残念ながら我々は彼から聞くことはもはやできない。

注

（1）Otto Bauer, Der Kongreß in Marseille, in: *Der Kampf*, Bd.18, 1925, S.282f.

（2）R. Hilferding, Die international sozialistische Friedenspolitik（Referat auf dem Zweiten Kongreß der S.A.I.in Marseille 1925）, in: *Kongress-Protokolle der Sozialistischen Arbeiter-Internationale*, Bd.2, Darmstadt 1974, S. 261.

（3）Ebenda, S.259f.

（4）R. Hilferding, Realistischer Pazifismus in: *Die Gesellschaft*, 1.Jg., Bd.2, 1924, S.99.

（5）Ebenda, S.98.

（6）森杲「『相対的安定期』の分析視角（その一）コミンテルンの世界経済論」（3）（北海道大学『経済学研究』第二四巻第三号、一九七四年九月）を参照。

（7）たとえば、R. Hilferding, Neue Weltpolitik, in: *Die Freiheit*, 4.Jg., 1922, MA, 1922。この論文において、ヒルファディングは、ワシントン会議（一九二一年一一月－一九二二年二月）を論評しつつ、戦後世界史の主要事実の一つとして、歴史を形成する舞台がヨーロッパからアメリカへ移転した事実をあげている。

（8）R. Hilferding, Realistischer Pazifismus, a.a.O., S.98.

（9）Ebenda, S.99f.

（10）K. Kautsky, Der imperialistische Krieg, in: *Die Neue Zeit*, 35.Jg., Bd. 1, 1916/17, S. 475. 波多野真訳『帝国主義論』創元文庫、九二頁。

（11）R. Hilferding, Realistischer Pazifismus, a.a.O., S. 100f.

（12）Ebenda, S.101-105.

（13）R. Hilferding, Trust und Kartelle in England, in: *Die Gesellschaft*,1.Jg., Bd.1, 1924, S.303.

（14）R. Hilferding, Die deutsche Wirtschaft und die internationale Verschuldung, in: *Überseejahrbuch Hamburg*, Bd.5, 1928, S.57.

（15）R. Hilferding, Realistischer Pazifismus, a.a.O., S.105-110.

（16）R. Hilferding, Krieg, Abrüstung und Milizsystem.-Drei Beiträge zum Abrüstungsproblem, in: *Die Gesellschaft*, 3.Jg., Bd.2, 1926, S.388.
（17）R. Hilferding, Die deutsche Wirtschaft und die internationale Verschuldung, a.a.O., S.55 f.
（18）R. Hilferding, Realistischer Pazifismus, a.a.O., S.113.
（19）R. Hilferding, Krieg, Abrüstung und Milizsystem, a.a.O., S.390.
（20）R. Hilferding, Realistischer Pazifismus, a.a.O., S.112.
（21）R. Hilferding, Die international sozialistische Friedenspolitik, a.a.O., S.259.
（22）R. Hilferding, Krieg, Abrüstung und Milizsystem, a.a.O., S. 387.
（23）Wolfgang Schwarz, Krieg, Friede und Kapitalismus, in: *Die Gesellschaft*, 5.Jg., Bd.2, 1928, S.193-210.
（24）R. Hilferding, Realistischer Pazifismus, a.a.O., S.110-111 .
（25）R. Hilferding, Die international sozialistische Friedenspolitik, a.a.O., S.260.
（26）R. Hilferding, Krieg, Abrüstung und Milizsystem, a.a.O., S. 385.
（27）R. Hilferding, Realistischer Pazifismus, a.a.O., S. 113f.
（28）R. Hilferding, Die Reichstagswahlen und die Sozialdemokratie, in: *Sozialdemokratischer Parteitag 1924. Protokoll.*, Berlin 1924., S.171f.
（29）R. Hilferding, Krieg, Abrüstung und Milizsystem, a.a.O., S. 385.
（30）R. Hilferding, Die international sozialistische Friedenspolitik, a.a.O., S.263.
（31）R. Hilfeiding, Krieg, Abrüstung und Milizsystem, a.a.O., S.390-397.
（32）Ebenda, S.398.
（33）R. Hilferding, Realistischer Pazifismus, a.a.O., S.112.
（34）R. Hilferding, Die Eigengesetzlichkeit der kapitalistischen Entwicklung, in: *Kapital und Kapitalismus*, B. Halms（hrsg.）, Berlin 1931, Bd.1, S.36.
Ｒ・ヒルファディング『現代資本主義論』倉田稔・上条勇訳、新評論、一九八三年、二九－三〇頁。
（35）R. Hilferding, Die deutsche Wirtschaft und die internationale Verschuldung, a.a.O.,S.55f.
（36）R. Hilferding an K. Kautsky, 6.10.1927（IISG, KDXII 647）
（37）Karl Renner, Die wirtschaftlichen Grundlagen der sozialistichen Politik nach dem Krieg, in: *Der Kampf*, Bd. 21., 1928, S.378f.
（38）R. Hilferding, Realistischer Pazifismus, a.a.O., S.112.
（39）Ebenda, S.112f.
（40）Die Beschlüsse des Kongresses der S.A.I. Bruessel, 5.-11. August 1928, in: *Kongress-Protokolle der Sozialistischen Arbeiter- Internationale*,

Bd.3-2, Darmstadt 1974, S. IX .12-19.

（41）R. Hilferding, Die Eigengesetzlichkeit der kapitalistischen Entwicklung, a.a.O.,S.36.　倉田・上条前掲訳書、一二九－一三〇頁。

（42）わずかにW. Gottschalch, *Strukturveränderungen der Gesellschaft und politisches Handeln in der Lehre von Rudolf Hilferding*, Berlin 1962. W・ゴットシャルヒ『ヒルファディング』保住敏彦・西尾共子訳、ミネルヴァ書房、一九七三年が注目される。

第四節　「現実主義的平和主義」論その後

わたしは、ヒルファディングの「現実主義的平和主義」論は、経済政策論の点で、理論的には帝国主義論から現代資本主義論への展開を示したものであると考える。それは他方で、両大戦間期の資本主義の現実において独自な役割をはたしたことも看過できない。この節では、こうした「現実主義的平和主義」論の現実的な役割とその後それがどんな運命をたどったのかを明らかにしたい。

（1）「現実主義的平和主義」論の現実的な役割

ヒルファディングは、「戦争と戦後の経験は、資本主義の突発的な衰退や経済生活の暴力的攪乱が労働運動の強化でなく、弱体化と後退を意味することを、反論の余地なく示した」と述べている[1]。彼は、労働組合等の組織労働運動が資本主義の繁栄期にもっとも強力になると考えた。だから、資本主義の安定と発展さらに平和をもとめて、みずから戦後資本主義の経済再建と国際協調体制の形成に尽力したと言える。前章で述べたごとく、ヒルファディングはドイツ社会化運動の挫折後、戦争・危機・革命によるプロレタリアートの政治権力の掌握と社会主義への移行といったこれまでの路線を変え、「組織された資本主義」における改良運動による漸次的・平和的な経済民主主義の実現を唱えた。「現実主義的平和主義」論はこの「経済民主主義」論に対応していた。経済民主主義は、社会主義の実現のための経済的基盤を形成するために、ドイツ産業合理化運動を労働運動の側から促進することをおもな課題にしていた。他方で、統一経済領域の形成をめざした自由貿易政策とヨーロッパ合衆国のスローガンは、世界経済においてこの産業合理化運動の条件を生みだす目的からも唱えられた。ヒルファディングは、資本主義の経済発展が、政治的安定と世界平和、ひいては組織労働運動の基盤をより強固なものにすると考えていた。

したがって世界平和、統一経済領域（自由貿易政策の実現とヨーロッパ合衆国）の形成は、経済民主主義運動と相互に前提しあうのである。ヒルファディングはこの認識にたち、加うるに世界の民主的な平和体制の実現が社会主義的変革の際に外国の干渉の排除を保証するという考えから、社会主義と平和の実現がそれぞれ階級闘争の具体的な構成部分をなし、両者が相互に前提しあうという理解を示した。

しかし資本主義の経済発展と国際的協調を目標としたヒルファディングは、客観的には、戦勝諸国による戦後世界平和体制を積極的に評価し、他方で、武装解除された敗戦国ドイツの「平和主義外交」を擁護する役割をはたした。後者については、賠償問題にたいする彼の態度がこれをよく示している。ヒルファディングは、ヨーロッパ問題のアメリカ的解決を意味するドーズ案の導入に賛同した。彼はドイツの戦争責任と賠償支払いの正当性を一方的に認めた。また講和諸条約の不当性を突きながらも、ＳＡＩとの合意なき条約修正の要求を掲げないという態度を示し、そして国際連盟における種々の国際会議と国際協定におおむね支持を表明したのである。

ドイツの外交政策については、ヒルファディングはシュトレーゼマン外交を社会民主党の対外政策と合致したものだとみなした。(2) そしてドイツ化学・電機独占資本を中心とした「資本主義の国際的利益共同体」の形成の動きを、平和に貢献するものだと積極的に評価した[3]（ヒルファディングは独占資本グループを、好戦的で反動的な重工業グループと労資協調主義的で平和主義的な加工業〈化学・電機を含む〉グループに二分する見解をもっていた）。概して、ヒルファディングは当時の資本主義の国際協調と協力の動きの不十分さを指摘しながらも、これを積極的に評価したと言えよう。

「危機→革命」説を放棄し、左翼主義から離反したヒルファディングは、以上のように、世界平和と経済発展のために、戦勝諸国、資本家グループやブルジョア政党内の平和主義者と協力する現実的で穏健な姿勢を示した。「現実主義的平和主義」論は、戦勝諸国による一時的な平和体制を国際労働運動の力によって永続化することをめざした。そもそもヒルファディングのいう「現実主義」とは、はじめから平和の実現が至上の目標であり、そのためには平和の機会をすべて利用し、平和を望むすべての勢力を結集するという意味もあった。労働運動の改良闘争の基盤としてドイツ資本主義の復活と再建を望むという観点もあわせて、彼は現実主義的な政治家でもあったのである。

ヒルファディングの「現実主義的平和主義」論は、以上のように、労資協調的な性格をもちつつも、社会民主主義的な国際労働運動の世界政策の指針を形成した。しかし、両大戦間期は、経済的・政治的にあまりに不安定であった。彼の「現実主義的平和主義」論の現実における挫折は、彼の「組織された資本主義・経済民主主義」論がそうであったように、一九二九年の世界大恐慌とともにおとずれた。

(2)「現実主義的平和主義」論の挫折

世界大恐慌のなか、ヒルファディングの「統一経済領域」論は堰を切った奔流のような国際保護主義の波に押し流された。一九三〇年二月にジュネーヴ関税休戦会議（Zollfriedenskonferenz）が開催され、ヒルファディングもドイツを代表してこの会議に出席した。彼は、論文「岐路にたつ通商政策」（一九三〇年）において、この会議を論評しつつ、こう述べている。

新農業保護主義――ドイツでは一九二九年一二月二二日以降数次にわたって農業関税が引き上げられた――は、「保護関税障壁の漸次的な撤廃を目標とする国際協定にとって一つの障害をなすにちがいない」。それは、これまで原則的に自由貿易主義的であったイギリスその他の諸国を保護関税主義に追いやり、その結果としてドイツの輸出のいちじるしい減退をもたらす(4)。

ヒルファディングは、こうして新農業保護主義を批判し、関税休戦会議が作成した既存の通商政策を維持する協定を批准すべきだと主張した。結局、彼はイギリスの原則的な自由貿易の維持、ヨーロッパにおける条約体制の発展を、国際会議の継続に期待した。しかしその後の事態はヒルファディングの期待を裏切り、一九三二年三月の輸入税法の公布によってイギリスは恒久的保護関税政策に踏み切り、世界経済はブロック経済化の様相をいっそう強めていったのであった。

さらに、国際連盟政策を柱とする現実主義的平和主義政策も、ヒトラーの政権掌握後に急速にその現実基盤を奪われた。ヒルファディングは、このような情況の変化に対応して、それ以来ナチスの好戦的性格と新たな世界戦争の危険性を警告することを彼の任務とした。彼は、迫りくる戦争の危険の新しい特徴について、こう述べている。

これまでの帝国主義的拡張政策が広大な植民地をもつ資本主義列強と金融資本とによる植民地争奪戦に起因したのにたいして、広域経済政策（Großraumpolitik）は、恐慌によって没落した中間層の運動（ファシズム）による隣国を併合しようという新しい種類の拡張傾向である。したがって新たな戦争は民主主義対ファシズムという性格をもつ(5)。

アレクサンダー・シュタインによれば、一九三三年一一月にチューリッヒで社会主義労働インターナショナル（SAI）ビューロー会議が開催された。ヒルファディングは、SPD幹部会に委託されて、国際情勢に関するメモランダムをこれに送付した。メモランダムは、これまでＳＡＩの対外政策の柱をなした対等軍備権と一般軍縮の要求を破棄すべきだと提案していた。[6] 対等軍備権がナチスの軍備強化と戦争への第一歩をなし、一般軍縮は好戦的なナチスを前にしての諸国民の無防備化を意味するということがその理由であった。ファシズムの戦勝は事実上文化の没落を意味する。軍事的に弱小である限り妥協を示す独裁者（ヒトラー）の欺瞞的で不誠実な役まわりを容易にする懐柔政策ははなはだ危険である。その外交上の成果はファシスト独裁の大衆基盤を強化し、独裁国の好戦的気分を煽りたてるだけである。したがってＳＡＩはファンズムへのいかなる譲歩も拒否し、戦争の危険を積極的に防止して、戦争勃発の際には、いかなる戦争にも反対するというこれまでの原則的態度を改めなければならない。[7] しかしヒルファディングのこの訴えにＳＡＩビューローはほとんど耳をかさず、彼のメモランダムもついに公開されなかった。ＳＡＩビューローは、逆に一般軍縮のできるだけ早期の締結を決議した。

ヒルファディングはＳＡＩビューローの態度に失望し、ファシズムによる戦争の危険になんら有効な行動をとれないＳＡＩの組織的な無力さを嘆いた。彼は、一般軍縮協定に関するＳＡＩビューローの決議が時宜を逸したものだと批判した。そしてすでにイギリス政府によるヒトラー宥和政策がはじまり、イギリス労働党がこの対外政策を支持している事実を問題視した。彼は一般軍縮協定よりもドイツの再軍備をいかに防ぐかが目下の問題だと主張した。[8] この点、ヒルファディングは、国際連盟の集団安全保障体制を有効に機能させることに平和の救済の望みをつないだのである。[9]

その後、ヒルファディングは、国際情勢についていくつかの時論風の論文を書き、イギリス、フランスの無力な宥和外交がファシスト陣営の強化をもたらし、戦争への道をしだいに掃き清めていくと繰り返し批判した。[10] そしてこれらの諸国とその社会主義政党が現実を直視し、ファシズムの好戦的な政策にたいして実効のある行動に移るように訴えつづけた。だが、ヒルファディングは、一九三五年中ごろ、ファシズム諸国の侵略政策が急速に展開されるなかで、軍拡競争の新しい時代の幕が切って落とされたと確認し、国際連盟政策と集団安全保障体制の終焉を宣言した。[11]

注

（1）R. Hilferding, Realistischer Pazifismus, in: *Die Gesellschaft*, 1.Jg., Bd.2, 1924, S. 112.

（2）R. Hilferding, Politische Probleme, in: *Die Gesellschaft*, 3.Jg., Bd.2, 1926, S. 293.

（3）Ebenda.

（4）R. Hilferding, Handelspolitik am Scheideweg, in: *Magazin der Wirtschaft*, 1930.Jg., 1930, S.686-689.

（5）R. Hilferding（Richard Kern）, Krieg, Abrüstung und die Internationale, in: *Der Kampf*, Bd.26, 1933, S.425-427.

（6）A. Stein, *Hilferding und die deutsche Arbeiterbewegung*, Gedankblätter, Hamburg 1946, S.33-35. アレクサンダー・シュタイン『ヒルファディング伝』倉田稔訳、成文社、一九八八年、七二－七六頁。

（7）R. Hilferding, Krieg, Abrüstung und die Internationale, a.a.O., S. 432 f.

（8）R. Hilferding（Richard Kern）, Die Internationale vor der Entscheidung, in: *Der Kampf*, Bd.27,1934, S. 41-47.

（9）R. Hilferding, Krieg, Abrüstung und die Internationale, a.a.O.,S. 436.

（10）R. Hilferding（Richard Kern）, Das Londoner Abkommen, in: *Zeitschrift für Sozialismus*, 2. Jg., 1934/35, S. 561-568, Macht ohne Diplomatie-Diplomatie ohne Macht, in: *Zeitschrift für Sozialismusm* 2. Jg., 1934/35, S.593-602. なお、W. Gottschalch, a.a.O.,S.239-241. 保住敏彦・西尾共子前掲訳書、二四二－二四四頁を参照。

（11）R. Hilferding（Richard Kern）, Das Ende der Völkerbundspolitik., in: *Zeitschrift für Sozialismus*, 2. Jg.,1934/35, S.629-637.

（本章は、拙稿「ヒルファディングの『組織された資本主義』論」（4）、北海道大学『経済学研究』第二八巻第四号、一九七八年一一月にもとづく。）

終章　ヒルファディングと現代

（1）『金融資本論』と「組織された資本主義」論

ヒルファディングの「組織された資本主義」論は、両大戦間期の、資本主義のいわゆる「相対的安定期」の資本主義観を意味し、帝国主義論から現代資本主義論への展開を示すものであった。本書は、「組織された資本主義」論を一種の現代資本主義論とみなし、資本主義の経済的なコントロールが可能であるとする現代資本主義論の一系譜に経済学史的に位置づけることをねらいとした。

本書第一部では、『金融資本論』のテキスト解釈をおこない、これをとおして『金融資本論』のなかに後年の「組織された資本主義」論にむすびついていく理論的性格を見いだした。そのなかで、『金融資本論』解釈のいわば「上条理論」とでも言うべき新たな指摘をおこなっている。まずこれをまとめておこう。

1．『金融資本論』の理論的構成をあきらかにするためにヒルファディングの問題意識までたちいった。そのなかで、『金融資本論』の重要な問題意識が最新の資本主義におけるマルクス価値論（労働価値説）の適用にあり、これが『金融資本論』の構成に重要な影響をあたえている事実を浮かび上がらせた。これまでのヒルファディング解釈において『資本論』と直結する形で論ずる彼の姿勢は批判の対象とする傾向があった。また『資本論』を再整理する形で叙述された『金融資本論』の部分（第一篇）は、「余計」なものとみなされる向きもあった。そのなかで、『金融資本論』の重要な問題意識が、最新の資本主義の分析に労働価値説を適用し、またそうすることによって理論体系全体で価値論を論証することにあったという事実が見逃されてきた。本書では、この事実にあらためて注目し、『金融資本論』の理論的構成の理解に役だてるとともに、現代資本主義論の理論体系の構築にあたって我々が価値論レベルから帝国主義論体系の形成をめざしたヒルファディングの姿勢を再評価するべきであると指摘した。

2．わたしの研究の特徴は、『金融資本論』と「組織された資本主義」論の理論的関係を深く追求するところに見られる。本書では、この点、まず弁証法を叙述展開の方法であるととらえ、また商品における価値と使用価値の対立を考察方法の対立だと理解し、「社会的必要労働時間」規定に需給関係を挿入していることに「無政府性の除去」を容易に述べるヒルファディングの考えの原因を見いだした。管見の限りでは、このような関連づけで説明している研究は、これまでない。本書ではまた、マルクス価値論の論証という意図から、ヒルファディングが資本主義の最新段階における利潤率の均等化法則の貫徹をあくまでも追求をし、ついにはカルテルの限りなき波及過程の延長線上に「一般カルテル」の形成を述べ、意識的に調整される資本主義、「貨幣なき社会」の到来を純理論的仮定として展望していった事実を明らかにした。さらには、『金融資本論』がマルクス信用論の発展という視角から最新の資本主義の諸現象を体系的にとらえようとし、貨幣資本（利子うみ資本）の「最高」形態として金融資本を明らかにした事実を論証した。金融資本は、産業資本・商業資本・銀行資本をその共通の構成部分をなす貨幣資本の運動によって統一する。競争の止揚傾向を一面的に強調する独占理解に加えてこのような金融資本の性格が、ヒルファディングの「資本主義の組織化」論を形づくる。そして組織化の限りなき進展に「組織された資本主義」を展望していく理論的基礎があたえられる。故星野中氏は、この事実に注目し、金融資本の完成形態を述べる「組織された資本主義」論であると『金融資本論』を特徴づけた。しかしわたしは、第四篇の恐慌論で述べられた組織化にたいする「社会的・政治的」歯止めに注目する。そして、この歯止めによって、『金融資本論』が「組織された資本主義」論であることを免れ、帝国主義戦争から社会革命を展望する左翼的な帝国主義論たりえているのであると結論する。その後、ヒルファディングは、情勢の推移にしたがって、この歯止めをとりはずし、「組織された資本主義」論を唱えるにいたる。だから、「資本主義の組織化」論をベースに『金融資本論』と「組織された資本主義」論は理論的に結びついている。『金融資本論』の理論経済学は、こうして情勢の推移にしたがって「組織された資本主義」論の理論的基層におさまっていく。わたしは、この過程を帝国主義論から現代資本主義論への展開として把握したのである。

3．本書第三章を書いた時、わたしは次のような考えをいだいていた。ケインズは、『一般理論』の第二二章「景気循環に関する覚書」で、「資本の限界効率の循環的な変動」つまり予想収益率とか期待利潤率の循環的変動に景気循環の原因を見いだしている。(1) ヒルファディングは、生産と消費のあいだに「資本の価値増殖の条件」（利潤率およびその見こみ）を介在させることによって、ケインズと類似した考えを先行的に述べていた。つまり彼は　利潤率の変動に景気循環の大きな原因を見いだした。また、景気の過熱局面における利潤率の低下から過剰資本が生じて景気の「反転」をもたらすと説明し、そして資本過剰と商品過剰を結びつけて不況発生を論ずる方向性を示した。『金融資本論』の錯綜した叙述から、ヒルファディング恐慌論のこうした性格は、これまでの研究ではほとんど看過されてきた。

4．ヒルファディングの「帝国主義」論の本質的特徴を経済政策論に見いだす本書の視点は、わたしのヒルファディング解釈においてもっとも独創的なものである。わたしは、『金融資本論』が理論の部と政策の部に分かれている事実に注目した。そして、これが理論経済学、経済史、経済政策と経済学体系を三つに構成する、いわば「三分法」とも言える方法論的視点にもとづいていることを明らかにした。その際、注目すべきことに、理論の部と政策の部では、叙述の方法がまったく異なる。理論の部は、ヒルファディング独自に理解された弁証法でつらぬかれている。他方で、政策の部は、弁証法の適用対象外である。その叙述方法は、個別的・具体的・歴史的であり、ひいては典型国を基準とするタイプ論的性格をおびている。この相違は、『金融資本論』の理論的な一貫性のなさとか論理的破綻を意味するのではなく、ヒルファディングによって明確に意識されていた経済学の方法論的相違である。こうしてヒルファディングの経済政策論は、理論の部の延長線上に一般理論的に展開された帝国主義論ではない事実が浮かびあがる。むしろ経済政策論として展開された彼の「帝国主義」論の独特の特徴と意味が問われるのである。わたしは、この説明のなかで、後の自由貿易政策論にむすびついていく『金融資本論』の理論的諸特徴を指摘したが、ここではこれを繰り返さない。ここでは、そもそも経済政策論とは、各国の経済構造、その歴史、階級の利害諸関係にもとづいて、（自立した存在である）国家の政策的意思形成を説明する理論である。だから政策論的結論は、現実の推移、情勢の変化に対応して変化していく。わたしは、ヒルファディングの政策論的な見解の変化が後の「組織された資本主義」論を構成する「現実主義的平和主義」論にむすびついていったと考える。そして、ここにヒルファディングにおける帝国主義論から現代資本主義論への展開の、一つの重要な特徴を見いだしたのである。

以上、ヒルファディング解釈におけるわたしの考えのおおまかな特徴を述べてみた。本書第一部では、このような独特の見解にもとづいて、『金融資本論』のテキスト解釈をおこない、そして『金融資本論』と「組織された資本主義」

論の理論的関係を明確にしていった。第二部では、第一部のこの考察にもとづき、資本主義のいわゆる「相対的安定期」の一資本主義観として、またひとつの現代資本主義論として、「組織された資本主義」、「経済民主主義」、「現実的平和主義」を三つの柱とするヒルファディングの「組織された資本主義」論を対象とした。

(2)「組織された資本主義」論と現代資本主義論

わたしは、第一次大戦後資本主義を広い意味での現代資本主義ととらえる。故宇野弘蔵氏がかつて無限に複雑な現状分析の対象にしたのと時期区分的にはほぼ同じである。しかし、宇野氏とわたしの分かれ道は、一九世紀末から第一次大戦にいたるまでのいわゆる「古典的帝国主義の時代」の位置づけにはじまる。宇野氏は、資本主義の帝国主義段階にこだわり、「三段階論」(原理論、段階論、現状分析)を形成した。またレーニンは、帝国主義を「資本主義の最高段階」として位置づけた。レーニンのこの考えは、長らく我が国におけるマルクス経済学に影響をあたえた。第二次大戦後の資本主義を帝国主義の「小段階」として位置づけ、これを国家独占資本主義論によって説明する考えもあった。これにたいして、わたしは、本書の「はしがき」でも述べたように、産業資本主義と現代資本主義の「二段階区分」の立場にたち、産業資本主義から現代資本主義への過渡期として帝国主義を位置づける。本格的な現代資本主義の展開は、第二次大戦後に開始する。そこでわたしは、第二次大戦後資本主義を狭い意味での現代資本主義と呼ぶ。もちろん第二次大戦後資本主義も大きな変化をとげてきた。変化のどの点を重視するかで、時期区分の仕方は、一九七〇年代、一九八〇年代、一九九〇年代、二〇〇〇年代と分かれるであろう。本書は、現代経済学史の視点からのヒルファディング研究書であるから、紙幅の都合上、この時期区分にはたちいらない。ただ新自由主義的政策(規制緩和と民営化)によって推進されたグローバリゼーションと冷戦体制終了後のメガ・コンペティションを強調する視点から、さしあたって一九九〇年代を大きな時期区分として用いるとだけ述べておきたい。

この観点からすると両大戦間期は、第二次大戦後に本格化する現代資本主義を準備し、その諸特徴なり発展傾向なりを過渡的に示していった時期であったと言える。本書は、現代資本主義論の視座にたった経済学史の書物として、ヒルファディングの「組織された資本主義」論が両大戦間期における現代資本主義の発展諸傾向をどのように読み取ったかを評価の対象とした。

両大戦間期は、短く、きわめて不安定な時期であった。だから、マルクス経済学において、資本主義の「没落」と「危機」を強調し、資本主義がもはや発展の動力を失ったとする「全般的危機」論と、逆に資本主義の経済的コントロール能力の増大と新たな生産力的な発展を強調する「組織された資本主義」論の二つの系譜が生じた。両大戦間における資本主義の発展は、結局は一九二九年世界大恐慌とこれにつづく一九三〇年代世界大不況に終わった。だから、現実において「全般的危機」論があたかも勝利したかに見えた。第二次大戦後には、マルクス主義の主流理論として、「全般的危機」論とセットになる形で、国家独占資本主義論が現代資本主義論として唱えられた。

しかし、その後、現代資本主義は新たな生産力的な発展、そして経済的・社会的な発展を示した。アメリカは、世界に先駆けて電機、化学、自動車といった耐久消費財産業を発展させ、耐久消費財に囲まれた生活様式（アメリカ的生活様式）を生みだした。第二次大戦後、日本と西欧諸国は、アメリカへのキャッチアップをはかりつつ、高度成長をとげた。資本主義は、めざましい技術的・生産力的な発展をとげ、産業構造の点でも変化と高度化をとげた。こうした経過のなかで国家の経済政策も、発展の動力を失った資本主義のたんなる「つっかえ棒」ではないことが明白となっていく。現代資本主義とは、一面では、国家の役割を経済に制度的に組み込み、資本の新たな蓄積構造を形成した資本主義である。

第二次大戦後資本主義のめざましい経済発展が実現された時、「全般的危機論」とセットになった「国家独占資本主義論」は理論的な破綻を示していく。マルクス経済学は、資本主義の「危機」をあまりに強調しすぎて、現実に対応できなくなり、その経済理論的な影響力を損なったとさえ言える。今やマルクス経済学においても、第二次大戦後資本主義のめざましい経済的発展、生産力の発展と生産様式、生活様式の変化、階級的諸関係の変化を究明する現代資本主義論が必要とされるにいたった。

そこで、現代資本主義論の「組織資本主義」論の系譜が注目されるのである。ヒルファディングの「組織された資本主義」論は、いわゆる「相対的安定期」の政治的・経済的な不安定さを意識しつつも、『金融資本論』にもとづき、多少将来を先どりして述べられた。資本主義のいわゆる「相対的安定期」において、ヒルファディングは、帝国主義（戦争）から資本主義の危機と社会変革を展望する左翼主義的な考えを放棄した。そして、改良をとおして資本主義を漸次的に構造改革し、これを社会主義の実現に結びつける「経済民主主義」論を唱えるにいたった。彼の「組織された資本主義」論は、こうした経済民主主義闘争の経済的な基盤を形成するために、敗戦国ドイツの経済再建と産業合理化運動をめざす上での理論的な指針をなした。つまり、第一次大戦後資本主義が決して発展の動力を失ったものではなく、その経済的不安定さをも克服しえ、安定した蓄積軌道に乗りうるものであることを示した。そして景気循環をコントロールしうると主張したのであった。今やヒルファディングは、『金融資本論』の理論経済学を戦後資本主義の理論分析の指針として活用するにいたった。そして、資本主義のいっそうの発展と変化、その組織化・計画化の進展、株式会社における資本家の無用化に資本主義の克服の可能性を見いだそうとした。わたしは、資本主義の危機と没落を一方的に強調するのではなく、その新たな生産力的発展の可能性と変化の方向を追求したことが、ヒルファディングの「組織された資本主義」論の長所をなしたと考える。

ヒルファディングは、「資本主義の組織化」論にたつことによって、資本主義の危機と没落ではなく、資本主義が新たな蓄積軌道にのりうることを示し、その新たな発展と変化の方向性を読み取った。つまり、産業合理化運動をとおしたアメリカの技術の導入、科学的経営管理、合成（有機）化学の発展による資本主義の新たな生産力的基盤の形成、電機・化学産業の独占資本の台頭と資本主義の産業構造の変化の方向を読み取った。また、「新中間層」の増大傾向、株式会社における資本の「所有と機能の分離」に、資本賃労働関係も複雑化し階層化していく傾向をとらえた。これに関連して、資本主義の改良と労働者の生活改善が労働者のあいだに体制順応傾向を生みだすと指摘した。

我々は、第二次大戦後、現代資本主義においてはアメリカがリードする形で、自動車、化学、電機といった新興産業が先進諸国で発展し、耐久消費財産業の発展に支えられて大衆消費社会（「アメリカ的生活様式」）が形成されていった事実を目にしている。また、先進諸国では、国ごとの相違があるとはいえ、労働者の階層分化と生活改善が、階級意識をもたない統一されざる「大衆」と労働者を化し、そのなかで「草の根保守主義」（「生活保守主義」）を生みだしていった事実を目にしている。ヒルファディングの「組織された資本主義」論は、「資本主義の組織化」論にもとづき、第二次大戦後資本主義のこうした発展方向を読み取ることを可能にした。

先にも述べたように、資本主義のいわゆる「相対的安定期」は、確かに不安定な構造をかかえていて、ヒルファディングの「組織された資本主義」論は時期尚早の理論であるように見えた。しかし、第二次大戦後現代資本主義がケインズ主義的な政策を取り入れ、国家の経済介入のもとに安定的な蓄積軌道にのったとき、ヒルファディングのいう「組織された資本主義」的な状況が現出した。ヒルファディングが主張したごとく、資本主義経済のコントロールが可能であるように見えた。しかしその後ケインズ政策は財政の膨張と赤字、スタグフレーションの進展の結果、その一定の限界にたっした。新自由主義があらわれ、国家の経済介入を批判し、規制緩和をおこない、グローバリゼーションの名のもとに世界的な市場経済化・自由化傾向を促進していった。だが、それは、独占体制と国家の介入による資本主義の私的・公的組織化と計画化を後退させ、損ない、メガ・コンペティションの名のもとに資本主義の「不確実性」、「無規律性」を露呈させた。そして市場の暴走の結果ついには国際金融危機・経済危機をもたらしていった。この事実をヒルファディング流に言えば、第二次大戦後資本主義における組織化の進展と「組織された資本主義」的現象の形成をまずは指摘できる。これにたいして新自由主義的政策の採用とグローバリゼーションによって資本主義の組織化が後退し、その「不確実性」、「無規律性」が露呈した。そしてその結果として国際金融危機・経済危機が発生した。ヒルファディングの「組織された資本主義」論は、資本主義のこうした進行を一定程度説明できるのである。我々は、確かに新自由主義とか市場原理主義の政策を批判する場合、基本的には私的・公的組織化と計画化による資本主義の経済コントロールの一定の可能性を認めた上で（これは「計画的市場経済」であると言える）、あらためて、こうした可能性を減退させた結果として露呈する資本主義的市場システムにおける本来の不確実性・無規律性を指摘する必要があるのである。

我々は、その他に「組織された資本主義」論における対外政策論をなした「現実主義的平和主義」論の現代的意義、先進国における社会変革をめざした「経済民主主義」論の現代的意義を指摘しうる。しかし、これは、それぞれを扱った章で簡潔な形ではあるがすでに示したので、紙幅の都合上ここでは繰り返さない。

以上、本書では、ヒルファディングが帝国主義論以降の情勢の変化を受けて、両大戦間期の資本主義に現代資本主義への新たな発展諸傾向を読み取ったことで学説史的に評価してきた。先にも述べたように、今日的な観点からすれば、「古典的帝国主義の時代」は、自由競争の支配する産業資本主義から多国籍企業的に展開する巨大独占資本を頂点とする少数大資本とその集団による経済支配（独占体制）を特徴とする現代資本主義への過渡的な歴史段階をなしたと言える。独占体制は、そのもとで展開される諸資本の競争と蓄積運動の結果、独占の一般化、重層化、巨大化、世界化の道をたどった。独占体制下に展開される諸資本の競争と蓄積運動は、景気循環を描き、産業構造の変化をともないつつ進行する独占資本主義のダイナミックな発展をもたらした。装置産業の発展とコンビナート化、またフォード・システムと「アメリカ的生活様式」の名で知られる資本主義の生産様式・生活様式の変化をもたらしてきた。古典的な諸帝国主義論は、独占資本主義のこうした初期的な変化の方向を読み取り、これを帝国主義的世界戦争への展望とむすびつけた。ヒルファディングも、金融資本にその頂点を見いだす産業と銀行による集積という彼独特の視角から独占と金融資本の理論を築きあげた。それは、マルクスにおける「資本の集積・集中論」を当時の資本主義の具体的分析をつうじて論証しようとしたものであった。また彼の「資本主義の組織化」論は、現代資本主義の組織化と生産力的発展の方向を読み取ることを可能にした。

しかし、我々はヒルファディング理論の限界も指摘しておかなければならない。ヒルファディングの独占論そして金融資本の理論は、競争の止揚傾向、「投機の死」、資本主義の組織化と社会化を一面的に強調する特徴をもっている。しかし、独占体制は競争体制の新たな、高次な段階を意味する。現代資本主義は、諸資本の競争の展開において歴史的に発展していくものである。そして、私的な利潤を目的とした諸資本の競争と蓄積運動、つまり資本の論理によって矛盾とか危機をはらみながらも、景気循環をかなりの程度コントロールしつつ、循環的な発展を遂げていく資本主義である。また、それは、貨幣資本(自己増殖する貨幣)の運動が、生産実体からますます離れていき、巨大化しつつ、世界を投機の波に巻き込こむ、いわば「投機の天才たち」が活躍する資本主義である。

本書で指摘してきたように、ヒルファディングの金融資本概念は、貨幣資本における産業・商業・銀行の諸資本の統一を意味し、資本主義の組織化傾向を一面的に示すものであった。確かにこの「資本主義の組織化」論は、現代資本主義の変化と発展の方向をとらえることを一定程度可能にした。しかし、それは、「競争の止揚」とか「投機の死」の傾向を一方的に指摘することによって、現代における独占的な「競争と蓄積運動」を分析する上では妨げになった。翻って見ると、現代資本主義分析において今日もなお――レーニン的な意味での――金融資本概念が広く使用されている。これにたいして、銀行と産業の結合によって形成される独占的企業集団という事実を解明する上で、わたしは何も金融資本概念を使用する必要はないのではないかと考える。つまり、現代資本主義の分析の基礎は、あくまでも独占資本であり、巨大独占資本とその集団、多国籍化した独占的産業資本と独占的銀行資本である。現代資本主義分析の要は、国家を経済に制度的に組み込む形で展開される独占的な「諸資本の競争と蓄積運動」である。この動学的展開が、「組織された資本主義」的現象に一定の限界をおく。ぼう大な財政赤字、インフレーション、スタグフレーション、景気循環は、この限界のあらわれである。また独占体制下で私的な利潤追求をおこなう諸資本の競争は、大規模な自然と環境の破壊、ぼう大な浪費と使い捨てをともないつつ飽くなき経済成長を人類に強いる。消費ではなく利潤を直接目的とするその生産は、諸資本の競争の「強制法則」下に進行する企業の人件費削減の努力の結果、科学技術と生産力の発展を失業と貧困の発生の方向で作用させる。ヒルファディングの「組織された資本主義」論では、資本主義の組織化傾向を一面的に強調する結果、残念ながら現代資本主義における組織化・計画化の限界と諸矛盾をとらえることができない。

注

（1）J・M・ケインズ『雇用・利子および貨幣の一般理論』、一九三六年（『ケインズ全集』第七巻）塩野谷祐一訳、東洋経済新報社、一九八三年、三一三頁以下。

補遺　戦後の我が国におけるヒルファディング研究史

我が国におけるヒルファディング研究は、数もぼう大であり、概して水準の高いものも多い。[1] 戦前は、無政府主義、社会民主主義そしてボリシェヴィズムの影響下、旺盛な知識欲のもと、マルクス主義の文献が一度にどっと紹介された時期であって、ヒルファディングの『金融資本論』もその一環として紹介された。すでに一九二七年に弘文堂から林要訳『金融資本論』が出版され、さらにこれが一九二九年に改造文庫に組み入れられている。

戦後の我が国では、レーニンの帝国主義論の形成に結びつき、レーニンが誤りを指摘しつつも高く評価したということからか、あるいはレーニンの帝国主義論と並ぶマルクス主義の古典として『金融資本論』をみなす見地から、ヒルファディング研究が盛んになされてきた。研究の多くは、『金融資本論』の理論的解釈に集まってきたが、近年では、それを超えた幅広い研究も見られるにいたっている。ヒルファディングに関する関心の高さは、マルクス主義研究が旺盛であったことのあらわれでもあった。

我々は、まず、林要が、エルスナー版の全訳を企て、エルスナーの長い「新版序文」を国民文庫版『金融資本論』（一九六四年）に収録したことに注目したい。それ以後、この「新版序文」こそ、ヒルファディング研究を志すものがまず は手引きとしたものではなかっただろうか。この新版序文は、レーニンを基準として、貨幣論や恐慌論の誤り、金融資本規定における独占の欠落の誤りを指摘する一方で、レーニンの指摘の範囲を超えて、『金融資本論』の「もっともすぐれた部分は、資本の動化と擬制資本とについての篇〔第二篇〕」であると述べる等、当時としては比較的水準の高いものであった。

レーニンが帝国主義論で株式会社論を展開しなかったこともあって、我が国では、『金融資本論』第二編「資本の動化。擬制資本」に多くの研究が集まった。また、マルクスの信用論が未完であったこともあって、信用論あるいは信用制度論の体系化をめざす見地から、第一編から第三編までの検討に、野田弘英、河合一郎、飯田裕康ら数多くの研究者が挑んできた。このほかに、恐慌論に関してぼう大な連続論文を著してきた高山満、ヒルファディングの哲学的方法論（マッハ主義等）にまで立ち入った赤川元章、有井行夫らの研究も注目される。一九六八年には、ヒルファディングが処女作として書いた「ベーム・バヴェルクのマルクス批判」（一九〇四年）などの初期の、あるいは『金融資本論』出版前後の経済理論および経済学史に関する論文を集めた編訳書も刊行された。[2]『金融資本論』は、マルクスの『資本論』との継承性を意識し、価値論のレベルからそれを発展させることをめざした高度に理論的な書であり、その研究は、マルクス経済学研究を志す者たちの、一種武者修行の場と化したようである。これらの『金融資本論』を中心としたヒルファディング研究は、それ自体としては興味深いが、これ以上、ここでは取り扱わない。[3] ここでは、帝国主義論の学説史および思想史の観点から、『金融資本論』以外のヒルファディングの著作に関する研究、また帝国主義論として『金融資本論』を全体的に特徴づける研究に的を絞って、以下、研究史を整理したい。

『金融資本論』の個別理論的論点の研究を超えて、帝国主義論史におけるヒルファディング研究が進展するにあたって大きな影響をあたえたのは、星野中の論文「ヒルファディング『金融資本論』の基本的構造とその問題点」（一九六八年）[4]ではなかったろうか。保住敏彦は、W・ゴットシャルヒの著書と星野論文に刺激されて、自己のヒルファディング研究の出発点をなす「ヒルファディングの帝国主義論」（一九七一年）[5]を著したと述べている。[6] 星野は、ヒルファディングに内在して、『金融資本論』の方法と構造上の特徴と問題点を浮かび上がらせた。そして、「金融資本の完成形態」

としての帝国主義論と『金融資本論』を特徴づける独特の見解を示した。星野は、また、その後、マルクス・エンゲルスとの理論的継承関係をたどり、ローザ・ルクセンブルクなどの世界資本主義論的系譜にたいして、ヒルファディングをレーニンに連なる「社会化」論的系譜（帝国主義論の「積極」的系譜）に位置づける。こうして星野は、帝国主義論史研究全体に大きな影響をあたえたと言える。

つづいて、先に述べたように、一九七一年に保住敏彦が、「ヒルファディングの帝国主義論」を著した。そして、この論文で、カウツキーの通商政策などをめぐる諸見解、『金融資本論』出版以前のヒルファディングの対外政策、通商政策に関する諸論文に丹念にあたり、金融資本の必然的な政策体系として「帝国主義的段階認識」を示した帝国主義論として、『金融資本論』を積極的に評価している。保住は、その後、ヒルファディングに関して多数の論文を書き、『ヒルファディングの経済理論』（一九八四年）、『ドイツ社会主義の政治経済思想』（一九九三年）の二書にこれらをまとめている。[7]

一九七三年、倉田稔は、「『金融資本論』の成立」[8]を発表した。倉田は、『金融資本論』出版以前のヒルファディングの手紙、論文を丹念にあたり、『金融資本論』執筆の動機が修正主義批判であったことを説得的に示している。そしてその後ヒルファディングに関する論文を書き進め、『金融資本論の成立』（一九七五年）、『若きヒルファディング』（一九八四年）の二書を著している。[9]後者は、倉田が多大な労力をかけ、足で調べた伝記的書物であり、「若きヒルファディングに関する、世界でもっとも詳しい伝記的調査である」（「あとがき」）。倉田は、また、ヒルファディングの詳細な著作目録[10]をつくり、後のヒルファディング研究に大きな貢献をおこなった。

一九七〇年代における研究としては、『金融資本論』以外では、ドイツ一一月革命期におけるヒルファディングの社会化論に関する米川紀生と黒滝正昭の研究[11]が注目される。こうして一九七〇年代、『金融資本論』に関する個別理論的研究が深められると同時に、帝国主義論としての『金融資本論』の全体的特徴を取り上げ、また、『金融資本論』以外に研究の視野を広げる幅広い動きが生じた。このような動きをとらえて、倉田と上条は、『金融資本論』以後におけるヒルファディングの代表的な諸論文を集めた共編訳書（R・ヒルファディング『現代資本主義論』新評論、一九八三年）を出版したのである。

研究上のこうした雰囲気のなかで、上条は、『金融資本論』と「組織された資本主義」論の関係を問う視点から、ヒルファディングの雑誌論文、報告、手紙にあたり、主として『金融資本論』以後のヒルファディングの研究をおこなってきた。そして、「第一次大戦とヒルファディングの帝国主義論」（一九七六年）を皮切りに多数の論文を書き、一九八七年に『ヒルファディングと現代資本主義』[12]を発表した。これは、『金融資本論』以後のヒルファディングに関する我が国においてはじめての包括的研究であったと言える。

その後、河野裕康『ヒルファディングの経済政策思想』（一九九三年）、中田常男『擬制資本論の理論的展開』、『金融資本と独占の理論』（一九九三年）、黒滝正昭『ルードルフ・ヒルファーディングの理論的遺産』（一九九五年）と、ヒルファディング研究の大作が続々と発表された[13]。河野の著書は、『金融資本論』以前からそれ以後第一次大戦終了までのヒルファディングの経済政策思想を追求したもので、一九七九年から一九八八年までに書いた論文をまとめたものである。中田は、また最近『金融資本論と恐慌・産業循環』という著書を発表している[14]。中田のこれらの大作は、我が国における『金融資本論』研究の一定の到達点を示すものとして注目される。黒滝の著書は、黒滝の長年にわたる研究の成果である。黒滝は、未紹介のものも多数含めて、ヒルファディングに関する資料を丹念に渉猟し、『金融資本論』からの彼の資本主義観の転換を論じている。とくに一九三〇年代にはいってから死にいたるまでのヒルファディングに関する黒滝の研究は、優れたものとして注目される。

以上、我が国においては、『金融資本論』に関するぼう大な個別理論的研究が発表される一方で、帝国主義論としてのその全体的構造的な特徴づけをおこない、帝国主義論史にヒルファディングを位置づけることも試みられ、ひいては『金融資本論』以前、以後のヒルファディング研究に幅を広げていく動きが近年にいたるほど強められてきた。それは、たんなる理論史的視点を超え、思想史の分野で研究を深めていくプロセスでもあった。ヒルファディングの著作目録、ヒルファディング研究文献目録も作成され、今日、ナチス期のヒルファディングについて[15]未紹介の資料が多く残されているものの、我が国におけるヒルファディング研究の進展には目を見張るものがある。

注

(1) この補遺は、我が国におけるヒルファディング研究史をコンパクトにまとめるものである。また、ここではすべて敬語を省いている。本書では、紙幅の都合上、各個別研究文献を細かに列挙することはやめた。これを補うために、すでに存在するヒルファディング研究文献目録を以下にあげておく。
倉田稔『金融資本論の成立』青木書店、一九七五年、巻末。

同『若きヒルファディング』丘書房、一九八四年巻末の「邦文献目録補遺」。

入江節次郎・星野中編『帝国主義研究』Ⅱ、御茶の水書房、一九七七年、巻末。

長島伸一「R・ヒルファディング文献目録」(『法政大学大学院紀要』第九号、一九八二年一〇月)。

松井安信編『金融資本論研究』北海道大学図書刊行会、一九八三年、巻末。

河野裕康『ヒルファディングの経済政策思想』法政大学出版局、一九九三年、巻末。

なお、外国文献目録については、最新のものでは、**W. Smaldone, *Rudolf Hilferding, The Tragedy of a German Social Democrat,*** Illinois 1998巻末の**Bibliography**がある。また、我が国におけるヒルファディング研究の動向をまとめたものとして、松井前掲書の他、保住敏彦「ヒルファディングの研究動向」(『季刊・社会思想』第二巻第四号、一九七二年)がある。
(2) ヒルファディング『マルクス経済学研究』玉野井芳郎・石垣博美訳、法政大学出版局、一九六八年。
(3) この点、松井前掲書が、マルクス経済学理論の動態化という独自の視点にたちつつ、これらについてかなり詳しくかつ手際よく整理している。これを参照願いたい。

（4）星野中「ヒルファディング『金融資本論』の基本的構造とその問題点」（内田義彦　小林昇編『資本主義の思想構造』岩波書店、一九六八年）。

（5）W. Gottschalch, *Strukturveränderungen der Gesellschaft und politisches Handeln in der Lehre von Rudolf Hilferding*, Berlin 1961.

（6）保住敏彦「ヒルファディングの帝国主義論」（同志社大学『社会科学』第四巻第二号、一九七一年三月）。

（7）保住敏彦『ヒルファディングの経済理論』梓出版社、一九八四年、『ドイツ社会主義の政治経済思想』愛知大学国研叢書５　法律文化社、一九九三年。

（8）倉田稔「『金融資本論』の成立――ヒルファディングのベルンシュタイン修正主義批判――」（『思想』第五八五号、一九七三年三月）。

（9）倉田稔『金融資本論の成立』（前掲）、『若きヒルファディング』（前掲）。

（10）倉田稔「ルードルフ・ヒルファディング――著作と手紙の目録――」（R・ヒルファディング『現代資本主義論』倉田稔・上条勇訳、新評論、一九八三年、巻末）、「Rudolf Hilferding. Bibliographie. Ergänzungen」、「アムステルダム社会史国際研究所所蔵・ヒルファディングの未発表手紙一部目録」（倉田『若きヒルファディング』〈前掲〉巻末）。その他、河野裕康「ヒルファディングの著作、論文および書簡」（河野『ヒルファディングの経済政策思想』〈前掲〉巻末）も、これらを補足するものとして注目される。

（11）米川紀生「Rudolf Hilferding の社会化論」（『一橋論叢』第六四巻第一号、『新潟大学経済論集』第九号、第一一号、一九七〇年七月―一九七四年）、黒滝正昭「ヒルファーディングの社会化論」上下（『研究年報経済学』第三五巻第四号、第三六巻第一号、一九七四年）。

（12）拙著『ヒルファディングと現代資本主義』梓出版社、一九八七年。

（13）河野裕康『ヒルファディングの経済政策思想』（前掲）、中田常男『擬制資本論の理論的展開』未来社、一九九三年、『金融資本と独占の理論』未来社、一九九三年、黒滝正昭『ルードルフ・ヒルファーディングの理論的遺産』近代文藝社、一九九五年。

（14）中田常男『金融資本論と恐慌・産業循環』八朔社、二〇一一年。

（15）ナチス期のヒルファディング研究として、川越弘明「ヒルファディングのナチス体制像（1）（2）（3）――権力構造観の変遷を中心に――」（大阪市立大学『法学雑誌』第三八巻第一号、第二号、第四三巻第二号、一九九一年七月、一九九二年一月、一九九六年一二月）がある。

（本補遺は、拙稿「R・ヒルファディング――帝国主義論から現代資本主義論へ――」太田一廣編『経済思想６　社会主義と経済学』日本経済評論社、二〇〇五年五章の１を、若干の修正を加えて収録するものである。）

あとがき

本書は、ヒルファディングの『金融資本論』（一九一〇年）出版一〇〇周年を祝うために書かれた。すでに昨年（二〇一〇年）八月に一応原稿を書き上げ、九月にはアムステルダムの社会史国際研究所（IISG）で注の最後の仕上げをおこなった。同研究所に本書で私が利用した洋文献資料がほとんどすべてそろっていたからである。亡命時代にヒルファディングが起草したプラハ宣言のパンフレット版の閲覧申請をおこなったら、手のひらサイズのかわいいものが出てきておもしろく思ったのを今でも思いだす。短い期間ではあったが、休日を除いて同研究所に毎日通った。夏休みをつぶす大学での雑事から解放され、研究三昧の生活を送った夢のようなひと時であった。疲れたとき、閲覧室の窓からヨットハーバーとなっている運河のすばらしい光景を眺めた。昼休みには堤防を降りて運河の岸辺まで行き、カモたちにパンの残りをちぎってはあたえた。人間にたいする警戒心がなく、なかにはわたしの足もとまであがってきて、おねだりするカモもいた。

その後専門書の出版事情の厳しさから、本書の出版は延び延びとなった。この厳しい状況であえて出版を引き受けていただき、どうにか『金融資本論』刊行一〇〇周年記念に出版を間に合わせていただいた御茶の水書房の橋本盛作社長には感謝の念にたえない。

本書は、四〇年にわたるわたしのヒルファディング研究人生の集大成である。出版が延び延びとなっているあいだ改稿をつづけ、だいぶスリムなものにし、また読者により興味をもって読んでいただけるように構成を少し変えたりもした。だいぶ完成度の高い作品となったと自分でも自負している。本書の作成に古い論文も利用したが、その学術的価値を保つことを放棄し、あくまでも新しい作品である本書の材料として念入りに整形し加工して用いた。自分で言うのは憚りがあるが、古い論文もいい論文はいい論文で、まるで旧家のけやきの柱を削りなおして新築の家に再生利用するような気持ちでこれらを利用した。本書があくまでも現在のわたしの認識水準で統一した研究書であり、論文集ではないということを示すために、この「あとがき」では、あえて本書の章と初出の論文の対照をしないことにした。その代りに、節ないし章の末尾に、本書の作成に利用した論文を括弧書きの形で示している。

本書でのわたしのねらいは、もちろん、『金融資本論』出版一〇〇周年を機会に、このところ我が国におけるマルクス経済学研究の衰退化とともに帝国主義論史研究の若手研究者が育たなくなっている事情を顧みて、ヒルファディングに関する関心を少しでも高めることにある。わたしは、今もなお『金融資本論』がマルクス以後のマルクス経済学の最高の理論書であり、不朽の名著であると思っている。マルクス経済学においても確かに個別的な分野での研究あるいは時論的な研究がおびただしく積み重ねられてきた。しかし、統一的理論体系としての現代資本主義論の経済学理論的な内容のとぼしさと魅力のなさには失望せざるをえない。管見の限りでは、「全般的危機論」と結びつく形で生まれた、例の国家独占資本主義論の清算は完全にはおこなわれていないし、また一九八〇年代の宇野派を中心とした現代資本主義論の方法論論争以後、何か時が止まったかのような印象を受ける。マルクス経済学の現代資本主義論の理論体系を構築し、その方法論を鍛えるよりも、レギュラシオン学派、進化経済学、世界システム論などマルクス経済学の本流とはいえない理論が我が国でも流行している。また、我が国におけるマルクス経済学の現代資本主義研究で、マルクスの価値論までさかのぼって理論研究を深めていく姿勢はどれほど見られるだろうか。マルクス経済学は労働価値説によって成り立ち、また労働価値説にもとづくからマルクス経済学であると言える。まさに労働価値から説きおこして帝国主義論の理論体系を構築したヒルファディングの研究姿勢を少しでもみならってほしい。こういう思いが本書の出版にこめられている。

『金融資本論』出版一〇〇周年を記念するねらいから、本書では『金融資本論』研究が全体の半分以上を占める。じつは長いあいだヒルファディングの「組織された資本主義」論の研究を中心に進めてきたから、わたしは中・後期ヒルファディングの研究者と見られるむきもあった。『金融資本論』研究でもそれなりの位置を占めたいという気持ちが本書の出版にこめられている。

現代資本主義論の視座にたった帝国主義論の経済学史的研究が本書の特徴をなす。その意味は、「組織された資本主義」論を一種の現代資本主義論（過渡的理論）として経済学史的に位置づけ、『金融資本論』から「組織された資本主義」論へのヒルファディングの思想的発展を帝国主義論から現代資本主義論への展開ととらえることにある。本書のサブタイトルがこのねらいを端的に示している。また、一つの現代資本主義論として「組織された資本主義」論を経済学史に位置づけるために、終章では現代資本主義論に関するわたしの考えを簡潔な形であるがあえて示した。このねらいがどこまで成功しているかどうかは、読者の判断を待ちたい。

最後に、研究上わたしに絶えざる刺激をあたえてくださった恩師の森杲先生、金沢大学の同僚諸氏、大学院の先輩嶺野修氏、大学院時代にアルバイト先のＮＨＫ札幌支局報道部で知り合い、そして世界経済論のすぐれた著作を著している中野洋一氏、「ポスト・マルクス研究会」の研究仲間とりわけ松岡利道（故人）、星野中（故人）、倉田稔、保住敏彦、黒滝正昭、相田愼一、太田仁樹、丸山敬一、内田博、新村聡、千石好郎、久間清俊、河西勝、恒木健太郎の諸氏に、この場を借りて、篤く感謝の意を表したい。とくに故松岡氏は、わたしの大学院時代からたえず励ましをいただいた研究上の友とも言うべき人物であり、その突然の逝去には心からお悔やみを申しあげたい。

『ローザ・ルクセンブルク選集』編集委員会　代表=保住敏彦・代表=小林　勝

ローザ・ルクセンブルク経済論集　以下続刊

第一巻　資本蓄積論

［第一分冊］第一篇　再生産の問題　小林　勝　訳

菊判・二〇四頁
価格三八〇〇円

［第二分冊］第二篇　問題の歴史的叙述　小林　勝　訳

［第三分冊］第三篇　蓄積の歴史的諸条件　小林　勝　訳

第二巻　資本蓄積再論

第三巻　ポーランドの産業的発展　バーバラ・スキルムント　小林　勝　訳

第四巻　国民経済学入門　保住敏彦他訳

著者紹介

上条　勇（かみじょう　いさむ）

1949年北海道に生まれる
1978年北海道大学大学院経済学研究科博士課程修了
金沢大学経済学経営学系教授　経済学博士

著　書　『ヒルファディングと現代資本主義』（梓出版社、1987年）
『民族と民族問題の社会思想史』（梓出版社、1994年）
『グローバリズムの幻影』（梓出版社、2006年）

訳　書　J.ブラウンタール『社会主義への第三の道』（梓出版社、1990年）

共訳書　R.ヒルファディング『現代資本主義論』（新評論、1983年）
オットー・バウアー『民族問題と社会民主主義』（御茶の水書房、2001年）

ルドルフ・ヒルファディング——帝国主義論《ていこくしゅぎろん》から現代資本主義論《げんだいしほんしゅぎろん》へ——

2011年7月15日　第1版第1刷発行

著　　者　上　条　　勇
発 行 者　橋　本　盛　作
発 行 所　株式会社　御茶の水書房
〒113-0033　東京都文京区本郷5-30-20
電話　03-5684-0751
振替　00180-4-14774

Printed in Japan　　組版・印刷／製本　タスプ

ISBN978-4-275-00938-8　C3010

人名索引

【あ　行】

相原茂　93
相田愼一　397
赤川元章　91, 389
浅井啓吾　277
芦田亘　219
遊部久蔵　91
アドラー、マックス , Adler, M.　3, 36, 38, 64–5
アーベントロート、W.、Abendroth、W.　276, 318, 349
阿部勇　277
有井行夫　91, 389
有沢広己　277
安保哲夫　278
生川栄治　106
石垣博美　42, 60, 105, 392
飯田繁　92, 125, 128
飯田裕康　106, 389
池上淳　219, 317
伊藤誠　165
稲葉四郎　42
ヴァルガ、Varga, E. S.　262, 274, 280
ヴァンダーヴェルデ、E.、Vandervelde, E.　359
ウィルム、Wurm, C. H.　262
ヴィンクラー、H. A.、Winkler, H. A.　271
ウェーバー、マックス、Weber, M.　21
ウェルズ、オットー、Wels, O.　18
ヴェーラー、H.-U, Wehler, H.-U.　217–9
ヴォイチンスキー、W. S.、Woytinsky, W.　286, 343
内田義彦　43, 90, 393
内田博　397

宇野弘蔵　31, 125, 127, 148, 150, 164–5, 381
エーベルト、Ebert, H.　9, 10
エッガーシュタット、オットー、Eggerstadt, O,　18
エリオ、Herriot, E.　360
エルスナー、F、Oelßner, F.　90, 125, 164, 388
エンゲルス、Engels, F.　139, 221–2, 305, 362
太田仁樹　200, 211, 397
大河内一男　126
大泉英次　278
大塚久雄　126
大田一廣　22, 60
大島清　92
大野英二　98, 218–9, 277
大野節夫　92
岡崎二郎　92
小沢光利　138, 149
小原敬士　130
小淵港　219

【か　行】

カウツキー、カール、Kautsky, K.　4, 6, 14, 45,48, 52–3, 71, 90, 92, 139–43, 186–9, 198, 203, 220, 230, 242, 283, 306, 308, 326, 330, 334, 354, 367, 390
カウツキー、ベネディクト、Kautsky, B.　21
河西勝　397
加藤栄一　219, 278
金子ハルオ　42
上条勇　393
河合一郎　391
川越弘明　395
河野裕康　20, 59, 182, 188, 201–2,210–1, 391–3,
ギルバード、S. P.、Gilbert, S. P.　250
工藤章　278
クーデンホーフ・カレルギー、R.、Coudenhove Kalergi, R.　342

久間清俊　397
熊谷一男　98
栗原優　278
栗原良子　318
久留間鮫造　93
倉田稔　19–21, 46–8, 60, 98–9, 106, 179, 197, 199, 202, 210, 231,390–3, 397
黒滝正昭　19–22, 134, 182, 188, 190–2, 197, 207–11, 295, 298, 390–3, 397
ケインズ , J.M.、Keynes, J. M.　62, 235, 271, 273, 284, 379, 387
コッカ、J、Kocka, J.　217–8
コルベール、Colbert, J.-B.　32
ゴットシャルヒ、W、Gottschalch, W　19–21, 179, 188, 230–1, 371, 389, 393
後藤泰二　99, 126
小林勝　297
小林昇　42–3, 393

【さ　行】

坂本正　125
向坂逸郎　92
佐藤智三　280
斉藤晴造　128
シェーランク、Schoenlank, B.　242
静田均　125
Stegmann, Dirk　348
篠原一　280
シャハト、Schacht, H.　14, 16, 254
シュタイン、アレクサンダー、Stein, A　19–21, 374–6
シュタムプファー、フリードリッヒ、 Stampfer, F.　18
シュトレーゼマン、Stresemann, G.　14, 228, 372
シュマーレンバッハ、Schmalenbach, E.　266
シュヴァルツ、ヴォルフガング、Schwarz, W.　360
ジノヴィエフ、Zinoviev, G. E.　12
ジューデクム、Südekum, A.　7
ジルヴァベルク、Silverberg, P.　255

スウィージー、Sweezy, Paul M.　130, 272–3, 280
鈴木鴻一郎　125–6
鈴木芳徳　98, 106, 126
スマルドーン、W、Smaldone, W.　19–21, 392
スミス、アダム、 Smith, A.　26, 31, 38
住谷和彦　277
千石好郎　397
ゾンバルト，W，Sombart, W.　238

【た　行】

高山満　42, 60, 91, 93, 138, 164–5, 389
田川恒夫　278
侘美光彦　135
田中良明　199, 202, 210
谷口信和　277
玉井芳郎　42, 60, 105, 392
玉垣良典　219
チェンバリン、Chamberlain, A.　207
塚本健　280
塚本三吉　92
恒木健太郎　397
鶴田満彦　126
都留大治郎　189, 230
豊永泰子　277
テーラー、Taylor, F. W.　248
デューイスベルク、Duisberg, C.　251, 255
ディッカー、ゲオルグ , Decker, Georg　240–1, 276

【な　行】

直井武夫　280
長岡豊　90
長坂聡　59, 92, 99

長島伸一　392
中村道義　106
中田常男　91, 99, 126, 138, 391, 393
ナフタリ、フリッツ、Naphtali, F.　270, 280, 304, 312, 317–8, 341, 343, 349
新村聡　397
ニクリッシュ、Nicklisch, H.　266
西尾共子　19–21, 188, 230
野田弘英　90, 126, 128, 389

【は　行】

バウアー、オットー , Bauer, O.　3, 6, 53, 64, 91, 128, 142–4, 180, 183–8, 206, 235, 242, 256, 276–9, 291, 297–8, 306, 317, 328, 332, 344–5, 351
橋本盛作　395
ハーゼ、Haase, H.　9, 11
服部英太郎　247, 276–7, 311, 317–8
林要　26, 189, 388
原田溥　277
バーナム、Burnham, J.　262
Baran, Paul A.　130
Halms, Bernhald　276
バーリー＝ミーンズ、Berle & Means　262
パネクーク、Pannekoek, A.　5, 144
バラノフスキー、ツガン、Tugan-Baranowski　142–4
ヒトラー、Hitler, A.　14, 17, 374–5
ヒンデンブルク、Hindenburg　334
ビューロー、Bülow, B.　194
ピエトラネラ、ジュリ、Pietranera, G.　44
広田司朗　276
フーバー、Huber　266
フェーレンバッハ、Fehrenbach, K.　11
フォルマール、Vollmar, G.　242
フランクリン、Franklin　35
Frommelt, R.　350

ブハーリン、Bukharin, N. I.　29, 226, 274
ブライトシャイト、Breitscheid, R.　19
ブリューニング、ハインリッヒ , Brüning, H.　14, 17, 21, 285
降旗節雄　41, 44, 91, 99
古沢友吉　91, 125, 210
ヘーゲル、Hegel, G. W. F.　36–8, 117
ベーベル、Bebel, A.　5
ベーム・バヴェルク、Böhm-Bawerk, E.　4, 65–6, 81, 389
ベルンシュタイン、Bernstein, E.　6, 45–8, 79, 83, 140–4, 146, 203, 222–3, 232
ペティ、W、Petty、W.　34–5
ペトリー、フランツ Petry, F.　67, 92
ポアンカレ、Poincaré , J. H.　356
星野中　40–1, 44, 50, 90–1, 125, 134, 221, 230, 389–93, 397
保住敏彦　19–21, 106, 182, 188, 198–205, 219, 230, 332, 389–93, 397
ホブソン、Hobson, J. A.　6
ボリリン、ベ　276
本間要一郎　91, 99, 128

【ま　行】

マクドナルド、MacDonald, J. R.　360
マタレ、Matare, F.　278
松井安信　60, 90, 93, 125, 138, 392
松岡利道　397
マッハ、エルンスト、Mach, E.　36
マルガレーテ , Margarethe　4, 15
マルクス、Marx, K.　36–8, 45, 51–3, 56–7, 63–6, 80–1, 86–8, 93, 100–2, 137–41, 145–8, 221–4, 259, 302, 305, 347
マルサス、Malthus, Th. R.　38
丸山敬一　397
マン、トーマス、Mun, T.　32
嶺野修　275, 349, 397
宮本義男　99
ミュラー、ヘルマン、Müller, H.　11, 16, 281

村上和光　164–5
メイヤー、オスカー、Meyer, O.　14–5, 21
メンガー、カール、Menger, C.　27–30
Mommsen, Hans　349
森岡孝二　106, 127
森戸辰男　20
森杲　126, 273, 278, 348–350, 369, 397
諸田実　277

【や　行】

ヤイデルス , Jeidels, O.　53, 60
楊井克己　348
山口和男　277
山田高生　280, 318
ユェルソン、M. 274, 280
横山幸水　349
横山正彦　90
吉村励　317
米川紀生　92, 390
米田貢　134

【ら　行】

ラーテナウ、Rathenau, W.　11, 13
ライヒター、オットー , Leichter, Otto　240–1, 276
ラニー、ローザ、Lanyi, Rosa　15
ラピンスキー　262
Langer, Kurt　276
リープクネヒト、カール、Liebknecht、K.　10
リカード、Ricardo, D.　38
リスト、フリードリッヒ、List, F.　26–7, 32–3, 347
ルードヴィッヒ、E. 、Ludwig, E.　343
ルクセンブルク、ローザ、Luxemburg, R.　5, 7, 10, 79, 93, 140–3, 163

ルター、Luther, H.　　14, 334
レーニン、Lenin　　6, 25, 52, 95–6, 107, 119–20, 129–30, 198–200, 206, 226, 231, 274–5, 288, 299, 367, 381, 388, 390
レオンチェフ、エル、Leontiev, L.　　276
レンナー、カール、Renner, K.　　3, 64, 232, 240, 276, 364

【わ　行】

渡辺寛　　277